BAPAK'S TALKS

VOLUME 13

Photo courtesy of Subud Archives International

Bapak Muhammad Subuh Sumohadiwidjojo, 1963

BAPAK'S TALKS

The Complete Recorded Talks of
Bapak Muhammad Subuh Sumohadiwidjojo
in English Translation with Indonesian Text

Volume 13
19 August 1964 – 1 May 1965

First published 2005 by
Subud Publications International
Loudwater Farm, Loudwater Lane,
Rickmansworth, Herts. WD3 4HG, England.

ISBN 1 869822 25 0

Typesetting in Bembo by Leonard Hurd
Printed in Great Britain by Hobbs the Printers Ltd, Totton, Hampshire, UK

Our worship of Almighty God has no limits; in fact we continue to worship God after our life in this world comes to an end, for beyond this world there are still many, many realms of life that we need to pass through.

64 WOB 3

Contents

Publisher's Introduction

This is the thirteenth volume of English translations of the complete recorded talks of the founder of Subud®, Muhammad Subuh Sumohadiwidjojo (Bapak). Bapak was born in Java in 1901 and died there in 1987. In 1924, at Semarang in Central Java, he received from Almighty God a way of inner guidance, purification and development known to us as the latihan – the Indonesian word for 'exercise' or 'training'. Bapak came to realise that this was not a way for himself alone, but that it could be passed on to anyone who wished for it.

During his life Bapak travelled extensively, passing on the contact of the latihan and giving explanatory talks – of which some 1400 were recorded – to members of Subud, people of all races and beliefs. He saw that, although the way of the latihan could be easily received and followed, it was not so easy to understand its purpose and significance. He therefore gave frequent talks to Subud members about his own experiences in following the latihan. The talks were profound and wide-ranging, containing insights into all aspects of life in this world and beyond.

The talks were not intended to provide any new teaching. They were necessary only as a means of satisfying the need of the heart and mind to understand. They were given in Indonesian through English language interpreters and were never prepared beforehand – which accounts for their intimacy and spontaneity.

The complete collection is now being translated afresh from recordings of the original talks – preserved by Faisal Sillem of the Tape Preservation Unit – or their transcripts where tape recordings have been lost. The translators have tried to stay as close as possible to the intention and content of the original. In accordance with Bapak's expressed wish the transcripts of the Indonesian have been included. From Volume 3 onwards the Indonesian text has not been edited.

The talks in this volume were translated by Tuti and Sharif Horthy, and edited by Manuela Mackenzie. The publishers wish to express their special appreciation to the many proofreaders who donated their time.

Bapak's Talks are not a collection of texts to be studied. Nor should they be compared to the holy books of religion. Rather they are living words, spoken to illuminate each of us on our own personal journey towards God.

> In Subud we do not have a book, because as you know when Bapak received a book, the book was blank. In other words, what was written in that book was the understanding about anything at all that Bapak wanted to know, and then that book entered Bapak himself. So the book in Subud is the understanding – our understanding ... That is why the book in Subud is what comes out of Bapak; that is, Bapak's talks. But it's not a book that is supposed to be kept as a kind of authority, because it changes all the time; as the situation changes, so Bapak's explanations change. Because the understanding is not something fixed; it always evolves, while the receiving is what is called the gift of God, the grace of God. And this receiving is the latihan of life. In other words it is something that is always alive.
>
> *Bapak, Toronto, 24 September 1977*
> *Source: Recording number 77 YYZ 2*

Foreword

Wise Readers,

Let us prepare ourselves and increase our knowledge about the spiritual life by reading or listening to the late Bapak's talks, which were really intended for us, as his children, or for people who need them.

Indeed, there is no limit to explanations about the spiritual life, because they concern the secrets of life, which cannot be resolved by the heart and mind, but can be received and experienced when a person is in a state of peace, and surrenders and submits sincerely to the One Almighty. Bapak's talks are not like fairy tales or bedtime stories for children, but they are filled with a light for those who are in darkness and who hunger in the midst of the distractions of life, so that we may have courage to go on until our goal is reached. So let us not waste the good efforts and hard work of the brothers and sisters who have collected and processed these talks of Bapak.

We are aware of the great importance of the late Bapak's explanations and advice, both written and recorded in the talks, but if we do not take care of them and pass them all on, the clarity of their light will be lost to posterity.

May God bless us all,

Rahayu

Siti Rahayu Wiryohudoyo, Bapak's eldest daughter.

GERMANY

1

WOLFSBURG

19 AGUSTUS 1964

Rekaman: 64 WOB 3

Saudara-saudara sekalian, kedatangan para saudara sekalian diperlukan agar dapat mendengarkan dan menerima nasihat, yang Bapak dapat terima pada saat ini, agar para saudara, terutama para pembantu pelatih, dapat melakukan tugasnya dengan baik, yang tidak menyalahi garis-garis yang menjadi kehendak Tuhan; dan juga kepada para anggota komite, dapat mengerjakan pula yang tidak menjauhi dari pada latihan kejiwaan, yang di dalam kenyataannya adalah pemberian dan cara atau sifat kebaktian manusia terhadap Tuhan Yang Maha Esa.

Saudara-saudara sekalian, sebagaimana yang telah Bapak katakan, bahwa pembantu pelatih adalah pembantu dari Bapak, yang berarti mewakili Bapak di tempat mana dia berada, karena Bapak tidak selalu berada di tempat-tempat itu. Maka dengan jelas bahwa pembantu pelatih, seakan-akan merupakan orang pertama atau pemuka dari grup-grup dimana ia berada; sehingga diperlukan sekali agar pembantu pelatih atau pelatih menjadi contoh yang utama, yang dapat dibanggakan atau dapat ditiru oleh para anggota-anggotanya dan juga oleh para golongan-golongan di luar golongan persaudaraan kita kejiwaan Subud.

Mungkin saudara rasa, bahwa pembantu pelatih atau saudara sendiri, bahwa nama dan tugas yang demikian belum pada tempatnya, yaitu sungguh dalam kesungguhannya para pembantu pelatih belum merupakan sungguh-sungguh asisten daripada Bapak,tetapi berhubung dengan keadaan-keadaan yang selalu

1

WOLFSBURG

19 AUGUST 1964

Recording: 64 WOB 3

Brothers and sisters, it was necessary for you to come today in order to hear whatever advice Bapak is able to receive at this time, so that you, and especially the helpers, can carry out your duties well and without deviating from the guidelines willed by God. And also so that the members of the committee can do their work without losing touch with the latihan, the spiritual training that is in reality a gift and the way humankind worships God.

Brothers and sisters, as Bapak has said, the helpers are Bapak's helpers, which means that they represent him wherever they happen to be, because he cannot always be there. It is clear, therefore, that the helpers are like the first or 'front men' for their group; so it is very important that they set an excellent example for the members – and also for people who are outside our Subud spiritual association – to look up to and follow.

You may feel that this title and this responsibility are not yet appropriate, and that the helpers are not yet truly Bapak's assistants; but he has had to give you that title as an emergency measure. This is due to the pressure of circumstances; that is to say, it is because if there were no helpers, then whoever needed Subud would have to mendesak, artinya apabila tidak ada pembantu pelatih di tempat itu, sehingga terpaksa siapa yang membutuhkan Subud mendatangkan Bapak atau pergi ke Jakarta, maka nama pembantu pelatih yang saudara rasa sendiri belum cukup untuk mendapatkan nama itu, tetapi Bapak jadikan sebagai suatu nama yang memang perlu sekali bagi saudara sekalian secara darurat, artinya secara darurat, secara karena memang dibutuhkan karena tidak ada, maka hal itu jangan sampai saudara rasa bahwa dirasakan berat, tetapi berhubung dengan keadaan yang mendesak, yang secara darurat, Bapak terpaksa menetapkan saudara sebagai pembantu pelatih dan sebagai asisten Bapak.

Maka Bapak harapkan saudara juga suka menerimanya ini, meskipun berat. Hanya yang perlu bagi saudara, agar saudara sungguh-sungguh dapat melakukan dan bertindak sebagai Bapak yang telah katakan tadi, yaitu agar saudara dapat menjadi contoh bagi saudara sekalian, yaitu contoh baik, artinya saudara harus bertindak dan berkelakuan yang tidak menampakkan ketidak-baiknya, dipandang dari sudut lahir, pikiran, atau dipandang dari golongan-golongan lain.

Karena keadaan saudara yang masih demikian, yaitu dapat dikatakan *helpers* yang belum sungguh-sungguh mencukupi haknya sebagai *helpers*, sebagai asisten, maka Bapak harapkan sekalian para saudara *helpers* jangan dirasa, bahwa sesudah saudara ditetapkan jadi *helpers* lantas merasakan, bahwa telah cukup kuat, telah cukup pula apa yang telah diterima, dan terasa juga bahwa sudah mencapai tingkatan yang diperlukan, padahal dalam kesungguhannya masih jauh sekali. Dan karena itu maka diperlukan sekali saudara jangan sampai terasa dan merasakan yang demikian, malahan di dalam kenyataannya saudara masih juga perlu mengikuti latihan, meskipun saudara dalam lahirnya menjadi pemimpin dan penuntun dalam grup itu, tetapi dalam kenyataannya saudara masih perlu mengikuti latihan sendiri dan menerima apa yang diperlukan bagi jiwanya.

Maka pada setiap saudara, pada setiap pembantu pelatih berada dalam grup, baik waktunya membuka maupun waktunya melayani para saudara latihan, jangan hanya ditujukan rasanya, jangan hanya ditujukan pada saudara-saudara. Perlu merasakan dirinya sendiri, menujukan rasa perasaannya kepada Tuhan, ya sebagai kalau saudara sekalian berlatih, sebagai lain-lainnya anggota kalau berlatih. Jadi jangan sekali-kali merasa, bahwa akan memimpin, akan menuntun, invite Bapak, or come to Jakarta. Therefore it is necessary for Bapak to appoint you as helpers and as his assistants, even though you feel that you cannot yet measure up to that. It is an emergency measure because there is no one else.

So Bapak hopes that you will accept this, even though it is hard for you. All you need to do is work and act in the way he just described: setting an example – a good example – for the members. You must not act in a way that gives a bad impression from an outer point of view, from the point of view of the mind and of other organisations.

Because your situation is still such that you are helpers who, one could say, are not yet really able to fulfil the role of helpers or assistants, Bapak hopes you will not get the idea that, having been appointed helpers, you are already strong enough, have already received enough and have reached the necessary level. In reality you are still very far from it. That is why it is very important that you do not feel that way. On the contrary, you still need to join in the latihan. Even though outwardly you have been appointed to be a mentor or guide for the group, in fact you still need to join in the latihan yourself and receive whatever your soul needs.

So, whether you are opening someone or accompanying members' latihan, none of you helpers should direct your feelings towards them. You need to feel your own being and direct your feelings towards God, in the same way as when you do your own latihan with other members. Do not ever feel that you are going to lead, guide or give advice to the other members, with the result that something arises within you that causes you to instruct the akan memberi nasihat kepada saudara-saudara lain, sehingga ada kalanya dibangkitkan dari dalam yang memaksa lainnya dengan mengatakan begini, mengatakan begitu di dalam latihan dan juga lantas, artinya memberi, entah memijet-mijet, apa meraba-raba dan lainnya pada saudara-saudara lainnya.

Yang demikian itu sebenarnya dibangkitkan oleh rasa-perasaan yang cinta kepada saudara lainnya. Betul rasa yang demikian, rasa yang baik, karena mencintai lainnya, agar lainnya dapat menerima yang diperlukan sebagai dia. Tetapi saudara-saudara jangan melupakan bahwa dalam latihan adalah pimpinan yang berkuasa dalam latihan itu; ialah Tuhan Yang Maha Esa. Jadi apabila saudara berbuat demikian, berarti mendahului apa yang Tuhan kehendaki pada saudara itu.

Karenanya maka pada setiap para pembantu pelatih berada dalam latihan, sesudahnya mengatur ini dan mengatur itu, sama-sama bakti kepada Tuhan. Dan dengan demikian sehingga anggota biasa tidak terhalang, tidak terganggu, dalam rasa perasaannya, dan tidak terganggu pula dalam penerimaannya, meskipun menerimanya belum baik, karena memang pada saat itu tempatnya belum teratur dan belum baik. Dan para pembantu pelatih sendiri, setiap saat yang dia berada dalam latihan itu tentu dapat menerima, sehingga para anggotanya menerima, para pembantu pelatihnya selalu menerima.

Kecuali kalau diminta oleh anggota boleh, tetapi jangan dalam latihan umum, sehingga menyebabkan kegaduhan di antara para saudara yang sedang berlatih. Dan pada hakikatnya saudara, latihan kejiwaan itu tidak mengenai kasarnya, mengenai halusnya. Jadi apabila saudara atau pembantu pelatih melakukan yang demikian, dengan memberi penuturan, dengan meraba-raba, dengan mijet-mijet, yang demikian itu hanya sampai pada badan kasar, yang halusnya tidak terkena. Jadi tindakan yang demikian itu tidak lain hanya adalah suatu tindakan, yang hanya dapat mencapai tingkatan penyembuhan saja. Tidak dapat mencapai perobahan dalam jiwa atau merobah jiwa, karena perobahan jiwa atau merobah jiwa hanya dapat dilakukan oleh kekuasaan Tuhan secara halus, tidak kasar.

Juga kalau yang demikian itu selalu ada dan selalu saudara lakukan, maka nampaknya tidak ada bedanya dengan cara-cara lain, yang seperti homeopati, terapi dan lain-lain lagi, yang sifatnya dengan mijet-mijet, dengan begini begini pada orang lain. Dengan demikian sehingga tidak hanya nama Subud saja direndahkan atau members, tell them to do something, or massage them, touch them or anything like that.

Such actions truly come from a feeling of love for the other members. And it is true that these are good feelings; you love others and would like to help them to receive what they need for themselves. However, do not forget that there is a leader who has authority in the latihan, and that is Almighty God. So if you act in this way, you are pre-empting whatever God wills for that person.

Therefore, once they have taken care of the practical arrangements, any helper in the latihan should join in and worship God. In this way the members are not obstructed or disturbed in their feelings and in their receiving, even if they are not receiving well yet because perhaps they are not in an orderly or good state. And the helpers themselves will also be able to receive whenever they are in the latihan. In that way both the members and helpers will always receive.

You may help a member with their latihan only if they ask you, but do not do that in the general latihan, as it will disturb the other members. And in reality, brothers and sisters, the latihan is not acting on your physical self but on your finer self. So if you or one of the helpers does something like this in the latihan – giving advice, touching people or massaging them – all that reaches only the physical body; it does not reach the finer parts. This kind of action is limited to the level of healing; it cannot bring about a change in the soul, for that can only be brought about by God's power, which is fine, not coarse.

Also, if you are always doing these things, then the latihan will not seem much different from other approaches, such as homeopathy, or therapies where you massage or do various things to people. The result will be not only that the name of Subud is diminished, but that the spiritual training we know as the latihan jadi rendah, tetapi latihan yang kita namakan latihan kejiwaan, yang dididik oleh Tuhan, yang datang dari Tuhan, yang dapat merobah jiwa, yang menjadi pengisi diri kita, tidak berarti dan tidak dapat disesuaikan dengan keadaan yang nyata.

Ini dapat nanti Bapak percontohkan kepada saudara sekalian dan dapat pula saudara saksikan dalam penerimaannya, apabila masih ada waktunya, bagaimana caranya bekerja dalam itu, yang tidak dengan memegang, yang tidak dengan mendekati, artikata yang tidak dengan *physical* ini, tetapi hanya dari dalam saja. Yang begitu itu menyatakan, bahwa memang latihan kejiwaan ini di dalam kenyataan, di dalam hakikatnya adalah latihan di luar akal pikiran dan nafsu dan juga suatu latihan yang tidak sebagai biasanya orang berlatih, seperti hipnotis dan lain-lainnya.

Selanjutnya, sebagai pembantu pelatih, bukan pembantu pelatih merupakan pangkat atau merupakan pekerjaan, tetapi pembantu pelatih merupakan orang yang terkemuka atau orang yang sebagai pendahuluan, yang dapat menyalurkan dan dapat pula menjadi contoh sebagai anggota-anggota lainnya. Bapak katakan, pembantu pelatih itu tidak merupakan pangkat, karena dalam latihan kejiwaan Subud ini, kita terpimpin dan terdidik oleh kekuasaan Tuhan, sehingga kita dapat bakti kepada Tuhan, dalam segala tingkah laku, dalam segala tindakan, dalam segala apa yang kita lakukan dan kerjakan sehari-hari.

Jadi andaikata, Bapak seorang dokter, Bapak menjadi pembantu pelatih, pembantu pelatih bukan pangkat, yang pangkat sebenarnya bagi Bapak ialah dokter itu. Dan pangkat dokter itu, karena Bapak telah terpimpin dan terdidik oleh Tuhan, sehingga dalam segala apa yang Bapak lakukan secara dokter itu, akan merupakan kebaktian Bapak terhadap Tuhan. Dalam melakukan menginjeksi orang, dalam melakukan membikin resep, dalam mencari-cari bagaimana ini dikumpulkan dengan ini, supaya menjadi *medicijn* yang baik dan juga cara memberi nasihat kepada *patienten*. Itu pun, itu semuanya merupakan kebaktianku, kebaktian dokter kepada Tuhan, apabila seluruhnya sudah terpimpin dan terdidik. Dengan demikian sehingga apa yang menjadi pangkat Bapak dalam dunia ini tidak lain kecuali dokter, sedangkan pembantu pelatih bukanlah itu nama pangkat, tetapi hanya nama yang menyatakan, bahwa ialah yang sebagai orang pertama, yang dahulu, yang dapat menyalurkan kekuatan atau kontak dari kebesaran Tuhan ke lain orang.

Jadi jelasnya, saudara sekalian, pangkat atau diploma dari latihan

– where God educates us, which comes from God and can change our soul, the content of our being – no longer has any meaning and will no longer correspond to its true nature.

If there is time, Bapak can demonstrate to you how it works within you, without touching, without anyone standing next to you; in other words, not by physical means but just from within. And you will be able to witness it in your receiving. What this will demonstrate is that the latihan is truly a training that works beyond the mind and the desires,[1] and also that it is not the kind of practice that people normally use, such as hypnotism and other things.

Furthermore, being a helper is not a profession or a job. A helper is a forerunner or a pioneer, who is able to be a channel for the latihan and an example for the other members. Bapak says that being a helper is not a profession, because in the latihan we are led and educated by the power of God, enabling us to worship God in every action, in everything we do in our daily life.

For example, if Bapak were a doctor, and then he became a helper, Bapak's profession would be that of a doctor, not a helper. And because Bapak is led and taught by God, everything he did in his profession as a doctor would be his worship of God: whether giving injections, writing prescriptions, working out how to combine this substance with that one to make a good medicine, or giving advice to his patients. Once all of him was led and taught by God, all that activity would be a doctor's worship of God. Therefore Bapak's status in this world would be simply that of a doctor; whereas the word 'helper' does not refer to status but indicates that this person is a pioneer, someone who came first and can convey the power of God and the contact with the greatness of God to other people.

So, to make it clear, it is Almighty God who bestows status, or kejiwaan Subud ini, adalah dari Tuhan Yang Maha Esa. Dan apa yang Tuhan telah berikan kepada manusia semacam diploma, kalau orang bersekolah, tidak akan dapat dilihat oleh biasa orang, tetapi hanya dapat dilihat dan dimengerti oleh seorang yang telah cukup dalam kebaktiannya, artinya telah meningkat ketingkatan yang utama. Jadi dalam Subud saudara-saudara sekalian, jangan saudara mengharapkan dengan latihan kejiwaan ini sehingga nanti dapat pangkat dan dapat untung banyak dan dapat macam-macam yang diperlukan hatinya, jangan.

Latihan kejiwaan ini adalah latihan jiwa yang akan memberikan tempat yang layak bagi jiwa saudara apabila saudara sesudah mati, sesudah meninggal dunia. Perlunya, agar saudara sesudah meninggal dunia dapat merasakan kenyataan-kenyataan, dapat menerima kenyataan-kenyataan dari Tuhan, yang sesuai dalam suasana kematian. Adapun tentang keduniaannya dapat saudara capai dengan tenaga lahir, yaitu badan kasar. Dan ini, meskipun dengan badan kasar saja dapat mencapai kelahiran, yaitu keduniaan,tetapi toh Tuhan juga mendidiknya,Tuhan juga memimpinya,Tuhan juga memberitahukan kepada saudara, yaitu dalam latihan yang saudara selalu terima.

Yang telah Bapak contohkan, sebagai adanya testing, sehingga satu demi satu dari anggota saudara dapat mengerti dan dapat menginsafi kewajiban-kewajibannya. Dan akhirnya saudara akan dapat menginsafi tidak hanya pikirannya saja, yang tahu dimana dan bagaimana jalanku, untuk menuju kebahagiaan. Meskipun tangannya dapat menginsafi, meskipun kakinya dapat menginsafi, meskipun segala apa dapat menginsafinya, sehingga dalam hidup saudara di dunia tidak akan kekurangan jalan untuk hidup. Jadi terangnya saudara sekalian, isi daripada latihan kejiwaan Subud itu, adalah didikan Tuhan yang diterima oleh manusia atau para saudara sekalian, yang menyempurnakan hidup saudara, baik hidupnya di dunia dengan badan kasar, maupun hidup sesudah mati nanti dengan badan jiwa.

Kenyataan daripada apa yang Bapak telah katakan, saudara-saudara sekalian, apa lagi yang kita mengatakan, bahwa itu kita nanti sesudah mati atau jiwa kita sudah menjadi mulia dan utama, sedangkan hidup kita, hidup para saudara sekalian di dunia, masih belum dapat dirasakan hidup yang bahagia. Artinya kadang-kadang kerja kadang-kadang tidak; kadang-kadang mengerjakan sesuatu yang terasa tidak enak, kadang-kadang banyak uang, juga ada a diploma, in the Subud latihan. And if we compare it with what a person gets in school, the kind of diploma that God gives to human beings cannot be seen or known by people in general. Only someone who has come far enough in his or her worship – that is, someone who has reached a high level – can see it or know it. Therefore do not expect that in Subud, by doing the latihan, you will be able to achieve a high position, make a lot of money, or obtain all the other things your heart[2] would like.

The latihan is a training of the soul, which will bring your soul to an appropriate place after you have died, after you have left this world. This is important, so that after you have left this world you can sense reality, can receive from God a reality that is in line with the world of death. As regards things in this world, you can achieve them through outer efforts, using your physical body. But even though outer things, worldly things, can be achieved only with your physical body, nevertheless here too God teaches you, God leads you and informs you, through the latihan that you receive.

What Bapak has demonstrated to you in testing is that one by one the different parts of your body can become aware of and understand their responsibilities. So in the end it will not only be your thinking that knows its right path to achieve happiness; your hands and your feet will also be aware of it, with the result that you will not lack for ways of living in this world. So it is clear that the content of the Subud latihan is God's education, which all of you receive and which makes your life complete, both your life in this world with your physical body, and your life after death with the body of your soul.

Brothers and sisters, Bapak just said that your soul will become noble and excellent after you die, but the reality is that even your life in this world does not yet feel like a happy life. This is because sometimes you have a job and sometimes you don't; sometimes you have to work at things you find unpleasant; sometimes you have lots of money and you have work, but you are sick all the time. Or you are healthy, you have plenty of money and your work is pekerjaan, selalu sakit; kadang-kadang badannya juga sehat, banyak uang dan pekerjaan baik, anaknya sakit, isterinya sakit atau isterinya tidak suka kepada dirinya, atau anaknya tidak suka kepada dirinya. Demikian saudara, itulah menjadi contoh juga, bahwa di dunia yang mudah dicapai, di dunia yang mudah saudara alami, karena dunia ini adalah tingkatan yang terendah, belum juga saudara capai. Belum juga saudara alami yang sungguh-sungguh saudara perlukan dan harapkan, yaitu supaya menjadi manusia yang bahagia dalam hidupnya. Apa lagi yang akhirnya, yang jiwanya.

Jadi, itu semuanya dapat saudara gambarkan sebagai suatu pelita, suatu lampu. Lampu ada sinarnya atau api ada kukusnya. Apabila apinya baik, ya api karena apa? Tentu kukusnya baik dan kukus baik menyatakan bahwa apinya baik. Demikian juga sinar dengan lampu. Apabila lampunya baik, sinarnya pun baik, artinya isi daripada lampu itu, yaitu *olie*, dan apabila sinarnya kelihatan baik terang, berarti bahwa lampu atau isi lampu itu, adalah *olie* atau minyak yang baik. Demikian saudara, maka kenyataannya apabila seorang di dalam hidupnya di dunia ini, masih serba sukar, ya bagaimanapun dapat saja dikatakan, bahwa ya tentu jiwanya belum teratur juga. Sebab jiwa itu soal pokok, soal isi. Jadi apabila jiwanya atau isinya baik, tentu sinarnya baik. Karena itu maka saudara perlu sekali merasakan sejauh itu agar dapat meneliti, dapat mengoreksi tindakan-tindakannya.

Nah, ini semuanya kita telah dapat buktikan atau telah dapat kita buktikan dalam latihan kejiwaan Subud. Dengan menelitinya segala sesuatu yang menjadi tindakan saudara, saudara akan dapat tahu, dari kekuasaan Tuhan, setiap saudara menerima dan melakukan latihan kejiwaan. Jadi janganlah saudara lantas tinggal diam dan dirasakan bahwa latihan saudara sudah cukup lama dan mungkin sudah banyak yang diterima atau mungkin sudah habis. Tidak saudara, tidak akan ada habis-habisnya, penerimaan manusia dari Tuhan atau pemberian Tuhan kepada manusia. Apa yang Bapak lakukan dan terima sendiri, pun yang demikian menyatakan, bahwa apa yang Bapak terima belum juga habis-habis, belum juga berhenti, selalu Bapak terima. Dan Bapak sendiri juga demikian, artinya melakukan dan meneliti keadaan Bapak. Bukan sebagai seorang yang hanya masa bodoh, artinya, "Kalau Tuhan menghendaki saya kaya, ya jadi kaya, kalau tidak ya tidak." Tidak.

Tuhan menghendaki manusia agar manusia bahagia dan sudah diberikan. Tinggal manusia sekarang yang berkewajiban untuk satisfying, but your child is sick or your wife is sick, or she doesn't like you, or your children don't like you. What this illustrates is that you have not even obtained the worldly things that are relatively easy to obtain and to experience because this world is the lowest level. If you have not even experienced what you really need and hope for – that is, to have a happy life – how much less have you achieved what relates to the hereafter, to your soul.

You can picture all this as an oil lamp that gives light, or as a fire and its fuel. If the fire burns well, why is that? It is because the fuel is good; and good fuel results in a good fire. It is the same with the lamp. If the lamp and the oil inside it are good, then the lamp will burn brightly; so if the lamp burns brightly, it means that the lamp and the fuel in it – the oil – are good. Therefore, if everything is difficult for someone in their life in this world, you can safely say that their soul is not yet in order. Because a person's soul is the principal factor, it is their content. If their soul is good, the light they give out will be bright. That is why you need to consider this really deeply in order to examine and correct your behaviour.

These are all things we can confirm for ourselves in the latihan. If you examine everything you do, you will get guidance about it from God in the latihan. Therefore do not remain still, and have the feeling that you have done the latihan for long enough and that you have already received a lot, or that perhaps you have come to the end of it. No, brothers and sisters; what human beings receive, what God gives to human beings, never ends. This is what Bapak has experienced himself; he always continues to receive, what he receives never comes to an end. And he also does the same; that is, he is always examining his own condition. He does not adopt the attitude of someone who does not care, of someone who says, 'Well, if God wants me to be rich, I'll be rich; if not then I won't.' No.

God wants human beings to be happy, and has given them what they need. It is now their responsibility to prepare, organise and melakukan dan mempersiapkan dan menyelenggarakan hidupnya. Itulah kewajiban kita. Maka, kita tidak boleh kita tinggal diam saja tetapi harus berusaha. Nah, karena kita dalam melakukan usahanya selalu dapat pemberian dari Tuhan, selalu dapat didikan dan bimbingan dari Tuhan, yang disebabkan kita berbakti kepadanya, maka dengan sendirinya akan selalu kita terima jalan-jalannya yang perlu dan yang seharusnya kita turut, kita ikuti

Badan manusia saudara, ya badan saudara saudara sekalian ini, diibaratkan, diumpamakan sebagai tanah, jadi apabila badan saudara seluruhnya telah dibersihkan, telah menjadi baik, yaitu rasa perasaan yang ada didalamnya, yang disebabkan pula karena latihan kejiwaan, seluruh anggota badan menjadi subur, artinya menjadi *vruchtbaar*. Umpama saja Bapak gambarkan tangan, kalau tangan saudara merupakan sudah suatu tangan yang *vruchtbaar*, yang apa-apa ditanam bisa tumbuh, meskipun sama-sama tangan saudara, saudara menulis, "Saudara," umpama saja, "saya waktu ini butuh, ah ... anu. Kalau saudara ada, berikanlah kepadaku sebentar untuk dapat saya gunakan yang memenuhi tujuanku." Surat pergi. Diterima oleh seorang lain yang menerima surat itu. Karena ditulis oleh tangan yang *vruchtbaar* tangan yang apa yang ditanam disitu tentu tumbuh, jadi artinya buah tangan ini selalu *vruchtbaar*, selalu disenangi oleh manusia, orang yang terima surat menerima itu. Ah, hatinya terasa lega, puas, sayang, sehingga dengan giat mencari barang itu, diberikan.

Tapi kalau tangan orang yang tidak *vruchtbaar*, "Saudara, kasihanilah saya, saya ini orang yang butuh sekali, saya punya anak, punya isteri, tidak punya pekerjaan, toh patut kalau saya disayangi oleh saudara, berilah aku ini, supaya dapat saya gunakan untuk ini." "Wah!" Dibuang.

Itu baru yang dari tangan saudara, belum yang dari pikiran dan hati. Karenanya maka kalau badan saudara sudah merupakan suatu tanah yang *vruchtbaar*, saudara omong-omong pada orang, bukan diterima dengan kecewa, dengan tidak enak tetapi dirasakan omong-omongannya, ucapannya itu selalu mengenai hati dan dirasakan dan diterima puas. Demikianlah buah daripada latihan saudara. Maka latihan saudara itu dalam kejiwaan ini dibersihkan, dibersihkan, dibersihkan, dibersihkan supaya badan saudara seluruhnya merupakan tanah yang subur, yang *vruchtbaar*. Arti badan seluruhnya bukan hanya ininya saja, seluruhnya.

Juga saudara bikin apa-apa, bikin macam-macam yang saudara

arrange their life. That is our responsibility. We are not allowed to remain still: we have to make an effort. But because we worship God, in making our efforts we will always receive God's gifts, education and guidance. We will receive guidance as to the path that we need to and ought to follow.

The human body – your body – can be compared to soil. So when the whole of your body and the inner feeling within it has been cleaned and made good through the latihan, each part of your body will become fertile. Take your hand as an example: maybe your hand is a fertile hand, so that whatever it plants will grow. Then let's say, you write to someone, 'Dear friend, at the moment I have need of … something-or-other. If you have one, please let me borrow it for a while so that I can use it for what I need to do.' The letter goes off and is received by the person concerned. Because it was written by a fertile hand with the quality that whatever it plants is sure to grow, or whatever it produces is fertile and people like it, the person who receives the letter feels happy, satisfied and full of love. They actively look for the thing you are asking for and give it to you, the person who wrote the letter.

But if a hand that is not fertile writes: 'Dear friend, have pity on me, I am in great need; I have children and a wife and don't have a job. I deserve your compassion, so please give me this thing I need, so that I can use it in this way …' 'Bah!' They throw it away.

So far this is just what comes from your hand, not yet what comes from your intellect and your heart. If your body has become fertile soil, when you speak to someone they will not find what you say disappointing or annoying. They will think about it; it will touch their heart and they will feel satisfied. These are the fruits of your latihan. In the latihan you are gradually cleansed and purified so that the whole of your body becomes fertile, fruitful soil. The whole of your body means not just this [*Bapak gestures to his physical body*], but all of it.

It will be the same with things you make, no matter what it is:

bikin, sama-sama bikin demikian, bikin ini, kalau saudara waktu membikinnya ini badan saudara sudah merupakan tanah yang subur, berarti tangan saudara penuh rasa cinta, rasa yang sayang pada hidup. Itulah maka Bapak katakan bahwa didikan dan bimbingan Tuhan akan dijelmakan dalam segala sifat, akan dijelmakan dalam segala seluruh anggota badan saudara. Sehingga saudara tidak akan kehilangan jalan yang menuju kebahagiaan hidup.

Demikianlah jauh dan luasnya pemberian Tuhan kepada manusia atau kepada saudara sekalian, sebagaimana yang telah diharapkan Tuhan kepada manusia dan itu belum saudara capai. Karenanya maka saudara jangan lantas terasa sudah cukup, sudah sampai pada batas-batasnya, sedangkan itu belum sungguh-sungguh menjelma dalam rasa diri saudara, belum sungguh-sungguh menampakkan kenyataannya dalam tindakan saudara sehari-hari.

Maka Bapak harapkan kepada sekalian para saudara, terutama para pembantu pelatih, agar memberi contoh yang utama, yang benar, bagi anggota-anggotanya dan menjelaskan bahwa latihan yang telah diterima masih lama dan jangan hanya sekedar asal berlatih, sekedar asal sudah menyiapkan badannya, sekedar asal sudah menenteramkan hatinya, sekedar asal sudah dirasakan enak, jangan saudara. Kebaktian kita kepada Tuhan Yang Maha Esa tidak ada ukurannya, malahan sehabis hidup didunia ini masih terus kita bakti kepada Tuhan. Karena diluar dunia ini, masih berlipat-lipat ganda suasana hidup yang harus kita lalui.

Selain daripada itu sebagai pembantu pelatih adalah menjadi tugas kewajiban yang sangat diperlukan dan sangat penting karena pembantu pelatih sifatnya telah Bapak katakan sebagai asisten dan sebagai orang yang ada didepan, jadi dapatlah diumpamakan sebagai orang yang serba tahu tentang seluk beluk kejiwaan atau latihan kejiwaan. Maka janganlah selalu mengabaikan, yaitu tidak memperhatikan saudara-saudaranya yang telah dibuka dan yang telah dilayani latihannya. Perlu sekali menanyakan maupun meninjau kalau perlu dan bisa agar saudara-saudara yang belum sungguh-sungguh dapat menerima apa arti latihan dan apa sebenarnya yang diterima dalam latihan kejiwaan itu dapat selekasnya diinsafi.

Dan itulah penting sekali bagi para pembantu pelatih agar selalu memperhatikan, agar selalu menanyakan kepada anggota-anggota,tetapi jangan lantas setiap anggota ditest dan dikatakan begini begitu, karena belum pada tempatnya dan belum waktunya if when you are making it your body is already like fertile soil, your hands will be full of love, full of the love of life. That is why Bapak says that God's education and guidance is embodied in all creatures; it will manifest in every part of your body so that you will not lose the way that leads you to a happy life.

Such is the depth and breadth of God's gift to human beings – to all of you. That is what God wishes for human beings; but you have not achieved it yet. Therefore do not think that what you have achieved is enough, that you have reached the limit; because in fact it has not yet really manifested in your feeling, and it is not yet really evident in your everyday life.

That is why Bapak would like you, especially the helpers, to set a really excellent and true example to the members, and to explain that the latihan you have received will still take a long time. It is not enough just to do the latihan, just to prepare your body, to quieten your heart and to feel agreeable. That is not enough. Our worship of Almighty God has no limits; in fact we continue to worship God after our life in this world comes to an end, for beyond this world there are still many, many realms of life that we need to pass through.

Apart from that, the other duties and responsibilities of helpers are very necessary and very important, because as Bapak said, the helpers are his assistants and they are at the front; that is, it is as if they should know everything about the realm of the soul and the latihan. Therefore you should not habitually ignore and neglect your brothers and sisters, whom you have opened and whom you have been accompanying in the latihan. It is very important to ask them, and if necessary to test, to make sure that those who have not yet been able really to experience the meaning of the latihan, or what it is that one receives in the latihan, are able quickly to become aware of it.

So it is important that the helpers should pay attention to the members and talk to them, but that does not mean that they should test each member and tell them what they receive. For it is not yet appropriate and it is not yet the time for helpers to say to their juga pembantu pelatih mengatakan kepada saudara-saudaranya bahwa kamu baru begini, kamu baru begitu. Apa sebab demikian karena mereka sendiri masih butuh sekali menerima perkembangan jiwanya, perbaikan jiwanya, pembersihan rasa dirinya. Jadi tidak perlu mengatakan demikian karena semua dan segala sesuatu itu akan dilakukan dan akan diatur oleh kekuasaan Tuhan sedangkan kita pada umumnya sifatnya hanya menerima dan meneliti apa yang kita terima itu.

Jadi saudara jangan sampai *onverschillig*, jangan sampai sembarangan, artinya membuka saudara baru lantas dibiarkan begitu saja, dan andaikata ada saudara yang habis dibuka, tidak diketahui lagi bagaimana keadaannya, apakah sudah dapat menerima atau belum. Tindakan saudara apabila demikian berarti saudara tidak memenuhi sebagai pembantu-pelatih yang sifatnya saudara tua dalam grup itu atau asisten dari Bapak yang perlu, yang diharuskan memberi penjelasan yang sejelas-jelasnya kepada para saudara yang mengikuti latihan kejiwaan Subud atau yang menjadi anggota Subud.

Dalam grup para pembantu pelatih Bapak dengar selalu bahwa banyak diantara para pembantu pelatih tidak memenuhi kewajibannya sebagai pembantu pelatih ialah datang ditempat grup itu pada setiap diadakan latihan dan tidak dapat datang juga tiap diadakan pembukaan, katanya tidak ada waktu, katanya sering sakit dan lain-lain. Kalau toh terjadi demikian, saudara, meskipun saudara itu telah dapat kartu pembantu pelatih dan telah Bapak setujuinya, kalau saudara menemukan dalam grupnya pembantu pelatih yang demikian baiklah ditanyakan, ditegor, 'Apakah saudara memang belum ada waktunya tidak mempunyai waktu untuk selalu menetapi tugasnya sebagai pembantu pelatih? Kalau tidak bisa, baiklah saudara kembalikan saja kartu pembantu pelatihnya, dan saudara dinonaktifkan sebagai pembantu pelatih tetapi sebagai anggota biasa. Dan akhirnya apabila saudara sudah mempunyai banyak waktu dan banyak kesempatan untuk selalu mengikuti pembukaan dan latihan, dapat saja kartu pembantu pelatih itu diminta kembali untuk sebagai pegangan saudara.'

Dengan demikian sehingga saudara dapat mengusulkan anggota lain untuk mengisi tempatnya, dan para grup pembantu pelatih dapat lantas mengerjakan pekerjaannya dengan teratur dan seksama. Sudah tentu yang demikian itu harus dikerjakan oleh para pembantu pelatih bersama, jangan sampai lantas satu satu bertindak fellow members, 'You are now just at this stage or at that stage.' The reason for that is because the helpers themselves are still very much in need of receiving the development and improvement of their own souls and the cleansing of their inner feelings. Therefore it is not necessary for the helpers to explain those things to the members, because all of that will be taken care of and organised by God's power; and our position is in general simply to receive and to observe what we receive.

So do not be careless and casual; in other words, do not open people and leave them to their own devices, not knowing how they are and whether they have been able to receive or not. If you do that, you are not fulfilling your position as a helper, someone who is supposed to be a mentor in the group and an assistant to Bapak. You must give clear explanations to your brothers and sisters who follow the Subud latihan and become members of Subud.

Bapak is always hearing that in the helpers' group there are many helpers who do not fulfil their responsibilities as helpers; that is, they do not come regularly to the latihan, and they cannot make it when there is an opening, saying that they have no time or that they are often sick or whatever. If that does happen, and you have such a helper in your group, then even though they have a helper's card and have been approved by Bapak, you need to ask them, 'Is it true that you have no time to do your duty as a helper on a regular basis? If you can't, it would be better for you to return your helper's card and become inactive as a helper, becoming an ordinary member again. And later on, when you have plenty of time and have the opportunity to come to all the openings and the latihans, you can ask for your card back.'

You can then propose another member to take their place, and the helpers' group can do its work thoroughly and in an orderly way. Naturally, the helpers' group must do this together; it should not come from a helper acting individually, for that is bound to create discord.

sendiri sendiri, sehingga akan menyebabkan perselisihan faham diantara satu dengan yang lain.

Juga apabila ada para pembantu pelatih atau pembantu pelatih yang melakukan sesuatu diluar kebiasaan, diluar kebiasaan latihan kejiwaan Subud, ya, artinya mengumpulkan saudara-saudara diberi pimpinan, dan diberi tuntunan kejurusan lain, atau diberi didikan semacam memasukkan teori kepada saudara-saudara itu dari aliran mana yang dia dapat; bila ada saudara yang demikian, juga sebaiknya ditegor, jangan sampai melakukan itu terus menerus, dan apabila saudara itu tidak suka, inipun juga perlu dicabut tanda, kartu pembantu pelatihnya dan dinonaktifkan sebagai pembantu pelatih.

Perlu diketahui bahwa *helpers* adalah *helpers* untuk umum. Jadi bukan kalau *helpers* di Wolfsburg lantas tidak diakui *helpers* di Munchen atau tidak diakui *helpers* di England, di negeri Belanda, di Amerika, tidak. Satu kali *helper*, sudah diakui umum: artinya *helpers* Wolfsburg berlaku juga sebagai *helpers* apabila mereka ada di Indonesia, demikian juga sebaliknya *helpers* di Indonesia akan berlaku juga sebagai *helpers* di Wolfsburg dan dimana tempat juga. Demikian berarti bahwa *helpers* itu sifatnya internasional, lain daripada pengurus, suatu komite.

Demikian saudara, adapun disamping grup *helpers*, yang artinya melakukan mementingkan soal kejiwaan, juga adanya komite dengan pengurusnya. Memang itu perlu sekali saudara, agar dalam persaudaraan Subud ini, merupakan dua rangkaian, yaitu rangkaian antara lahir dan batin, antara kasar dan halus, antara manusia dan Tuhan. Yang Tuhan ialah dalam kejiwaan, yang manusia ialah dalam komite. Karena memang kita ini meskipun bagaimana, sebagai manusia tentu harus hidup dan perlu hidup sebagai manusia yang dicukupi oleh kebutuhan-kebutuhan yang ada dalam dunia ini. Sedangkan kebutuhan didunia ini tidak dapat kita capai apabila kita tidak bertenaga sebagai manusia yaitu melakukan hati, pikiran dan kekuatan badan kita. Itulah sebabnya maka disamping kejiwaan, karena memang kita ini manusia juga kita perlu menyusun yaitu komite, agar komite atau sifatnya pengurus komite dapat melayani kebutuhan kita didunia yaitu secara biasa, surat-menyurat dan macam-macam lainnya tentang kontribusi dan menyewa rumah dan membayar ini dan itu.

Malahan sedapat mungkin kita berusaha dalam pengurus komite itu agar dapat kita bekerja menciptakan suatu pekerjaan yang kita dapat menampung saudara-saudara kita yang kebetulan

Also, if there are helpers, or a helper, doing something that strays from what is normal in Subud – for example if they bring members together to lead or guide them in another direction, or teach them something involving theories or methods from some teaching that they have obtained – you need to warn them not to go on with it. But if they persist, in this case too you need to take away their helpers' cards and make them inactive as helpers.

You need to understand that helpers are helpers everywhere. So it is not the case that a Wolfsburg helper will not be regarded as a helper in Munich or in England, Holland or America. No, once a helper is approved, that is valid everywhere. This means that Wolfsburg helpers are accepted as helpers when they are in Indonesia; and, conversely, Indonesian helpers are accepted as helpers in Wolfsburg and anywhere else. Unlike the committee, helpers are international.

Brothers and sisters, besides the helpers' group who look after and focus on matters of the soul, there is also the committee with its officers. Indeed, it is very important that in our Subud association we should have these two frameworks: the outer and the inner, the coarse and the fine, the human and the divine. The divine is the spiritual side, and the human is the committee. Because no matter what we say, as human beings we have to and need to live as human beings, fulfilling all our needs in this world. And we cannot fulfil them if we do not expend our human energy, using our heart, our thoughts and the strength of our body. That is the reason why, as well as the spiritual side, we need also to set up a committee in order to serve our worldly needs in the normal way, taking care of correspondence and dealing with contributions, renting a building and paying for this and that.

In fact, the committee should be able to create some undertaking that can provide employment for our members who happen to be out of a job, or who have lost their jobs, so that by tidak bekerja dan kebetulan diberhentikan dari pekerjaannya, supaya dapat bekerja didalam pekerjaan yang telah diciptakan oleh pengurus komite itu. Dan dengan demikian, sehingga kita sedikit-sedikit mulai dapat melakukan jalannya kelahiran yang selalu disertai dengan kejiwaan, yaitu agar kita dapat melakukan sesuatu yang tidak melepaskan kebaktian kita terhadap Tuhan Yang Maha Esa.

Jangan saudara kuatir rasanya bahwa dengan adanya komite dan pekerjaan yang akan diciptakan itu nanti akan menyebabkan kemunduran dalam kejiwaan, dalam pertumbuhan jiwanya. Tidak, justru malah dengan adanya demikian saudara, membiasakan sehingga akhirnya saudara dalam setiap tindakannya selalu berdampingan dengan yang meliputinya, selalu berdampingan dengan yang menguasai hidup saudara. Kalau saudara bertindak demikian, yaitu sungguh-sungguh aktif dalam dua rangkaian itu, tentunya tidak akan terjadi demikian sehingga saudara berjejal-jejal duduk saja, dan dapat menciptakan rumah yang luas, karena saudara telah dapat mengerjakan sesuatu hingga dapat menghasilkan sesuatu yang dapat memenuhi syaratnya cara orang memperluaskan rumah, membesarkan rumah, memperluaskan ruangan dan lain-lainnya.

Bagi Bapak sendiri, Bapak dirumah tidak begini saja, Bapak dirumah bekerja, ya jadi Bapak dirumah bekerja, dan ada hasilnya untuk mencukupi kebutuhannya. Demikian saudara, jadi bukan kehendak Tuhan agar saudara lantas memikirkan sana saja lantas ... tidak. Supaya saudara bekerja didunia. Hawa saja bekerja. Tuhan akan menunjukkan dalam diri saudara bagaimana saudara harus bekerja, dan membahagiakan diri saudara dan dengan demikian sehingga saudara dapat bekerja, latihan, ha, oh latihan, oh latihan, seluruhnya latihan. (*Bapak memperagakan.*)

Sekian saudara-saudara sekalian, ucapan Bapak yang perlu Bapak sampaikan kepada sekalian para saudara sehingga saudara sedikit banyak dapat menginsafi bagaimana sesungguhnya *helpers* itu didalam Subud dan bagaimana pula perlunya diadakan komite atau organisasi dalam persaudaraan kita kejiwaan Subud. Dan pada akhirnya karena Bapak tadi telah janji akan memberikan sedikit contoh kepada saudara sekalian sehingga terpaksa meskipun sekarang sudah jam dua. Maka Bapak harapkan sekalian para saudara duduk tenang, jangan memikirkan sesuatu apa kecuali tenang dan merasakan dirinya sehingga akan dapat merasakan this means, little by little, we begin to be able to do our outer work accompanied by our soul; that is, we become able to do something without interrupting our worship of Almighty God.

Do not be anxious that having a committee and doing this kind of work will cause us to regress in the realm of the soul, in the growth of our soul. No. On the contrary, by doing this you will be accustoming yourselves to being accompanied in all your actions by the One who envelops you, by the One who rules your life. If you act in this way – in other words if you are really active in both these aspects – then it will certainly not happen that you are squashed together but just sit around and do nothing about it. You will be able to create a spacious building for yourselves, because you will have been able to do some work that generates what is needed to extend your building or the hall you use, and so on.

This applies to Bapak himself. When he is at home he is not like this [*Bapak enacts doing latihan*]; at home he works, and what he does helps to meet his needs. That is the point, brothers and sisters: it is not God's will that you should concern yourself only with the hereafter. No, you should work in this world. [*Bapak knocks on the table and gestures.*] Even the air works. God will show you within your being how you have to work and make yourself happy. As a result of that you will be able to work and sense, 'Oh, the latihan; ah, the latihan, it is all latihan.' [*Bapak demonstrates.*]

That is all; this is the end of what Bapak needed to tell you so that you can understand to some extent how helpers actually function in Subud, and also how you need to set up a committee in our Subud spiritual association. And now, finally, because Bapak promised earlier that he would do some tests with you, he has no choice but to do that even though it is already two o'clock. Therefore please sit quietly; do not think about anything. Just be quiet and feel your being, so that you feel that the latihan is already there in your body. There is no need to say, 'Come on, do latihan, do this, do that!' No. It will work by itself.

bahwa latihan itu telah berada sudah dalam diri saudara. Tidak perlu saudara, 'Ayoh latihan, begini, begini!' Tidak, akan bekerja dengan sendirinya.

(*Rekaman putus, untuk testing.*)

... saudara-saudara, ini, kalau bergerak sifatnya ... (*bunyi ketokan kotak rokok.*) Jadi ini tidak bisa dipaksa seperti ini; tidak bisa, 'ayoh!' Ini sifatnya tidak bisa, (*bunyi ketokan asbak, kemudian ketokan kotak rokok lagi*) 'Kenapa tidak begini?' Tidak bisa. (*Bapak ketawa.*)

[*The recording is interrupted for testing.*]

... brothers and sisters, when this moves, it is like this ... [*Sound of Bapak knocking on a cigarette box.*] So you cannot force it to move like this; you cannot say, 'Come on!' Its nature is different. [*Bapak knocks on the ashtray, then again on the cigarette box.*] 'Why can't this be like this?' It cannot! [*Bapak laughs.*] [*The recording ends here.*]

2

WOLFSBURG

21 AGUSTUS 1964

Rekaman: 64 WOB 4

Nyonya-nyonya, tuan-tuan, saudara sekalian, malam ini adalah malam yang terakhir kunjungan Bapak di Wolfsburg. Besok kalau tidak ada halangan dan Tuhan Yang Maha Esa selalu memurahi, Bapak dan rombongannya akan meneruskan ke Brussel untuk beberapa hari. Maka sebelum Bapak memberikan sedikit kesan-kesan, pesan-pesan dan wejangan-wejangan kepada saudara sekalian, lebih dahulu Bapak mengucapkan terima kasih yang sebanyak-banyaknya kepada saudara sekalian, yang telah berduyun-duyun mengunjungi Wolfsburg. Tadi yang telah dikatakan oleh saudara Edward van Hien, bahwa Edward sendiri pun tidak ketinggalan mendatangi Wolfsburg dan juga lain-lain negeri, maka Bapak ucapkan sekali lagi sungguh-sungguh berterima kasih kepada Tuhan Yang Maha Esa, Yang telah memurahi kita, dapat bertemu dengan ramah tamah dan riang gembira di Wolfsburg. Dan kepada pengurus Bapak ucapkan juga banyak terima kasih, yang telah menyediakan tempat yang tidak kurang baik dan cukupnya untuk melayani Bapak serombongannya, selama Bapak ada di sini.

Bapak terasa sangat gembira, bahwa grup Wolfsburg yang begitu kecil jumlah anggotanya, telah dapat mempersiapkan rumah. Meskipun rumah belum seluruhnya menjadi miliknya, tetapi dapat dikatakan sudahlah memiliki tempat yang dapat sedikit banyak menerima kedatangan para saudara dari luar Wolfsburg. Yang demikian itu saudara-saudara sekalian, mudah-mudahan dapat menjadi contoh bagi saudara-saudara lainnya, agar dengan secepat

2

WOLFSBURG

21 AUGUST 1964

Recording: 64 WOB 4

Ladies and gentlemen, brothers and sisters, tonight is the last night of Bapak's visit to Wolfsburg. Tomorrow, all being well and with the grace of Almighty God, Bapak and his party will go on to Brussels for a few days. Before Bapak gives you his impressions and advice, he would first like to say thank you very much to all of you who have come in large numbers here to Wolfsburg. Edward van Hien just said that he himself would not have missed the opportunity of coming to Wolfsburg and other countries; so once again Bapak would like to thank Almighty God, who has enabled us to meet together in Wolfsburg in a friendly and happy atmosphere. And Bapak also says thank you very much to the committee, who prepared such a satisfactory place for Bapak and his party to stay.

Bapak is very happy that the Wolfsburg group, with its small number of members, has been able to get a house. Even though they do not yet fully own it, it can be said that they already have a place where they can receive members from outside Wolfsburg. It would be admirable if this could serve as an example for members elsewhere, so that they also make a real effort as quickly as possible to provide places to stay like this one, or even better.

mungkin dapat mempersiapkan tempat penginapan yang begitu, lebih daripada itu, juga diharapkan dan dapat berusaha yang sesungguh-sungguhnya.

Dan Bapak berpesan kepada saudara sekalian, baik yang ada di sini maupun di luar, artinya yang tidak kebetulan datang di sini, agar persiapan dari grup Wolfsburg, yaitu persiapan mengadakan rumah penginapan yang demikian, dapat perhatian yang sebenar-benarnya oleh para saudara sekalian dan dapat memelihara kebaikannya. Dan Bapak harapkan semoga nama Subud di Wolfsburg dengan rumah yang dimilikinya, yang terang menjadi tempat untuk menerima kedatangan saudara apabila datang di Wolfsburg, dapat sungguh-sungguh terpelihara dengan baik-baik dan tidak ada sesuatu hal apa yang memburukkan keadaannya.

Adalah sebenarnya yang demikian itu telah menjadi kewajiban para saudara sekalian, karena dalam kalangan kita Subud, dapat dikatakan jelek satu mengenai seluruhnya, sehingga apabila saudara tidak menjaga nama yang demikian, nama saudara sendiri pun menjadi jelek karenanya. Dan mengingat pula bahwa Subud adalah sesuatu yang bertujuan menurut kehendak Tuhan. Dan sudah terang saudara sekalian, bahwa kehendak Tuhan kepada manusia agar manusia bertindak, berkelakuan yang sebaik-baik mungkin. Demikianlah bedanya antara manusia yang telah terdidik, antara manusia yang telah mendapat kontak kebesaran Tuhan, daripada yang lain. Karenanya maka apabila saudara sekalian mengingat yang demikian, tidak seharusnya Bapak berpesan pada saudara sekalian, justru saudara sekalian telah dapat menginsafi sendiri, bahwa nama Subud dengan golongannya atau dengan kumpulannya, harus kita pelihara sebaik-baik mungkin.

Sesudah Bapak berpesan dan menasihatkan demikian, maka akan Bapak lanjutkan dengan sedikit memberi penjelasan tentang jalannya latihan kejiwaan maupun bagaimana keadaan para saudara sekalian, yang telah mengikuti latihan kejiwaan Subud.

Saudara-saudara sekalian, latihan kejiwaan Subud, saudara sebagaimana telah dapat mengetahui dan juga telah seringkali mendengarkan ceramah Bapak, bahwa gerak-gerak yang didapat dalam latihan, yang pertamanya terasa dalam rasa diri, semacam getaran dan getaran itu biasa dikatakan adalah ilham. Apa sebab dikatakan ilham? Karena getaran itu terjadi karena kesepian, karena kesunyian, karena kekosongan, ialah kekosongan daripada pengaruh nafsu, yang selalu mengacaukan atau selalu menjadi

And Bapak asks you, those of you who are here as well as those elsewhere – meaning those who did not happen to come here – really to respect the work the Wolfsburg group has done in preparing such a guest-house, and to maintain it in a good state. He hopes that nothing will happen to tarnish the name of Subud in Wolfsburg, and that its house for receiving visiting members will be really well looked after.

This is the responsibility of all of you; for if one person in our Subud circle does something bad, it affects all of us. So if you do not look after our name, your own good name will suffer too. And remember also that the aim of Subud is to follow the will of God, and it is clear that God's will for human beings is that they should behave as well as possible. That is the difference between people who have obtained the contact with the greatness of God – who have been educated by God – and others. If you are able to remember that, Bapak will not need to remind you, because you will spontaneously be aware that we need to look after the good name of Subud and its association.

Having given you this advice, Bapak will continue by giving you some explanations about the process of the spiritual training or latihan, and the state of the members who have been following it.

Brothers and sisters, as you know and have often heard Bapak say in his talks, the movements you receive in the latihan are initially felt in the inner feeling as a kind of vibration, which is commonly called inspiration. Why is it called inspiration? It is because this vibration comes as a result of stillness, quietness, or emptiness; that is, freedom from the influence of your desires,[1] which create confusion and disturb your wish to worship God. Therefore you very much need to adjust yourself to what you gangguan kehendak saudara untuk bakti kepada Tuhan. Maka dengan demikian, sehingga bagi para saudara sekalian perlu sekali dapat menyesuaikan dengan apa yang telah diterima dalam latihan, yaitu bimbingan dan didikan Tuhan, yang menuju keutamaan hidup manusia, keutamaan tindakan manusia, agar saudara sekalian menjadi manusia yang benar-benar patut dipuji, patut menjadi contoh khalayak ramai.

Kalau saudara sekalian ingin tahu, apakah gerak yang didapat di dalam latihan adalah gerak yang benar-benar gerak dari kebesaran Tuhan, artinya karena terkena kontak dari kebesaran Tuhan, Bapak jawab bahwa demikianlah, sungguh gerak yang telah diterima dalam latihan, yang umumnya telah dikatakan kontak dari kebesaran Tuhan itu, sesungguhnya ilham atau kemurahan Tuhan yang telah menjelma dalam diri saudara sekalian.

Ini dalam kata-kata yang telah diucapkan oleh para pendapat pada jaman yang telah lama lampau, bahwa gerak yang demikian adalah sesuatu yang dikatakan hakikat. Arti hakikat, ialah suatu tindakan, suatu gerak yang digerakkan menurut kodrat Tuhan. Jadi gerak yang telah saudara terima, adalah gerakan kodrat dari hidup. Itulah sebabnya maka dapat dikatakan, gerak yang saudara terima dalam latihan, adalah gerak yang menjelma dengan sendiri, yang tidak karena dicari, yang tidak karena dipelajari, selain menyepikan, mengosongkan dari pengaruh nafsu yang bersarang dalam hati dan akal atau otak saudara sekalian.

Gerak-gerak itu kalau diterima di tangan, yang saudara biasa mengatakan melambai-lambai tangan, meraba, menulis; kalau di kaki, jalan, berlari, berjongkok dan lain-lain. Tetapi kalau gerak itu telah menjelma dalam otak saudara, otak saudara bangkit. Kebangkitan otak adalah pikiran dikatakan, sehingga saudara dapat memikir dari kebangkitan otak yang dari kontak kebesaran Tuhan itu, bisa memikir hal-hal diluar kebiasaan. Demikian dalam hati saudara. Apabila gerak itu telah menjelma dalam hati saudara, saudara akan memiliki hati nurani, yang dikatakan ialah hati suci, yang diumpamakan sebagai seluas samudra. Artinya serba, ya, serba baik. Suka memberi, suka terima; suka terima, suka memberi. Sebagai contohnya ialah Yesus Kristus. Yesus Kristus berhati maknawi, berarti hati yang seluas samudra, sehingga apa-apa baik dan tidak ada sesuatu yang dirasa kuatir, dirasa bagaimana, kecuali menyerah kepada Tuhan Yang Maha Esa dan menyerah kepada takdir Tuhan yang telah diberikan atau yang telah diterimanya.

receive in the latihan; in other words, to the guidance and education of God, which leads towards the excellence of human life and human behaviour. For in that way you may become praiseworthy and fit to become examples for society.

If you ask whether the movements you receive in the latihan are really from the greatness of God, really the result of having made contact with the greatness of God, Bapak replies that this is so. The movements you receive are really what is known as the contact with God's greatness, truly what is known as divine inspiration; the grace of God that has manifested within each one of you.

Those who received it in times long past called this kind of movement *haqīqa* [Arab.]. The meaning of *haqīqa* is an action or a movement that is moved according to the will of God. So the movements you have received are movements of life according to God's will. That is the reason why the movements you receive in the latihan arise spontaneously, not because you look for them or because you have studied them. All you do is become still, and empty yourself of the influence of the desires that reside in your heart,[2] your intelligence and your brain.

If these movements are received in your hands, we can name them as waving, touching, writing; in your legs they are walking, running, squatting and so on. But if the movement manifests in your brain, your brain wakes up. The awakening of your brain means that your thinking comes from the contact of the greatness of God, so you will be able to think about things that are beyond what is normal. The same applies to your heart. If this movement manifests in your heart you will have a heart of light, or what is called a pure heart that is as wide as the ocean. That means it is good in every way; it is willing to give and to accept, to accept and to give. An example of this was Jesus Christ. Jesus Christ had a heart described as *ma 'nawī* [Arab.], which means a heart that is as wide as the ocean. So for him everything was acceptable; he never felt worried or anxious about anything. He simply surrendered to God and accepted the destiny given to him by God.

Dari yang demikian itu saudara sekalian, justru lahirnya kebudayaan, lahirnya seni, lahirnya kesenian. Jadi terangnya, manusia, orang-orang yang hidup di jaman yang telah lama lampau, karena kurang nafsunya, karena tidak selalu terpengaruh oleh nafsu, sehingga dapat dengan sendirinya menemukan kontak dari kebesaran Tuhan, yang akhirnya dapat menciptakan suatu kebudayaan, suatu kesenian. Jadi terangnya saudara sekalian, saudara sekalian sebagai manusia yang dikandidatkan, yang dicalonkan sebagai manusia yang sungguh-sungguh berseni, apabila saudara dapat mencapai yang demikian itu. Tetapi karena memang itu telah ada dalam diri saudara, kemungkinan ada, meskipun tidak setinggi apa yang telah diterima oleh para seniman di jaman yang telah lama lampau, tetapi akan menumbuhkan dan akan melahirkan kesenian jiwa, kesenian hidup manusia.

Saudara-saudara sekalian, memang kesenian bagi manusia tidak hanya diperlukan tetapi memang menjadi hak manusia, sebagai makhluk yang utama. Dan dengan demikian, sehingga saudara sekalian akan menjadi manusia yang sungguh-sungguh berharga, karena saudara berseni. Bapak gambarkan saja; umpama saudara dapat menerima kesenian dalam hal menggambar, *schilderen* tetapi ada seni di dalam jiwa saudara, sama-sama menggambar lain daripada yang lain, karena dalam gambaran isi hidup, sehingga menarik perhatian pada siapa saja yang melihatnya. Demikian juga andaikata saudara menerima dalam membikin sesuatu, misalnya meja, kursi; sama-sama meja dan kursi, bikinan saudara lain daripada yang lain, karena meja yang telah saudara bikin, kursi yang telah saudara bikin, berisi hidup di dalamnya sehingga menarik perhatian khalayak ramai.

Dengan demikian, sehingga benar-benar bahwa apabila saudara telah dapat memiliki kesenian manusia, maka saudara akan menjadi manusia yang berharga dan itulah sebagai harapan Tuhan kepada manusia agar manusia tahu hidupnya, agar manusia tahu jalan hidupnya. Karena kalau manusia dengan jalan hidupnya menurut kehendak Tuhan, manusia akan bertindak, meskipun mengejar keuntungan, meskipun mengejar kepangkatan, meskipun mengejar keuangan, pendek kata mengejar kemuliaan, mengejar ketinggian segala macam tetapi tidak akan meninggalkan hidup rukun di antara manusia, sehingga keinginannya untuk mengejar sesuatu, tidak akan menjauhi dan melupakan tindakan perikemanusiaan, sebagai yang dikehendaki Tuhan pada manusia.

It is from this source that culture and art are born. Human beings who lived a long time ago were able spontaneously to find the contact with the greatness of God, because they were not so much under the influence of their desires, and this enabled them to create various kinds of culture and art. Clearly, you too are candidates for being truly artistic human beings, if you are able to achieve it. You really have that within you. So you have the potential for developing a culture of the soul, an art of human life, even if it is not so high as that received by artists in ages past.

Brothers and sisters, art is not just something that people need; it is the birthright of human beings as creatures of a high order. Moreover, if you are artistic, you will be a valuable person. Bapak will illustrate. Suppose that you are able to receive artistic talent in painting: if you have that artistic spark in your soul, your paintings will be different. They will be full of life, and will attract the attention of whoever looks at them. It will be the same if your receiving is in making something, such as a table or a chair. Even though they are just tables and chairs, the ones you make will be different. They will have life and will attract people's attention.

So it is true that if you possess human culture you will become a valuable person. That is what God hopes for you: that you should understand how to live. For if a person lives according to God's will, then even if they pursue profit, position or money – in short any kind of excellence – their actions will not depart from living in harmony with their fellow human beings. Being in accordance with God's will, their desire to acquire something will not lead them to forget kindness.

Pada hakikatnya, gerak, yaitu latihan kejiwaan yang saudara terima dan lakukan, adalah kunci daripada segala macam, artinya kunci hidup manusia. Justru itulah, saudara, yang dicari manusia, yang dicari oleh banyak manusia sehingga mereka mengutamakan mencari Tuhan daripada mencari dunia, mereka mengutamakan menyepikan di gunung, di tepi samudera, di dalam rimba, daripada mereka berada di tengah-tengah keluarganya, daripada mereka bekerja, daripada mereka senang-senang.

Demikian saudara, sebenarnya sama, itulah yang dicari manusia. Saudara tentunya belum sampai, belum menduga sampai sejauh itu, karena saudara belum sampai pada tingkatan yang dapat mengetahui seluk-beluk kejiwaan. Sebenarnya yang dicari orang-orang, yang selalu dzikir, tafakur, yang selalu diam, mengurangi makan dan tidur, itu, ialah kunci, kunci hidup manusia, ya gerakan manusia di dalam dirinya. Dan mereka malahan belum sampai menemukan itu.

Maka bagi saudara sekalian atau bagi kita, adalah sebenarnya sesuatu kemurahan atau kebahagiaan yang tak terhingga batasnya kita dapat menemukan itu. Ya, sudah tentu saja saudara sekalian, saudara tidak akan dapat selekas mungkin mencapai apa yang telah diharapkan, yaitu lantas tahu bagaimana seluk-beluk kejiwaan. Dan saudara jangan menduga, bahwa apakah hanya sampai gerak-gerak begitu saja, itu kejiwaan Subud, apakah hanya sampai bisa menangis, bisa ketawa saja itu, apa hanya bisa begini, begini saja, itu; tidak saudara, belum apa-apa, saudara. Itu baru gerak badan kita yang kasar, baru gerak kaki dan tangan dan mulut, belum digerakkan isinya daripada segala anggota kita, sehingga kita dapat melihat terpisah antara aku melihat yang terpengaruh dunia, aku melihat yang tidak terpengaruh dunia. Demikian juga dengan lain-lain anggota, seperti telah Bapak tadi katakan.

Maka bagi saudara sekalian, janganlah tergesa-gesa merasa dirinya dapat membetulkan lainnya, jangan pula saudara sekalian terasa dirinya sebagai yang telah lebih pandai daripada lainnya, karena jalan saudara ke tempat yang dituju, yaitu kesenian pribadi daripada hidup saudara masih jauh. Dan itu dapat terhambat, apabila saudara berperasaan demikian, yaitu merasa pandai, merasa pintar, merasa memberi contoh kepada lainnya. Boleh saudara beromong-omong, bercakap-cakap dengan saudaranya, menceritakan tentang pengalaman tetapi jangan sekali-kali mengatakan bahwa inilah yang benar, itulah yang salah, karena apa yang dialami oleh

In fact, the movement of the latihan that you have received and practise is the key to everything: the key to human life. This is what people are looking for. And it is this that makes many of them search for God rather than pursue this world; that makes them isolate themselves in the mountains, by the seashore or in the jungle, instead of staying with their families, instead of working or enjoying themselves.

So it is the same; it is the thing that people want. But you are certainly not yet at the point where you are able to realise that, because you have not yet reached a level where you can understand enough about the realm of the soul. In reality, what people who always pray, who always sit in contemplation, who are always still, who reduce their food and sleep, are looking for is that movement, the key to human life: the movement that is within the human self. And the fact is that those people have not found it yet.

Hence for all of you – for all of us – it is actually a boundless grace and good fortune that we have found it. Well, of course, brothers and sisters, that does not mean you will be able to achieve everything that you hope for right away and understand the workings of the realm of the soul. And when you have become able to make these movements in the latihan, whether it is crying or laughing, or moving like this or like that, do not get the idea that this amounts to anything yet. Those are just movements of your physical body, of your feet and hands and mouth; not yet the movement of the content of all the parts of your body, which will enable you, for example, to distinguish in your seeing between, 'I see, under the influence of this world' and 'I see, not influenced by this world'. The same applies to all the other parts of your body.

Therefore do not be in a hurry to think that you are able to correct other people, or to think that you are better than others; because your path to the place where you are heading, which is towards your own personal art of living, is still a long one. And it can be obstructed by feeling that way, by feeling capable or clever, or feeling that you are an example for others. Of course you can talk with your friends and relate your experiences, but do not ever say that this is the right way or that is the wrong way, because what you are all experiencing is your own individual growth. This one grows this way and that one grows that way. So it cannot be right para saudara sekalian adalah pertumbuhan masing-masing. Ini tumbuh begini, ini tumbuh begini. Jadi andaikata saudara menyalahkan lainnya, tidak mungkin benar, karena tumbuh dari si A lain daripada pertumbuhan si B.

Itulah sebabnya, maka jangan saudara melakukan demikian. Kecuali yang demikian itu menghambat kemajuan saudara sendiri dalam menerima bimbingan Tuhan yang ada di dalam diri saudara, juga menyebabkan saudara bertengkar, berpisah antara satu dengan yang lain. Sedangkan kebutuhan saudara sekalian, supaya kita manusia hidup di dunia ini rukun. Karena tidak dengan kerukunan kita, kita tidak akan mencapai yang benar sebab menyalahi kehendak Tuhan. Tuhan menghendaki manusia supaya manusia rukun, supaya manusia berhati, berotak, atau mempunyai hati dan pikiran sebagai, ya, sebagai para nabi, sebagai para utusan. Karena itu maka dikatakan hanya utusan, hanya nabi saja yang dapat masuk ke sorga dan hanya yang dapat menemukan jalan yang benar, karena merekalah yang memiliki hati dan otak yang diumpamakan seluas samudra, lain daripada orang-orang biasa.

Tapi apakah tidak mungkin bagi para saudara sekalian, sampai mencapai yang demikian? Ya, mungkin juga karena Tuhan telah memberikan kepada para sekalian saudara. Maka Bapak harapkan kepada sekalian para saudara, agar saudara menjauhi apa yang telah Bapak katakan itu tadi, yaitu merasakan dirinya pintar dan menunjukkan apa-apa pada lainnya dan merasa bahwa latihannya sudah cukup jauh, cukup tinggi, sedangkan baru bisa jalan, baru bisa omong-omong, baru bisa teriak-teriak, bisa nangis dan bisa ketawa, sedangkan itu baru permulaan, saudara.

Sebabnya, saudara sekalian, Bapak telah mengatakan bahwa saudara sekalian telah menerima didikan, bimbingan dan pimpinan dari Tuhan sendiri. Jadi kalau saudara menyalahkan lainnya, yang begitu kenapa begitu, tidak begini, berarti bahwa saudara lebih tahu daripada Tuhan, karena Tuhan mendidik dan memimpin saudara itu. Apa sebab saudara itu dibimbing dan dipimpin dan dididik yang demikian, tidak seperti saudara, karena memang demikianlah sifat saudara itu. Jadinya baik karena harus melewati berliku-liku, liku-liku jalannya, lain seperti A yang umpamanya jalannya itu lurus. Jadi antara satu dengan yang lain berlainan, saudara, dan didikan Tuhan dan pimpinan dan bimbingan Tuhan pada manusia dilaraskan dengan keadaan saudara atau keadaan manusia itu.

if you criticise someone, because the growth of A is different from the growth of B.

That is why you should not do that. Also, apart from holding up your own progress in receiving God's guidance within your being, it causes quarrels and divisions between you. What we human beings need is to live in harmony in this world; without harmony we will not get to the truth, because we are going against God's will. God wants human beings to live in harmony, wants their heart and brain – their heart and thinking – to be like … well, to be like the prophets, the messengers of God. That is why it is said that only the messengers, only the prophets, can enter heaven and find the right way, because they possess hearts and brains as wide as the ocean, unlike normal people.

But is it not possible for you to achieve that too? Yes it is possible, because God has given you all that possibility. So Bapak's hope for you is that you will avoid what he just described; that is, feeling clever, showing off to others, and having the idea that your latihan has progressed far enough and has reached high enough, even though all you can do in the latihan is walk, speak, shout, cry, and laugh; for that is just the beginning.

Brothers and sisters, as Bapak has said, you have received education, guidance and direction from God. So if you criticise someone, or say, 'Why are they doing that and not this?' it implies that you know better than God, as it is God who is teaching and guiding that person. The reason why that member is being guided that way, and not like you, is because that is his or her nature. They become good by taking a path that is very complicated and tortuous, unlike A, whose path may be straight. So, different people are different, and God's education and guidance is adjusted to the nature of each one.

Bimbingan dan didikan Tuhan yang telah menjelma dalam diri saudara sekalian kalau disamakan seperti tumbuhnya tumbuh-tumbuhan, yaitu tumbuhnya tumbuh-tumbuhan jiwa saudara, isi saudara, tumbuh dengan sendiri. Tetapi meskipun demikian saudara sekalian, tumbuh dengan sendiri ada kalanya tumbuh itu ada yang terlambat ada yang tidak, yang disebabkan kurang pemeliharaan, yaitu dengan adanya tumbuh-tumbuhan yang ada dikanan kirinya, yang sifatnya menjadi penghalang pertumbuhan tumbuh-tumbuhan itu. Itu kalau tumbuh-tumbuhan, kalau jiwa saudara bukan tumbuh-tumbuhan yang menjadi penghalang tetapi nafsu saudara sendiri, yaitu sebagai tadi yang Bapak katakan. Apabila nafsu saudara masih bekerja dalam hati dan pikiran saudara, yaitu yang sifatnya saudara tidak akan, tidak ingin mengalah, ingin menang saja, saudara selalu beriri hati, saudara selalu mengurangi, menyalahi kebahagiaan orang lain, saudara selalu mengejar enaknya sendiri, melupakan lain orang, ya, pendek kata saudara hidupnya tidak sungguh-sungguh perikemanusiaan yang menjadi kehendak Tuhan, itu berarti bahwa pemeliharaan saudara pada kepribadian sendiri kurang, dengan demikian sehingga pertumbuhan jiwa yang sedang tumbuh terhambat karenanya.

Bapak katakan pertumbuhan jiwa, jangan saudara menduga bahwa sebelumnya belum berjiwa, ya saudara sekalian sudah berjiwa, sebelumnya dibuka Subud. Sebelumnya saudara dibuka dan belum mengikuti latihan kejiwaan saudara sudah berjiwa juga. Tetapi masih berjiwa yang bukan jiwa yang dikehendaki Tuhan pada diri manusia, yaitu jiwa manusia yang utama. Jadi saudara sudah berjiwa tetapi jiwa yang selalu berganti-ganti yang selalu malah menjadi ribut pada diri saudara sendiri, yaitu sehingga saudara tidak tahu arahnya bagaimana hidup itu, bagaimana hidupnya. Nah, dengan adanya latihan kejiwaan ini berarti bahwa saudara telah dibijikan atau diisi, dibuka jiwa aslinya yaitu jiwa manusia. Itu mulai.

Nah, itu mulai selalu terganggu. Sudah tentu barang yang mulai, sedangkan di kanan kirinya itu sudah berakar, yaitu jiwa yang dibawahnya misalnya, jiwa kebendaan, jiwa tumbuh-tumbuhan, jiwa hewan, jiwa orang, itu sudah besar-besar, karena sudah mulai dulu, sudah mulai saudara kecil, sudah bekerja. Itulah yang menjadi penghalang. Nah, itulah saudara perlu singkirkan. Nah, caranya menyingkirkan itu karena itu selalu memperalat nafsu, selalu memperalat hati dan pikiran saudara, jadi apabila

The guidance and education of God that works within your being can be compared to the growth of a plant; meaning that the growth of your soul, of your content, proceeds by itself. But even though it grows by itself, there are times when that growth is slower than at other times. This is because it is not looked after well enough; in other words, it is due to all the other plants around it that hamper its growth. That is the case with a plant. In the case of your soul, the obstruction is not other plants but your own desires, as Bapak said just now. If your desires are still at work in your heart and your thoughts, as when you are not willing to yield but always want to win, when you are envious, when you continually destroy or interfere with the happiness of others, or you pursue your own comfort and forget about others – in short, if your life is not really humane as willed by God – it means that you are not looking after your own individuality as much as you should, with the result that the growth of your soul is hampered.

When Bapak talks about the growth of your soul, do not get the idea that before you were opened in Subud you had no soul. You all had a soul before you were opened and started doing the latihan, but it was not yet the kind of soul that God wants human beings to have; that is, a noble human soul. You had a soul, but it was a soul that was always changing and in fact creating conflicts within you, so that you did not understand the direction of your life and how you should live. Then, through the latihan, your original human soul was planted or opened within you.

That was the beginning; and at the beginning there is always disturbance. That is what you would expect, because it is just starting out, whereas what is already there around it has roots; for example, the inferior souls such as material souls, vegetable souls, animal souls, and souls of the physical human level. They are already fully-grown because they started earlier; they have been working from the time you were small. These are the obstructions, so these are the things you need to remove. Because they are always saudara nafsu saudara tidak lagi saudara *kipatkan*, artinya lebih dijauhkan daripada didekatkan, dengan sendiri pertumbuhan jiwa yang rendah yang ada dalam diri saudara akan tersusul pertumbuhan jiwa manusia yang ada dalam pribadi saudara.

Jangan saudara terasa kuatir bahwa tidak dipikirkan kemungkinan tidak akan dapat mengerti apa yang telah diterima dalam latihan itu. Jangan saudara rasa begitu dan jangan ada pikiran sedemikian. Tadi telah Bapak katakan bahwa saudara pada saat ini baru terdidik, terlatih geraknya kaki, geraknya tangan, dan geraknya suara yang ada dimulut. Belum dilatih geraknya hati dan otak.

Kalau hati terlatih, gerak hati, terisi gerakan dari kekuasaan Tuhan, sehingga saudara dapat merasakan, memperhatikan sesuatu ya diluar kebiasaan tetapi yang bermanfaat bagi hidup saudara. Demikian juga geraknya otak. Apabila digerakkan oleh kekuasaan Tuhan sehingga saudara dapat memikirkan hal-hal yang berguna bagi manusia pada umumnya. Nah, ini kalau saudara sekarang gerakkan otaknya dari hatinya sendiri berarti saudara ingin mengetahui, ingin memperhatikan hal-hal yang semestinya tidak dapat diperhatikan dan dipikirkan. Jadi dapat dikatakan malahan saudara mengerjakan alat atau anggotanya yang tidak pada tempatnya. Dengan sendirinya akan mengalami hal-hal yang tidak diinginkan seperti krisis, seperti lantas kurang ingatan.

Tidak kurang-kurang saudara, banyak telah Bapak lihat, seperti di dunia Islam, banyak karena selalu yang diimpi-impikan itu Tuhan dan kekuasaanNya, dan supaya naik surga, sehingga setiap jalan ya, Allah, Allah, Allah ... ya, jalan. Lama-lama jadi orang begitu seterusnya. Diam ya begini ... Yaitu Bapak harapkan saudara jangan demikian, jangan lantas diam, lantas ketawa sendiri, diam lantas *umik-umik* sendiri, diam lantas *mlerek-mlerek* sendiri, jangan. Sebagai manusia biasa, sebagai manusia yang umum. Tentang jalan ke Tuhan dan pengetahuan diluar kebiasaan itu ada waktunya sendiri apabila saudara berperasaan sabar, tawakal dan ikhlas dan tidak bertindak sebagai yang telah Bapak contohkan didepan tadi.

Mengingat hal-hal yang demikian dan sebagainya, maka sudah pada tempatnya dan sudah semestinya apabila para saudara dalam keadaan rukun, sayang menyayangi, cinta mencintai, dan dari keadaan yang demikian itu perlu kita buktikan dalam kelahirannya yaitu dengan adanya komite atau organisasi, yaitu suatu susunan bekerja, yang mengatur bagaimana keadaan para saudara, dan mengatur pula kebutuhan-kebutuhan latihan, tempat latihan yang manipulating your desires, and manipulating your heart and thinking, the way you get rid of them is to keep your desires at arm's length. Then the growth of your human soul will spontaneously overtake the growth of these low souls within you.

Do not be concerned that you may not be able to understand what you receive in the latihan if you do not think about it. Do not have that feeling or think like that. Bapak just said that, at the moment, you are being taught and trained to move your feet, to move your hands and to use your voice. You are not yet being taught to move your heart and mind.

When your heart is being trained, when it is filled with the movement of God's power, you will be able to feel and pay attention to things that are beyond your normal experience, but which benefit your life. It is the same with the movement of your brain. When it is moved by God's power you will be able to think about things that are useful for human beings in general. But if now you try to move your brain from your own heart, it means you are wanting to know and pay attention to things you ought not to pay attention to or think about yet. So one could even say that you are using a tool or a part of your body in the wrong way. It follows that if you do that, you will experience undesirable things like a crisis or a state of mental disturbance.

There is a lot of that; Bapak has seen it in the Muslim world. People who always dream about God and God's power, and about going to heaven: people who say, 'Allah, Allah, Allah …' with every step they take. In the end they are like this all the time [*Bapak demonstrates*]. Bapak does not want you to be like that, laughing to yourself and mumbling to yourself, and rolling your eyes. Be a normal human being; be like an ordinary person. As for your path to God, and getting knowledge that is beyond the ordinary: there will be a time for that if you are patient, accepting and willing to let go – and if you do not act in the way Bapak just demonstrated.

Bearing in mind such experiences, it is appropriate and as it should be if you are all in harmony and care for and love one another. And this state needs to be expressed outwardly through having a committee and an organisation; in other words, a team that works and looks after the arrangements for the members and their requirements for doing latihan – such as the space required – and also looks after the life of the members. This does not dibutuhkan, dan mengatur pula yang utama yaitu supaya hidup kita para saudara dapat dikatakan bukan sama rata tetapi kita perhatikan sehingga diantara para anggota kita tidak sampai terjadi yang menyebabkan kemerosotan nama atau menyebabkan nama tidak baik dalam kalangan kejiwaan Subud.

Itulah sebabnya saudara sekalian maka disamping kita bakti kepada Tuhan perlu kita mengadakan organisasi, perlu kita adakan komite. Janganlah dianggap bahwa komite itu tidak perlu. Oh, itu perlu sekali! Karena saudara kan masih hidup, saudara masih suka makan, saudara masih suka ini dan itu, pendeknya sebagai manusia yang pada umumnya. Jadi perlu sekali itu juga diadakan, disiapkan agar kesayangan antara satu dengan yang lain, kecintaan saudara antara satu dengan yang lain tidak tanggung-tanggung.

Jadi ya lahir ya batin, batin ya lahir. Kalau saudara sungguh-sungguh bertindak dan sungguh-sungguh bersikap lahir dan batin terhadap Subud, terhadap diri pribadi saudara sendiri, ialah telah Bapak katakan bahwa yang Subud itu bukan A, B; yang Subud itu saudara-saudara sekalian. Jadi andaikata saudara tidak ada, Subudpun tidak ada. Jadi Subud itu saudara sekalian, karena Subud itu adalah lambang manusia yang dapat menerima kontak dari kebesaran Tuhan. Jadi kalau saudara sungguh-sungguh lahir batin bersikap Subud benar-benar, ya, bukan Bapak katakan dengan mudah tetapi akan segera saudara dapat menciptakan rumah sebagai ini. Sehingga saudara berlatih merdeka, saudara mendengarkan *talk* Bapak merdeka, saudara apa-apa merdeka. Begitu, tidak terikat oleh sesuatu.

Demikian saudara, jadi organisasi yang diadakan sangat penting sekali karena kita manusia hidup sebagai mausia tidak bisa lebih tidak bisa kurang. Kalau kita tidak sebagai manusia, lain perkara. Tidak perlu diadakan organisasi karena kita makan angin saja. Cukup dengan angin dengan air. Kok air saja masih bayar, masih beli tetapi angin, karena jiwa, jiwa itu makanannya uap. Lha, kita sebagai manusia, jadi ya sebagai manusia, makannya ya sebagai manusia, tidur ya sebagai manusia. Itulah sebabnya maka perlu sekali organisasi kita kuatkan. Jangan lantas memikirkan kejiwaannya saja … (*rekaman terputus.*)

…dua-dua perlu kita pikirkan, dua-dua perlu kita rasakan, karena memang Tuhan menghendaki demikian. Manusia diadakan dibumi ini tidak untuk mati tetapi untuk hidup selama didunia ini.

necessarily mean that we must share everything, but that we pay attention so that nothing happens among the members that could harm or devalue the good name of the Subud group.

This is why, as well as worshipping God, we need to set up an organisation and a committee. Do not imagine that the committee is unnecessary. Oh, it is very necessary. That is because, no matter what, you are still alive, you still like to eat, you still want this and that; in short, you are like all human beings everywhere. So you very much need to set this up, so that the love between you – the feeling of love between one member and another – is not half-hearted.

So it is both inner and outer, outer as well as inner. Both inwardly and outwardly you need to align your actions and attitudes with Subud, with your own individuality. As Bapak said, Subud is not A and B; Subud is you. So if you did not exist, there would be no Subud either. Subud is all of you, because Subud is a symbol of a human being who receives a contact with the greatness of God. Therefore if you have a truly Subud attitude inwardly and outwardly, then – although Bapak isn't saying that it will be easy – in a short time you will be able to create a building like this one. Then you will be able to do latihan freely, to listen to Bapak's talks in freedom; you will be free to do whatever you want, not bound by anything.

Brothers and sisters, the organisation we are creating is very important, because we live as human beings; we cannot be more and we cannot be less. If we were not human beings it would be a different story. We would not need an organisation, because we could just live on air. We could make do with air and water. Well, you still need to pay for water, you still need to buy it, but not the air, and the soul feeds on air. But we are human beings, so we eat like human beings and we sleep like human beings, and that is why we really have to strengthen our organisation. So don't spend all your time thinking about the realm of the soul … [*there is a break in the recording.*]

… we need to think about both, and to consider both, because that is God's will. Human beings have been created on earth not just to die, but to live while they are in this world. God is not going

Jadi Tuhan tidak menghendaki: "Ayo manusia, saya hidupkan: mati, ayo mati, terus, ayo lekas mati." Tidak. Jadi supaya hidup terus didunia ini; ada batasnya, nanti mati.

Demikian saudara, maka perlu sekali bagi saudara sekalian, kecuali rukun tadi yang seharusnya juga memperhatikan kebutuhan kita didunia ini, yaitu tempat latihan dan bagaimana juga lain-lainnya. Dan dengan demikian sehingga sungguh-sungguh saudara bersikap lahir batin menetapi perintah Tuhan. Manusia diadakan didunia ini yang dapat memelihara hidupnya didunia selama hidup dan akan terpelihara juga akhirnya nanti apabila meninggal dunia.

Saudara-saudara sekalian, sekianlah ucapan Bapak, nasihat Bapak kepada saudara-saudara sekalian. Kiranya cukup sudah bagi saudara sekalian untuk sedikit merasakannya. Dan tidak lain Bapak ulangi lagi karena besok Bapak akan meninggalkan Wolfsburg dan akan meneruskan perjalanannya maka Bapak ucapkan terima kasih kepada sekalian para saudara, terutama kepada pengurusnya yang telah menyiapkan dan mengadakan tempat penginapan dan makannya dalam keadaan yang sungguh-sungguh menyenangkan. Tidak lain semoga jasa saudara yang demikian diketahui Tuhan dan dibalas oleh Tuhan yang setimpal dengannya, dan tidak lain kemudian Bapak mengucapkan terimakasih dan selamat malam.

Danke, gute nacht.

to say to you, 'Come on human being, I have given you life: now, come on and die right away! Come on, die quickly!' No. You are supposed to live in this world; and then you get to your limit and you die.

That is how it is; so besides living in harmony, as was said, it is very necessary that you all take care of your needs in this world, including a place for latihan and all the other things. That means your attitude is to fulfil God's commands outwardly and inwardly. For human beings were created in this world in order to take care of their lives here; and they will be looked after when eventually they leave this world.

Brothers and sisters, this is the end of what Bapak wants to say, and of his advice to you. He feels that this is enough for you to reflect on. And because tomorrow he will be leaving Wolfsburg and continuing his journey, he simply wants to say thank you to all of you, and especially to the committee, who prepared a place to stay and provided meals – all of which was really pleasant. May God recognise these services you have given and repay them in equal measure. Bapak says thank you and goodnight.

Danke, gute nacht.

HOLLAND

3

EINDHOVEN

27 AGUSTUS 1964

Rekaman: 64 EIN 1

Nyonya-nyonya, tuan-tuan, saudara-saudara sekalian, sebagaimana para saudara sekalian ketahui, bahwa latihan kejiwaan yang saudara terima dan lakukan, adalah benar-benar suatu penerimaan dari kekuasaan Tuhan yang saudara hanya terima dan mengikuti apa yang ada yang terjadi dalam dirinya. Berkali-kali telah Bapak tuturkan kepada sekalian para saudara, bahwa bagi para saudara sekalian hanya diperlukan, agar saudara sekalian rajin. Kalau dalam bahasa Jawanya namanya *telatèn*. Jadi, rajin berlatih, sungguh-sungguh percaya dan mengikuti apa yang telah dibangkitkan dari dalam, karena adalah itu sebenarnya pimpinan dan bimbingan dari Tuhan yang untuk pertama kalinya, agar segala kesalahan dan kekotoran yang ada dalam rasa diri saudara sekalian dapat terbongkar bersih-bersih.

Banyak di antara umat manusia yang berusaha – tidak sedikit waktunya untuk berusaha, artinya bertahun-tahun berusaha – untuk melumpuhkan nafsunya, yaitu nafsu yang ada dalam hati dan fikiran. Karena memang sesungguhnya, apabila nafsu yang bekerja dalam rasa diri dan yang ada dalam hati dan fikiran dapat dihentikan – artinya dapat dicegah geloranya, dapat dicegah bekerjanya – di situ akan menemukan suatu *trilling*, ialah suatu getaran hidup yang dalam Islam dikatakan khatir ilham, ialah suatu anugeraha, suatu bisikan dari kekuasaan Tuhan, yang telah menyentuh rasa diri. Demikianlah mereka berusaha yang sesungguh-sungguhnya, sehingga meninggalkan segala keperluan hidupnya. Sedangkan itu

3

EINDHOVEN

27 AUGUST 1964

Recording: 64 EIN 1

Ladies and gentlemen, brothers and sisters, as you know, the latihan, the spiritual training that you receive and practise, is truly a receiving from the power of God, where you receive and follow only whatever is happening within you. Bapak has frequently explained to you that the only thing you need is to be diligent – which in Javanese is called *telatèn*. That means doing the latihan regularly, with true faith; and following whatever arises from within, because that is truly a direction and guidance from God, the initial purpose of which is to break down and clean out all the faults and dirt in your inner feeling.

There are many people who try – not for a short time but for years and years – to paralyse the desires[1] that exist within their heart[2] and thinking mind. Because it really is true that if one can stop the desires that work in the inner feeling and in the heart and mind – that is, if one can restrain their bubbling and their activity – then one will find there a thrill or vibration of life, which in Islam is called *khāṭir ilhām*. This is a gift or a whisper of God's power, which touches the inner feeling. These people make real efforts in order to get this, putting aside all the needs of their life; whereas we have been able to obtain it and receive it easily, for God has given us His grace.

telah dapat kita capai, telah dapat kita terima dan juga telah dapat saudara sekalian terima yang dengan mudahnya, karena memang Tuhan telah memurahi kita.

Memang, saudara-saudara sekalian, mengikuti kehendak atau zat Tuhan – kalau Bapak katakan – memang sukar. Sukar bagi manusia. Dan sukar bagi saudara sekalian. Apa sebab demikian? Karena hati dan rasa-perasaan saudara sekalian telah lama terdidik, telah lama terpimpin oleh akal-fikiran, oleh hati dan akal-fikiran manusia, ataupun juga oleh hati perasaannya sendiri, percaya kepada barang yang dapat dilihat; percaya barang yang dapat didengar; percaya barang yang dapat dirasakan, diraba secara biasa. Itulah sebabnya. Memang, saudara sekalian, tidak dapat disalahkan. Karena memang manusia membutuhkan sesuatu yang logis; sesuatu yang terang-terang; yang biasa dikatakan yang sungguh-sungguh *wetenschappelijk*.

Tetapi, saudara sekalian, ya, perlu sedikit-banyak ingat dan merasakan, bahwa hidup atau jiwa dan juga pekerjaan Tuhan itu adalah terjadi sebelum anggota kita yang kasar ini, terjadi. Itulah sebabnya, maka dikatakan, bahwa Tuhan adalah mendahului dari sekalian apa yang dahulu. Dan jiwa – sebagai pangkal, sebagai pokok sebelum ada *orgaan* ini – itu jiwa telah ada. Artinya: hidup yang tidak ada bayangannya yang tidak ada sifatnya.

Sesudah itu ada, barulah dimulai terpupuk, yaitu – kalau biasa dikatakan – oleh empat faktor, yaitu *stof*: tanah, air, angin dan api. Stof empat faktor itu bercampur atau bergeser sehingga merupakan sifat yang berujud. Nah, oleh karena memang manusia ini dikehendaki Tuhan untuk hidup, ya, sebagai manusia, sehingga akhirnya terjadi mulai terpupuk *orgaan-orgaan* yang teratur, yaitu dengan adanya otak, hati, kepala, badan dan kaki dan seluruh anggota dan seluruh rasa diri yang menjadi keutuhan manusia.

Gerak-gerak yang saudara terima dan ikuti, adalah itu merupakan – sebagai tadi Bapak katakan – pembongkaran. Dan dalam kelanjutannya tidak hanya sampai ke gerak-gerak yang saudara rasakan dan yang saudara dapat lihat saja, tetapi sampai mendalam dan meluas. Sehingga gerak-gerak itu tidak gerak secara kasar, tetapi gerak yang secara halus, yang lebih halus, lebih luas. Tetapi meskipun demikian, karena saudara sekalian telah dimulai dididik dan dibimbing Tuhan dari yang bawah sampai ke atas, dari yang kasar sampai yang halus, sehingga pergantian, waktu pergantian sifat antara yang kasar dengan yang halus, halus, halus,

Indeed, it is hard to follow the will or the power of God. If Bapak may say so, it is very hard. It is hard for human beings in general and it is hard for you. Why is that? It is because for a long time your heart and feelings have been taught and directed by your intellect, by your mind, to believe only in things that can be sensed or touched in the normal way. That is the reason. One cannot blame people for that, because human beings need something that is logical and clear, what people commonly call 'scientific'.

However, you need to remember and to reflect that life, and the soul and the work of God, existed before these physical organs of ours came into being. That is why it is said that God came before everything that was in the beginning. And the soul, the starting point or our base before these organs existed, already existed too – as a life that has no shadow and no attributes.

Only after the soul existed did the four elements, earth, water, air and fire – that is, matter – begin to be mixed and moulded into an entity that had form. Now, because indeed human beings were willed by God to live as people, eventually all their organs were formed in an orderly way, including the brain, the heart, the head, the body, the legs, and all the other organs and the inner feeling, which make up the completeness of a human being.

As Bapak said, the movements you receive are a clearing out. And, as you continue, they will not remain limited to movements that you can see; they will get deeper and wider, until they are no longer physical movements but have become finer and finer and more all-embracing. Nevertheless, since God has educated and guided you, starting from below and working upwards from the coarse to the fine, when the change comes and the physical is gradually replaced by something progressively finer and finer, you will still receive it as something real and something clear.

halus, saudara tetap dapat menerima dan akan menerimanya secara yang wajar, secara yang terang.

Sebagai contoh Bapak katakan: "Leher saudara sekalian menjadi kecil, menjadi besar, menjadi panjang, menjadi pendek." (*Bapak mengetest.*)

Ya. Demikian, saudara. Bagi saudara yang dapat menerima, memang akan terasa sungguh-sungguh, meskipun hanya Bapak katakan saja. Inilah macamnya, bahwa latihan yang terlihat, yang terasa gerak itu, makin lama makin halus. Meskipun halus, toh terasa, toh dapat diterima. Demikian sehingga didikan dan bimbingan Tuhan yang telah diterima, dapat digunakan untuk dapat menerima hal-hal di luar biasanya. Artinya: hal-hal di luar dunia.

Bagi saudara-saudara yang belum begitu lama mengikuti latihan dan belum banyak menerimanya dalam gerak-geraknya, mungkin apa yang telah Bapak cobakan tadi belum sama sekali dirasakan dan belum sama sekali juga dapat diterima. Tetapi bagaimana? Karena kalau Bapak spesialkan bagi para saudara yang telah lama yang hanya dapat dan boleh mendengarkan *talk* Bapak semacam ini, tentu bagi saudara-saudara yang baru yang belum sampai ke tingkatan yang demikian, dirasakan seperti dibeda-bedakan: kenapa tidak boleh mendengarkan.

Tetapi sebenarnya, saudara-saudara, memang perjalanan Bapak yang keempat kalinya ini adalah perjalanan yang baru sampai penyelesaian di dalam tingkat yang kasar. Dan juga belum sampai mengatur tingkatan-tingkatan para saudara, sehingga tidak demikian halnya. Dan juga tidak semestinya selalu diambil di *tape recorder*, karena *talk* Bapak yang mengenai seperti tadi, tidak mungkin dapat diambilnya. Dan tidak pada tempatnya, kalau diambil di *tape recorder*, karena toh tidak akan dapat diketahui, tidak dapat dimengerti. Jadi yang hanya dapat diambil di *tape recorder* adalah *talk-talk* biasa yang sifatnya hanya memberi penuturan, semacam nasihat. Sedangkan *talk* yang penting yang perlu yang mengenai kenyataan, itu tidak mungkin dapat diambil di *tape recorder* dan hanya ditujukan kepada saudara-saudara yang – dalam bahasa Belandanya – yang sudah *meer gevorderden*. Jadi yang sudah agak maju.

Saudara-saudara sekalian, seperti tadi telah Bapak katakan, bahwa latihan kejiwaan ini cukup saudara ikuti dengan sungguh-sungguh. Tidak perlu saudara pelajari. Sedangkan hati dan fikiran

As an example, Bapak will say [*Bapak tests*], 'Your neck becomes thin. It becomes thick. It becomes long. It becomes short.'

Yes. Like that, brothers and sisters. Those of you who could receive that will really have felt it, even though it was only something Bapak said. This was an example of how your latihan, which can be seen and felt as movement, will gradually become finer and finer. Even though it is fine, you will still be able to feel it and receive it. And that is how the education and guidance of God you have received can be a conduit for receiving things that are out of the ordinary; that is, beyond this world.

It is possible that those of you who have not been following the latihan for very long, and who have not yet received a lot in your movements, did not feel anything and could not receive the test Bapak just did. But what can we do? If Bapak gives special treatment to those who have been doing the latihan longer and only they are allowed to listen to such talks, the newer members who have not reached that stage are certain to feel discriminated against, and will say, 'Why can't we listen?'

But in reality, on this fourth journey of his, Bapak is still dealing only with the physical level; he has not separated the members according to level so that he can go further. Also, not all of Bapak's talks should be recorded on tape, because a talk that deals with the things he just demonstrated cannot be recorded. It is inappropriate to record it, because nobody will be able to understand anything from the recording. So what can be recorded on tape are talks that just give explanations or advice, whereas talks that are about reality, which are important and necessary, cannot be recorded and are intended only for members who are already more advanced.

As Bapak said just now, it is enough that you follow the latihan sincerely. You do not have to study it. And you should use your heart and thinking – or, to put it more correctly, your heart and saudara – atau kalau secara sewajarnya: hati dan otak saudara sekalian – saudara gunakan untuk kepentingan dan keperluan hidup saudara di dunia. Itu memang sudah suatu kewajiban, bahwa seharusnya saudara menggunakan hati dan fikiran untuk melayani hidupnya saudara selama hidup di dunia ini. Sedangkan jiwa atau jalan hidup saudara yang menuju yang tak ada batasnya – yaitu hidup yang dikatakan hidup *langgêng*, hidup yang selalu utuh, selalu ada – adalah itu di tangan Tuhan. Yang artinya: hanya Tuhan yang mempelajarinya, hanya Tuhan yang menggunakan dan mengerjakannya. Jadi, dalam hidup saudara, saudara: satu, mengikuti, percaya, tunduk pada perintah Tuhan, yang berlaku dan berjalan dalam rasa diri sebagai yang saudara terima dalam latihan; yang kedua, wajib saudara menggunakan hati dan otak dan fikiran untuk melayani hidupnya selama hidup di dunia ini. Jadi, hidup saudara ada dua soal. Satu: soal menerima apa yang Tuhan berikan, karena itu perlu bagi saudara untuk hidup yang tak terbatas. Sedangkan yang kedua: wajib saudara menggunakan hati dan otak atau fikiran saudara untuk mencukupi dan melayani hidup saudara di dunia ini.

Demikian, saudara, maka janganlah lantas melulu jiwa difikir dengan fikiran. Sedangkan yang dikatakan ilmu jiwa: bukan ilmu jiwa! Ilmu akal itu! Akal, otak, fikiran. Bukan jiwa. Jiwa adalah pengisi daripada hidup, pengisi daripada rasa diri. Bagaimana bisa dipelajarkan? Oleh siapa? Dan yang bisa mengajar jiwa itu jiwa. Tidak orang, tidak kasar, tidak.

Itulah karenanya, maka tidak ada sesuatu yang dapat mempelajari jiwa manusia, sehingga jiwa itu berubah-berubah: dari yang tidak baik menjadi baik, dari yang kecil menjadi besar, dari yang sempit menjadi luas, sehingga berjiwa yang luas, seperti para nabi, para utusan – itu hanya Tuhan yang mengerjakan. Karena Tuhan itu Kepala jiwa, Tuhan itu. Sedangkan orang, saudara, hanya dapat mengajar akal, hati, fikiran, rasa manusia. Nah, itu orang mengatakan ilmu jiwa! Bukan! Ilmu akal-fikiran. Ilmu fikiran, otak. Ilmu badan kasar. Ilmu kasar.

Begitulah, saudara, maka jangan sampai, karena menjaga jangan sampai saudara sampai dikacaukan oleh otak dan hatinya sendiri, sehingga saudara menjadi seorang yang seperti putus-asa, seperti tidak tahu jalan, seperti buntu, di dalam kegelapan, karena terkacau oleh fikiran, terkacau oleh hati dan otaknya sendiri. Itulah, maka your brain – for the needs and necessities of your life in this world. That is indeed your responsibility, to use your heart and thinking to take care of your life while you are in this world. Your soul, on the other hand – or the process of your life that takes you towards that which is without boundaries, towards the life that is called eternal, that is always complete – always exists, and is in the hands of God. In other words, only God can study it, use it and work on it. So, in your life, on the one hand you follow, trust and submit to God's commands that prevail and operate in your inner feeling, as when you receive in the latihan; and on the other, you use your heart and brain and thinking to provide for your life in this world. Therefore you have two tasks in your life: one task is to receive whatever God gives you, because you need that for your life that is without limits. The second is your duty to use your heart and brain or thinking to fulfil and serve your life in this world.

That is how it is, brothers and sisters; so do not keep thinking about your soul with your intellect. For what is called psychology is actually not the study of the psyche. It is the study of the intelligence, the brain or the thinking mind, not the soul. Your soul is the content of your life, the content of your inner feeling. How can you study that? Who could study it? Only the soul can study the soul. A person cannot. What is coarse cannot. No.

That is the reason why there is no science of the human soul that can change the soul: make one that is not good better; make one that is small bigger; make one that is narrow wider, so that you can have a great soul, like the prophets and the messengers. Only God can do that, for God is the Master of the soul. A human being can teach only about human intelligence, the heart, the thinking and feeling. And then they call that psychology. It is not. It is thought-ology. It is the study of the thinking, the brain; the study of the physical body, the physical.

That is it; so make sure that you are not confused by your own brain and heart, becoming someone who is frustrated, someone who doesn't know their way, who is stuck or in darkness because they have been confused by their own heart and brain. That is why it is better not to think about the soul. Use your intellect for your baik jangan, jangan difikirkan jiwa itu. Fikiran … baik difikirkan untuk bekerja. Hati baik digunakan untuk memperhatikan entah apa-apa, sebab kebutuhan hidup manusia atau kebutuhan hidup saudara sekalian. Dengan demikian sehingga saudara utuh! Utuh kasar-halus, utuh lahir dan batin, utuh dunia dan akhirat.

Kepada saudara-saudara di antaranya yang tergesa-gesa, yang keras sekali kemauannya, untuk dapat selekasnya menerima dan untuk dapat selekasnya memahami apa, sebenarnya yang diterima, demikian itu Bapak nasihatkan, agar jangan berlaku yang demikian. Karena tindakan yang demikian adalah tindakan yang masih selalu terdorong oleh nafsu, nafsu yang ada dalam hati dan fikiran kita.

Saudara-saudara, janganlah saudara sangka, janganlah saudara kira, bahwa saudara yang hanya sabar apa yang diterima saja, dan tidak tergesa-gesa, itu tidak lantas dapat lekas menerima. Malahan saudara yang demikian itu, lekas dapat menerima, dan apa yang diterima sungguh-sungguh dapat dirasakan, dapat dimengerti. Buktinya: seperti tadi Bapak telah mencobakan antara kepada saudara, di antara para saudara ada yang telah terima, tetapi yang terima itu adalah saudara yang sabar rasa-perasaannya, tidak tergesa-gesa, tidak ada kemauan yang keras, untuk dapat menerima. Tidak. "Ya, apa saja yang diberikan," kepada Tuhan, "ya, saya terima."

Jadi, pokoknya bagi saudara sekalian tidak lain kecuali: berperasaanlah sabar dan rajin berlatih. Artinya rajin berlatih: tidak lantas saban hari berlatih, tetapi latihanlah setiap waktu yang telah ditentukan. Artinya, dua-tiga kali seminggu cukup, asalkan saudara setiap menerima latihan atau setiap melakukan latihan kejiwaannya, tenang, tenteram, sabar. Itu lebih berguna sekali daripada saudara melatih sehari seratus kali, tetapi terdorong oleh nafsu, dapat dikatakan tidak ada manfaatnya sama sekali.

Sebagaimana telah Bapak terangkan kepada saudara sekalian – mungkin bagi yang baru-baru belum mendengarkan, tetapi yang sudah lama tentu sudah mendengarkan – bahwa pimpinan dan didikan dan bimbingan Tuhan Yang Maha Esa bukan sebagai orang membimbing dan mendidik orang. Tidak. Karena kuasanya Tuhan dan karena Maha Kuasanya Tuhan itu sehingga bimbingan dan didikan Tuhan telah menjelma pada sifat masing-masing. Jadi, andaikata didikan Tuhan dan pimpinan Tuhan sudah sampai ke otak saudara, saudara tahu-tahu mengerti bagaimana hidup itu. Karena bimbingan Tuhan telah menjelma dalam sifat itu. Sebagai kenyataan, sebagai bukti ini telah Bapak contohkan adanya testing work; use your heart to pay attention to anything at all that is connected with the needs of human life or your life. Then you will be complete: complete in the coarse and the fine, in the outer and the inner, in this world and the next.

For those of you who are in a hurry, and have a very strong wish to be able to receive as quickly as possible and be able to comprehend the true meaning of what you receive, Bapak advises you not to be like that. That is because that kind of attitude is still motivated by the desires that exist in your heart and your thinking.

Brothers and sisters, do not have the idea that those who are just content to receive whatever it is they receive, and are not in a hurry, will not be able to receive quickly. In fact, it is precisely they who will be able to receive quickly and be able to feel and understand what they receive. The proof is that just now when Bapak tested with you, there were some of you who were able to receive; and those who could receive it were the patient ones, those who are not in a hurry, who do not have a strong wish to be able to receive. 'Yes,' they say to God, 'whatever You give me, I will receive.'

So, the main thing for all of you is simply to have a feeling of patience and to do your latihan diligently. The meaning of diligently is not to do the latihan every day, but to do it on the days that have been decided. In other words, two or three times a week is enough, as long as whenever you do the latihan you are calm, peaceful and patient. That is much more beneficial than if you were to do latihan a hundred times a day, but motivated by your desires. That would have no benefit whatsoever.

As Bapak has explained to you – those of you who are new may not have heard this, but those who have been here longer have certainly heard it – God does not lead, educate and guide you the way one person guides and educates another. No. Because God is Almighty, God's guidance and education manifest within the being of the person concerned. So if the education and guidance of God has reached your brain, you will spontaneously understand life. This is because the guidance of God is at work within you. Bapak uses testing to provide an experience and a proof of this. For instance, God creates human beings with legs. If they are obedient and patient – and if they are not moving because they see other people itu. Jadi, Tuhan menciptakan manusia dengan kaki. Kalau manusia sungguh-sungguh taat dan sungguh-sungguh sabar – tidak karena lihat lainnya dengan kakinya bisa berjalan, tidak karena lihat lainnya dengan kakinya bisa duduk dan berdiri – otomatis dia dapat berdiri dan berjalan, karena Tuhan telah menjelmakan arti kaki itu dalam kaki.

Demikian juga dengan tangan, saudara. Tuhan menciptakan manusia dengan tangannya, bukan untuk begitu saja. Tidak. Dijelmai maksud yang ada di dalam tangan itu. Sehingga apabila saudara dapat menerimanya itu, saudara akan menggunakan tangannya menurut kehendak Tuhan. Artinya: tidak untuk memukul orang, tetapi untuk menulis, untuk menghitung uang, untuk mencari barang yang baik. Tidak untuk … prêsss! Tidak. Iya, tidak. Jadi yang sudah lantas begini (*Bapak memperagakan*), lantas begini, itu nafsu. Nah, demikian juga di mata, telinga, mulut, hidung. Tuhan mendidik saudara: dijelmakan dalam sifat-sifat itu, sehingga saudara dengan matanya melihat hal-hal yang berguna. Tidak lantas melihat *rock and roll*.

Demikian, saudara. Lha, itu akan dapat saudara terima sesungguh-sungguhnya, akan dapat saudara terima yang sekomplit-komplitnya, apabila saudara berperasaan sabar dan taat. Artinya taat itu: percaya kepada Tuhan, kebesaran Tuhan, dan rajin berlatih. Yaitu berlatih selalu seminggu tiga kali dengan sabar. Tidak perlu tergesa-gesa. Jangan mengabaikan, jangan menyembarang, artinya: "Ehêm! Kalau tidak hujan, ya, datang latihan. Kalau hujan, tidak perlu latihan." Jangan! Jadi, ya, latihan. Latihan dapat saudara kerjakan di grup atau di rumah. Asalkan tetap latihan, saudara.

Oh, Tuhan tahu, saudara. Tuhan mengerti apa yang menjadi kebutuhan manusia. Yang terpenting bagi saudara sekalian, ialah memerangi atau mencegah kemauan hatinya sendiri. Memang itu adalah suatu tindakan yang sukar sekali dikerjakan. Karena hatinya ditundukkan sendiri. Sedangkan hatinya mau begitu. Lantas: jangan! Begitu. Jadi, sukar sekali. Lha, itulah yang terpenting bagi saudara.

Apabila saudara dapat hati yang begini lantas: "Eengng, jangan!" "Ooh! Jangan!"

Wah, itu bagus! Nomor satu itu! Itulah syarat yang mutlak, bagi saudara sekalian. Dengan demikian sehingga saudara terus dapat menerima. Dan apabila saudara dapat menerimanya, saudara tidak akan kehilangan jalan untuk hidup. Karena semua telah ada, using their legs to walk, to sit and to stand up – then they will be able to stand and to walk spontaneously. That is because God causes the purpose of their legs to be embodied within their legs.

The same applies to your hands. God does not create human beings with hands just for them to hang there. No, God has imbued the hands with their purpose; so if you can receive that, you will use your hands in accordance with God's will. That means you will not hit people, but you will write, or count money, or search for something good. Not like this … Pow! [*Bapak demonstrates.*] No, absolutely not. What makes you go like this, or like this [*Bapak demonstrates with movements*] are your desires. And it is the same with you eyes, ears, mouth and nose. God's education is embodied within them, so you will use your eyes to see something that is useful, not just for watching rock-and-roll.

That is how it is; and you will be able to receive the reality of this and receive it completely if you are patient and obedient. The meaning of obedient is that you have faith in God and are diligent in doing the latihan – you always do your latihan patiently, three times a week. You do not need to be in a hurry. But do not neglect it and do not be casual; do not say, 'Uh, if it's not raining I'll go and do latihan, but if it's raining I don't need to go.' Do not do that. Do the latihan. You can do the latihan in the group or at home, as long as you do it.

Oh, brothers and sisters, God knows; God understands the needs of human beings. The most important thing for you all is to make war on the will of your own heart, and restrain it. Indeed this is a very difficult thing to do, because it means subduing your own heart. Suppose that your heart wants to do this, and you tell it, 'Don't!' That is very hard. But it is the most important thing for you.

If your heart wants to do this, and you say, 'Umm … no, don't!'

'Oh! Don't!'

Well, that is excellent! That is top notch! That is absolutely essential for all of you; and with that, you will always be able to receive. And if you are able to receive, you will not lose your way in your life, because everything will have been provided: 'Hand, saudara: "Tangan, kamu biasanya jadi apa?"

"Oh, saya biasanya jadi ..." (*Bapak memperagakan*)

"Oh, iya!"

"Tangan, biasanya kamu apa?"

(*Bapak sambil memperagakan jawaban si tangan: gerakan memukul.*)

"Oh, jangan! Jangan begitu."

Jadi, tangan ini – tangan saja, saudara, belum lain-lainnya – sudah dapat memberikan jawaban yang betul yang sungguh-sungguh tepat. Karena di dalam telah terisi kehendak Tuhan bagi tangan manusia.

Demikian juga dalam otak, kalau sampai ke otak ini. Cara berfikir telah bergerak sendiri, saudara, dari kehendak Tuhan. Sehingga saudara tidak akan memikirkan: bagaimana cara merobohkan orang; bagaimana cara menyusahkan orang; bagaimana cara mencari keuntungan sebesar-besarnya, yang lainnya jangan sampai mendapatkan keuntungan. Tidak! Karena otak saudara telah digerakkan oleh Tuhan, karena otak saudara telah terbimbing dan terpimpin oleh Tuhan, sehingga gerak otak saudara, meskipun cari uang: "Kamu dapat, aku dapat; aku dapat, kamupun juga harus dapat." Demikian, saudara, sehingga hidup saudara dalam masyarakat manusia dapat tenteram dan baik.

Juga yang terpenting bagi saudara sekalian: saudara akan mengerti bagaimana hidup saudara kedua, artinya: hidup saudara dalam perjodohannya, yaitu antara suami dan isteri, antara pria dan wanita. Di situ saudara akan dapat menerima dan mengerti, bahwa pria sebenarnya – kalau sifat badan seorang – adalah kepala daripada seluruh anggota, yaitu *hersens*. Dan wanita – kalau itu seperti diumpamakan badan manusia – adalah hati badan, yaitu hati manusia. Jadi, perjodohan antara pria dan wanita merupakan kepala dan hati. Karena itu, maka menurut kehendak Tuhan: pria harus memperhatikan soal wanita itu, soal isterinya, dan wanita harus tunduk kepada perintah, penuturan, nasihat suaminya. Yang demikian itu tentunya harus sama-sama bekerja. Janganlah nanti wanitanya diharuskan tunduk perintah suami, suaminya semaunya sendiri saja. Tidak. Jadi, sama-sama. Yang satu memperhatikan keadaan wanita, misalnya: memperhatikan untuk mencarikan apa yang menjadi kebutuhan hidup, dan si wanita harus tunduk perintah kepada suaminya.

Demikian itu akan saudara terima dan akan saudara mengerti, karena memang adalah itu sebenarnya kewajiban hidup manusia what are you accustomed to doing?'

'Oh, I am accustomed to doing this …' [*Bapak demonstrates.*]

'Oh, I see!'

'Hand what are you accustomed to doing?'

[*Bapak demonstrates the answer of his other hand: a hitting movement.*]

'Oh, no! Don't do that!'

So this hand – just your hand, not yet the other parts – can give you answers that are really accurate, because they are filled with God's will for the human hand.

It is the same with the brain, once [God's will] has reached there. The way you think will be moved spontaneously by God's will, so that you will not think about how to destroy other people, how to cause problems for people, or how to get the maximum possible profit for yourself while preventing others from making any. No. Because your brain is moved by God, guided and directed by God, even when you are making money the movement of your brain will lead you towards: 'You get something and I get something; I get something and you must get something too.' That is how it will be; and your life in human society will be peaceful and good.

What is also very important for you is that you will understand about your life together; that is, your married life and the relationship between husband and wife, between man and woman. You will be able to receive and understand that – making an analogy with the human body – the man is the head of all the other organs, that is, the brain; and a woman is the heart of the body, the human heart. So, in a marriage, a man and a woman are like the head and the heart. Therefore, according to God's will, a man must pay attention to the needs of the woman, of his wife, and the woman must submit to the direction and the advice of her husband. Of course, they must work together. It does not mean that the wife is compelled to follow her husband's orders whereas he does as he likes. No, they must be equal. The man must pay attention to the needs of the woman – for example, he must provide whatever they need for their life – while she must follow his directions.

This is something that you will receive and understand, because it is in fact the responsibility of married life, by means of which, as yang berjodoh, sehingga dalam perjodohannya tidak hanya dapat satu jalan di dalam dunia saja, tetapi meskipun nanti sesudah mati, akan merupakan satu sejoli, akan merupakan satu jalan bagi perjodohan itu. Sehingga tidak ada lagi sifat laki dan wanita, wanita dan laki-laki, tetapi sifat dua yang sebenarnya satu.

Yang demikian itu bukan berarti, bahwa wanita kalah kuasanya dengan laki-laki dan laki-laki lebih kuasa daripada wanita. Tidak, saudara. Sama-sama kuasanya. Karena meskipun punya *hersen*, punya otak, tetapi tidak punya hati, laki-laki tidak bisa apa-apa. Demikian juga meskipun punya hati, tidak ada otaknya, ya, bisa pilih barang yang baik, tetapi tidak bisa cari. Demikian juga.

Jadi yang dimaksudkan menjadi kehendak Tuhan pada manusia: agar manusia dapat membagi pekerjaan. Demikianlah pekerjaannya yang harus dilakukan oleh pria, laki-laki, dan demikian yang harus dikerjakan dan dilakukan oleh wanita, yaitu sebagai sifat hati tadi. Demikian, saudara, jadi kalau salah satu daripada dua itu sendiri, tidak bisa bekerja; harus dua bekerja sama. Jadi, jangan dirasakan, bahwa nanti kalau begitu, para wanita itu kelasnya nomor dua, karena selalu dikalahkan sama wanita. Tidak, saudara. Sama-sama.

Demikian penuturan ceramah Bapak kepada sekalian para saudara yang tidak ada bedanya apa yang telah tersebut juga dalam kitab-kitab yang telah diciptakan oleh para utusan yang hidup di zaman yang lama lampau yang isinya juga tidak lain daripada penuturan-penuturan. Tidak memberi penjelasan, 'Yang ini jalannya ke Tuhan, nanti kalau sudah ménggok ke sini, itu sampai di Tilburg, nanti kalau sudah sampai di ini: Rotterdam, sampai di sana sampai Amsterdam, mènggok ke sana sampai Den Haag, di situlah Tuhan Yang Maha Esa. Tidak ada! Jadi, hanya penuturan saja. Seperti apa yang telah tersebut dalam kitab-kitab oleh para orang utusan yang hidup dalam zaman yang telah lampau yang isinya pun juga tidak lain kecuali penuturan-penuturan saja. Karena itu, maka ahli fikir mengatakan apa yang disebut dalam al-Qur'an maupun di *Bijbel* hanyalah dongengan saja. Karena memang jalan ke Tuhan hanya Tuhan sendiri yang dapat memimpin dan membimbing.

Sekian, saudara-saudara, ceramah Bapak yang Bapak sajikan kepada sekalian para saudara. Bapak harapkan janganlah dirasa kecewa, dan maafkan banyak-banyak, apabila Bapak hanya memberikan ceramah yang sesingkat ini. Dan kecuali itu, karena besok Bapak akan meninggalkan Eindhoven, maka kecuali Bapak minta diri kepada sekalian para saudara, Bapak mengucapkan a married couple, you will find not only one path in this world but even afterwards, after you die, you will continue to be a team and still follow the same path. So you will no longer be a separate man and woman, but will be a pair that is actually one.

This does not mean that the woman is less powerful than the man, or that the man has more authority than the woman. No, brothers and sisters, their power is the same; because even though the man is the brain, without a heart he can do nothing. Similarly, if you have a heart but no brain, you can choose what is good but you are unable to obtain it. So it is the same.

The intention of God's will in this matter is that human beings learn to share their work. This is the work that has to be done by the man, and this is what has to be done by the woman – the work of the heart just described. That is how it is; either of the two alone is ineffective. The two must work together. So do not get the idea that, if this is true, women are second-class because they are always overruled by men. No, brothers and sisters, they are equal.

That was Bapak's advice and talk to you, and it is no different from what was said in the holy books written by the messengers of God who lived a long time ago, the content of which was also simply ordinary advice. They did not give instructions: 'This is the way to God: after you have taken this turning you get to Tilburg, and then when you get to here, that is Rotterdam, and from there you must go to Amsterdam, then turn there to get to the Hague, and there is Almighty God.' There is nothing of that kind; there is simply discourse – which is why intellectuals say that the Quran and the Bible consist of nothing but fairy tales – and the reason for that is that only God can guide you on your way to God.

This is the end of Bapak's talk to you. He hopes that you are not disappointed, and asks you to forgive him for giving you only such a short talk. Apart from that, since Bapak is leaving Eindhoven tomorrow, he wants to take leave of you all, and to thank the members and the committee in Eindhoven very much – and especially the Volkers, who provided a very satisfactory place for terimakasih sebanyak-banyaknya kepada para saudara di Eindhoven dan para pengurusnya – terutama kepada saudara Volkers yang telah menyediakan tempat untuk Bapak selamanya ada di sini yang Bapak rasakan tidak mengecewakan sama sekali, maka Bapak ucapkan sekali lagi banyak terimakasih yang saya sampaikan kepada famili Volkers, juga kepada sekalian para saudara yang telah menyelenggarakan dengan sebaik-baiknya kedatangan Bapak di sini dengan rombongannya.

Dan kemudian Bapak mendoakan semoga Tuhan memberkahi dan memurahi saudara sekalian: saudara dapat sungguh-sungguh melumpuhkan nafsunya yang selalu merajalela dan selalu menjadi perintang kemajuan saudara bakti kepada Tuhan. Juga semoga Tuhan memberikan kemurahan saudara sekalian dapat selalu mengalami kebahagiaan hidup selama di dunia ini.

Dan selanjutnya tidak lain Bapak mengucapkan terimakasih dan selamat malam.

Bapak's stay here. So, once again Bapak says thank you very much to the Volker family, and to all the rest of you who organised Bapak and his party's visit here so well.

Furthermore, Bapak prays that God will bless you and give you His grace, so that you may truly be able to paralyse the desires that constantly overwhelm you and become the obstacle to your progress in worshipping God. And may God also bless you so that you always experience happiness in your life in this world.

And now Bapak says thank you and goodnight.

4

THE HAGUE

30 AGUSTUS 1964

Rekaman: 64 HAG 1

Nyonya-nyonya dan tuan-tuan, saudara-saudara sekalian, sebelum Bapak memulai dengan memberikan penjelasan tentang jalannya latihan kejiwaan, lebih dahulu Bapak mengucapkan selamat bertemu, bahwa dengan kemurahan Tuhan Yang Maha Esa Bapak pada saat ini sungguh-sungguh dapat berada di tengah-tengah para saudara yang sebenarnya sudah lama menanti kedatangan Bapak di sini.

Saudara-saudara sekalian, sebagaimana yang telah saudara ketahui, bahwa latihan kejiwaan yang dengan nama Susila Budhi Dharma yang disingkat Subud, adalah latihan yang kita tinggal terima, artinya: menerima bagaimana Tuhan memberikan kepada kita. Maka dengan demikian, sehingga latihan kejiwaan yang telah saudara lakukan dan terima, bukan suatu latihan yang dikehendaki, yang disengaja, tetapi latihan yang sifatnya hanya menerima saja apa yang Tuhan kehendaki atas diri saudara sekalian.

Keadaan yang demikian ini, bukan suatu kejadian yang baru atau aneh, tetapi memang adalah suatu kejadian yang selalu berada dalam dunia sejak diadakan manusia, diciptakan manusia di bumi ini. Maka kesesuaian dari apa yang telah kita terima, adalah pada penerimaan yang telah dialami oleh para manusia atau oleh para utusan yang hidup di zaman yang telah lama lampau. Karena pada waktu yang lama lampau, para utusan menerima apa yang dikehendaki Tuhan pada dirinya, juga menyandarkan keilhaman, artinya kemurahan Tuhan, yang berarti atas kehendakan Tuhan melulu.

4

THE HAGUE

30 AUGUST 1964

Recording: 64 HAG 1

Ladies and gentlemen, brothers and sisters, before Bapak begins to give explanations about the process of the spiritual training – the latihan – he would first like to greet you; for by God's grace, he is now here with all of you who have waited so long for him to come.

Brothers and sisters, as you know, the latihan of *Susila Budhi Dharma*, abbreviated to Subud, is a training we have only to receive; in other words we just receive whatever God gives us. Therefore this spiritual training you have been receiving is not done with your will, nor is it something you do intentionally; it is a training that consists simply of receiving whatever God wills for you.

This is not an experience that is either new or strange; it is one that has existed in the world ever since human beings were first created. Indeed, the precedent for what we have received is the receiving experienced by the messengers of God who lived long ago. For in past times the messengers received what God willed for them, and they based their lives on divine inspiration; that is, on the grace of God, and on nothing but God's will.

Demikian juga halnya dengan apa yang telah saudara terima pada saat ini atau pada abad ini. Inipun juga menyandarkan kepada kehendak Tuhan; kita tidak bisa berbuat apa-apa, manusia tidak bisa menghendaki bagaimanapun yang ia kehendaki akan tercapai, tetapi menyerahkan kepada Tuhan bagaimana Tuhan menghendaki diri kita. Dengan demikian sehingga benar-benar, bahwa latihan yang telah saudara terima sekalian, adalah suatu kemurahan dari Tuhan yang telah diberikan kepada manusia dalam abad yang sekarang ini.

Banyak orang yang mengira, yang salah mengerti. Dikiranya latihan kejiwaan Subud ini adalah suatu aliran, adalah suatu agama, adalah suatu teori yang dikerjakan oleh seseorang. Padahal – sebagai saudara sendiri telah mengalami dan telah membuktikan apa yang berada dalam latihan kejiwaan – sedangkan yang ada dalam latihan kejiwaan ini tidak lain daripada penyerahan kita, penyerahan saudara sekalian terhadap kebesaran Tuhan, terhadap kehendak Tuhan melulu. Dan dengan demikian Tuhan memberikan kepada kita setapak demi setapak menurut kekuatan, kemampuan yang ada pada diri kita masing-masing.

Dengan adanya penerimaan yang pada diri saudara sekalian, di antara satu dengan yang lain berlainan, demikian itu menyatakan, bahwa demikianlah pekerjaan Tuhan dan demikian pula pendidikan dan pimpinan dan bimbingan yang setepat-tepatnya pada diri manusia. Karena dengan demikian, sehingga setiap manusia akan dapat mengikuti bagaimana Tuhan yang telah berikan kepadanya menurut keahlian, kemampuan dan kenyataan yang ada dalam pribadinya masing-masing.

Kenyataannya, bahwa kepribadian saudara sekalian masing-masing di antara satu dengan yang lain tidak bisa sama. Maka apabila dalam Subud ini dilakukan secara biasa – ialah kehendak manusia, yaitu dengan teori, dengan sistem, dengan aliran yang ditentukan – dengan keadaan demikian malahan tidak mungkin dapat diikuti oleh saudara sekalian secara yang sebaik-baiknya, karena saudara sekalian terpaksa mengikuti, terpaksa menuruti sistem dan teori yang telah dilakukan oleh seseorang yang merasa dirinya telah dapat menemukan jalan yang benar atau yang ke Tuhan.

Sebagaimana saudara ketahui, bahwa Tuhan dengan kekuasaanNya meliputi seluruh alam semesta, di antara dunia dan saudara sekalian. Kalau Bapak gambarkan keadaan kita, keadaan

What you have received at this time, in this century, is the same. This is based on God's will too; we can do nothing. Human beings cannot will something and make what they want happen; we can only surrender to God, to what God wants for us. So it really is true that the latihan you have received is a grace given from God to humankind in this century.

Many people who think about this, misunderstand. They think that the Subud latihan is a spiritual teaching or a religion, or that it is a method developed by somebody or other. Whereas in fact – as you have yourselves verified – in the latihan there is only our surrender to the greatness of God, exclusively to the will of God. And God guides us thereby, step by step, in accordance with our own strength and ability.

The fact that what we receive is different for each of us demonstrates a characteristic of God's work: that God's education and guidance fit the being of each person precisely. It is thanks to this that every human being will be able to follow what God gives them, in accordance with their skill, their ability and the true nature of their own individuality.

The reality is that you differ from each other in your individuality. So if Subud were a normal kind of practice – that is, based on human will, with a method, a system and a teaching that has been thought out – you would not be able to follow it correctly, because then you would have to be following a system or method devised by one person, who thought they could find the right path or the path to God.

As you know, God and God's power envelop the whole universe, including this world and all of you. If Bapak were to describe our situation, and that of this earth, it is as though they are saudara sekalian dan dengan buminya ini, sebagai terkurung oleh kekuasaan Tuhan. Dengan demikian, sehingga jalan ke Tuhan tidak hanya ke sana, tetapi ke seluruh jurusan. Jadi, apabila manusia menciptakan teori yang hanya satu jalan, belum tentu jalan itu benar, karena Tuhan tidak mungkin dapat dituju. Tuhan tidak mungkin dapat diarahkan di mana Dia berada.

Tadi telah Bapak gambarkan, bahwa kekuasaan Tuhan telah meliputi. Sehingga dibutuhkan sekali bagi manusia, agar manusia dapat menerima bimbingan dari Tuhan dan didikan dari Tuhan, karena hanya Tuhanlah yang dapat membawa manusia ke jalan kepadaNya. Arti Allah atau God dalam hakikatnya, saudara sekalian, ialah menyeluruhi. Nama itu bukan nama sesuatu barang atau sesuatu benda atau sesuatu sifat. Nama itu hanya memberi kesan, agar manusia menuju ke *heelal*, menuju ke keseluruhannya. Maka dari itu diucapkan oleh para utusan yang hidup di zaman yang telah lama lampau, bahwa Tuhan itu tidak bersifat, Tuhan tidak berwarna, Tuhan tidak bernegara, Tuhan tidak berbahasa, Tuhan tidak bersaudara dan Tuhan tidak bermacam-macam, pendeknya sebagai manusia. Yang demikian itu memberi arti, bahwa Tuhan menyeluruhi.

Jadi, tidak hanya manusia saja mengerti dan menginsafi Tuhan ada atau adanya Tuhan. Meskipun hewan, meskipun tumbuh-tumbuhan, meskipun barang-barang, semua ke Tuhan. Karena itu semuanya diciptakan Tuhan di dunia ini. Maka apa yang telah dilahirkan hewan, dan apa pula yang telah dilahirkan tumbuh-tumbuhan, maupun barang-barang, dapat diterima dan dapat diketahui oleh Tuhan, karena Tuhan berada dalam segala jurusan, dalam segala sifat yang tidak dapat dikira-kirakan ke mana dan bagaimana luasnya pun.

Karena itu, maka bagi saudara sekalian: jangan terasa kuatir, apabila saudara tidak dapat menemukan suatu patokan, suatu garis yang menentukan kebenaranNya, karena kebenaran dan garis-garis yang diperlukan bagi saudara masing-masing, telah berada dalam pribadinya saudara sekalian. Hanya saudara diperlukan sabar; saudara hanya diperlukan tawakal dan ikhlas, artinya, menyerah kepada Tuhan. Jangan banyak difikirkan. Sedangkan fikiran dan hati, yang saudara miliki untuk melayani hidupnya di dunia ini, baiklah saudara kerjakan sebagai biasa, yaitu bagaimana kerjaanya dan tindakan manusia selama hidup di dunia ini.

Jangan kira, bahwa dengan keadaan saudara demikian itu nanti enclosed by God's power. Therefore the path to God is not just in that direction [*gesture*], but in every direction. So if a person develops a method that is based on one way, it is unlikely to be right, because there is no direction towards God. It is not possible to turn in a particular direction to where God is.

Bapak just described God's power as enveloping. So it is very important for human beings to be able to receive God's guidance and God's education, for it is God who can bring a human being towards Him. The real meaning of the name Allah or God is 'All-pervading'. These names do not refer to a thing or an entity. They simply give an indication that human beings should direct themselves to the whole universe; they should direct themselves to everything that exists. Hence the sayings of the messengers who lived long ago, which said that God has no attributes, no colour, no nationality, no language, no brothers and sisters, no anything. In short, God is not like a human being. What all of that means is that God is All-pervading.

It is not only human beings who understand and are aware of God and the existence of God. Animals, plants and material things also turn to God, because they were all created in this world by God. Because God is in every direction and in every created being, God can receive and know whatever is expressed by any animal, plant or material thing. So, the extent and scope of God's nature cannot be imagined.

Therefore do not feel worried if you cannot find general rules or guidelines that define the truth of God, because the truth and guidelines that each of you need exist within your own individuality. You just need to be patient; you just need to be accepting and willing to let go; in other words, you need to surrender to God. Do not think a lot about it, for your heart[2] and mind are here to look after your life in this world. It is best if you use them in the normal way, in accordance with the way human beings work and live in this world.

Do not imagine that if you are like this your path will not open tidak akan terbuka jalannya. Padahal tindakan yang demikian itu tadi, yaitu dengan sabar dan tawakal dan ikhlas, malahan membuka jalan saudara yang sungguh-sungguh, dan melancarkan bagaimana cara saudara menerima. Itulah sebabnya, maka dalam agama sendiri tidak ada sistem itu. Di dalam agamapun juga tidak ada teori yang menuju ke Tuhan. Tidak ada. Manusia hanya diperlukan, supaya berbudi-pekerti yang utama, yaitu, jangan begini, jangan begitu. Pendek kata jangan menyalahi bagaimana cara hidup manusia yang benar.

Dalam kesungguhannya, maka kesabaran dan ketawakalan, keikhlasan merupakan sumber daripada segala pengetahuan, dari segala macam apa yang para manusia butuhkan. Contoh yang demikian ini saudara dapat menengok ke belakang, ialah sejarah para nabi, sejarah para utusan yang hidup di zaman yang telah lampau. Mereka tidak berusaha selain menyerah kepada Tuhan dengan sabar, tawakal dan ikhlas. Dan dengan keadaan yang demikian itu malahan dalam dada mereka terisi atau tumbuh sumber pengetahuan yang luar biasa, sehingga mereka dapat memberikan penuturan-penuturan yang sampai sekarang dipercaya oleh berjuta-juta manusia yang hidup dalam bumi ini.

Maka dikatakan, kalau saudara sekalian cari Tuhan, makin dicari, makin tidak dapat. Karena diibaratkan Tuhan dengan manusia seperti manusia dengan bayangannya. Jadi, bagaimana saudara cari bayangannya, sedangkan bayangan itu ada di diri saudara sendiri. Jadi, apabila saudara tidak bergerak, ya, berada dalam diri. Kalau saudara bergerak, selalu ada di kanan-kiri, di depan dan di belakang. Maka kenyataannya juga dikatakan oleh para utusan: "Kalau kamu cari Tuhan, carilah dirimu sendiri."

Dengan demikian sehingga dapat diartikan, bahwa Tuhan dan kekuasaanNya telah berada dalam diri segala sifat atau dalam diri saudara sekalian. Hanya, yang diperlukan bagi saudara sekalian: supaya saudara berhenti, sungguh-sungguh berhenti, sungguh-sungguh diam pada tempatnya. Bukan hanya badannya saja yang berhenti, tetapi fikirannya pun berhenti juga. Tetapi biasanya manusia tidak demikian pada umumnya. Meskipun duduk, kelihatannya berhenti, diam, tetapi fikirannya selalu ke mana-mana; hatinya pun selalu ke mana-mana. Yang demikian itulah yang dikatakan: fikiran dan hati yang tidak berhenti. Maka apabila yang demikian itu dapat dihentikan, manusia akan dapat merasakan for you. In reality this kind of attitude – patience, acceptance and a willingness to let go – is what will truly open the way for you and facilitate your receiving. That is why even in religion there are no systems, nor are there methods, to get you to God. There are none. People are required only to have a really good character; that is, they are told not to do this and not to do that. In short, they should not go against the true way of life for human beings.

In truth, having patience, acceptance and a willingness to let go is the source of all understanding, of all that human beings need. You can see an example of this if you look back to the history of the prophets, the history of the messengers of God who lived a long time ago. They made no special efforts other than surrendering to God with patience, acceptance and submission. As a result of that state a source of extraordinary understanding grew within them, enabling them to give advice that to this day is still believed by millions of people on earth.

That is why people say that if you are looking for God, the more you search the more you will not find God. You can compare the relationship of a human being to God with that of you and your shadow. How can you search for your shadow, when your shadow belongs to your own body? If you don't move, it is right there, but if you are moving, it is always to your right or your left, in front of you or behind you. This reality has also been expressed by the messengers, as: 'If you look for God, then look for your own self.'

One can interpret this to mean that God and God's power are within every creature – within each of you. However, you need to stop, truly to stop and be still, where you are; and it is not only your body that needs to stop but also your thoughts. With most people that is not what happens. Although they are sitting down and appear to be still, their thoughts are roaming around, and so are their hearts. One can say that their thinking and their hearts have not stopped. If these can be brought to a standstill, a person will be able to feel the vibration of life within them that originates from God's power, as happens when you are receiving in the latihan.

bagaimana getaran hidup yang ada dalam pribadinya yang berasal dari kekuasaan Tuhan, sebagai kalau saudara sekalian terima dalam latihan itu.

Maka kenyataannya latihan yang saudara terima dan lakukan, adalah kebangkitan dari pribadi saudara masing-masing. Tidak meniru, tidak menuruti orang lain, dan tidak dibawa oleh orang lain dan tidak terpengaruh oleh orang lain, kecuali oleh pribadinya sendiri, di mana Tuhan memimpinnya di dalam. Itulah sebabnya, maka dalam Subud tidak ada teori dan tiada sistem, pun Bapak juga tidak memberikan sistem dan teori, kecuali membuka saudara; dan dari pembukaan itu sehingga tumbuh dari pribadinya masing-masing yang menuju ke arahnya sendiri.

Adapun tentang kelambatan dan kelancaran yang di alami oleh sekalian para saudara, bukan itu karena disebabkan Tuhan tidak memberikan kepada saudara sekalian, tetapi diberikan kepada saudara sekalian menurut kemampuan saudara berkembang, menurut kemampuan saudara bertumbuh. Jadi, kalau belum waktunya bertumbuh sehingga dapat menerima, bagaimana Tuhan akan memberikan? Karena apabila diberikan kepada saudara, sehingga Tuhan memaksa diri saudara untuk dapat menerima sesuatu, saudara tidak akan dapat menerima, malahan merusak, merusak kepribadian saudara. Itulah sebabnya, maka demikian keadilan, kemurahan Tuhan, sehingga memberi kepada manusia seukur dengan kekuatan yang sedang berkembang.

Tidak diperlukan, agar saudara memperkeras latihannya, sehingga dapat banyak menerima. Malahan kalau saudara perkeras latihan dan selalu tergesa-gesa, bukannya dapat maju dan bukannya lancar dalam penerimaannya, malahan itu membendung, berarti menutup.

Memang demikian, saudara, hati dan fikiran saudara yang menjadi sarang nafsunya. Memang hati dan fikiran manusia selalu ingin lekas, ingin dapat tahu. Ya, memang begitulah kebiasaan manusia. Tetapi bagi saudara sekalian Bapak harapkan agar sungguh-sungguh dapat merasakan, bahwa perkembangan jiwa, pertumbuhan jiwa daripada sekalian para saudara tidak dapat dikejar secara mengejar kepandaian dari otak dan hati. Karena itu hanya menyandar kepada kemurahan Tuhan, keilhaman Tuhan, sebagai yang telah dialami oleh Yesus Kristus atau para utusan-utusan yang hidup di zaman yang telah lama lampau, seperti Ibrahim, Musa, Muhammad dan nabi-nabi.

So, the reality of the latihan you have received and practise is that it is the awakening of your own individuality. You are not imitating or following anyone else, and you are not moved or influenced by anyone else, but by your own individuality, which is guided by God from within. That is why there is no method or system in Subud, and why Bapak does not give you a system or a method. He just opens you; and, from that opening, your own individuality grows according to its own direction.

As for the fact that some of you take a long time whereas others progress easily, that is not because God is not giving you what you need, but because God gives according to your capacity to develop and to grow. For how can God give you something if your growth has not yet reached the point where you are able to receive it? If God were to give it to you by forcing you to receive it, then instead of you being able to receive it, it would damage your individuality. It is the justice and mercy of God that whatever God gives to human beings is adjusted to the growth of their strength.

You do not need to work harder at doing the latihan in order to receive a lot. On the contrary, if you work harder at it and are always in a hurry, you will not progress and receive more easily; it will inhibit and block you.

It is really true, brothers and sisters, that your heart and thinking mind are the home of your desires,[1] so they always want to go fast and want to know. Yes, that is how people usually are. But in your case, Bapak hopes you will realise that the development of your soul – the growth of your soul – cannot be pursued in the way you pursue a skill of your brain and your heart. That is because it depends on God's grace and inspiration; as in the case of Jesus Christ and the other messengers who lived long ago, like Abraham, Moses, Muhammad and the other prophets.

Yang perlu bagi saudara sekalian atau bagi manusia: agar manusia dapat mengamalkan apa yang telah dimiliki dalam pribadinya, ialah seluruh anggota; dapat mengerjakan seluruh anggotanya secara yang utama. Artinya: dapat melakukan, mengerjakan akal dan fikirannya untuk pekerjaan yang berguna yang bermanfaat bagi dirinya, maupun bagi umat manusia lainnya. Demikianlah penuturan para nabi dan penuturan para utusan. Karena tindakan yang demikian adalah merupakan suatu jalan atau suatu tuntunan bagi hati dan fikiran manusia, agar hati dan fikiran manusia dapat melakukan dan selalu dapat bekerja, karena memang hati, fikiran perlu dikerjakan dan perlu bergerak selama hidup di dunia ini.

Adapun apa yang terjadi pada diri saudara sekalian yang mungkin selama saudara menerima, melakukan latihan kejiwaan, mulai lagi terlihat atau terasa apa yang telah dilakukan dahulu sebelumnya latihan dan menerima latihan kejiwaan ini. Yang demikian itu jangan saudara dirasakan, bahwa: "Apakah Subud ini seperti itu? Apakah latihan kejiwaan itu seperti itu?"

Tidak demikian, saudara. Tadi telah Bapak katakan, bahwa latihan kejiwaan itu sifatnya menerima. Jadi, apa-apa yang ada pada diri saudara, kalau memang itu tidak betul dan itu belum selesai, tentu terbongkar. Jadi, itu tidak lain daripada pembongkaran dari isi diri saudara yang saudara telah masukkan sebelumnya masuk Subud. Itulah sebabnya, maka saudara jangan terasa asing, jangan terasa kecewa, bahwa apa yang terbongkar dalam latihan itu kadang-kadang apa yang telah dimiliki sebelumnya masuk Subud.

Itu juga banyak di antara para saudara, sehingga mengatakan, bahwa Subud itu harus begini, begini, begini. Tidak, saudara. Latihan kejiwaan itu lahir dan tumbuh dari pribadinya manusia masing-masing. Sehingga apa yang telah terjadi dalam latihan, tidak akan menyalahi apa yang telah menjadi jalannya sendiri. Kalau saudara memang jalannya ke situ, atau jalannya ke kiri, latihan pun juga ke kiri. Sehingga segala tuntunan, segala apa yang telah diterima dalam latihan kejiwaan, merupakan jalan yang tidak menyalahi langkah dan tindakan saudara, baik lahir maupun batin.

Tentang sifat gerak-gerak yang saudara terima yang nampaknya seperti gerakan biasa, atau nampaknya juga seperti gerakan-gerakan dari sesuatu aliran, inipun juga di Indonesia banyak sekali yang begitu, sepintas lalu dapat dikatakan sama. Juga di dunia Islam, di negara-negara Islam, seperti banyak kaum sufi yang melakukan

What you need, and what all human beings need, is to be able to make the right use of what you have – meaning all the parts of your body – and use them in the best possible way. That means using your intellect and your thinking for work that is useful and beneficial for yourselves and other people. Such was the teaching of the prophets and messengers, because that kind of behaviour guides the human heart and intellect in their work; and indeed, the heart and intellect need to be used and need to move while living in this world.

There is another thing that may happen: in the course of your receiving – of doing the latihan – you may once again see or feel methods you used to practise before you started doing the latihan. If that happens, do not think to yourself, 'Is Subud the same as that? Is the latihan the same as that?'

No, it is not like that; just now Bapak told you that the latihan is receiving. So whatever you have within you that is not right, and that has not yet been dealt with, is bound to be demolished. Therefore, what is going on is simply the demolition of things within you that entered you before you joined Subud.

There are also many of you who say that in Subud you have to do this and this and this. No, brothers and sisters; the latihan arises and grows from each person's individuality, so whatever happens in their latihan will not depart from their own individual path. If your path is to the left, then your latihan will go to the left. So, every guidance and every thing that you receive in the latihan constitutes a way that does not deviate from what you are supposed to do.

You may also receive movements, ordinary movements, which look like the movements practised by some sect. There are numerous of these in Indonesia that, superficially, look the same. Also, in the Muslim world, in Muslim countries, there are Sufis who beat a tambourine; and such is the depth of their devotion that they dengan memukul *terbang*, sehingga dari khusuknya – arti khusuk: dari lupanya – dari lupanya sehingga tangannya terus memukul begitu *zonder* sadar – artinya: *onbewust* – terus pukul terbang itu. Lantas dia berdiri dengan begini-begini.

Banyak, saudara yang menyerupai. Memang semua itu tidak dibedakan dengan apa saja, karena memang manusia lebih percaya kepada sesuatu yang dapat dilihat; pada sesuatu yang dapat didengar; pada sesuatu yang dapat diraba. Karena itu, maka cara Tuhan membimbing saudara sekalian dimulai dari yang rendah sampai ke atas; dimulai yang dari dapat dilihat oleh mata kepala; dimulai dari barang yang dapat diraba dengan tangan; sampai nanti tidak perlu dengan tangan teraba; sampai nanti tidak dengan mata kepala dapat terlihat. Demikian, saudara. Jadi, saudara jangan salah *tampa*, jangan salah terima, bahwa sifat gerak-gerak yang telah saudara terima itu, hanya ke situ saja, hanya itu saja. Tidak. Itu baru merupakan suatu permulaan.

(*Bapak memberi komentar atas terjemahan:*) Ya, tidak lantas dapat melihat barang-barang seperti biasa. Bapak katakan dapat melihat sesuatu yang tidak dengan mata kepala, bukan melihat lantas saudara menutup begini lantas dapat melihat pekerjaan di kantornya. Tidak! Jadi, jangan salah mengerti apa yang telah Bapak katakan ini. Maka yang Bapak maksudkan bukan demikian.

Karena itu, maka, saudara-saudara sekalian, jalan satu-satunya bagi saudara-saudara sekalian, agar saudara dapat sungguh-sungguh menerima pergantian dan perubahan dalam penerimaan setiap saudara melakukan latihan kejiwaan, tiada ada lain kecuali: perlu saudara berperasaan sabar; perlu saudara berperasaan yang sungguh-sungguh menyerah kepada kebesaran Tuhan. Dan tidak perlu memikirkan ini dan itu, tidak perlu pula menyamakan ini dengan itu. Jangan lantas *nggathuk-nggathukkan* dari ini-itu, 'Asal dari sini; apa itu yang dikatakan ini?' Jangan demikian. Karena kesemuanya itu adalah suatu perbuatan dari manusia dengan otaknya, sehingga tidak dapat sungguh-sungguh menyesuaikan dengan apa yang dikehendaki Tuhan.

Bapak mengatakan demikian, bukan Bapak mencegah kepada saudara sekalian, hingga menyebabkan malahan saudara terbelakang, hingga tidak dapat menemukan. Padahal sebaliknya, saudara. Kalau saudara benar-benar sabar dan menyerah kepada kekuasaan Tuhan, jalannya pembersihan yang berlaku dalam rasa become unconscious, and in that state their hand continues to beat on the tambourine. Then they stand up and move like this [*gestures*].

There are many practices that resemble the latihan; indeed, people cannot always differentiate between such things, because they tend to rely on what they see, hear and touch. For that reason God guides you by starting from what is low, towards what is higher; starting from what can be seen with your eyes, from what can be touched with your hands, until later on you no longer need to touch with your hands and no longer need to see with your eyes. That is how it goes. Therefore do not get the wrong idea and imagine that the movements you are receiving now will just go on like that; that this is all there is. No, this is just the beginning.

[*While listening to the Dutch interpretation, Bapak interrupts*:] Well, you are not going to see things the way you normally do. What Bapak said was that you would be able to see things without using the eyes in your head. That doesn't mean that you will be able to close your eyes like this and see your work at the office. No. So, do not misunderstand what Bapak just said. That was not what he meant.

Therefore, the only way for you to be able to receive a change and development in your receiving every time you do the latihan is to have a feeling of patience and of genuine surrender to the greatness of God. And you do not need to think about this and that, to compare this with that. Do not try to match your experience with this and that: do not think, 'This originates from here; and is this what they mean when they say that?' Do not do that, because all that sort of thing is created by human beings with their brains, and so cannot really correspond to what is willed by God.

When Bapak tells you this he is not trying to restrain you, so that you fall behind and do not find what you are looking for. In fact it is the other way round. If you are really patient, and surrender to the power of God, the process of purification going on within your inner feeling will go more smoothly. And if the diri saudara akan menjadi lebih lancar. Dan dengan sendirinya, apabila jalannya pembersihan lancar dalam rasa diri saudara, saudara akan dapat selalu menerima perubahan, perkembangan yang ada di dalam latihan kejiwaan.

Ini telah Bapak alami sendiri, saudara. Jadi, Bapak bukan lantas seperti saudara tergesa-gesa, tidak: 'Ya, apa yang patut, apa yang dapat saya terima.' Jadi, seperti saudara melakukan latihan kejiwaan tiga kali seminggu itu sudah banyak. Karena dari sebab saudara belum tahu mengukur, belum tahu bagaimana besar dan kecilnya dan banyak dan sedikitnya kesalahan-kesalahan dan kekotoran-kekotoran yang ada dalam rasa diri, sehingga terasa, apabila dipaksa, tentu dapat. Itu malah tidak demikian.

Saudara ketahui, bahwa kesalahan dan kekotoran yang ada dalam rasa diri saudara, telah – tidak hanya berkarat saja, saudara – telah menjelma dalam sifat tabiat saudara sekalian. Jadi sudah tercipta, sudah tercetak, terwujud dalam hati dan otak, sehingga tidak mudah dapat melepaskan itu. Dan tidak mudah dapat membongkar dan membersihkan itu, apabila tidak dengan pertolongan Tuhan; apabila tidak Tuhan yang mengerjakannya.

Nah, karena itu dikerjakan Tuhan – artinya: bahwa saudara telah tertolong oleh Tuhan – janganlah pekerjaan Tuhan, pertolongan Tuhan itu dirintangi; janganlah pertolongan Tuhan dan pekerjaan Tuhan itu diganggu. Dan rintangan yang saudara lakukan terhadap pekerjaan Tuhan itu, tidak lain ialah: saudara masih bernafsu, ingin ini, ingin itu, ingin ini, ingin itu. Artinya: ingin lekas dan sebagainya. Itulah yang mewujudkan suatu rintangan terhadap pekerjaan Tuhan yang telah berlaku yang telah ada dalam rasa diri saudara sekalian.

Ada kalanya di antara para saudara yang berlatih yang dahulunya latihannya keras, tetapi kemudian halus sekali. Malah ada kalanya yang seperti berhenti, tidak bergerak, tidak apa. Yang demikian itu jangan dirasakan, bahwa itu tidak menerima dan latihannya menjadi berhenti atau dihentikan. Sebenarnya latihan terus, saudara. Terus bekerja. Memang tidak selalu latihan itu diterima dengan kekasaran. Ada kalanya halus, ada kalanya yang malah nampak diamnya.

Yang demikian itu sebagai halnya kalau anak bersekolah. Ada kalanya hari itu menerima pelajaran berhitung, ada kalanya waktu itu menerima pelajaran bergambar, ada kalanya waktu itu process of purification within your inner feeling is going smoothly, it will follow by itself that you will continually receive changes and development in your latihan.

This is something that Bapak has received for himself. He was not in a hurry like you. His attitude was: 'Yes, whatever is appropriate, whatever I am able to receive'. So when you do latihan three times a week, that is already a lot. Because you cannot yet measure and do not know how many or how few the mistakes are, nor how big or how little the dirt is in your inner feeling, you have the feeling that you are sure to get it if you force yourself. But the reality is quite different.

Brothers and sisters, the faults and the dirt in your inner feeling are not just like a stain; they have become a part of your character. They have become one with your heart and your brain; they have imprinted themselves and taken shape there, so they are not easy to remove. It is difficult to break them down and clean them out unless it happens with God's help – unless it is God who does it.

Now, since God is doing it, which means that God is helping you, do not get in the way of God's work and God's help; do not disturb it. And what gets in the way of God's work is simply continuing to use your desires: when you still want this, want that; want this, and want that; in other words, when you would like to progress faster, and so on. That forms an obstacle to the work of God that is going on in your inner feeling.

It happens sometimes among members doing latihan, that the latihan of a person who used to have a strong latihan becomes very quiet. It can even happen that it appears to stop: they do not move and nothing happens. Do not worry about this and think that this person is not receiving, or that their latihan has stopped or has been stopped. The truth is that the latihan goes on and is always working. You do not always receive the latihan with lots of movement. There are times when the movements become more refined, and there are times when the latihan appears to be still.

This is like children at school: there are days when they learn maths; there are days when they learn to draw; and there are days when they listen to the teacher telling all sorts of stories. So when menerima pelajaran bercerita, mendengarkan cerita guru, yaitu tentang cerita-cerita macam-macam. Jadi, kalanya saudara melakukan latihan kejiwaan terasa dan dilihatnya sebagai diam, tidak bergerak, yang demikian itu tentu bergerak di lain bagian. Lain bagian yang halus yang saudara belum dapat menangkapnya. Jadi, janganlah dirasa, bahwa ada kalanya saudara dihentikan dalam latihan, latihan tetap terus. Adapun kelihatan berhenti, itu tidak melalui jalan, tidak melalui tempat yang mesti harus bergerak dan ber*obah*.

Contohnya ada, saudara, di antara para saudara Subud yang dalam latihannya terlihat tidak begitu kuat pada akhir-akhirnya, tetapi pada saat itu ia menerima lain daripada biasanya. Yaitu: ketika dia berdiri. Meskipun dia berdiri dengan menutup mata kepalanya, tetapi melihat ruangan yang di mana dia berlatih, tidak lagi terlihat ruangan, tetapi terlihat tempat yang terbuka. Tempat yang terbuka yang tidak ada pohonnya pun juga tidak ada rumahnya, seperti tanah yang luas yang luas, yang luas dan bersih.

Sesudah demikian dia melihat tangan keduanya mulai ke depan. Sedangkan tangannya diam saja. Tangannya tidak bergerak. Tangan itu terlihat di depan, makin lama makin panjang terus tangannya. Terus memanjang, panjang, panjang, panjang, sampai tangan itu meliwati samudera. Terasa juga. Ketika meliwati samudera itu tangannya terasa, bahwa benar-benar di atas air. Dan terasa bagaimana air menyentuh pada tangannya itu.

Sudah begitu, terus saja. Tidak lama kemudian sampai di Indonesia. Sampai berhenti di muka rumah Bapak di Jalan Jawa. Di sana berhenti. Sesudah berhenti di sana, tangannya jadi satu, naik ke atas, seperti orang begini (*Bapak memperagakan*).

Sesudahnya begitu di depan rumah Bapak – tetapi Bapak tidak terlihat di sana – mulai tangan itu mundur. Artinya mundur itu: memperpendek begitu, jadi lebih pendek, pendek, pendek, pendek sampai kembali lagi. Sesudahnya kembali lagi dia lihat seperti biasa. Dia cuma mengikuti saja. Hatinya tidak tanya, fikirannya pun tidak memikirkan apa-apa, kecuali hanya menyerah kepada keagungan Tuhan saja, karena dia telah insaf, dia ingat apa yang telah Bapak katakan kepadanya, bahwa janganlah memikirkan apa-apa, kecuali menyerah kepada Tuhan, bagaimana kehendak Tuhan saja.

Akhirnya badannya menjadi tinggi, mulai meninggi, meninggi, meninggi ke atas. Sampai tinggi, cepat sekali tingginya si badan itu;

you do latihan and you feel as if you are quiet and not moving, you are certainly moving in another part of yourself, in a part that is finer; you are just not able to feel it yet. Therefore do not get the feeling that sometimes your latihan has stopped. The latihan always goes on; when it looks as if it has stopped, it is working in a place that does not need to move.

There is an example of a Subud member whose latihan had for some time seemed not very strong, and who then received something out of the ordinary. She was standing up, and although her eyes were closed, she could see the place where she was doing latihan, except that she no longer saw the room but an open space without trees or houses, like a wide, open piece of land.

Next she saw her hands move forwards, even though they were actually still and not moving. She saw her hands move in front of her as her arms began getting longer and longer. They continued to get longer until they were over the ocean. She could feel that. As her hands were crossing the ocean she could feel that they were over the water; she could feel the spray on her hands.

Her hands kept going, and not long afterwards they reached Indonesia. Finally they stopped in front of Bapak's house in Jalan Jawa. There they stopped, came together and moved upwards, like when a person does this. [*Bapak makes a gesture of respect.*]

After they made that movement in front of his house – she didn't see Bapak there – the hands started to move back. That is to say, her arms got shorter and shorter until her hands returned to where she was. Her hands returned and she saw that they were back to normal. She just followed what was happening. Her heart was not curious and her mind did not think about anything. She just surrendered to the greatness of God, because she was aware of and remembered what Bapak had said to her, that she should not think about anything but just surrender to God and to whatever God wills.

Eventually her body started to get taller, growing taller and taller. This happened very fast and she felt her head going through dia terasa sendiri. Sehingga kepalanya selalu meliwati, menerobos *wolken*, menerobos mega terus. Sesudah sampai ke atas, dia melihat bawah. Dia melihat bawah, saudara. Tanah. Tanah. Dia melihat tanah dengan rumahnya yang dijadikan tempat latihan itu. Dia melihat.

Sesudahnya begitu dia mulai bangkit hatinya: "Ini akan sampai ke mana lagi ini nanti?"

Sesudahnya hatinya bertanya demikian, bukannya lantas lanjut, tetapi malah kembali, kembali lagi sebagai biasa, sehingga dia lantas membuka matanya begitu, dia melihat ruangan lagi.

Habis, dia tidak tanya kepada kawan-kawan lain, karena anggapannya apabila dia tanya kepada kawan lain, toh tidak akan dapat menjawabnya, karena dirasa itu ada pengalaman satu-satunya yang dia dapat, yang belum juga didapat oleh lain saudaranya. Kemudian kirim surat kepada Bapak ke Jakarta. Dan Bapak jawab seperlunya yang dia akhirnya terasa puas.

Itulah contohnya, saudara, bahwa latihan kejiwaan ini, meskipun nampaknya begitu saja, tetapi ooh, tentu ada buahnya, tentu ada manfaatnya. Hanya, ya, bagaimanapun saudara belum sampai ke situ. Saudara belum dikehendaki Tuhan dapat menerima apa yang sebagai apa yang telah Bapak uraikan ini.

Itu adalah contoh dari salah satu saudara wanita bagaimana yang dapat diterima dalam melakukan latihan kejiwaan. Sedangkan masih banyak juga, saudara, contoh-contoh, yaitu saudara-saudara yang telah dapat menerima – bukan semacam itu, tetapi berlainan juga jenisnya – tetapi menyatakan, sebagai hasil yang sungguh-sungguh mengherankan bagi si penerima. Nah, mungkin di antara para saudara sudah ada yang sedikit-banyak menerima pengalaman, meskipun tidak sejauh dan setinggi itu. Tentu ada sudah yang menerima pengalaman.

Demikian, saudara, maka latihan kejiwaan yang saudara terima dan lakukan benar-benar merupakan bimbingan dan didikan dari Tuhan Yang Maha Esa, yang disesuaikan dengan kemampuan, kepribadian saudara, yang disesuaikan dengan akan berkembangnya kejiwaan saudara masing-masing. Demikian, maka Bapak harapkan tidak lain kepada saudara sekalian, agar rajin berlatih dan mematuhi apabila sudah menerima pemberitahuan yang didapat dalam latihan, supaya saudara mematuhi apa yang telah didapat itu. Karena apabila saudara sudah dapat menerima dalam latihan apa yang telah Tuhan beritahukan kepada saudara, tentu saudara akan lebih insaf the clouds. Having reached that height she looked down. She could see the earth and the house where the latihan was being held. She could see that.

At that moment her heart began to get involved: 'Where else am I going to go now?'

When her heart asked this question, instead of going further she came back to where she was, and was back to normal. She opened her eyes and saw the room she was in.

When the experience was over, she didn't ask her friends about it, because it was her first such experience and she felt that the others had not yet had any like it. So she sent a letter to Bapak in Jakarta. He answered, telling her what she needed to know, and she was satisfied.

That instance shows that although the latihan looks so ordinary, oh, it is certain to bear fruit; it is certain to bring benefits. But ... well, you are just not there yet. It is not yet God's will that you receive something like Bapak just described.

That was an example of what one woman could receive in her latihan. But there are many more examples of members who have been able to receive – not the same, but different things of the same kind; things that were indications of reality and were truly surprising to the person who received them. It could be that some of you have also received experiences, even if they were not as advanced or as high as that one. Some of you are bound to have had them.

There you are, brothers and sisters: your latihan is truly the guidance and education of Almighty God, adjusted to your capacity and your individuality, and also to your own spiritual development. Therefore Bapak simply asks that you do the latihan diligently, and that if you receive any instructions in the course of your latihan, you obey them. For once you have been able to receive what God imparts to you in the latihan, you will certainly be more aware of and have a greater understanding of your own individual being and that of human beings in general.

dan akan lebih mengerti bagaimana keadaan diri pribadi saudara atau manusia itu.

Dan karena itu, maka Bapak harapkan saudara sekalian, kecuali rajin berlatih – artinya rajin bukan saban hari, tetapi setiap diadakan latihan – melakukan latihan dan dengan perasaan yang sabar, tawakal dan ikhlas. Itu memang penting dan perlu sekali bagi saudara sekalian, agar saudara sekalian dapat dengan sedar dan tenang menerima apa yang patut diterima dalam latihan kejiwaan.

Pendidikan Tuhan yang ada dalam diri saudara sekalian, tidak merupakan didikan sebagai biasa, yang biasanya orang dapat didikan dari orang, tetapi didikan dan bimbingan Tuhan – karena Maha Esanya, karena Maha Kuasanya – menjelma dalam setiap anggota saudara. Jadi, andaikata didikan Tuhan itu telah dapat saudara terima dalam kepala saudara, artinya dalam otak, sehingga saudara dengan sendirinya dapat memikirkan hal-hal yang tidak mungkin dapat difikirkan. Yang demikian itulah kekuasaan Tuhan yang dapat menjelmakan didikan dalam sifat itu.

Maka ada di antaranya saudara yang mengatakan, bahwa latihan kejiwaan Subud ini seperti ini dan seperti itu. Ada yang mengatakan, bahwa ini sama saja dengan ini dan itu. Ya, kalau disamakan memang sama, karena latihan kejiwaan Subud ini lahir dari pribadinya. Jadi, apa yang saudara miliki, apa yang saudara dapat – artinya, umpama saudara beragama Islam, umpama saudara beragama Kristen – Subud, latihan kejiwaan Subud ini, justru malah juga menjernihkan penuturan yang saudara telah dapat dalam agamanya. Sehingga di situ saudara akan lebih bertawajuh, akan lebih mematuhi apa yang telah ditentukan dan dibutuhkan dalam agama. Dengan demikian sehingga para saudara sekalian yang beragama Kristen, sungguh-sungguh Kristennya; yang beragama Islam, sungguh-sungguh Islamnya. Yang Bapak katakan sungguh-sungguh, karena tidak hanya suatu orang yang mengikuti agama secara begitu saja, tetapi sungguh-sungguh mengikuti agama yang tahu bagaimana isi dan bagaimana maksudnya yang ada dalam agama itu.

Itulah, maka Bapak tidak memerlukan memberi uraian yang macam-macam, yang saudara mungkin memerlukan uraian yang tinggi-tinggi yang dalam-dalam. Sebab dengan uraian yang begitu yang bermacam-macam, sehingga terpaksa saudara mengerjakan fikirannya lagi, dan fikiran yang telah bekerja, atau fikiran yang saudara kerjakan yang demikian itu, bukan menambah kelancaran,

That is why Bapak asks you to do your latihan diligently – and diligently doesn't mean every day, but at the times that have been agreed – and also to do it with a feeling of patience, acceptance and willingness to let go. This is indeed very important and necessary for you, so that in a conscious and peaceful state you can receive whatever you are meant to receive.

The education of God that takes place within your being is not like the normal kind of education one person gets from another. Because God is Almighty and All-powerful, God's teaching manifests in every part of you. So, for example, if you are able to receive God's teaching in your head – in your brain – you will spontaneously be able to think about things that cannot normally be thought about. That is how God's power is able to instil education within that organ.

There are those of you who say that the Subud latihan is similar to this or similar to that. Well, if you say they are the same, then they are, because the Subud latihan arises from your own individuality. Because of this, whatever you possess or whatever you have acquired – for example, if you are a Muslim or if you are a Christian, the teachings you have received in your religion – will be clarified by this Subud latihan. As a result of this you will be more devoted and obedient towards whatever is established or required in your religion. Then those of you who are Christians will be true Christians, and those who are Muslims, true Muslims. What Bapak means by 'true' is that you will not follow your religion without awareness, but will know and understand the purpose of what is contained in it.

That is it; that is why Bapak does not want to give you all sorts of advanced and deep explanations that maybe you would like to hear. It is because that would force you to start using your intellect again, and that will not make it easier for you; in fact, it will block you. Actually, what you need is for your thoughts to be cleansed of all that kind of thing.

malahan membuntu lagi. Padahal saudara diperlukan sekali agar fikirannya bersih daripada hal itu.

Maka ceramah Bapak pada malam ini Bapak akhiri sekian. Dan dapat saudara besok malam sedikit-banyak membuktikan apa yang Bapak katakan ini, yaitu dalam testing yang akan Bapak lakukan terhadap sekalian para saudara. Sedangkan dengan demikian sehingga saudara sekalian dapat lebih banyak mempraktekkan daripada berteori, dan menambahkan semangat saudara berlatih. Karena sedikit-sedikit perlu saudara nyatakan dalam kenyataan, sehingga saudara sungguh-sungguh dapat merasakan.

Dan bagi saudara sendiri dapat merasakan sampai di mana dalam penerimaannya. Dan dapat pula merasakan kesanggupan rasa dirinya untuk menerima testing, kenyataan dalam latihan yang saudara selalu terima dan lakukan. Dan juga agak sedikit membiasakan saudara sekalian, agar dapat mengoreksi dirinya sendiri dan dapat menjawab pertanyaan sendiri yang menyebabkan hingga tidak ada, tidak banyak pertanyaan yang diajukan kepada Bapak. Dan Bapak dapat lantas bekerja memberi macam-macam nasihat kepada sekalian para saudara .

Demikianlah, saudara-saudara, maka pertemuan ini Bapak akhiri sekian, dan mengucapkan terimakasih kepada sekalian para saudara yang telah sungguh-sungguh memperhatikan. Dan tidak lain Bapak mengucapkan pula terimakasih yang sebanyak-banyaknya, semoga saudara sekalian dapat rakhmat Tuhan, dapat mengikuti apa yang telah Bapak nasihatkan kepadanya.

Dan Bapak harapkan besok malam saudara supaya memerlukan datang. Dan tidak dengan malu-malu suka maju ke depan untuk ditest oleh Bapak, agar saudara dapat mengetahui bagaimana keadaan dirinya sendiri.

Dank u.

So Bapak will end tonight's talk; and tomorrow night he will do testing with all of you, so that in some measure you will be able to verify what he has just told you. In that way you will be doing more practice than theory; and that will make you keener to do latihan. For, little by little, you need to confirm the reality for yourself, so that you can truly feel it.

Also you will be able to feel how far you have progressed in your receiving, and how far your inner feeling is capable of receiving testing – the reality that comes in the latihan. Also it will to some extent get you used to being able to correct yourself and to answer your own questions, which will mean that there will not be so many questions put to Bapak. He will then be able to work more on giving you all sorts of advice.

That is it, brothers and sisters; Bapak is bringing this meeting to an end, and thanks all of you for really paying attention. He simply says thank you very much, and prays that you will receive God's blessing, enabling you to follow the advice Bapak has given you.

Bapak hopes that you will come tomorrow evening; and that you will not be shy, but willing to come forward and be tested by Bapak, so that you will be able to get to know the state of your being.

Dank u.

5

THE HAGUE

1 SEPTEMBER 1964

Rekaman: 64 HAG 2

... para pengurus komite atau organisasi, sebelum Bapak memberikan nasihat atau penjelasan tentang bagaimana yang menjadi tanggungjawab dan kewajiban para pembantu pelatih dan para pengurus komite, Bapak ingin mendengarkan lebih dahulu di antara para saudara ada yang diusulkan atau yang dikemukakan sesuatu yang mengharapkan penjelasan dari Bapak.

Ya, satu. ... *Meestens* yang dari Holland.

(*Pertanyaan dari seorang wanita.*)

Usman: Yang ditanyakan: kalau mereka mengetest ... (*seterusnya tak jelas*)

Bapak: Bapak sudah memberi contoh kepada saudara bagaimana caranya mengetest. Tentu, apabila ada pertanyaan yang tidak sukar yang tidak terlalu dalam, saudara akan dapat mengerjakan itu. Dan caranya mengetest, caranya melakukan testing: soal-soal yang akan ditest, dibaca atau dimengerti lebih dahulu. Dan sesudahnya mengerti apa yang dimaksud persoalan itu, baru mengosongkan fikiran, artinya: sebagai kalau saudara melakukan latihan. Sehingga dalam penerimaannya tidak terpengaruh oleh soal-soal yang telah diajukan.

Dan bagaimana yang diterima dalam testing itu, karena saudara masih di dalam keadaan yang gerak dan tenaga, jadi tenaga dan gerak itulah yang merupakan jawaban. Tentunya saudara dapat sendiri merasakan dan mengira-ngirakan bagaimana gerak itu, sifat gerak itu. Sehingga dapat menentukan jawaban yang perlu dijawab

5

THE HAGUE

1 SEPTEMBER 1964

Recording: 64 HAG 2

[Brothers and sisters, helpers and][3] officers of the committee – of the organisation – before giving you advice and explanations about the responsibilities and duties of the helpers and committee, Bapak would first like to hear whether there is anyone among you who has something that they would like Bapak to explain.

Yes, one. … Preferably from Holland.
Question: [*Inaudible.*]
Usman [*to Bapak*]**:** She is asking, when they test … [*inaudible*].

Bapak: Bapak has already demonstrated to you how to do testing. When there are questions that are not difficult – not too deep – you will certainly be able to do it. The way to test something is first to read out or to understand the problem that you want to test. Once you have understood it – only then – you empty your thinking as you do when you are doing latihan, so that your receiving is not influenced by the question being asked.

What you receive in the test is the answer; in your case, since you are still at the stage of movement, it will be in the movements you receive. You will certainly be able to work out the significance of your movements and decide on the appropriate answer to the question that is being considered.

atau dapat menentukan jawaban yang selaras pada pertanyaan atau yang menjadi soal yang dipikirkan itu.

Yang demikian itu adalah untuk pertama kalinya. Ya, sudah tentu saja saudara akan mengalami agak kesukaran, karena belum menjadi biasa. Dan apabila nanti sudah biasa, tentunya tidak akan terasa sukar lagi. Dan apabila toh masih terdapat kesukaran, sehingga jawaban itu tidak memenuhi apa yang ditanya, saudara dapat mengajukan terus ke Jakarta. Dan dapat nanti Bapak jawab dari sana.

Dan juga sebaiknya, apabila yang mempunyai soal yang bertanya itu, sudah agak lumayan juga latihannya, baik juga yang mempunyai soal itu diikutsertakan dalam testing di situ. Agar dia atau mereka terasa puas.

Bapak: Van Holland? Karena ini yang punya rumah.
(*Pertanyaan dari seorang pria: sampai*)
Usman: Dia menanyakan: apakah memang latihan ini cukup? Karena dia toh untuk, ya, artinya membersihkan jiwanya ini. Apakah masih ada, ya, cara-cara lain untuk membantu.
Bapak: Sebenarnya ini sudah selalu Bapak katakan dalam *talk*. Bahwa latihan kejiwaan ini adalah latihan yang datang dari kekuasaan Tuhan pada setiap pengaruh nafsu yang bersarang dalam hati dan otak manusia tidak bekerja. Dengan demikian sehingga perkembangan dan kemajuan latihan yang diterima, tidak tergantung pada pengetahuan, tidak tergantung pada kepandaian, tidak tergantung pada pengalaman otak yang telah lama dialami. Malahan diperlukan sekali, agar pengalaman-pengalaman yang telah diterima sebelum masuk Subud atau sebelum menerima latihan kejiwaan ini, dibuang jauh-jauh, disingkirkan jauh-jauh, dikosongkan jauh-jauh. Jadi yang menyebabkan hingga kemajuan dalam latihan ini terhambat, bukannya karena ada cacat dalam pancainderanya dan juga tidak sebab kurangnya *kennis*, tetapi karena justru banyak *kennis* yang diterima, sehingga malah menjadi penghalang bagi kemajuan jiwa maupun perkembangannya.

Sebagaimana saudara tahu, bahwa gerak-gerak yang diterima, itu sebenarnya merupakan pembersihan. Jadi, gerak itu adalah gerak untuk membuang kekotoran dan kesalahan yang ada di dalamnya. Dan itu dibutuhkan sekali, karena memang dengan gerak itu, agar terlepas. Demikian juga halnya dengan sifat benda. Benda itu tidak akan bersih, menjadi bersih dan kekotoran di dalamnya tidak akan

When you do it for the first time … well, you may find it difficult because you are not used to doing it yet, but once you are used to it, it will not seem difficult any more. If you still have trouble with it and the answer does not correspond to what you are asking, then you can send the question straight to Jakarta, and Bapak can answer it there.

And if the latihan of the person who has the problem or who is asking the question is already reasonably good, it is best if they are included in the testing, so that they feel satisfied.

Usman: Somebody else, maybe?
Bapak: From Holland? Since they are the hosts.
Question: [*Inaudible.*]
Usman [*to Bapak*]**:** He is asking whether the latihan is really enough to clean his soul, or is there anything else, some other way to assist the process?
Bapak: In fact this is something Bapak is always saying in his talks: the latihan is a training that comes from the power of God whenever the desires[1] that reside in the human heart[2] and brain are not working. It follows that your development and progress in the latihan you receive does not depend on your knowledge or skill, or on the experience that your brain has accumulated over a long time. On the contrary, it is very important that you discard completely the experiences you had before joining Subud and before you received the latihan; throw them away, put them aside and empty them out completely. What impedes your progress in the latihan is not the defects of your senses or your lack of knowledge, but the fact that you have acquired too much knowledge. That is what obstructs the progress of your soul and its development.

As you know, the movements we receive are in fact a cleansing; they are for getting rid of the dirt and the faults we have within us. And we need it very much, because in fact it is through movement that they are loosened. It the same with a material thing: without movement a material object cannot be cleaned and the dirt in it separated out. Take earth as an example: in a lump of earth there is dapat keluar dan juga tidak akan dapat dipisahkan antara satu dengan yang lain, – misalnya … umpama saja: tanah; di dalam tanah ada besinya, di dalam tanah ada emasnya, di dalam tanah ada peraknya dan ada lain-lain *mijnen*, itu kalau tidak dibersihkan, tidak digerakkan secara di*analiseer*, mungkin tidak bisa dapat diketahui mana yang sebenarnya tanah dan mana pula yang sebenarnya besi dan emas dan perak dan lain-lainnya.

Demikian juga halnya dengan kejiwaan, dengan rasa diri. Rasa diri perlu dibersihkan, perlu dipisahkan, agar mana yang ini, mana yang itu. Sehingga saudara nanti dapat merasakan: inilah yang baik, inilah yang tidak. Lha, karena soal kejiwaan itu adalah soal Tuhan, hanya Tuhan yang dapat mengerjakan itu. Karena perubahan, pergantian jiwa dari yang tidak baik jadi baik, dari yang kecil jadi besar, dari yang sempit menjadi luas, itu menghendaki kematian. Sudah tentu, apabila saudara kerjakan sendiri, saudara dapat mati, tetapi malah tidak dapat apa-apa. Sedangkan dikerjakan oleh Tuhan, tidak demikian. Tuhan dapat, karena Tuhan Maha Kuasa, sehingga dapat merubah jiwa manusia, sedangkan manusia masih hidup.

Itulah bedanya dengan pekerjaan manusia yang Bapak katakan tadi seperti memisahkan antara tanahnya, besinya, emasnya, perak dan lain-lainnya. Jadi, dalam latihan kejiwaan yang saudara terima, sebenarnya itu adalah suatu analisa yang dikerjakan oleh Tuhan sendiri, bukan oleh manusia.

Jadi, terangnya, tidak perlu dikuatirkan, saudara. Karena rasa yang kuatir, fikiran yang bimbang, disebabkan karena belum dapat pegangan yang benar, dan belum terasa bagaimana pekerjaan yang di dalam. Malahan yang demikian itu membuntu dan melambatkan jalannya pembersihan.

Demikian bukan jauh-jauh, sebagai contohnya Bapak sendiri. Telah Bapak seringkali mengatakan, bahwa Bapak tidak mempelajari soal itu. Tetapi hanya menyerah kepada Tuhan dengan kekosongan, percaya kepada kebesaran Tuhan, sehingga Bapak terima itu perpisahan-perpisahan yang bekerja dalam rasa diri. Dan Bapak terima dengan sungguh-sungguh dan menginsafi bagaimana jalannya daya ini dan jalannnya daya itu. Dan juga bagaimana jalannya fikiran; fikiran atau otak yang digerakkan oleh kemauan, oleh nafsu; yang otak digerakkan tidak dengan nafsu.

Sebagai contoh demikian telah Bapak alami. Maka Bapak percaya sekali, bahwa dengan kesabaran, dengan ketawakalan, dengan keikhlasan dan juga dengan penyerahan yang sebenariron, there is gold, there is silver and other minerals. If it is not cleaned, moved around and analysed, we would probably not be able to know which part is actually earth, which part is iron, which part is gold or silver, and so on.

It is the same with your spiritual life, with your inner feeling. Your inner feeling needs to be cleaned, it needs to be separated into this part and that part, so that you can feel: 'This part is good; this part is not.' But since your spiritual process is the province of God, only God can do that. Because replacing your soul – changing your soul from bad to good, from small to large, from narrow to broad – requires death. Certainly, if you are doing it yourself you can die, but you may in fact get nothing at all. But if God does it, it is different. God is able to do it because God is All-powerful, and can therefore change the soul of a human being while they remain alive.

That is how God's work differs from the kind of human work Bapak just described, when you separate earth, iron, gold, silver, and so on. Therefore the latihan you receive is an analysis carried out by God, not by human beings.

So it is clear that you do not need to worry about it, brothers and sisters. A feeling that is hesitant and full of worry comes from not having the right understanding, from not yet being aware of the work that is going on within you. That in fact blocks you, and slows down the process of purification.

You do not need to go far for an example: take the case of Bapak himself. Bapak has often told you that he did not study these things. He just surrendered to God and was empty, and trusted in the greatness of God. The result was that he received this separation in his inner feeling. And he really became aware of how this force and that force works, and also how his thinking or his brain works when it is moved by the will – by the desires – and when it is moved by something other than the desires.

That, as an example, was Bapak's experience. Therefore he very much believes that with patience, with acceptance, with a willingness to let go and also with true surrender, you will be able to benarnya, saudara akan dapat menerima, meskipun tidak sejauh apa yang telah Bapak terima, umpamanya, akan dapat menerimanya ini. Dan ini telah dapat dibuktikan oleh di antara, mungkin tidak salah satu, mungkin di antara para saudara yang ada di sini, telah dapat membuktikan itu.

Sedikit-banyak nanti akan Bapak berikan contoh. Bukan, ya ... sebenarnya testing juga, tetapi testing tidak seperti yang telah saudara sekalian lihat. Testing di dalam halusnya. Dan mungkin, apabila saudara sungguh-sungguh sabar dan tidak memikirkan sesuatu apa, akan dapat menerima nanti.

Begitu.

(*Pertanyaan dari seorang pria: sampai.*)

Usman: Mereka menanyakan apakah testing yang macam dikatakan oleh Bapak itu, boleh juga dijalankan oleh *de helpers*?

Bapak: Ya, begini. Adalah itu merupakan contoh bagi saudara sekalian, terutama bagi para *helpers*, dapat mengerjakan testing itu, apabila ada pertanyaan, ada soal-soal yang ringan yang dapat dijawabnya, dapat ditest, dilakukan testing. Jadi, tidak lantas sesudah Bapak memberi contoh demikian diharuskan para pembantu pelatih lantas selalu menjalankan demikian. Tidak.

Sebab begini, saudara sekalian. Melakukan testing itu juga ada bahayanya, apabila tidak ada di antara para saudara yang sudah agak meningkat dalam latihannya, sehingga dapat memisah-misahkan antara pengaruh-pengaruh dari daya-daya rendah. Karenanya, maka contoh yang demikian yang Bapak telah ajukan kepada sekalian para saudara, hanya memberikan sebagai bukti, bahwa latihan kejiwaan yang telah saudara lakukan dan terima, tidak hanya sampai ke situ saja, sampai di mana saudara melakukan latihan dan menerimanya. Jadi, terangnya, bahwa latihan kejiwaan itu sungguh-sungguh akan memberi kenyataan kepada para saudara, hingga para saudara dapat mengetahui dan dapat merasakan bagaimana hal-hal yang selalu ada dalam pertanyaan, dan bagaimana hal-hal yang belum juga diterima dan datang.

Yaaa ... perlu saya jelaskan lagi, bahwa testing yang Bapak adakan bukan memberi contoh kepada saudara untuk saudara dapat melakukan itu, supaya melakukan itu. Tidak, test yang Bapak ajukan kepada sekalian para saudara, hanya memberi bukti, memberi kenyataan, bahwa latihan kejiwaan yang saudara lakukan dan terima, sungguh-sungguh ada hasilnya yang nyata. Dengan receive too. Even if what you receive does not go as far as what Bapak received, you will be able to receive. And this has been confirmed by some of you here, maybe by more than one of you.

Later, Bapak will give you an example. Not … well, it will be testing, but not the kind of testing you have seen; it will be finer testing. If you are really patient and not thinking, you may be able to receive it.

That is the answer.

[*There is a question in Dutch that is answered by Usman, followed by another question.*]

Usman [*to Bapak*]**:** They are asking whether the helpers may also do the kind of testing Bapak is describing.

Bapak: It is like this: these are examples for all of you, especially for the helpers, so that if there is a question or a simple problem, you will be able to answer it by testing. It is not Bapak's intention that the helpers must do testing in the way that Bapak does it. No.

It is like this, brothers and sisters: doing testing also has its dangers if there is no one among you whose latihan has reached a higher level and who can distinguish between the influences of the low forces. Therefore the examples that Bapak gives you are simply to prove to you that the latihan is not limited to what you have received so far. It shows clearly that the latihan can give you an experience of reality, enabling you to know and feel how things are, things that you always wonder about, and also things that you have not yet received or that have not yet come about.

Yes … I need to explain again that the testing Bapak does is not meant as an example for you to copy. No, the tests he does with you just provide an experience and a proof that the latihan you do has a real result. Then you will become aware and understand that the latihan you receive will really enable you to understand the process of the life you have within you; and you will also to some demikian sehingga saudara akan dapat menginsafi dan mengerti, bahwa latihan kejiwaan yang saudara terima dan lakukan itu, benar-benar akan merupakan suatu penerimaan bagi saudara, sehingga saudara dapat mengetahui bagaimana jalannya hidup yang ada dalam diri, dan juga akan dapat mengetahui sedikit-banyak hal-hal yang saudara harapkan yang saudara rasa bagaimana. Dan dengan demikian sehingga saudara akan terpenuhi sendiri oleh jiwanya pertanyaan-pertanyaan saudara yang selalu yang menjadi kebutuhan hidup saudara.

Ya, apakah tidak banyak ditanya lagi, supaya Bapak bisa memberi penjelasan dan memberi … mempraktekkan, sehingga saudara sedikit-banyak dapat menerima dan merasakan?
(*Ada yang bertanya.*)
Bapak: Ini dari Amerika, itu. Ya, ini *question* Amerika.
Pertanyaan: (*Bahasa Inggeris.*)

Usman: (*Tak jelas*) … seperti di Eropa ini, terutama di Jerman, di Wolfsburg, di sana diadakan, ya, orang-orang itu mengetest bagaimana cara latihan seseorang, ya, apa latihannya, kemudian ditest juga seperti apa seharusnya latihannya.
Bapak: Tidak! Ya … dan itu sudah Bapak beritahu kepada Richard Engels. Ya, sudah Bapak beritahu, sudah Bapak cegah: jangan sampai melakukan demikian, karena tidak … sebab, ya, nanti lantas Subud dibikin *in de mode* apa, begitu. Jadi, ada cara, nanti, malah tidak karuan. Jadi, Bapak cegah itu sudah. Sudah Bapak selesaikan di Wolfsburg. Dan jangan lagi mengirim *circulaire* atau pengumuman kepada masing-masing center, agar meniru jejak apa yang telah diumumkan itu.

Marilah sekarang baik dengan tenteram dan tenang mendengarkan atau menerima apa yang Bapak akan katakan kepada sekalian para saudara, agar saudara sedikit-banyak dapat merasakan bagaimana jalannya rasa diri yang telah begitu lama yang extent be able to know the answers to things you are always wondering about. In this way your own soul will solve the questions that come up in the course of fulfilling the needs of your life.

[*There is a short discussion where Bapak tells Usman that the interpretation seemed too short, and Usman asks the audience whether it was clear enough. Lots of laughter.*]

Yes, if there are not too many more questions, Bapak can give explanations and some practice so that you can to a certain degree receive and feel for yourself.

[*Someone starts to ask another question.*]

Bapak: He is from America. This is an American question.

Question [*in English*]**:** This is mainly about European groups. [*Laughter.*] European groups have had a practice of testing the latihan of people with their consent: how it is and how it should be. I have seen it done and have participated. And I have heard from some people that, at Wolfsburg, Bapak said that this was the same as testing the state of others and that it should not be done. Is that right? I would like to know.

Usman [*to Bapak*]**:** [*Inaudible*] … like here in Europe, especially in Germany, in Wolfsburg, they test what a person's latihan is like and then they test how their latihan should be.

Bapak: No! [*Laughter.*] Bapak has already told Richard Engels not to do that, because then you make Subud into something where one follows the trend. You will end up with a method, and it will be a mess. So Bapak has already stopped that. He has already dealt with it in Wolfsburg, and told them no longer to send circulars to other centres encouraging them to follow procedures they have announced.

Now please listen peacefully and quietly, and receive what Bapak is going to say to you all, so that you can in some measure sense the progress of your inner feeling, which the power of God has been cleaning for such a long time, for six or seven years.

sudah tujuh tahun, enam tahun, dibersihkan oleh kekuasaan Tuhan.

(*Rekaman diputus.*)

... tetapi ilmu selalu membuntuti Bapak, seperti itu.

Dan dalam kecil Bapak itu dapat dikatakan ya tidur juga Bapak tidur, seperti anak anak ya tidur juga, tetapi selalu didalam terang. Jadi kecil, ketika Bapak kecil masih berumur dua tahun, sampai saya katakan kepada *grootma:* "*Grootma,* malam-malam kok ada matahari saja. Saya tidak bisa tidur!"

"Ah, kenapa, tidak ada mataharinya. Mataharinya sudah terbenam. Itu bukan matahari itu, itu mainan."

"Oh mainan?" Baru tidur saya; jadi kalau saya begini matahari kelihatan saja.

Ya, demikian saudara apa yang telah Bapak beritahukan kepada saudara, tidak banyak-banyak, hanya untuk dapat sedikit saja mengetahui bagaimana riwayat hidup Bapak mulai kecil dan sampai besar, besar, besar. Ya, tentunya saudara akan dapat mengetahui nanti dibelakang hari, tidak sekarang.

Nah sekarang, karena waktunya sudah sampai Bapak berpesan kepada saudara tentang bagaimana yang menjadi kewajiban dan tugasnya para pembantu pelatih agar saudara sekalian dapat melakukan kewajibannya yang dengan teratur dan tidak menyimpang daripada garis-garis apa yang telah ditentukan oleh persaudaraan kejiwaan Subud.

Sebagai saudara mengetahui, bahwa *helpers*, pembantu pelatih, adalah dalam hakikatnya pembantu kejiwaan, pembantu Bapak. Karenanya, maka pembantu pelatih itu tidak setempat, artinya tidak ber*nationaliser.* Jadi, tidak lantas pembantu pelatih negeri Belanda, sudah di negeri Belanda saja; diluar negeri Belanda, tidak pembantu pelatih. Itu tidak! Satu kali jadi pembantu pelatih, ke mana-manapun pembantu pelatih. Karena pembantu pelatih itu sifatnya internasional, sebab, ya, memang jadi pembantu Bapak.

Dan sebagai pembantu pelatih, saudara sekalian, sebenarnya – bukan namanya bertanggungjawab, tetapi sebenarnya – menjaga

[*There is a break in the recording.*]

[*The following voice-note has been added to the recording at this point:* At Bapak's request the subsequent testing with explanations, and Bapak's account of his childhood experiences, which together must have lasted some fifteen minutes, were not recorded.]

[...Those then are some of Bapak's experiences when he was a child, and later on when he was receiving more and more. From this you can see that Bapak was not looking for the spiritual life][3] but it was as if the spiritual life was following Bapak.

And when he was small, Bapak used to sleep just like children normally do, but it was always light. So when he was about two years old he once said to his grandmother, 'Grandmother, why does the sun shine in the night? I can't sleep!'

'Oh, come on, there is no sun. The sun has already set. That is not the sun, it is just a toy.'

'Oh! It's a toy?' Only then was I able to sleep, because when I closed my eyes, I saw the sun.

So these are a few stories, not too many, just to let you know a little about Bapak's life when he was small and growing up. You will certainly experience such things, not now, but later on.

And now the time has come for Bapak to let you know about the responsibilities and duties of helpers, so that you can carry them out properly and in a way that does not deviate from the guidelines that have been laid down in the Subud association.

As you know, helpers are in reality assistants on the spiritual path – Bapak's helpers. For that reason a helper is not a local or a national appointment. So it is not the case that Dutch helpers are helpers only in Holland but not outside Holland. No. Once they have become helpers they are helpers wherever they go. The role of helpers is international because ... well, they really are Bapak's helpers.

And as helpers it is not that you are responsible, but you guard and look after the progress of our community so that the members dan memelihara kemajuan persaudaraan, agar kemajuan para saudara jangan sampai mundur, jangan sampai pecah-belah. Karena memang perkembangan persaudaraan kejiwaan Subud ini terletak pada pundak atau pada diri para pembantu pelatih.

Dan perlu sekali para pembantu pelatih – karenanya – memberi penjelasan yang sejelas-jelasnya bagaimana sebenarnya latihan kejiwaan Subud itu dan bagaimana faedahnya. Dengan demikian sehingga para saudara yang belum insaf tentang Subud, ya, tidak akan meninggalkan Subud dan tidak akan menjauhinya. Maka adalah menjadi kewajiban yang penting bagi para pembantu pelatih, agar dapat mengerti dan mengetahui di antara para anggota yang belum dapat menerima dan belum dapat merasakan apakah yang dikatakan latihan kejiwaan dan pembukaan itu. Sebab banyak telah Bapak alami di mana-mana yang terdapat saudara-saudara yang telah tiga, empat tahun ada di Subud, belum dapat merasakan bagaimana latihan itu. Yang demikian itu sungguh mengecewakan sekali, disebabkan karena kurangnya penjelasan dari para pembantu pelatih. Dan para pembantu pelatih membiarkan saja saudaranya begitu.

Maka adalah suatu kewajiban bagi para pembantu pelatih agar memerlukan tanya atau mengerti di mana di antara para saudara yang masih belum dapat menerima; dan perlu dilatih atau perlu disampingi latihannya; kalau memang perlu sekali, perlu dispesialkan dilatih, agar selekasnya saudara yang demikian itu, dapat menerima latihan kejiwaan. Dengan demikian sehingga tidak banyak atau mungkin tidak akan terjadi ada orang, ada saudara yang telah dibuka, sesudahnya tidak kembali lagi.

Seperti halnya di Colombia. Di Colombia banyak, saudara, Bapak buka. Tetapi akhirnya ini, ya, karena kurang penjelasan dan mungkin kurang adanya para pembantu pelatih di sana dan kurang tegas para pembantu pelatih, kurang memikirkan pada anggotanya, sehingga dapat dikatakan begitu banyak anggota yang telah dicatat yang telah dibuka, akhirnya lebih daripada tujuh puluh lima persen mungkin yang tidak kembali lagi. Yang demikian itu sungguh dapat disesalkan. Bukan karena kita memerlukan anggota banyak, tetapi kita harus menginsafi, saudara, bahwa kalau kita sudah suka membuka, kalau kita sudah suka membimbing, harus seterusnya. Jadi, jangan sampai kita acuh tak acuh terhadap para anggota, hingga akhirnya kepercayaan anggota terhadap para pembantu pelatih sama sekali tidak ada.

make progress and there is no discord. For indeed the development of the spiritual association of Subud rests on the shoulders of the helpers.

And it is therefore very important that the helpers should give the clearest possible explanations about the true nature of the Subud latihan and its benefits. Then the members who do not yet understand about Subud will not leave or drift away. It is an important responsibility of the helpers to know which of the members have not yet been able to receive and feel what it is that we call the latihan and the opening. For Bapak has seen that there are people everywhere who have been in Subud for three or four years and still cannot feel the latihan. That is very disappointing, and is due to inadequate explanations by the helpers. The helpers just leave the members in that state.

So, the helpers are responsible for asking or finding out which of the members are not yet able to receive, and they need to do latihan with them. If necessary, they need to do special latihans with them alone, so that these members can receive the latihan as quickly as possible. If you do that, there will be few people – or perhaps none – who are opened but then do not come back.

Take the case of Colombia. Bapak opened many people in Colombia but, due perhaps to inadequate explanations, or not enough helpers, or a lack of clarity among the helpers, or the fact that they did not pay enough attention to the members, of all the members whose opening was recorded perhaps seventy-five per cent have left. That is very regrettable, not because we need lots of members, but because we need to understand that once we have been willing to open someone and guide them, then we must continue to do so. Therefore do not be indifferent towards the members, lest the members lose all their trust in the helpers.

Adapun tentang keperluan-keperluan yang dibutuhkan oleh para pembantu pelatih, misalnya, ya, keperluan apa yang dibutuhkan, tentunya perongkosan, tentang materi, para pembantu pelatih dapat menerima dari para anggota pengurus. Itulah sebabnya, maka pengurus komite diadakan dan komite diadakan, agar komite itu sifatnya membantu keperluan para *helpers* yang bekerja yang melakukan tugas dan kewajibannya.

Dalam golongan *helpers* kemungkinan ada saudara yang sudah dijadikan *helpers* dan sudah suka menerima angkatan sebagai *helpers*, tetapi tidak bekerja. Dikatakan selalu tidak mempunyai kesempatan. Ya, kalau toh ada pembantu pelatih di antaranya yang demikian keadaannya, baik saja pembantu pelatih itu menyerahkan saja kartu pembantu pelatihnya kembali dalam grupnya, dan dia dinon-aktifkan, artinya tidak sebagai pembantu pelatih lagi, tetapi sebagai anggota biasa. Yang demikian itu sehingga memberi kesempatan para grup pembantu pelatih untuk mengajukan, mengusulkan saudara lainnya yang dirasa dapat menjadi pembantu pelatih, sehingga jalannya pekerjaan yang menjadi tanggungjawab para pembantu pelatih, tidak terhambat karenanya.

Dan juga merupakan kewajiban – tetapi tidak diwajibkan selalu, tetapi merupakan kewajiban *helper* – apabila diminta pertolongannya untuk datang di tempat salah satu anggota atau anggota yang kebetulan menderita sakit atau keluarganya, diminta supaya menyampingi latihan di tempatnya, di tempat keluarga itu yang menderita, ya, sebagai pembantu pelatih Bapak harapkan diterima dengan baik dan jangan terasa berat, artinya dengan tangan terbuka suka menolongnya. Dan apabila saudara yang ditolong itu, tempatnya jauh dan tidak dapat ditempuh dengan jalan kaki, seharusnya dengan *trein* atau dengan bis atau dengan mobil, dengan *car*, ya, itulah juga menjadi kewajiban pengurus komite atau organisasi untuk mencukupi kebutuhan pembantu pelatih yang menunaikan kewajibannya itu.

Juga ada hal yang perlu diperhatikan, ialah: ada kalanya dalam grup para *helpers* yang dirasanya ada ide, ada suatu cara yang mungkin dianggapnya lebih tepat atau lebih dapat melancarkan caranya bakti kepada Tuhan, sehingga memberikan itu kepada para anggota dan melakukan itu kepada para anggota. Yang demikian itu tadi Bapak katakan, ialah sungguh-sungguh tidak menurut atau tidak melalui jalan yang telah diberikan Tuhan kepada saudara sekalian. Jadi, dengan sendirinya dapat dikatakan telah

As for the needs of the helpers, such as the material needs or the expenses involved in doing their work, they can get those from the committee. That is why there needs to be a committee, so that it can assist the helpers in carrying out their duties and responsibilities.

In the helpers' group there may be those who have been willing to accept their appointment as helpers but do not do the work, and always say that they do not have time. If there are such helpers in the group, it is best if they return their helpers' cards to the group and become inactive; that is, they are no longer helpers, but ordinary members. That will give the helpers' group the opportunity to propose other people they consider suitable to become helpers, and the work for which the helpers are responsible will not be held up.

It is also a responsibility of the helpers – though not all the time – to visit members or their families if there is someone who is sick and they have been asked to do latihan with them. Bapak hopes that, as his helpers, you will not object to this and will be open-handed in helping in such cases. And if they live a long way away and cannot be reached on foot – meaning that you have to take the train or the bus or to go by car – then again, it is the responsibility of the committee or the organisation to meet the needs of the helpers who are carrying out these duties.

There is something else you need to pay attention to: sometimes there is a person in the helpers' group who believes there is some idea or method that is better, or can make it easier to worship God, so they start to teach this to the members and do it with them. As Bapak said earlier, this is truly not in accordance with the path that God has given you, and deviates from the guidelines that have been laid down. Therefore such a person needs to be warned not to go on doing that.

menyeleweng daripada garis-garis yang telah ditentukan. Maka kepada saudara yang demikian itu, perlu diperingatkan: jangan terlanjur-lanjur dilakukan.

Dan apabila terus-terus dilakukan, ya, saudara yang demikian itu, perlu juga ditegur, agar kartu pembantu pelatihnya dikembalikan dan diberitahu oleh para pembantu pelatih yang aktif yang tidak melakukan yang demikian, bahwa segala tindakannya yang tidak sesuai dengan apa yang telah ada dalam Subud, tidak menjadi tanggungjawab saudara-saudara yang masih aktif dalam Subud. Sehingga apabila sudah banyak orang yang dibuka di luar pengetahuannya para grup yang ditinggalkan, tidak nanti menjadi tanggungjawabnya grup itu. Maka perlu ditulis dalam catatan atau mungkin dalam arsipnya, bahwa segala tindakan yang dilakukan oleh para saudara yang demikian itu tidak menjadi tanggungjawab para pembantu pelatih yang ditinggalkan.

Mestinya masih ada lagi, saudara, yang perlu diberitahukan, tetapi waktunya sudah terlalu jauh. Dan mestinya saudara sekalian segala sesuatu yang dibutuhkan oleh para pembantu pelatih, dan segala sesuatu yang Bapak perlukan untuk para pembantu pelatih, telah Bapak tulis dalam Pewarta Kejiwaan Subud. Jadi, kalau saudara memang memiliki Pewarta Kejiwaan Subud itu, tentunya sudah dapat membaca, dapat tahu dari tulisan Bapak yang ada di situ.

Maka penerangan Bapak, penjelasan Bapak tentang bagaimana kewajiban pembantu pelatih tidak akan Bapak lanjutkan banyak-banyak. Saudara tentunya akan dapat tahu sudah dari Pewarta Kejiwaan Subud yang saudara sekalian telah menerimanya. Dan kepada para pengurus komite demikian juga Bapak telah memberikan segala sesuatu yang menjadi keperluannya.

Hanya yang penting secara singkat Bapak harapkan kepada saudara sekalian, agar para saudara – terutama para pembantu pelatih dan para anggota pengurus – supaya dapat kerja-sama. Janganlah nanti para pembantu pelatih merasakan, menganggap dirinya dalam grup kejiwaan lebih penting dan lebih kuasa. Dan juga sebaliknya saudara yang ada di komite, karena dia yang menyiapkan gedung, tempat latihan dan mencatat ini dan itu dan merasakan dan menganggap, bahwa ketua atau pengurus komite adalah yang berkuasa dalam grup. Yang demikian itu menimbulkan pertengkaran, perselisihan dan perpisahan antara para saudara.

Saudara sekalian perlu ingat, bahwa latihan kejiwaan yang kita

But if they do go on, you need to reprimand them and ask them to return their helper's card. The other active helpers, who are not doing that kind of thing, need to let them know that all these actions that are not in accordance with Subud are no longer the responsibility of the others who are still active in Subud. That means that if they open a lot of people without the knowledge of the Subud group they have left behind, those people will not be the responsibility of the group. It is necessary for a note to be put on file that whatever this person does is no longer the responsibility of the remaining helpers.

There must still be other things you need to know, but it is already late. And Bapak has written everything the helpers need to know, and everything he wants them to know, in the *Pewarta Kedjiwaan Subud*. So if you get the *Pewarta Kedjiwaan Subud*, you will be able to read there what Bapak has written.

Therefore Bapak will not go on much longer with his explanations about the responsibilities of the helpers. You will be able to know it all from reading the *Pewarta Kedjiwaan Subud* that you have been sent. And equally, with regard to the committee, Bapak has written down everything that they need to know.

However, one important thing that Bapak would briefly like to ask is that you – especially the helpers and the members of the committee – should be able to work together. The helpers should not have the feeling that, as they belong to the spiritual group, they are more important and more powerful. And conversely, those of you who are on the committee should not feel or consider that, because you prepare the building and the place for the latihan and keep the records, it is the chairperson or the committee who has the authority in the group. That would give rise to quarrels, discord and division among the members.

You all need to remember that this latihan we receive comes

terima ini, adalah datang dari kekuasaan Tuhan pada setiap waktu pengaruh nafsu kita disingkirkan oleh kekuasaan Tuhan. Jadi, terang, bahwa latihan kejiwaan yang telah kita terima, adalah suatu didikan dan bimbingan Tuhan yang menuju keutamaan. Tuhan tidak menghendaki, agar saudara tidak utama. Tuhan tidak menghendaki, agar saudara selalu berpecahan atau berpisahan antara satu dengan yang lain. Tuhan menghendaki, agar saudara sekalian atau para manusia rukun, karena kerukunan adalah sebagai jalan, hingga manusia dapat melalui tempat atau melalui jalan yang damai yang tenteram. Dan jalan yang damai dan tenteram, itulah jalan yang utama yang menyebabkan sehingga hati, fikiran saudara menjadi tenteram dan kebaktian saudara kepada Tuhan Yang Maha Esa sungguh-sungguh – kecuali tenang – sungguh-sungguh sampai kepada kekuasaan Tuhan.

Karena itu, maka utamanya setiap bulan, meskipun satu kali atau dua bulan sekali diadakan pertemuan, juga latihan bersama, antara para pembantu pelatih dengan para pengurus, agar selalu dapat mendekatkan rasa cinta, rasa kerjasama, jangan sampai menjadi jauh dalam rasa-perasaannya. Dan di samping melakukan latihan bersama perlu juga – sebagai tadi telah Bapak katakan – untuk dapat mengetahui dan memanggil antara para saudara yang dirasa atau yang diketahui belum dapat menerima latihannya, sehingga dengan keadaan demikian para pembantu pelatih dan para pengurus dapat selalu menjaga kemajuan dan kebaikannya para anggotanya.

Dan agar keadaan para saudara di sini – terutama – dapat hubungan rapat dengan saudara-saudara di negara-negara lainnya dan dapat juga mengikuti perkembangan Subud di manapun juga, maka Bapak harapkan selekas mungkin, apabila di sini belum dibentuk komite nasional, selekasnya supaya dibentuk dan diaturnya yang serapi-rapi, seperti di lain-lain negara yang telah teratur. Kalau perlu, dapat juga menerima konsep-konsep dari grup atau *center* mana yang telah teratur yang telah dapat menciptakan komite nasionalnya. Malahan pada saat ini perlu sekali digiatkan, agar dapat membantu dan dapat ikut melakukan jalannya S.I.S. yang telah dibentuk yang telah dibangkitkan atau yang telah diadakan sejak Kongres Dunia yang baru lalu di New York.

Dengan demikian sehingga sungguh-sungguh Subud dapat menunjukkan langkahnya yang menurut sebagai yang dikehendaki Tuhan, yaitu ke bidang kesosialan. Yang demikian itu memang from God's power, whenever God's power puts the influence of our desires aside. So it is clear that the latihan we have received is God's education and guidance towards excellence. God does not want you to be bad people. God does not will that you have discord and divisions between you. God wants all of you and all human beings to be in harmony, because harmony is the path whereby human beings can come to a state of peace and tranquillity. And a path that is peaceful and tranquil is the right path, one that can bring your heart and thinking to a state of peace and cause your worship of God, not only to bring you to peace, but also to reach the power of God.

That is why it is best if you arrange a meeting and also a latihan every month – or even just once every two months – between the helpers and the committee, to awaken a feeling of love and cooperation between you, and to make sure that you do not drift apart in your feelings. And besides doing latihan together you also need – as Bapak said just now – to invite those who you feel, or who you know, cannot yet receive the latihan. By doing that, the helpers and the committee will be looking after the progress and the welfare of the members.

And in order that the members here can be closely connected with members in other countries and can follow the development of Subud everywhere, Bapak hopes that if you haven't already formed a national committee here, you will create one as quickly and efficiently as possible, as has been done in other countries. If you need it, you can get draft documents from groups or centres that have set up their national committees. You particularly need to do this now in order to support and participate in the progress of SIS.,[4] which was created at the recent World Congress in New York.

This will also enable Subud to take steps in a direction willed by God; that is, in the field of charity or social responsibility. That is indeed a reality in people's worship of God and forms part of it, sudah menjadi sesuatu susunan atau sesuatu kenyataan dalam kebaktian manusia terhadap Tuhan. Karena kebaktian manusia terhadap Tuhan atau Tuhan memberikan sesuatu kepada manusia tidak hanya untuk kepentingan manusia satu saja atau tidak hanya kepentingan perseorangan, tetapi untuk kepentingan manusia seluruhnya.

Dengan demikian sehingga kenyataan dalam dan luar sama-sama jalan. Jadi, dalam kita telah nyata, telah saudara sekalian membuktikan dalam latihan: meskipun berbeda bangsa, meskipun berbeda agamanya, tetapi kalau sudah latihan di situ, rasanya seperti di rumahnya sendiri, seperti di tempatnya sendiri dan kumpul dengan bangsanya sendiri, malahan lebih daripada itu. Kadang-kadang terasa seperti dalam rumah, ya, kumpul dengan saudaranya sekandung sendiri.

Yang demikian itu menyatakan, bahwa demikianlah kehendak Tuhan dalam pimpinan kejiwaan yang telah saudara terima dan lakukan. Dan dari itu, maka lahirnya perlu juga kita ketahui, bahwa lahirnya perlu juga kita melakukan atau melangkahkan langkah kita ke bidang kesosialan. Dan isinya kesosialan saudara sendiri tentunya dapat tahu, ialah supaya dapat mengadakan tempat sekolahan untuk anak-anak yang *achterlijk*, dan dapat menciptakan gedung untuk orang-orang yang terlantar. Dan di samping itu tentu kita membimbing mereka – para *helpers* – agar anak-anak yang *achterlijk* itu, menjadi baik dan orang-orang yang terlantar, dapat menjadi orang yang berguna bagi masyarakat.

Sekianlah, saudara-saudara sekalian, mungkin karena Bapak telah lihat – kecuali Bapak sendiri, juga banyak sudah yang sudah setengah tidur – jadi, ceramah Bapak dan nasihat-nasihat maupun pesan-pesan kepada sekalian para saudara Bapak akhiri sekian. Dan tidak lain Bapak harapkan semoga Tuhan memberkahi saudara sekalian dapat melakukan dan menjalankan apa yang menjadi kewajiban yang telah tercantum dalam penuturan-penuturan persaudaraan kejiwaan Subud. Dan selain itu Bapak mengucapkan terimakasih kepada saudara sekalian dan selamat malam.

because when people worship God, or when God gives something to human beings, it is not just for the good of one person, or just for the individual, but for the benefit of the whole of humanity.

Therefore the inner and the outer reality must go together. The inner reality is clear, because you have proved it to yourself in the latihan: even though you belong to various nationalities and various religions, when you are doing latihan here you feel as though you are in your own house and with your own kind. In fact it is closer than that: sometimes you feel as if you are at home together with your own brothers and sisters.

This shows that God's will is in the spiritual guidance you are receiving and practising. We need to understand that the consequence of this is that outwardly we need to be active in charity and in society. And the content of such charity, as you certainly know, are things like providing schools for children who have a mental disability, or providing housing for disadvantaged people. And besides that, we – the helpers – need to guide them so that the condition of these children is improved, and these disadvantaged people become useful to society.

That is all, brothers and sisters; Bapak has noticed that not only he but also many of you are already half asleep, so he will now end his advice and his talk to you. He simply hopes that God will bless you and enable you to carry out your responsibilities as contained in the arrangements of the Subud spiritual association. And Bapak says thank you and goodnight to you all.

6

THE HAGUE

5 SEPTEMBER 1964

Rekaman: 64 HAG 3

Nyonya-nyonya, tuan-tuan dan saudara-saudara sekalian, malam ini adalah malam yang terakhir adanya Bapak di sini. Dan besok – kalau tiada ada halangan suatu apa – akan meneruskan perjalanannya ke Oslo. Maka sebelum Bapak memberikan penjelasan tentang jalannya latihan kejiwaan demikian pula keadaan para saudara yang telah mengikuti latihan dan menerima latihan kejiwaan, lebih dahulu Bapak mengucapkan banyak-banyak terimakasih atas perhatian dan jaminan saudara atas kedatangan Bapak di sini maupun selama Bapak di sini. Terutama Bapak tujukan kepada saudara Tjaalsma sekeluarga yang telah menyediakan tempat selama Bapak ada di sini yang sungguh-sungguh memuaskan. Bapak ucapkan banyak-banyak terimakasih. Mudah-mudahan jasa-jasa saudara sekalian yang demikian itu dapat balasan yang setimpal dari kebesaran Tuhan dan kemurahan Tuhan Yang Maha Esa.

Dan kepada saudara-saudara yang datang dari lain kota dan lain negara, terutama kepada saudara yang datang dari Inggeris yang telah selalu mengikuti perjalanan Bapak dan beradanya Bapak di Europa, maka Bapak terasa sungguh-sungguh gembira dan puas yang saudara sekalian telah menunjukkan ke*activiteit*nya tentang melakukan dan menerima latihan kejiwaan yang telah saudara terima. Semoga ke*activiteit*an saudara yang demikian itu sungguh-sungguh diridhoi, artinya dimurahi Tuhan Yang Maha Esa, sehingga saudara sekalian dapat sungguh-sungguh kenyataan dalam latihan kejiwaan yang telah diterima dan dilakukan.

6

THE HAGUE

5 SEPTEMBER 1964

Recording: 64 HAG 3

Ladies and gentlemen, brothers and sisters, tonight is the last night of Bapak's visit here. Tomorrow, if all goes well, he will continue his journey to Oslo. So before Bapak gives you explanations about the process of the spiritual training – the latihan – and about your state as you follow and receive it, he would first like to express his gratitude for your attention and for arranging his journey and his visit here; and particularly to the Tjaalsmas, who provided such a satisfactory place for Bapak to stay. Bapak thanks you very much. May your hospitality be rewarded by the greatness and grace of God in equal measure.

And for those of you who have come from other cities and other countries, especially those who came from England and followed Bapak's trip around Europe, he feels truly happy and pleased with your commitment to doing and receiving the latihan. May your commitment be blessed by God, so that you get real proofs in your latihan.

Saudara-saudara sekalian, sebagaimana yang telah saudara sekalian ketahui dan nyatakan yang terjadi dalam latihan yang telah saudara terima dan lakukan, maka sungguh-sungguh, bahwa latihan kejiwaan yang telah saudara terima adalah suatu latihan diluar kemauan hati dan keinginan para saudara; justru hanya pemberian dari Tuhan Yang Maha Esa kepada saudara sekalian. Memang, saudara sekalian, pemberian dari Tuhan kepada manusia manusia tidak akan dapat mengerti, manusia tidak akan dapat mengetahui, karena kehendak Tuhan tidak mungkin dapat diketahui manusia selain Tuhan sendiri. Tetapi meskipun demikian, saudara sekalian, saudara akan dapat menerima nanti yang tidak dikira-kirakan perkembangan dan kemajuan kejiwaan yang berlaku dalam rasa diri atau yang berlaku dalam diri saudara sekalian.

Sebenarnya pembersihan dan pembongkaran ataupun perbaikan isi daripada diri saudara sekalian adalah suatu pekerjaan yang sukar dilakukan. Bagi kita manusia malahan tidak mungkin dapat melakukan, meskipun pada anggapannya, pada pengiraannya, dapat. Tetapi sebenarnya: tidak mungkin dapat terjadi. Maka tidak kurang-kurang, saudara, bahwa banyak orang yang berusaha dalam hal itu, artinya: dalam hal memperbaiki atau meluruskan jalannya kejiwaan yang menuju ke kebesaran Tuhan Yang Maha Esa. Pada pengiraannya mereka dapat, tetapi sebenarnya tidak, saudara.

Karena jalan manusia ke Tuhan, kecuali Tuhan ke manusia, saudara … Kalau Tuhan ke manusia, memang Tuhan kuasa, sehingga tidak ada saatpun yang tidak dapat dilalui, artinya, hanya sebentar saja sudah dapat sampai ke manusia. Tetapi manusia ke Tuhan, saudara yang tak dapat dilakukan, karena jauh sekali jalannya. Adapun kejauhan itu tidak merupakan jauh dari *afstand*, tetapi karena isi manusia atau isi saudara sekalian, yaitu isi diri, telah menjadi begitu rupa, sehingga pergantian isi yang diperlukan – agar isi itu menjadi jembatan bagi saudara sekalian memudahkan saudara sampai ke depan atau ke kekuasaan Tuhan – telah berubah. Berubah, tidak berubah dalam tingkatan yang tinggi, tetapi berubah malah menurun ke bawah. Dan dengan demikian, sehingga diperlukan sekali hal-hal yang sudah turun, yang sudah salah itu, diperbaiki, dikembalikan lagi kepada isi yang semula, yaitu isi badan kita, badan manusia yang dikatakan insani.

Adapun latihan yang saudara terima – yang dimulai dengan gerak yang sifatnya saudara terpimpin atau dibimbing bagaimana caranya orang berjalan dan bagaimana caranya orang melihat,

Brothers and sisters, as you know and have confirmed from the latihans you have done, it really is true that the latihan is a training beyond the will of your heart[2] and desires.[1] It is in fact a gift from Almighty God to each one of you. Actually, human beings cannot know or understand the gifts God gives them, for God's will cannot be known by humans, only by God; but later you will spontaneously experience the spiritual development and progress that is taking place in your inner feeling and in your being.

To cleanse, break down and repair your inner content is in fact difficult to do. For us human beings it is actually impossible. Even though we imagine that we can do it, in reality we cannot. There are many people who make efforts in that direction; that is, they try to repair or straighten their soul's path towards the greatness of Almighty God. They think they can do that, but the fact is they cannot.

That is the path from human beings to God. But from God to human beings … God has the power, and it takes no time for God to cover that distance. In other words, it does not take an instant for God to reach a human being; whereas for a human being to reach God is impossible, because it is so far to go. This farness is not a matter of distance, but is due to the fact that the content of human beings – the content of your self, which you need as a bridge to bring you to God's power – has changed. It has not changed to become higher, but instead has changed to become debased. Because of this it is now essential that all the things that have been debased should be repaired, and the content of your bodies returned to their original condition, which can be referred to as human.

As for the latihan you receive, which starts with movements where you are led and guided in how to walk, see, hear, and so on: all of that is necessary so that it is not just your inner content which mendengar dan sebagainya – yang demikian itu memang perlu bagi manusia atau bagi saudara sekalian, agar kecuali isi saudara dapat merasakan apa yang dikatakan sorga, saudara pun perlu juga dapat merasakan. Dan dengan apa saudara dapat merasakan segala sesuatu yang saudara perlukan di sana? Tidak ada bedanya dengan di sini, yaitu dengan rasa-perasaan.

Jadi, rasa inilah dihidupkan, saudara. Jangan nanti lantas hanya dapat sampai ke sorga hanya bayangannya saja; dapat sampai ke sorga hanya angan-angannya saja. Sebagai kalau saudara ingin kaya, tetapi belum kaya; ingin pandai, tetapi belum pandai. Tetapi kita tidak demikian, saudara. Dengan latihan kejiwaan ini saudara sekalian sungguh-sungguh dipelajari, sungguh-sungguh dididik, sungguh-sungguh dipimpin dan dibimbing, agar saudara-saudara sungguh-sungguh berjiwa sorga, berbadan sorga. Karenanya, maka dikatakan: "Kalau kamu cari sorga, tidak mungkin kamu dapat, sebelum kamu membawa sorga di dirimu. Demikian juga, kalau kamu ingin ketemu malaikat, kamu tidak mungkin dapat bertemu dengannya, apabila kamu belum berjiwa malaikat dan belum berbadan malaikat juga."

Demikian juga telah disimbolkan dalam kematian Yesus Kristus. Apa sebab disimbolkan Yesus Kristus mati, hidup lagi? Hidupnya Yesus bukan hidup dalam impian, bukan hidup dalam hati saja, dalam angan-angan. Tetapi hidup, hidup sungguh-sungguh, tetapi tidak seperti biasa. Karena – tadi telah Bapak katakan – rasa diri perlu dibersihkan, rasa diri perlu dapat menerima, sehingga benar-benar saudara akan dapat merasakan, bahwa hidup di dalam mati, di dalam kematian itu bukan sesuatu yang khayal, tetapi sesuatu yang nyata. Jadi, ini hanya dapat dibuktikan oleh seseorang yang telah dapat menerimanya. Tetapi oleh orang yang berfikir yang secara *wetenschap*, dengan alat-alat di dunia, tentunya tidak dapat diterima dan dialami.

Kenyataan yang demikian, saudara, kecuali Bapak telah mengalami, juga tidak kurang-kurang saudara yang telah mengalaminya. Seperti dalam latihan. Di dalam latihan sebagai saudara latihan itu – sama latihannya, tetapi karena sudah lebih meningkat, lebih mendalam, lebih luas – seketika dia melihat kebun, seperti kebun. Kebun isi pohon yang berbuah, yaitu seperti anggur dan lain-lainnya. Dia lihat itu. Setelah lihat itu, tidak lama kemudian pohon itu dekat kepadanya. Dan buah yang telah dilihat, dekat juga. Padahal saat dia melihat itu, timbul rasanya: "É, apa yang can feel what is called heaven, but you can feel it too. And what is it that enables you to sense what there is in heaven? It is your feeling, just like it is here.

It is this feeling that is brought to life, brothers and sisters, so that what reaches heaven is not just your shadow or your imagination. For that would be like wanting to be rich but not yet having become rich; or wanting to be skilled but not yet having become skilful. But with us it is not like that. With the latihan we are really taught, we are really educated, really led and guided to have a heavenly soul and a heavenly body. Because, as they say, 'If you are looking for heaven, you will not find it until you have heaven within you. Similarly, if you wish to meet an angel, you cannot possibly do so until you have an angelic soul and an angelic body.'

This is also symbolised by the death of Jesus Christ. What is the meaning of Jesus' death and resurrection? That Jesus did not live in a dream, nor did he live just in his heart, in his imagination. Jesus lived in reality, but not in the way people normally live; because – as Bapak said – *our* feeling needs to be cleansed and needs to be able to receive and to really sense that life in death is not something imaginary but real. Only someone who has been able to receive that can confirm it; a person who thinks scientifically and relies on earthly instruments will certainly not be able to receive or experience that.

Not only has Bapak experienced this reality, but many members have experienced it too. For instance, there was a woman who was doing latihan – the way you do, but she was more advanced, her latihan was deeper and wider – and she saw a garden, or something that looked like a garden, full of trees bearing fruit, like grapes and so on. She saw that. And a little later one of the trees came close to her, and the fruit she had noticed came close too. At that moment she thought to herself, 'This fruit looks very delicious! What does it want?'

dikehendaki ini? Rupa-rupanya buah ini enak sekali."

Buah itu masuk, saudara, ke mulut. Masuk terus dimakan. Dimakan, saudara, buah itu. Yang terasa benar-benar buah itu dimakan. Buktinya? Sesudah habis dimakan buah itu, kembali lagi dan hilang. Habis ... menguap. Tentunya saudara mengerti hal menguap itu: seperti makan yang kenyang, kan: "Hah!" begitu. Dia mencium baunya buah yang dimakan itu.

Itu adalah suatu keelokan bagi fikiran, tetapi dalam kejiwaan tidak suatu keelokan. Memang demikian, saudara, bahwa benar-benar rasa diri manusia, rasa diri saudara atau rasa diri kita, apabila benar-benar sudah dihidupkan, sudah dapat bimbingan dari Tuhan, kita akan dapat merasakan sesuatu yang jauh daripada dunia ini. Ya, misalnya – tadi Bapak katakan – seperti sorga. Dan ini, entah besok, entah kapan, saudara akan dapat mengalami ini. Sekarang belum. Tetapi kemungkinan saudara akan mengalami itu, sehingga saudara akan menemukan bukti yang nyata dan akan membenarkan pula apa yang telah Bapak ceritakan.

Dan bagi Bapak sendiri tentunya terasa puas, karena – kecuali Bapak – ada juga saudara lain atau saudara-saudara yang telah dapat merasakan itu. Sehingga apa yang telah diberikan Tuhan kepada Bapak ini, tidak sesuatu khayalan, sesuatu impian, tetapi sesuatu kenyataan dalam hidup manusia, meskipun dalam hidup manusia yang tidak sewajarnya biasanya.

Maka apa yang telah disabdakan dan apa pula yang telah diceritakan oleh Yesus Kristus pada waktu hidupnya yang tersebut dalam *Bijbel*, bahwa di negara Tuhan, artinya di dunia Tuhan Yang Maha Esa, penuh dengan hal-hal yang di luar kebiasaan, di luar kemuliaan, lebih mulia dan lebih utama daripada apa yang ada di dunia. Demikian kata dan sabda Yesus Kristus.

Dalam kejiwaan, saudara, sungguh-sungguh apa yang telah disabdakan, yang telah diceritakan oleh Yesus sungguh-sungguh benar, bukan suatu khayalan. Ya, memang bagi orang yang belum dapat menerima dan belum mengalami kejiwaan setinggi, seluas Yesus Kristus, tentunya mengatakan: tidak benar dan bohong. Itu biasa, saudara. Sebelum pesawat terbang ditemukan, orang menggambarkan: "Apa? Iba baiknya, apabila ada sesuatu yang dapat digunakan untuk terbang di atas." Pada saat itu orang yang mengangan-angan demikian, dikatakan orang gila: "Masak ada, bisa, barang terbang di atas?" Tetapi toh sekarang kenyataan.

Jadi, memang, saudara, tidak ada sesuatu yang dianggap nyata,

The fruit entered her mouth and she ate it. She really felt that she had eaten the fruit. How did she know? After she had eaten it the vision disappeared, but then she belched – you of course understand what to belch means: after you have eaten your fill, you go 'burp' – and she could smell the fruit she had eaten.

To the mind that sounds amazing, but it is not amazing in the realm of the soul. It is really like that. Once the human inner feeling – our inner feeling – has been brought to life and is guided by God, we will be able to experience things that are far from this world; such as heaven, which Bapak was just talking about. This is something you will be able to experience, perhaps tomorrow, perhaps later on. As yet you cannot, but it will be possible for you to experience it and get clear proofs, so you will be able to confirm what Bapak has been telling you.

And that will of course also satisfy Bapak, because it means that there are others besides him who have been able to experience this. It means that this gift God has given Bapak is not a fantasy or a dream but a reality in human life, even if not in the ordinary life that people usually live.

It also confirms what Jesus Christ said during his life, as recorded in the Bible: that God's kingdom, the world of Almighty God, is full of things that are out of the ordinary and more sublime and magnificent than that which exists in this world. That is what Jesus Christ said.

In the realm of the soul, what Jesus said is really true; it is not a fantasy. Well, of course, people whose spiritual receiving and experience are not yet as high or as broad as Jesus Christ's are bound to say that it is not true, that it is a lie. That is normal, brothers and sisters. Before airplanes were invented, there were those who envisaged: 'Wouldn't it be excellent if there was something that we could use for flying in the air?' At the time, those who had such ideas were considered crazy. 'How could there be an object that can fly through the air?' But today it is a reality.

Indeed, people do not consider something to be real unless

apabila orang itu belum mengalami sendiri. Saudara boleh atau orang boleh mengatakan Tuhan tidak ada. Orang boleh mengatakan: "Kekuasaan Tuhan itu tidak ada. Yang ada: orang. Tidak ada kekuasaan Tuhan itu. Tuhan itu tidak ada." Boleh, dan dapat. Karena apa? Memang belum dapat mengalami sendiri. Tetapi kalau sudah dapat mengalami, tidak mungkin dapat mengatakan demikian, karena memang nyata, saudara.

Kalau manusia diciptakan Tuhan dapat menemukan hal-hal yang nyata; kalau manusia diciptakan Tuhan dapat dalam keadaan yang nyata, seperti Bapak dengan saudara sekalian dapat sentuh-menyentuh, bicara, apalagi yang Tuhan yang Mahakuasa. *Wong* yang menciptakan kita! Akan lebih nyata daripada kita. Lha, kita tidak bisa tahu, karena melebihi daripada kita. Demikian, saudara.

Bukti kenyataan apa yang telah diceritakan oleh Yesus Kristus maupun oleh para nabi-nabi, sedikit-banyak ini telah sekalian para saudara terima, yaitu dalam waktu-waktu Bapak lakukan testing terhadap sekalian para saudara. Testing yang Bapak lakukan terhadap para saudara, bukan suatu autosugesti. Sama sekali tidak. Bapak tidak memasukkan apa-apa ke dalam diri saudara. Bapak hanya mengucapkan. Kalau itu sifatnya autosugesti dan masuk ke dalam diri saudara, tentu sama-sama menerimanya, sehingga sama-sama semacam. Sedangkan dalam penerimaan saudara: sendiri-sendiri, berlainan. Dan sungguh-sungguh saudara yang menerima testing, yang sungguh-sungguh menerima – kecuali yang belum: memang yang belum, tadi Bapak katakan, isi hatinya kecuali 'Apa iya? Apa betul atau tidak?' tetapi yang sungguh-sungguh telah menerima – terasa benar-benar, bahwa apa yang telah Bapak katakan, dialami, dirasakan sebagai kalau merasakan sesuatu yang nyata.

Umpama saja Bapak katakan: "Andaikata saudara akan mengalami sesuatu yang tidak enak, dan saudara tinjau sekarang bagaimana rasanya, apa tanda yang ada pada diri saudara?" Pada seketika itu saudara yang dapat menerima, terasa sungguh-sungguh susah sekali! Susah dan seperti *hopeloos* rasanya. Demikian, saudara. Bukan suatu autosugesti. Tidak sama sekali. Itu orang yang pandai bicara saja! Karena *ngothak-athik*, banyak buku yang dilihat, sehingga ini kira-kira begitu. Membuktikanpun tidak bisa! Kalau orang mengatakan itu autosugesti dan bisa bikin demikian, tidak bisa.

Jadi, memang, saudara-saudara, banyak orang dapat mencela,

they have experienced it themselves. Some people may say that God does not exist. A person may say, 'God's power does not exist. What exists is people. There is no such thing as God's power, and there is no God.' They may and they do say that. Why? It is because they are not yet able to experience it for themselves. But once they are able to experience it they can no longer say that, because then it is real for them.

If human beings have been created by God to experience reality and live in reality – as when you and Bapak touch each other and speak to each other – how much more so can God Almighty. After all, God created us! So God is more real than we are; but we cannot know it, because God is greater than we are. That's how it is.

You have to some extent received the proofs of reality that Jesus Christ and the other prophets spoke of, in the course of testing that Bapak has done with you. The testing that Bapak does with you is not auto-suggestion. Not at all. Bapak is not inserting any suggestion into your being. Bapak simply speaks. If that were suggestion and put some influence on you, then all of you would certainly receive in the same way, it would all be the same or similar. But the fact is that you each receive for yourselves and it is different for each one of you. Those who cannot receive yet will certainly wonder, 'Is that so? Is that true or not?' But those who receive can really feel what Bapak says; they feel it the way you feel something real.

For example, if Bapak says, 'Suppose that you are going to experience something unpleasant and you test now how it will feel, what will the signs be within you?' At that moment, those who are able to receive will feel really depressed. They feel depressed and hopeless. That is not suggestion, not at all. Those who say it is are just good talkers, who like to analyse, who have read a lot of books and come to that conclusion. But they cannot prove it. If they say that it is only auto-suggestion and that they can also do something similar, the fact is that they cannot.

Indeed, many people are able to criticise, without being able to tetapi tidak *opbouwen*. Tidak! Mencela, tetapi tidak dapat membenarkan! Lha, itu salah. Jadi, kalau mencela, harus dapat membenarkan yang dicela itu.

Demikian. Jadi, apa yang telah diterima dalam testing para saudara, bukan itu sesuatu yang karena teperdaya, karena kemauan orang lain. Tidak, memang sungguh-sungguh diterima. Dan itu sudah merupakan permulaan. Suatu permulaan, saudara, ya, karena saudara baru menerima dalam hal yang kasar. Umpama, saudara dikatakan anak pandai sekolah, tetapi karena saudara masih dalam *voorklas*, ya, pandainya orang di dalam *voorklas*; pandainya anak yang duduk masih dalam *voorklas*. Lain pandainya anak yang sudah di *H.B.S.* dan pandainya anak yang sudah di Universitas. Lain juga. Tetapi toh dapat saja dikatakan pandai.

Jadi, ini testing atau latihan kejiwaan yang telah saudara-saudara terima, merupakan permulaan. Dengan demikian sehingga saudara nanti lebih mendalam, lebih meluas, dan dapat sungguh-sungguh merasakan hal-hal yang diceritakan yang dikatakan oleh para utusan yang hidup di zaman yang telah lama lampau.

Sudah tentu tercapainya apa yang saudara harapkan, apa yang saudara inginkan, tidak bisa dicepatkan, tidak bisa selekas mungkin. Karena – sebagai tadi telah Bapak katakan – sudah terlanjur banyak kesalahan dan banyak kekotoran yang ada dalam rasa diri saudara. Jadi, itu perlu dibersihkan lebih dahulu. Dan jalannya pembersihan, agar dapat lancar, dan agar dapat cepat, apabila tidak terganggu.

Dan siapa, dan apa yang menjadi gangguan dari kelancaran jiwa atau rasa diri saudara yang maju dan berkembang? Hati saudara sendiri. Fikiran saudara sendiri. Itulah sebabnya. Jadi, sudah mulai dibersihkan sedikit-sedikit, dikeluarkan – umpama barang yang kotor, begitu; dikeluarkan dari rumah sampai di luar – saudara ambil sendiri, masukkan lagi.

Hati dan fikiran apa yang begitu yang menyebabkan menjadi perintang dalam kemajuan kejiwaan? Yaitu: rasa, hati dan fikiran saudara yang tidak suka mengalah; yang tidak sabar; dan ingin pinter; ingin lekas pandai dan ingin lekas dikatakan orang pandai; dan ingin sekali menyalahkan orang lain, membenarkan dirinya sendiri – toh belum tentu kalau benar – dan hanya memburu dan hanya mengejar keuntungan dirinya sendiri; tidak suka tahu-menahu dengan lain-lain orang yang miskin, yang melarat yang butuh hidup. Demikian. Itu semua menjadi kekotoran dan itu semua menjadi kekotoran dalam hati yang sifatnya mengganggu do it better. No. They criticise but cannot improve on what they are criticising. That is wrong. If you criticise, you must be able to improve on what you are criticising.

That is it. Therefore what you have received in your testing is not the result of being manipulated, of being influenced by the will of somebody else. No, it really is received, and it is a beginning. It is a beginning, brothers and sisters, because you are just receiving physically. If, for example, one were to say that you are bright at school, because you are still in the pre-school your brightness is that of a pupil in the pre-school. It is quite different from the brightness of a high school student or a university student. But at least one can say that you are bright.

So, the testing and the latihan that you have received is a beginning. That means it will get deeper and broader and you will really be able to experience the sort of things that the messengers of God who lived long ago used to talk about.

It is certain that achieving what you hope for cannot be speeded up or made as fast as possible. This is because – as Bapak said earlier – there are already too many mistakes and too much dirt accumulated in your inner feeling. So that needs to be cleaned first. And the cleaning process can go smoothly and fast only if it is not disturbed.

Who and what is it that disturbs the progress and development of your soul? It is your own heart and your own thinking. They are the culprits. You have started being cleaned and some dirt has already been removed. If we compare it with a dirty object, it has already been taken out of your house – but you yourself come and pick it up and bring it back in.

What is it about your heart and thinking that obstruct your spiritual progress? It is the feelings of your heart and thinking that do not like to yield; that are impatient; that want to be clever; that want to become capable quickly, and quickly be considered capable; that very much want to blame others and like to claim to be in the right – even though that is not certain; so you only pursue your own interest, ignoring others who are poor or destitute and in need. That is it. All of that becomes dirt in your heart that disturbs the growth of your soul and prevents your inner feeling from progressing towards an open space, towards God.

dalam pertumbuhan jiwa dan rasa diri saudara yang maju ke depan, ke lapangan yang terbuka, yaitu jalan ke Tuhan.

Yang menyebabkan hingga saudara selalu terasa – kadang-kadang, bukan selalu – sehingga saudara terasa hatinya beriri – artinya: kalau lihat kawannya yang baik atau pakaian yang baik, rasanya tidak suka melihat – siapa yang menyebabkan demikian? Karena isi yang ada dalam rasa diri saudara, adalah daya-daya rendah. Jadi, kalau daya rendah yang menyebabkan sehingga hati saudara demikian itu, tidak saudara turuti, lama-lama dia merasa tidak berguna di tempat itu. Ya, dengan sendirinya hilang; dengan sendirinya turun ke bawah.

Tetapi kalau selalu saudara turuti nafsu yang demikian yang disebabkan karena daya-daya rendah yang ada dalam rasa diri saudara, mereka – daya-daya itu – makin kerasan, makin bertahun-tahun senang saja di situ. Karena selalu apa yang dilakukan, saudara kerjakan; saudara dapat terpengaruh. Nah, itulah karenanya, maka di samping saudara menerima latihan yang selalu saudara lakukan dan terima, sedapat mungkin, saudara-saudara, saudara harus dapat mencegah sendiri nafsunya yang selalu mencegah, yang selalu merintangi.

Diumpamakan saja: "Eh, perlunya apa latihan kejiwaan? Mulai dulu sampai sekarang bisanya cuma begini saja! Woo, enak pergi-pergi ke mana-mana. Lihat apa-apa yang baik." Umpamanya begitu. Nah, itupun juga teperdaya oleh daya yang tidak suka, supaya saudara itu menjadi baik. Nah, itu apabila saudara turuti, berarti saudara terpengaruh. Dan daya yang mempengaruhi demikian itu – karena saudara turuti selalu – ya, suka bertahun-tahun saja di tempatnya itu. Demikian, saudara.

Maka selalu Bapak adviskan, selalu menasihatkan kepada saudara: yang terpenting bagi saudara sekalian tiada lain kecuali rajin berlatih; menaati apa yang telah diterima; dan dengan rasa sabar, tenang. Artinya: yang tidak dan jangan sampai terpengaruh oleh nafsu yang bersarang dalam hati dan fikiran saudara sendiri.

Bukan Bapak mengharapkan, agar saudara menyingkirkan segala kesenangannya; atau sungguh-sungguh sabar seterusnya dan tenang seterusnya. Ya, kalau bisa, lebih baik juga. Tetapi tidak Bapak harapkan yang demikian sungguh-sungguh. Tidak, karena daya-daya rendah yang ada dalam pribadi saudara, meskipun sifatnya itu penghalang bagi saudara sekalian, tetapi kalau saudara dapat mengaturnya, bukan menjadi penghalang, tetapi menjadi penolong.

What is it that causes your heart sometimes to feel envy, so that when you see someone you know looking good, or well-dressed, you feel as if you don't want to look at him or her? What is it that causes that? It is the content of your inner feeling, the low forces. So if you do not follow the low forces when they cause your heart to react like that, sooner or later they will feel useless where they are and disappear of their own accord. They will move down spontaneously.

But if you always follow these desires that are used by the low forces in your inner feeling, they – the low forces – will feel more and more at home there, and will be content to stay for years. That is because you always carry out what they want to do, and they can influence you. So that is the reason why, besides regularly doing the latihan, as far as possible you need to be able to restrain your own desires, which obstruct you.

For example: 'Eh, what is the point of doing latihan? Since I started, all I do is just this! Huh, it is more fun to go places and see something interesting.' That is an example. This too is the ruse of a force that does not want you to become better. If you follow that, it means that you have been influenced. And the force that is influencing you like that, if you always follow it, will be happy to remain where it is for years and years. That is how it is.

That is why Bapak is always advising you that the most important thing for you is simply to do your latihan diligently, to obey what you receive, patiently and calmly. What that means is: do not be influenced by the desires that lurk in your heart and your thinking.

It is not that Bapak expects you to put aside all your pleasures, or to be really patient all the time or calm all the time. Well, if you could, it wouldn't be bad. But Bapak doesn't really expect that. No. Because even though the low forces within you are a stumbling block for you, if you can organise them, they will become a help rather than a hindrance.

Jadi yang terang, saudara, perlunya saudara berperasaan sabar dan tenang dan tidak selalu terpengaruh olehnya – yaitu oleh daya-daya itu – supaya saudara dapat tahu dan dapat mengaturnya hal apa yang perlu dilakukan oleh daya ini, dan hal apa pula yang perlu dilakukan oleh daya itu. Dengan demikian, sehingga saudara dalam kebaktiannya terhadap Tuhan atau dalam hal yang menjadi kewajiban saudara sendiri sebagai manusia, tidak terhalang oleh daya-daya rendah itu. Karena setiap daya atau satu demi satu daya yang ada dalam diri saudara, telah mempunyai pekerjaan sendiri-sendiri. Sehingga saudara dalam hidupnya dapat dikatakan dapat mengatur pekerjaan, dapat mengatur pekerjaan bagi daya-daya atau kewajiban bagi daya-daya menurut hak-hak pribadinya masing-masing.

Adapun dapatnya saudara mengatur dan sungguh-sungguh saudara akan merupakan *de baas* dalam pribadinya atau dalam diri seluruhnya – tidak lain – ialah dari bimbingan dan didikan Tuhan yang selalu diterima dalam latihan. Nah, itu dapat diterimanya, karena saudara berperasaan sabar, tenang, menyerah dan menaati janjinya.

Demikian cerita yang telah Bapak sampaikan kepada saudara sekalian yang saudara dapat katakan suatu nasihat atau fatwa atau petuah. Padahal sebenarnya banyak cerita, saudara, tidak begitu berguna. Yang penting sekali itu prakteknya. Maka sedikit-banyak sebagai peninggalan akan Bapak lakukan juga semacam testing – tetapi tidak testing seperti biasa – terhadap saudara sekalian, agar saudara dapat sedikit merasakan apa yang telah Bapak ceritakan mulai tadi sampai sekarang ini tadi.

Ready?

(*Rekaman diputus untuk testing.*)

Itu tidak disalahkan, karena memang …

So, to make it clear, the reason why you need to feel patient and calm and not influenced by them – by these low forces – is so that you can get to know them and learn to organise what needs to be done by this force and what needs to be done by that force. Then they will not hinder you in your worship of God, or in doing the things that are your own responsibility as a human being. For each and every force that exists within you has its own job, and in your life you can organise their work and responsibilities according to their individual rights.

Your ability to organise them, and to become the real boss within your individuality or within your whole being, comes simply from the guidance and education of God that you always receive in the latihan. And you are able to receive that because you are patient, calm and surrendered, and you fulfil your promise.

That is Bapak's story for you, and you can call it advice or counsel. But the fact is that too much talk is not very useful; what is important is putting it into practice. Therefore, as a kind of parting gift, Bapak will do some testing with you – but not a normal kind of testing – so that you can to some extent experience what he has been telling you.

Ready?

[*The recorder is switched off during testing.*]

[In general your receiving is still rather violent; actually it should not be like that, although Bapak does not blame you for that. When Bapak receives it is different from you. In the first test when he asked …][3]

[*At this point Bapak interrupts the interpreter:*] It is not your fault, because, indeed … [*inaudible*].

[In the first test, when Bapak asked you how you will see when you look at something beautiful in front of you and your eyes are influenced by the material forces, the response or reaction in this test should then be that it is as if you are attracted to that thing in front of you. So, for instance, if you see something beautiful and

Lagi.
(*Rekaman diputus untuk testing.*)

... dan lakukan sehingga saudara dapat menangkap bagaimana pengaruh daya-daya rendah yang ada dalam rasa diri, dan dengan demikian pula sehingga saudara dapat mengaturnya.

Sebenarnya banyak sekali, kalau perlu diceritakan kepada saudara sekalian. Dan ini sebenarnya telah ada dalam buku Bapak yang Bapak tulis sendiri, yaitu Susila Budhi Dharma. Yang penting bagi saudara sekalian pada saat ini seterusnya tidak lain kecuali melakukan latihan kejiwaan dengan teratur, dengan baik. Dan kesemuanya apa yang telah Bapak ceritakan, maupun yang belum, akan saudara terima dan alami berturut-turut.

Demikianlah, saudara, maka tidak lain Bapak hanya memujikan, semoga saudara sekalian diberkahi Tuhan selalu dapat mengikuti latihan yang telah diterima, dan penuh rasa sabar, tawakal dan ikhlas dan menyerah kepada kebesaran Tuhan Yang Maha Esa.

Tidak lain – karena Bapak besok akan meninggalkan Nederland – Bapak mengucapkan selamat tinggal dan saling doa-mendoa, semoga Tuhan memberi berkah kepada kita sekalian: kita dapat melakukan tugas yang telah diperintahkan Tuhan kepada kita sekalian.

Thank you.

you are not attracted to it, at that moment you know that your eyes are not influenced by the low forces.

And in the case of the last test, when Bapak asked how you will feel when you wish to worship Almighty God and your heart is influenced or dominated by the low forces, then the sensation or the receiving should be a feeling of being bored, that you don't like to go to the latihan; it is boring.][3]

Again.

[*The recorder is switched off during testing.*]

[Later you will be able to have this experience; and through the latihan][3] you will be able to understand the influence of the low forces that are in your inner feeling, and so you will be able to manage them.

In truth there is a great deal that Bapak needs to tell you – and it is already written down in his book, *Susila Budhi Dharma*. What is important for you now and for going forward is simply to do the latihan regularly and properly; and you will receive and experience sequentially everything that Bapak has told you, and also what he has not.

There you are, brothers and sisters. Bapak simply prays that all of you will be blessed by God, so that you may always be able to follow the latihan you receive with a feeling that is fully patient, accepting and willing to let go, surrendering to the greatness of Almighty God.

Since Bapak will be leaving the Netherlands tomorrow, he says goodbye to you all; and let us pray for each other that God will give us all His grace, so that we may be able to do the duty we have received by God's command.

Thank you.

NORWAY

7

OSLO

7 SEPTEMBER 1964

Rekaman: 64 OSL 1

Nyonya-nyonya dan tuan-tuan sekalian, sebelum Bapak memberikan penjelasan tentang jalannya kejiwaan atau latihan kejiwaan yang saudara telah ikuti dan lakukan, lebih dahulu Bapak mengucapkan selamat bertemu di tengah-tengah para saudara yang ada di Oslo sini, karena telah lama Bapak baru sekarang dapat mengunjungi kota ini dan para saudara sekalian.

Saudara-saudara, yang demikian itu Bapak tidak lupa mengucapkan syukur, artinya: mengucapkan terimakasih yang sebanyak-banyaknya kepada kemurahan Tuhan yang telah memberi berkah kepada Bapak dan sekalian para saudara, sehingga dalam perjalanan Bapak menuju ke kota ini berjalan dengan baik, tidak kurang suatu apa.

Tentang latihan kejiwaan Subud – sebagai para saudara telah dapat menginsafi dan telah dapat menyaksikan dalam latihannya masing-masing – bahwa latihan yang telah saudara ikuti, benar-benar adalah latihan yang sesuai dengan apa yang ada pada diri saudara. Karena memang demikianlah dalam kenyataannya: Tuhan memimpin dan membimbing sekalian para saudara tidak dilainkan atau dijauhkan daripada apa yang telah menjadi kebiasaan saudara, dan demikian pula apa yang telah menjadi kepribadian saudara, baik kemampuan maupun kekuatan dan keadaan seluruhnya. Karenanya, maka tidak pada tempatnya atau salahlah kiranya, apabila saudara sekalian terasa, bahwa saudara akan dibawanya ke mana, ke mana. Karena latihan kejiwaan yang telah saudara terima dan lakukan,

7

OSLO

7 SEPTEMBER 1964

Recording: 64 OSL 1

Ladies and gentlemen, before Bapak gives explanations about the path of the soul or the latihan, the spiritual training that you are following, he would first like to greet all of you here in Oslo, as it has been a long time since he was able to visit this city and all of you.

Brothers and sisters, Bapak does not forget also to give thanks to God, who has given His blessing to Bapak and to all of you, so that Bapak's trip to your town has gone well, without any problems.

As you have become aware, and have witnessed in the course of your own latihan, the Subud latihan is a training that is in accordance with whatever you have within your being. In reality that is how it is. When God leads and guides each of you, you are not altered or removed from what is normal for you – from your individuality, your capacity, your strength or your general state – so it would be wrong for you to imagine that you will be taken off somewhere. The latihan you do is the working of God's power within your being, in accordance with your capacity, and therefore you will not be made to deviate to a direction that is not the direction of your individuality, to a path that is not the path written within you.

dikerjakan kekuasaan Tuhan di dalam diri saudara menurut apa yang menjadi kemampuan saudara, sehingga saudara tidak akan diselewengkan dan tidak akan dilainkan jurusannya ke mana yang tidak menjadi jurusan saudara pribadi, yang tidak menjadi jalan saudara yang tertentu yang telah tertulis dalam pribadi saudara.

Memang nampaknya, saudara, apa yang ada dalam latihan kejiwaan Subud, seperti sepi, seperti tidak ada apa-apa, sehingga di antara para saudara yang selalu masih mengerjakan fikiran, dirasanya, bahwa dengan latihan kejiwaan Subud ini tidak dapat menemui sesuatu yang diharapkan. Padahal, saudara, dalam latihan kejiwaan Subud ini tidak diperlukan saudara cari Tuhan, dan cari jalannya ke Tuhan. Tidak diperlukan, karena kekuasaan Tuhan telah menjelma dalam diri saudara. Lain daripada yang dikatakan tarèkh atau tarikat atau yang masih dalam berusaha. Mereka mencari Tuhan dengan jalan, dengan teori yang telah didapat, entah dari mana. Sedangkan kita atau saudara sekalian tidak demikian. Saudara sekalian telah menerima itu permulaan saudara menerima latihan kejiwaan, sehingga dalam keadaan saudara tinggal mengikuti dan menurut apa yang diterima.

Pekerjaan Tuhan, saudara, yang dikatakan kodrat, nampaknya tidak terlihat. Memang! Kalau Tuhan mengerjakan sesuatu, memang tidak dapat dilihat dan tidak dapat dikira-kirakan. Tetapi tahu-tahu jadi. Misalnya seperti pohon. Pohon ditanam. Tahu-tahu besar, besar, besar, besar, berbuah. Tahu-tahu berbunga. Lantas berbuah dan buahnya dapat dimakan.

Demikian juga adanya manusia. Tahu-tahu ada manusia, tahu-tahu ada manusia. Meskipun terjadinya manusia dengan kumpulnya laki-laki dan wanita, tetapi dalam kesungguhannya: tahu-tahu jadi. Demikian dikatakan: pekerjaan Tuhan atau kodrat Tuhan, atau kodrat Allah. Lain daripada pekerjaan manusia yang dimulai dari pangkalnya sampai ke ujungnya. Jadi, ada permulaan sampai ada akhirnya dengan digambar, dengan difikirkan demikian dan demikian. Sedangkan pekerjaan Tuhan – seperti Bapak katakan tadi – kodrat Tuhan itu bertumbuh dengan sendiri. Ya, sudah tentu dengan waktu-waktu yang diperlukan.

Demikian juga halnya dengan latihan kejiwaan Subud yang telah saudara sekalian terima. Kalau benar-benar saudara sabar, menyerah, tawakal, ikhlas, hanya Tuhan yang kuasa, saudara hanya mengikuti saja, tahu-tahu saudara lantas dapat menerima itu.

It does appear as if the Subud latihan is nothing, as if there is nothing there; so people who use their intellect draw the conclusion that the Subud latihan will not enable them to find what they are looking for. Whereas the fact is that in the Subud latihan you do not need to search for God or find a way to God. You do not need to do that, because God's power has manifested in your being. That is different from what is called *tarīqa* [Arab.], and other ways that involve effort, where people look for God by methods and theories they have obtained from who knows where. For you it is different, because that is what you all received when you first received the latihan; so all that remains for you is to follow what you receive.

God's work – also known as God's decree – seems to be invisible; that's true. When God does something, it cannot be seen and cannot be anticipated. It just suddenly happens. Like a tree, for example. You plant a tree and before you know it, it is getting bigger and bigger and bigger. And it bears fruit: before you know it, it bears flowers, then it bears fruit, and you can eat the fruit.

It is the same with human beings. Before you know it, a human being appears; before you know it, another human being appears. There is no doubt that human beings come about through the coupling of a man and a woman, but in reality they just appear. That kind of happening is called God's work, God's decree, or the decree of Allah. It is different from human work, which starts at the beginning and continues until the end. In other words, there is a starting point and you get to the end by means of making drawings, or by thinking everything through, step by step. God's work on the other hand, as Bapak just said, grows by itself. Well, of course, it takes its own time.

It is the same with the Subud latihan you have received. If you are truly patient, surrender with acceptance and let go, with the attitude that God alone has power and you just follow, you will spontaneously be able to receive that.

Dikatakan, bahwa yang mendahului hidup kita dalam segala halnya ialah Tuhan. Berarti, bahwa Tuhan mendahului segala apa yang terdahulu. Jadi, andaikata sebelum saudara melihat, didahului oleh Tuhan cara saudara melihat. Sebelum saudara mendengarkan sesuatu, didahului Tuhan cara mendengarkan itu. Demikian juga sebelum saudara memikirkan sesuatu, telah didahului Tuhan. Demikian berarti, bahwa Tuhan adalah di belakang sekalian apa yang ada pada diri saudara sekalian.

Maka apabila saudara cari Tuhan, salah. Tetapi kalau saudara tidak cari, ya, salah juga. Memang kata-kata itu sukar sekali diartikan. Tetapi mudah juga diartikan, apabila saudara menyerah kepada Tuhan. Berarti cari, tidak; tidak cari, tidak. Tetapi menyerah kepada Tuhan bagaimana kehendak Tuhan saja.

Contohnya: tindakan manusia yang demikian, saudara sendiri dapat mendengarkan – mungkin lebih banyak mendengarkan cerita itu – yaitulah halnya Kristus dan halnya para nabi-nabi. Dengan apa dan syarat apa yang dipergunakan mereka untuk dapat menerima firman dari Tuhan? Untuk dapat menerima segala sesuatu di luar fikiran, di luar kemampuan manusia? Hanya dengan kesabaran. Hanya dengan penyerahan. Hanya dengan ketaatan, kepercayaan dan melakukan segala sesuatu yang utama. Itulah memang bekalnya. Tidak ada lain jalan.

Bapak tidak menyamakan saudara sekalian seperti Yesus Kristus atau para nabi, sehingga hanya begitu saja dapat menerima. Tetapi apakah bedanya, kalau ini telah dapat saudara terima? Sudah tentu, bahwa apabila saudara sungguh-sungguh mengikuti jejak dan mengikuti laku yang telah dilakukan, yang telah dikerjakan oleh para utusan yang hidup di zaman yang telah lama lampau, saudara tentu akan dapat. Dapat menerima, akan dapat mengetahui bagaimana seharusnya saudara berlaku atau bekerja, dan bagaimana seharusnya pula saudara bakti kepada Tuhan dan menerima bimbinganNya. Dan dengan demikian, sehingga saudara sekalian dapat dikatakan sungguh-sungguh dapat mengikuti jejaknya yang telah memberi penuturan yang telah memberi nasihat yang berada dalam agama Kristen maupun Islam dan lain-lain.

Jalan ke Tuhan, sebagai tadi telah Bapak katakan, bahwa Tuhan, kekuasaanNya, telah berada dalam diri sekalian para saudara, meskipun tidak seluruhnya, karena disesuaikan dengan keadaan sifatnya masing-masing, sebenarnya – yaitu jalan ke Tuhan – melewati seluruh apa yang telah ada pada diri saudara. Yaitu

It is said that God comes before everything in our life. This means that God comes before every beginning. So before you see, your seeing is preceded by God. Before you hear something, your hearing is preceded by God. Similarly, before you think something, it is preceded by God. What this means is that God is behind everything that you have within you.

Therefore it is wrong if you look for God. But if you do not look for God, well … that is also wrong. It is very difficult to understand the meaning of these words, but if you surrender to God, they become easy to understand. They mean that you neither look nor don't look: you just surrender to God's will.

There are examples you can hear about that – maybe you have heard more than Bapak has – that is, about Christ and the prophets. What were the means they used to be able to receive the words of God, and to receive things that were beyond thought, beyond human capability? Only patience. Only surrender. Only obedience, faith and doing good. Those are indeed the means. There is no other way.

Bapak is not equating you with Jesus Christ and the prophets, or saying that that is the only way you can receive. But what is the difference, once you have received this? If you truly follow the footsteps, actions and behaviour of the messengers who lived long ago, you will certainly be able to. You will be able to receive; you will be able to know how to behave and to work, and also how to worship God and to receive God's guidance. In this way you will truly be following in the footsteps of those who gave the teaching and advice that exists in Christianity, Islam and the other religions.

As Bapak said, God's power is within each of you – but not all of it, for it adapts to the nature of each creature – therefore the path to God goes by way of everything you have within you. It passes through all your senses. Not one is omitted; it goes through each one. And that is also the way for you to be always guided by God.

melewati seluruh pancaindera. Tidak ada satu yang tidak; semuanya dilewati. Dan itu pula yang menjadi jalan saudara hingga saudara selalu terbimbing olehNya.

Karenanya, maka latihan kejiwaan yang kita katakan Subud ini, bukan merupakan suatu aliran yang terdapat suatu pendapat sendiri, sehingga saudara mengatakan: perbedaan antara Subud dengan agama, perbedaan antara Subud dengan aliran ini dan itu … Sebenarnya kata-kata yang demikian itu tidak pada tempatnya dan salah, karena Subud ini bukan suatu aliran, Subud ini bukan suatu agama dan Subud ini tidak ada sama sekali teori dan sistem yang ada di dalamnya; karena Subud ini adalah suatu kebangkitan, suatu pertumbuhan yang datang dari Tuhan bagi manusia seluruhnya.

Jadi, kalau saudara – andaikata – seorang dokter, sesudahnya latihan, latihan, latihan ini, kalau latihannya sungguh-sungguh berkembang, kefahaman kedokteran saudara akan dapat bimbingan dari Tuhan. Dengan demikian sehingga Subud dengan faham saudara kedokteran itu, ya, sudah tentu saja jadi satu. Karena itu, maka Subud dapat memuat segala sesuatu, karena Subud sifatnya bukan suatu aliran, bukan suatu agama, tetapi suatu penerimaan yang diterima dari Tuhan untuk manusia. Itulah sebabnya, maka Subud ini adalah penerimaan dari Tuhan untuk manusia. Dan manusia yang dapat menerima itu, dikatakan manusia yang bersusila, yang berbudhi dan berdharma.

Jadi, Subud ini adalah simbol daripada sifat manusia atau sifat saudara sekalian yang telah menerima pemberian Tuhan di kala pengaruh nafsu yang bersarang dalam hati dan akal-fikiran, dihentikan. Demikian, saudara-saudara sekalian, maka sebenarnya dengan lahirnya latihan kejiwaan ini merupakan keuntungan yang besar sekali bagi manusia, terutama, ya, kita sendiri atau para saudara sekalian, bahwa Tuhan benar-benar memberi kesempatan kepada kita menerima dan mengikuti apa yang Tuhan berikan kepada kita, tidak perlu kita pikirkan. Jadi, kita telah diberi kesempatan oleh Tuhan Yang Maha Esa tidak banyak memikirkan, berarti tidak banyak bekerja. Karena memikirkan jiwa atau bekerja untuk jiwa berarti bekerja dan memikirkan sesuatu yang kosong. Jadi, saudara kalau memikirkan jiwa dan jalan ke Tuhan, sama saja dengan saudara memikirkan suatu rumah yang kosong, ndhak ada apa-apanya. Makin banyak saudara pikirkan makin fikiran saudara sendiri yang terkacau di dalam situ. Lha, dan hasilnya, saudara tidak akan menemukan jalannya, malahan menjadi kacau; malahan

Therefore this spiritual training we call Subud is not a sect, which has its own opinion, where you might speak about 'the difference between Subud and religion' or 'the difference between Subud and this or that sect'. In fact such words are out of place and wrong, because Subud is not a sect, Subud is not a religion, and there is simply no method or system in it. Subud is an awakening, a growing that comes from God for the whole of humankind.

So if you happen to be a doctor, once you have done latihan for some time and your latihan has really developed, your medical knowledge will be guided by God. Subud will have become one with your medical knowledge. In that way Subud can include everything, since it is not a sect or a religion but a receiving from God for humankind. A person who receives it can be said to have the qualities of *susila, budhi* and *dharma.*

Subud is therefore a symbol of a person, a symbol of all of you who have received God's gift at a moment when the influence of the desires[1] that reside in your heart[2] and mind has been stopped. So, brothers and sisters, the birth of the latihan is in fact a very great good fortune for humankind, and especially for all of us; for God has truly given us the opportunity to receive and follow whatever He gives us, without having to think about it. In other words, God gives us the opportunity not to have to think a lot, which means that we do not have a lot of work to do. For thinking about our soul, or working for our soul, means thinking about something that is empty. If you think about your soul and the path to God, it is like thinking about an empty house, one that has nothing in it, and the more you think about it the more confused you will become in there. And the result will not be that you find your way, but that you become confused and your thinking becomes unhealthy.

fikirannya menjadi tidak sehat.

Itulah karenanya, maka dikatakan oleh para utusan, bahwa: "Tuhan ada."

"Tetapi juga tidak ada," katanya.

"Aneh! Akh, mesti, tentu ada Tuhan itu!"

Jadi, kata-kata tiga rangkaian ini sukar sekali, saudara, dimengerti. Dikatakan ada, kenapa tidak ada. Dan dikatakan tidak ada, kenapa tentu ada. Demikian, saudara, bahwa dalam arti hakikatnya tiga kata-kata itu menegaskan, bahwa Tuhan tidak perlu dicari: "Yang perlu bagi dirimu, ialah tetap tinggal pada tempatmu. Tetap diam pada tempatmu."

Arti: diam pada tempatmu, saudara, bukan diam duduk saja. Tetapi: seluruhnya, baik fikiran, hati, rasa-perasaan dan dirinya: diam. Yang begini disimbolkan di dalam Buddha, yaitu adanya arca: demikian, kalau kamu bakti pada Tuhan: seperti itu, diam, ndhak gerak.

Gerak, kalau diambil. Lha yang mengambil itu disimbolkan: itulah Tuhan. Nah, kalau saudara benar-benar diam: "Lho, kenapa, begini?"

Lha, saudara akan terasa, "Sedangkan saya tidak menghendaki demikian, kenapa begini?"

Lha, itu! Demikian, saudara. Jadi, dapatnya manusia kontak dari kebesaran Tuhan, apabila manusia itu sungguh-sungguh diam pada tempatnya. Yang diam seluruhnya. Ini telah saudara terima dan telah saudara saksikan dan juga telah saudara biasakan setiap waktu saudara menerima latihan kejiwaan.

Dalam kenyataannya – ya, sejauh apa yang telah kita terima dalam latihan kejiwaan yang Bapak telah saksikan, apa yang telah Bapak terima selalu dalam hidup Bapak dan kejiwaan – bahwa sebenarnya tidak ada perbedaan antara agama ini dan ini dan itu dan ini dan itu. Yang membeda-bedakan itu orangnya. Bukan isinya. Bukan agamanya, saudara.

Kalau benar-benar agama itu dari Tuhan, tidak ada bedanya. Kalau yang menciptakan itu satu, bagaimana ada bedanya. Dan yang beda itu: jalannya yang menuju ke situ. Lha, jalan itu yang menjadi kemilikan manusia. Di situ mereka kejar-mengejar, di situ mereka beriri antara satu dengan yang lain. Jadi, hasilnya: tidak dapat menemukan jalannya yang benar, malahan bertengkar di antara satu dengan yang lain di tengah-tengah jalan. Hal ini dapat dikatakan sebagai peribahasa: berebutan tulang yang tak berisi. Jadi, cuma

That is why the messengers said, 'God exists.'

'But God also doesn't exist,' they said.
'Strange! Ah, it has to be; God must exist!'
It is very hard to understand these three statements. They say God exists, so why doesn't God exist? And they say God doesn't exist, so why must God exist? In reality what these three statements make clear is: 'You do not need to search for God; what you need to do is to stay in your place, to stay still, where you are.'

The meaning of 'staying still, where you are' does not mean just sitting quietly. It means that the whole of you – your thinking, your heart, your feelings, your body – is still. That state is symbolised in Buddhism by the statue of the Buddha: that is how you have to be when you worship God; still, like that, not moving.
The statue moves when somebody picks it up. In the symbol, the One who picks it up is God. So, when you are really quiet, 'Oh! Why am I moving like this?' [*Bapak demonstrates.*]
You think, 'I do not want to move like this, so why am I moving?'
That is it, brothers and sisters. Human beings receive a contact from the greatness of God when they are really still and in their place, and everything is still. You have received this, have witnessed it and become accustomed to it whenever you receive the latihan.

In reality – well, according to what we receive in the latihan, as Bapak has witnessed, and according to what Bapak has always received in his life and in the realm of the soul – there is no difference between one religion and another. It is the people who create a difference, not what is contained in the religions, not the religions themselves.
If religions are truly from God, then there is no difference between them. If the one who creates them is One, how can they be different? What differs is simply the path by which you get there, because that path is the property of human beings, and that is where they compete and envy one another. And the result of that is that they cannot find the right path and start quarrelling when they are only halfway. It is like the saying: 'fighting over a bone with nothing on it.' They merely fight, and do not get the content.

bertengkar saja, tetapi tidak mendapatkan isinya.

Ini telah kita buktikan, telah kita saksikan dalam latihan kejiwaan saudara. Kalau saudara dalam latihan kejiwaan, ada yang agama ini, ada yang agama itu, ada yang agama ini, agama itu, aliran ini, aliran itu, bangsa ini, bangsa itu, tetapi kalau dalam latihan: di situlah terasa, bahwa yang ada dalam sekumpulan hidup, sifat hidup itu: manusia. Tidak beragama ini, tidak dipandang beragama ini, tidak dipandang berbangsa ini. Tidak. Satu manusia.

Memang, saudara-saudara sekalian, Tuhan memberi bimbingan kepada manusia, tidak kepada bangsa. Tidak. Kalau kepada bangsa, ini Bapak simpan sendiri di saku Bapak. Subud tidak boleh keluar-keluar. Tidak. Bapak terima untuk manusia. Tidak untuk bangsa. Tidak. Bukan untuk bangsa Bapak. Dan bukan untuk agama Bapak. Bapak mengakui, bahwa agama Islam, karena memang yang menurunkan orang Islam. Tetapi sesudahnya menerima ini, tahu Bapak, bahwa: oh, iya, jalan menuju ke Tuhan itu satu,' saudara.

Karena itu perlu sekali bagi saudara sekalian, agar memiliki rasa-perasaan bersatu dalam hidup manusia di dunia ini, sehingga akan tercipta suatu langkah yang sifatnya kasih-sayang kepada sesama manusia. Yaitu yang telah dilakukan oleh para utusan yang ada dalam agama, yaitu tindakan kesosialan, sosialan pada umumnya, seluruh umat manusia. Hal ini tentunya saudara sekalian telah juga menginsafi, meskipun tidak sejauh atau tidak seluas-luasnya, yaitu dalam latihan, latihan kejiwaan yang telah saudara terima dan lakukan yang kita namakan Subud itu.

Bukan Subud itu … Jangan sampai: 'Subud apa?' Seperti benda, begitu! Subud itu saudara-saudara sekalian sendiri. Jadi, kalau mau tahu "Subud itu siapa?" Saudara, Subud itu!

Lha, Bapak? Ya, Subud. Jadi, Subud itu – tadi telah Bapak katakan – ialah simbolnya seseorang yang dapat menerima kontak dari kebesaran Tuhan, hingga orang itu dapat melakukan atau bertindak peri-kemanusiaan menurut kehendakNya, kehendak Tuhan itu. Nah, jadi, saudara ini sebagai simbol manusia yang telah dapat menerima kontak dari kebesaran Tuhan yang bertindak sungguh-sungguh peri-kemanusiaan.

Jadi, dalam hati saudara tentunya tidak akan masih terdapat: "Oh, aku ini orang yang istimewa. Kamu tidak!" Tidak ada. Sama saja. Tidak. Di situ.

Kemungkinan masih banyak, masih ada, saudara di antara kita, saudara-saudara persaudaraan Subud ini yang masih belum insaf

This is something we have confirmed and witnessed in the latihan. When you are doing the latihan, there may be people present of this religion and that religion, this denomination and that denomination, this nationality and that nationality. But because you are in latihan you feel that you are together in a group of living beings, whose nature is human. You do not feel that they belong to this religion or that nationality. No. There is just one humanity.

Truly, God guides human beings, not nations. If it was nations, then Bapak would keep this in his own pocket, and Subud could not be shared. No, Bapak has received for humanity, not for a nation. Not for his nation. Not for his religion. Bapak acknowledges that he is a Muslim, because he is descended from Muslims. But once he received this he realised, 'Oh, yes, the path to God is one.'

Therefore it is very important for you all to possess a feeling of the oneness of all human life on the earth, because this will lead to behaviour between human beings that is loving, just like the actions of the messengers that are enshrined in the religions. That means charity towards people in general, towards the whole of humanity. You must have become aware of this – even if not the full breadth of it – in the latihan, the spiritual training we do that we call Subud.

Subud is not something you think of in terms of: 'What is Subud?' as if it were some kind of object. Subud is you. So if you want to know, 'What is Subud?' You are Subud!

And Bapak? Yes, Bapak is Subud too. So Subud, as Bapak said earlier, is the symbol of a person who has been able to receive a contact from the greatness of God, so that he or she can act humanely in accordance with God's will. It represents a person who, having received the contact from God, behaves in a way that is really humane.

So in your heart there will certainly not remain even a trace of, 'Oh, I am very special, but you are not!' That will not exist. Not one bit of it.

It is possible that there are still many members who do not yet understand about Subud. So they talk of: 'The reflection of Subud'.

tentang Subud itu. Sehingga mengatakan: *The reflection of Subud*. Lho! *Reflection of Subud*? Siapa, ya? Jadi, nyatanya: *reflection of me*, bisa! Lha, itu. Jadi, salah.

Ada lagi: "Perbedaan antara Subud dengan ini". Lha. Dan ada lagi: "Yang Subud ini sebagai ini, ini sebagai itu". Lho, bagaimana begitu? Jadi, terang, bahwa belum insaf, saudara yang dikatakan Subud itu. Sedangkan Subud – tadi telah Bapak katakan – adalah suatu penerimaan, saudara.

Jadi, kalau menerima, hemm, ini. Lho, ini. Kalau ini menerima … (*Bapak mengetuk mike*) …lho, suaranya seperti ini. Ini Subud. Jadi yang Subud ini: ini. Bukan, kok …! (*Bapak mengetuk mike*) Lho, ini penerimaan.

Lha, tentunya lain pada ini … (*Bapak mengetuk gelas*) Lho, kok lain? Iya! Memang.

Jadi, penerimaan dari Tuhan sesudahnya diterima oleh sifat itu: bagaimana hal sifat itu sesuai dengan pribadinya. Artinya: kekuasaan Tuhan yang telah menjelma dalam kambing – umpamanya – kambing masak bisa bilang: "*I am* kambing". Tidak! "Mbeeek!" Begitu, kalau kambing itu! Tidak bisa *I am*. Tidak bisa. Dia mengatakan dalam bahasa Inggeris: "Aku ini kambing," tidak bisa. Bisanya: "Mbeeek!" Begitu bisanya. Lha, kucing, *cat*, juga tidak bisa mengatakan: "Aku ini kucing." Tidak bisa. Bisanya: "Éooong!" Bisanya begitu. Iya!

Jadi, inilah Subud, saudara. Jadi, Subud itu pertumbuhan saudara sendiri dalam penerimaan Tuhan. Jadi, Tuhan memberikan kepada saudara, saudara sudah terima, sebagai halnya saudara seperti pohon: mulai ditanam akan tumbuh sendiri. Jadi, kalau saudara nanti berbuah – umpamanya: "Uwah, saya sekarang pandai! Bisa berbuah!" Tidak! Memang demikian pertumbuhan itu. Tidak usah pandai, tidak usah tidak pandai. Memang itu kodrat Tuhan.

Dan apabila, saudara, si kambing dan si kucing tadi bisa mengatakan sebagai manusia … Sebagai burung, ada. Bapak pernah juga ketemu sama burung, burung mengatakan: "*Good morning.*"

"Lho, siapa ini? *Good morning*? Itu burung, *bird*."

Ucapan burung yang demikian, ucapan yang berlalu karena dari dengar, tidak dengan *verstand*nya, tidak dengan *bewustzijn*nya. Apa gunanya, kalau kita mengerti yang tidak kita tahu? Lha, itu! Lebih baik kita tidak mengerti, tetapi kita tahu bagaimana halnya.

Seperti tadi: ini (*Bapak mengetuk mike*). Kalau diketok ini (*Bapak

Come again? Reflection of Subud? What is that? In reality it is: 'Reflection of me' – that you can say! So, they've got it wrong.

There is more: 'The difference between Subud and this.' And: 'Subud is like this; and this is like that.' How can that be? It is clear that these people who consider themselves as Subud have not understood yet. For Subud – as Bapak said just now – is a receiving.

When you receive, it is like this [*gesture*]. When this receives [*Bapak knocks on the microphone*], it sounds like this. That is Subud. So the Subud of this thing is this sound, not something else. [*Bapak knocks again on the microphone.*] There, that is receiving.

And it must be different from this [*Bapak knocks on the glass*]. Huh? Why is it different? Yes! It must be.

So, once an entity has received something from God, it manifests in accordance with its own individuality. What that means is that if God's power has manifested in a goat, you don't expect the goat to say, 'I am a goat.' Of course not! 'Ma-a-a!' That's what a goat sounds like! It cannot say, 'I am.' It cannot say in English, 'I am a goat.' What it can say is, 'Ma-a-a!' A cat cannot say, 'I am a cat.' What it can say is, 'Miaoow!' That is what it can say.

That, brothers and sisters, is Subud. So Subud is the growth of your individual self in receiving from God. Therefore God gives to you and you receive; after that it is as if you were a tree: once it is planted it grows by itself. When it eventually bears fruit, it doesn't say to itself: 'Look, I'm so clever now! I know how to bear fruit!' No. That is what the process of growth is like. It has nothing to do with whether you are clever or not. It is God's will.

And if the goat and the cat were able to use human speech ... there are birds like that. Bapak has met a bird that could say, 'Good morning!'

'What? What is this? "Good morning"? This is a bird!'

What that bird is saying is an imitation of what it has heard. It does not come from its understanding or its consciousness. What use is knowing how to do something that we do not understand? That is the point. It is better not to know how to say it, but to understand its meaning.

Like this thing here [*Bapak knocks on the microphone*]. If Bapak *mengetuk mike*), maka bunyinya seperti ini (*Bapak mengetuk gelas*): palsu. *Vals*, tidak betul. Nah, demikian, saudara, sehingga saudara dapat mengukur, dapat merasakan sendiri. Kalau ada seorang yang pinter omong begini, begini, padahal itu bukan dia: palsu.

Jadi yang tidak palsu apa? Apa yang bisa dan tumbuh dari dia sendiri, meskipun bisanya cuma: "A-a-a-aaa!" Itu betul! Iya. Ya, tentunya tidak sampai ke situ saja. Tentu nanti ada perubahan-perubahan yang diperlukan dan tambahan-tambahan yang diperlukan, sehingga saudara yang menerima yang demikian itu nanti, dapat mengerti apa maksud dan apa artinya yang telah diucapkan itu.

Dan ini sudah saudara mulai dari latihan ini. Jadi, jangan saudara kuatir-kuatir dan ragu-ragu: "Apakah ini terus saja, begini saja?" Seperti tadi ada saudara yang latihannya cuma nangis saja. Itu apa, ya, selamanya begitu? Tidak, saudara. Itu menghendaki waktu dan keadaan saudara demikian itu sifatnya pembersihan. Jadi, apabila itu sudah berlalu, sudah dilewati, tentu nanti saudara akan terima, terima, terima, terima yang di saudara perlukan, sehingga saudara akan dapat mengerti, dapat menginsafi gunanya penerimaan dan gunanya pula saudara mengikuti bimbingan Tuhan yang telah menjelma dalam seluruh diri.

Sudah tentu, saudara sekalian, di samping saudara mengikuti dan menerima latihan kejiwaan yang saudara telah lakukan dan terima, saudara perlu sedikit-banyak, bukan sifatnya membantu pekerjaan Tuhan, tetapi jangan lagi merintangi dan menggaduhkan dan menghalangi bekerjanya kekuasaan Tuhan yang ada dalam rasa diri saudara. Sehingga jalannya pembersihan dapat selekasnya terjadi dan dan dengan sendirinya saudara akan dapat menerima keinsafan pribadinya dan ketenteraman rasa dirinya. Dan sifat pencegah dan penghalang yang Bapak katakan tadi, tidak lain daripada nafsu yang ada dalam hati dan fikiran saudara. Meskipun tidak seluruhnya dapat saudara cegah, tetapi sedikit-sedikit saudara perlu mencegahnya.

Sifat nafsu yang menjadi penghalang saudara yang bersarang dalam hati, fikiran, ialah: rasa saudara yang kadang-kadang lekas marah, lekas iri, lekas jengkel, lekas bosan, lekas tidak suka latihan, lekas … ya, pendek kata tidak ada rasa gembira dan senang bakti kepada Tuhan itu. Juga kadang-kadang rasa hati saudara, yang terasa supaya lekas-lekas pintar, lekas-lekas lebih tinggi daripada kawan were to knock on this and it sounded like this [*Bapak knocks on the glass*], that would be false; it would not be authentic. That is something you can sense or assess for yourself. If there is someone who is clever at talking about this and that, but it does not come from themself – that is false.

So when is it not false? When it grows out of the person themself, even if all they can do is to cry, 'Aa-aa-aa-aaa!' that is authentic! Yes! And it is certain that it will not stop there. They are bound to experience changes and developments that will eventually enable them to understand the purpose and meaning of the sound they made.

You have already begun that in the latihan. So do not be anxious and think to yourself, 'Will it just go on like this?' Like that person just now who did nothing but cry in the latihan. Will they continue like that forever? No, brothers and sisters; it needs time, and what that person is experiencing is purification. Once that is over, you will receive more and more and more of what you need, so that you can become aware of and understand the benefit of your receiving and the benefit of following God's guidance that manifests throughout your being.

Of course besides following and receiving the latihan, to some extent you need, not to help God's work, but to avoid hindering, confusing or interfering with the working of God's power in your inner feeling. Then the process of cleaning can proceed rapidly, leading of itself to the awareness of your individuality and a peaceful inner feeling. The hindrance and interference that Bapak is talking about comes simply from the desires in your heart and thinking. Even though you cannot restrain them completely, you need to restrain them up to a point.

The kind of desires in your heart and thinking that hinder you are the feelings that sometimes cause you to become easily angry, easily envious, easily irritated, easily bored, easily not wanting to do latihan; in short, easily not feeling glad or happy to worship God. Also there are times when your heart would like to become capable right away; to become higher than other people as soon as lainnya, dan juga melihat, merasakan kawan lainnya jengkel dan juga tidak senang.

Demikianlah sifat nafsu yang bersarang dalam hati saudara. Apabila itu saudara turut, tidak saudara cegah sendiri, berarti, bahwa saudara dikalahkan oleh hatinya sendiri, dikalahkan oleh nafsunya sendiri. Dan berarti pula, bahwa saudara sebagai tuan rumah dapat dikalahkan dengan pembantu-pembantunya, pembantu-pembantu perumahan. Nah, kalau dalam kejiwaan, ya, pembantu-pembantu jiwa saudara, ialah daya-daya rendah yang selalu memakai nafsu saudara, sehingga saudara tunduk karenanya. Itulah jangan, saudara. Jadi, diharapkan, Bapak harapkan, agar saudara sungguh-sungguh dapat sedikit-banyak mencegah, menundukkan hati yang demikian itu.

Latihan yang saudara telah mengenal nama latihan itu, karena saudara belum luas dalam penerimaannya latihan kejiwaan, sehingga yang dikatakan latihan kejiwaan itu hanya setiap seperti malam ini dan malam besok dan berikutnya. Atau saban malam atau malam Selasa atau malam Jum'at saja. Itu yang diartikan latihan. Sebenarnya tidak demikian, saudara. Latihan yang diatur setiap malam setiap Senin dan setiap Kamis, itu latihan permulaan. Agar dimulai saudara memperkenalkan jiwa dengan kebiasaan saudara atau jiwa dengan raga saudara.

Tetapi kalau saudara sudah luas dalam menerima latihan itu, saudara, bukan latihan saudara itu ditentukan hanya Senin dan Kamis saja. Karena gerak-gerik saudara, baik gerak-geriknya kaki, tangan, maupun gerak-geriknya pancaindera itu sudah latihan, saudara, apabila saudara sudah sampai ke situ. Jadi, umpama Bapak gambarkan. Bapak ini berdiri.

"Latihan itu apa?"

Ini latihan, latihan. Oh, iya omong-omong. Ya, mendengarkan. Ya, nulis. Ya, jalan. Ya, duduk. Ya, tidur. Ini latihan. Kalau sudah terisi. Sebagai kalau saudara melakukan latihan kejiwaan itu.

Lha, saudara belum bisa. Karena kalau saudara mulai sedikit-sedikit saja. Umpama, jalan begini saudara selalu latihan, nanti lantas terlanjur. Di kantor mestinya kerja, terus jalan. Di rumah mestinya tidur, terus jalan. Lha, itu dikatakan: krisis. Begitu. Jadi, jangan sampai saudara mengalami krisis, supaya menerima saudara itu sedikit-sedikit, tetapi tambah-tambah; tetapi dengan baik; sehingga menyeluruhi tubuh, menyeluruhi badan saudara. Dan dengan possible; and it is sometimes irritated or unhappy when you see or think about others.

Those are the kinds of desires that reside in your heart. If you follow them and do not restrain them yourself, it means that you are defeated by your own heart; you are defeated by your own desires. And it also means that, as a householder, you are defeated by your own servants, by those who work in your house. In the realm of the soul, it means that the servants of your soul, which are the low forces that always make use of your desires, are causing you to give in to them. Do not do that, brothers and sisters. Bapak is hoping that you will to some extent restrain and subdue your heart in such things.

Because your receiving of the latihan is still narrow, what you know as the latihan is just what you do tonight or tomorrow night, and so on; or what you do on Monday night or Thursday night. That is what you think of as the latihan. In reality it is not like that. The latihan you arrange to do every Monday or Thursday is the beginning of the latihan, where you acquaint your soul with your everyday nature, or your soul with your body.

But once your receiving of the latihan has become wider, it will not be just what you do on Monday and Thursday. This is because your movements – the movements of your feet and hands, and also the movements of your senses – will all be latihan, once you have reached that point. Bapak will demonstrate; first let him stand up.

'What is the latihan?'

[*Bapak demonstrates.*] This is latihan … this is latihan … Oh, yes, speaking … listening … writing … walking … sitting … sleeping. All that is latihan, once it has permeated you. It is just like when you are doing latihan.

Of course, you are not able to do that yet, because you have only just started with a small part of it. For example, you are just able to walk; so if you do latihan all the time, you will walk all the time. In the office, when you are supposed to be working, you will keep walking. At home, when you are supposed to be sleeping, you will keep walking. That is what they call a crisis. That's right. Therefore to avoid experiencing a crisis, receive little by little, but always demikian sehingga saudara menulispun latihan juga. Kalau itu sudah demikian, saudara bekerja di kantor itu latihan, sehingga tidak ada waktu yang tidak terlatih oleh Tuhan.

Nah, itu di dalam Islam dikatakan sudah makrifat namanya. Arti makrifat itu sudah: gerak-gerik manusia merupakan alat Tuhan, merupakan kehendak Tuhan. Jadi, sudah tidak ada antaranya. Yang demikian ini disimbolkan seperti hidupnya Kristus. Jadi, Yesus Kristus kalau jalan, jangan kira saudara jalannya Yesus Kristus seperti saudara. Tidak! Ini tidak ada kemauannya. Tidak! Memang demikian. Jadi, Yesus Kristus jalan itu tidak pisah dengan Tuhan. Nah, saudara lain! Saudara kalau jalan, 'kan begini-begini. Malah ada: "Thithithithithit." Iya. "Thithithithit." Iya.

Jadi, syariat berarti: biasa, umum. Kalau temannya jalannya ke Barat, ya, ikut ke Barat. Kalau temannya jalannya ke Timur, ya, ikut ke Timur. Temannya begini, ya, ikut begini. Jadi, ikut apa umumnya. Itu syariat.

Lantas tarikat, artinya meskipun ikut pada umumnya, tetapi dicari maksudnya, apa perlunya ikut itu. Ikut ke sana, ikut ke sana, perlunya apa? Ikut lari, perlunya apa? Itu tarikat.

Tetapi yang ketiga dikatakan hakikat, itu kodrat. Itu lepas daripada cari, dan biasa. Karena itu hakikat hanya dari Tuhan. Dan hasilnya dari hakikat: makrifat. Itu dalam Islam begitu, saudara. Kalau saudara ingin mendengarkan kata-kata Islam itu. Jadi, ada empat rangkaian itu.

Nah, ya, inipun juga tidak perlu saudara mengerti, ya, cuma dengar saja. Karena perkembangan jiwa maupun rasa diri saudara akan berkembang menurut irama yang menjadi kepribadian saudara masing-masing. Jadi, meskipun Bapak katakan demikian, tidak nanti saudara seperti ini. Tidak! Akan seperti saudara sendiri. Entah apa yang ada pada pribadi saudara. Lha, itu Tuhan membimbing di situ.

Itulah sebabnya, maka tidak ada suatu manusia yang dapat menunjukkan jalan yang benar yang ke Tuhan kecuali Tuhan sendiri, karena hanya Tuhan yang dapat membimbing manusia menurut isi manusia. Sedangkan manusia, isi manusia yang telah tersebar dalam dunia ini, antara satu dengan yang lain berlainan. Jadi, andaikata ada teori, tidak mungkin dapat dikerjakan. Karena, adding something new, and in an orderly way, so that it permeates your whole body. In that way, even when you are writing you will be in latihan. When you have reached that point, you will be in latihan whilst working in the office, and there will not be any time when God is not training you.

In Islam that state is called *ma'rifat*. The meaning of *ma'rifat* is that all the movements of a human being are the tools of God, the will of God. There is nothing in the way. The life of Christ is a symbol of that. Do not imagine that when Jesus walked, his walk was like your walk. No, it was not from his will. [*Bapak demonstrates.*] No, this is how it was: when Jesus Christ walked he was not separated from God. Your walk is different. When you walk you walk like this, don't you? [*Bapak demonstrates.*]

The meaning of *sharī'a* is ordinary or general. When others walk to the west, you also walk west. If others walk to the east, well, you walk east too. If others go like this, you go like this too. So you go with the crowd. That is *sharī'a*.

Tarīqa means that you follow what others do, but you search for its meaning, you search for the purpose of doing that. What is the point of doing this or doing that? What is the point of running together like this? That is *ṭarīqa*.

But the third is called *haqīqa*, which is God's will. That is free from searching and from what is generally done, because *haqīqa* comes only from God. And the result of *haqīqa* is *ma'rifat*. That is how it is described in Islam, if you want to hear the Islamic terms. There are those four steps.

Well, actually this is another thing you do not need to understand; just listen to it and that is all. Because the unfolding of your soul and your inner feeling will proceed according to the rhythm of your own individuality; so what will happen to you will not be like what Bapak just described. No, it will be like you, whatever your individual nature may be. That is how God guides you.

That is why nobody can show you the true path to God: only God can do that, because only God can guide human beings according to their inner content. And the content of all the human beings who are scattered over this earth differs one from another. So if there were a method, it would not work. For a person to be able to guide other people they would have to have a method that ya, kalau manusia memberi tuntunan kepada manusia lain harus mempunyai teori yang sepenuh dunia ini. Hah, tidak mungkin! Itu hanya Tuhan, saudara, yang mempunyai teori sepenuh dunia ini.

Sekian, saudara-saudara, omongan Bapak pada malam ini yang Bapak tujukan kepada sekalian para saudara. Dan Bapak akhiri *talk* Bapak ini sekian. Dan akan dilanjutkan masih nanti selama Bapak masih ada di sini. Dan tidak lain maafkanlah banyak-banyak, apabila ada kata-kata Bapak yang tidak pada tempatnya.

Dan Bapak ucapkan terimakasih atas perhatian saudara dan kesediaan saudara yang telah mendengarkan pada malam ini. Mudah-mudahan dapat berkah Tuhan, saudara, dimulai dapat sungguh-sungguh melakukan sesuatu hingga dapat menerima perkembangan jiwa dan rasa dirinya dengan sempurna.

Thank you.

covers the whole earth. That is not possible. Only God has a method that covers the earth.

That is the end of what Bapak wants to say to you all tonight, so he will end his talk. And he will continue it during his stay here. And please forgive him if he has said anything out of place.

Bapak says thank you for your attention and willingness to listen tonight. May you receive God's blessings, so that you may begin acting in a way that enables you to receive the perfect development of your soul and inner feeling.

Thank you.

8

OSLO

10 SEPTEMBER 1964

Rekaman: 64 OSL 2

... sebelum Bapak memberi penjelasan tentang jalannya latihan kejiwaan, lebih dahulu Bapak mengucapkan banyak terimakasih kepada sekalian para saudara, yang telah menunjukkan kesungguhannya dalam menerima dan melakukan latihan kejiwaan. Dan juga kepada para saudara pengurus Bapak mengucapkan terimakasih kepadanya, yang telah menyelenggarakan dan yang telah mempersiapkan dan melayani dan memberikan tempat untuk Bapak dengan rombongannya selama Bapak ada di sini. Semoga jasa saudara yang demikian dapat balasan dari Tuhan yang setimpal.

Sebagai saudara ketahui besok Bapak akan meninggalkan sini, lalu melanjutkan perjalanannya kembali ke India. Maka sepeninggal Bapak tidak lain Bapak memujikan semoga saudara sekalian dapat kemurahan Tuhan dan berkahNya, sehingga saudara sekalian sungguh-sungguh dapat melakukan latihan kejiwaan yang telah diberikan, dan dengan lancar dapat menerima perkembangan jiwa maupun rasa diri.

Sebagai saudara ketahui, latihan kejiwaan, ialah latihan yang dengan sendirinya bekerja, dengan sendirinya bangkit. Saudara sekalian hanya mengikuti dan menuruti apa yang telah dibangkitkan dari dalam. Hanya yang perlu bagi saudara sekalian, agar saudara sekalian selalu berperasaan sabar. Jangan ada rasa tergesa-gesa dan juga jangan ada rasa kuatir. Karena rasa yang tergesa-gesa dan kuatir, menyebabkan malahan terlambatnya dalam penerimaan.

8

OSLO

10 SEPTEMBER 1964

Recording: 64 OSL 2

[Ladies and gentlemen, brothers and sisters,][3] before Bapak gives you explanations about the process of the spiritual training – the latihan – Bapak will first say thank you very much to all of you, who have shown your commitment to receiving and doing the latihan. And he also wants to say thank you to the committee, who have organised this visit and prepared a place for Bapak and his party, and have looked after them while they were here. May your hospitality be rewarded by God in equal measure.

As you know, Bapak is leaving tomorrow and continuing his journey home through India. In leaving you, he simply prays that you may receive God's blessings and grace, so that you can really do the latihan you have been given, and can easily receive the development of your soul and your inner feeling.

The latihan is a training that works by itself, and arises by itself. You simply follow what is moved from within. But it is important for you to have a feeling of patience. Do not be in a hurry and do not feel anxious, because being in a hurry and feeling anxious will in fact slow down your receiving.

Nampaknya latihan para saudara sudah lumayan sekali, meskipun belum luas dan belum mendalam. Tetapi sudah nampak kemajuannya. Hanya tinggal – tadi telah Bapak katakan – berperasaan sabar saja, hingga … ya, agar saudara dapat selalu menerima perubahan-perubahan yang ada dalam rasa diri. Karena memang dalam diri saudara sekalian telah terjalin kesalahan-kesalahan dan kekotoran-kekotoran yang telah lama masuk yang telah lama berada dalam rasa diri, sehingga dibutuhkan sekali pembersihan dalam rasa diri. Dan pembersihan itu dapat berjalan dengan baik, apabila tidak selalu terganggu oleh fikiran saudara dan hati saudara yang selalu ke sana-sini, artinya: memikirkan ini dan itu. Maka dibutuhkan sekali, agar saudara sungguh-sungguh menyerah kepada Tuhan, karena Tuhan tahu bagaimana keadaan saudara sekalian.

Bapak tahu, saudara sekalian, bahwa kebutuhan saudara selama hidup di dunia ini tidak hanya bakti kepada Tuhan saja, tetapi juga agar keadaan hidupnya di dunia ini dapat teratur baik. Tetapi, saudara sekalian, perlu saudara ketahui dan ingat, bahwa sesuatu yang tidak teratur yang saudara alami, bukan itu karena kehendak Tuhan dan bukan itu karena kodrat Tuhan, tetapi karena kesalahan saudara sendiri yang sebelumnya menerima latihan ini telah berbuat, berlaku yang tidak sebagai kehendak Tuhan. Dan itulah karenanya, maka kesalahan tindakan yang tidak sesuai dengan kehendak Tuhan itu, mewujudkan kesalahan dan kekotoran yang ada dalam rasa diri. Dan itu perlu dibersihkan.

Sudah tentu cara membersihkan itu, saudara, bukan seperti membersihkan kekotoran yang ada di kain atau yang ada di barang, karena kekotoran rasa diri saudara sekalian telah menjelma di dalamnya, sehingga merupakan tabiat, merupakan kebiasaan saudara. Itu maka perlu dibersihkan, agar kebiasaan dan tabiat saudara yang dahulunya begitu, bisa berubah menjadi baik sebagai yang telah dikehendaki Tuhan pada diri saudara sekalian.

Tentunya saudara rasa saudara akan berusaha, kecuali menyerah kepada Tuhan, berusaha sendiri, agar melakukan jalan lain yang dapat merubah keadaan saudara. Ya, demikian fikiran saudara dan anggapan saudara. Tetapi hakikatnya tidak mungkin dapat berubah dan dapat diperbaiki. Bapak katakan demikian, karena saudara berusaha, sedangkan kehendak saudara berusaha itu terdorong oleh isi saudara yang salah. Sudah tentu tindakan saudara yang dalam kemauannya untuk memperbaiki, tetapi adalah suatu perbuatan,

Your latihan already seems quite good. Even if it is not yet broad and deep, you have evidently made progress. All that remains – as Bapak just told you – is to be patient, so that … well, so that you can continually receive changes in your inner feeling. For in truth, dirt and mistakes have become interwoven within you; they entered a long time ago and have been in your inner feeling for a long time, so it needs to be cleaned. That cleaning can go well if it is not constantly disturbed by your thinking and your imagination,[2] which are always roaming around – in other words, always thinking about this and that. So it is very necessary for you genuinely to surrender to God, for God knows your true condition.

Bapak knows that while you live in this world your needs are not limited to worshipping God; your worldly life also needs to be in order. But you must remember that when you experience disorder it is not by God's will or God's decree; it is due to your own mistakes, which you made before you received the latihan, when you did things that were not according to God's will. It is these wrong actions, which were not in line with God's will, that formed faults and dirt in your inner feeling. That is what needs to be cleaned out.

Naturally, cleaning this is not like cleaning a dirty piece of cloth or a dirty object, because the dirt in your inner feeling has become embodied in it, and has become your character and the way you behave. It needs to be cleaned out so that your behaviour and character can change and become better, in the way that God wills for you.

Of course you will think to yourself that, apart from surrendering to God, you will also make efforts to change your state in other ways. Well, that is what you think and that is your opinion. But in reality it is impossible for you to change or improve it. Bapak is saying this because these efforts you make are in fact motivated by that faulty content within you. Of course the intention behind what you are doing is to put right what is within you, but because your action contains something faulty within it, it sesuatu yang salah yang ada di dalamnya, sehingga bukannya nanti menjadi baik, malah terus salah, terus salah, terus salah.

Memang demikian, saudara. Banyak di antara umat manusia yang belum dapat menginsafi, bahwa kesalahan yang ada dalam rasa diri yang merupakan isi diri, yaitu jiwa, dikiranya dapat dirubah oleh manusia sendiri. Padahal manusia tidak mungkin dapat merubah itu. Karena bagaimana manusia dapat merubah manusianya sendiri, kalau tidak dengan pertolongan Tuhan. Maka soal jiwa saudara yang juga menyebabkan keadaan saudara tidak baik, baiklah saudara serahkan kepada Tuhan dengan jalan latihan kejiwaan ini. Tetapi perlu berperasaan sabar, tawakal dan ikhlas, karena apabila isi rasa diri, atau jiwa saudara, telah dirubah, telah diganti yang baik, tentu suasana luar, yaitu keadaan hidup saudara saban harinya, tentu berubah. Karena itulah yang dikatakan *reflection* daripada apa yang ada dari pribadi saudara.

Adapun soal keduniaan – ialah soal pekerjaan, ya, soal macam-macam, yang sifatnya kebutuhan dunia, keduniaan, hidup saudara di dunia – perlu juga saudara fikirkan dan perlu juga saudara perhatikan, karena memang hati dan otak atau hati dan fikiran manusia diperlukan sekali, agar itu dapat digunakan untuk menjamin hidupnya selama hidup di dunia. Andaikata saudara yang masih muda-muda, belajar, baiklah belajar saja. Jangan dicampur-campur dengan kejiwaan. Karena di situ memang terpisah antara jiwa dan fikiran atau otak dan hati.

Biasa orang mengatakan – seperti orang sakit fikiran – dikatakan sakit jiwa. Bukan! Adalah itu sakit fikiran. Jadi, otaknya yang tidak betul. Nah, di situ teranglah, bahwa memang terpisah antara jiwa dan otak dan hati manusia. Karenanya, maka untuk melakukan pekerjaan biasa yang saudara kerjakan di dunia atau yang masih belajar, yaitu pelajaran yang perlu dipikirkan dan perlu diperhatikan, itu perlu dikerjakan hati dan fikiran, hati dan otak. Janganlah tentang kejiwaan itu dipelajari dengan itu, sebab kalau nanti itu tercampur antara jiwa dan hati dan otak, sehingga saudara sendiri akan menerima, ya, kesusahan, yaitu kekeruhan dalam akal-fikiran dan hati, sehingga hidup saudara tidak sebagai hidupnya seorang yang normal, tetapi hidup di dalam bayangan, hidup di dalam mimpi agaknya.

Seperti di agama, saudara, baik agama Kristen maupun agama Islam. Apa sebab mereka membiarkan begitu saja pada para penganut-penganutnya atau para umatnya atau para saudara-will not result in improvement; rather, your faults will remain and get worse.

It is really like that, brothers and sisters. There are many people who are not aware of this, and imagine the faults in their inner feeling that are part of their content – that are part of their soul – can be changed by human beings themselves. The fact is they cannot possibly change that. How can a human being change his or her own being without God's help? So it is best if you leave the problem of your soul, which is the root cause of your bad state, to God, by way of the latihan. But you need to have a feeling of patience, acceptance and willingness to let go; for if the content of your inner feeling – that is, your soul – is changed and replaced with one that is good, then your outer circumstances, the state of your everyday life, is also bound to change, because it is the reflection of what is within you.

As for the things of this world, like your work and all sorts of other things that relate to your needs and your life in this world, you do need to think about them and pay attention to them; for it is very important to use the human heart[2] and brain – the heart and thinking – to provide for your life in this world. If you are still young and you are studying, then it is best that you just study. Do not mix it with the needs of your soul; for your soul is something that is separate from your thinking, from your brain and your heart.

The everyday expression to describe someone who is insane is to say that their soul is sick.[5] No, it is not; it is their thinking that is sick. It is their brain that is not working right. So it is clear that the soul of a human being is separate from the brain and the heart. Therefore, your normal work – or, for those who are studying, the coursework that you need to pay attention to and think about – needs to be done by using your thinking, your heart and your brain. Do not use those faculties to study the needs of your soul. For if you mix up your soul with the work of your heart and brain you will encounter difficulties; your intellect and your heart will become disturbed and your life will not be that of a normal person. It will be rather like living in a shadow world, a world of dreams.

Take religion: Christianity and Islam, for example. Why do they just leave them be – their followers, their flock, all the people who belong to those religions? Why do they not show them and teach saudaranya yang beragama? Kenapa mereka tidak ditunjukkan, diberi atau dilatih secara biasa kalau mengatakan semadi dan lain-lainnya? Mereka membiarkan begitu saja, asal mereka sungguh-sungguh melakukan beribadat dan sungguh-sungguh percaya kepada Tuhan dan sungguh-sungguh mengamalkan apa yang telah dituturkan dalam agama itu. Kenapa mereka tidak menunjukkan jalannya mana ke Tuhan itu?

Sebab-sebab yang demikian itu, saudara, bukannya Nabi Muhammad dan bukannya para nabi-nabi dan demikian juga Kristus, bukannya mereka tidak bisa atau tidak suka, tetapi memang dengan demikian saja, saudara. Pendeknya, jalan ke Tuhan atau agar manusia dapat menerima kemurahan Tuhan dan pertolongan Tuhan tidak ada jalan, kecuali apabila manusia itu sabar, menyerah, tawakal dan ikhlas. Itulah satu-satunya jalan. Jadi, kalau manusia dengan tingkah yang sifatnya cari-cari di mana Tuhan dan memikirkan bagaimana Tuhan, makin jauh, makin tidak dapat.

Sebagai telah Bapak katakan, bahwa Tuhan tidak dapat dicari dan tidak dapat pula diabaikan. Jadi, sifatnya Tuhan tidak boleh dicari dan tidak boleh dilupakan. Ini berarti: "Diamlah kamu di tempatmu, menyerahlah kamu kepada Tuhan dan percaya adaNya dan berperasaan sabar, tawakal dan ikhlas." Hanya itu saja.

Untungnya bagi kita dan untungnya bagi saudara sekalian, bahwa kepercayaan saudara kepada Tuhan dan penyerahan saudara kepada Tuhan dan juga kesabaran saudara sekalian terhadap kepada sesuatu yang saudara hadapi, telah dapat kenyataan, yaitu saudara telah dapat menerima kontak dari kebesaran Tuhan. Bukan Bapak membedakan antara apa yang telah Bapak terima dan saudara terima, dengan apa yang telah diterima di agama. Sebenarnya dalam agama pun juga menerima itu. Sama saja. Hanya karena telah lama berlaku, kemungkinan – sesudahnya sekian tahun, disebabkan manusia tidak dapat selalu meninggalkan nafsunya – sehingga sedikit demi sedikit terpengaruh oleh nafsu keduniaannya yang akhirnya seperti terlupa asal-asalnya. Ini akan dapat saudara buktikan, akan dapat saudara saksikan, apabila saudara nanti sudah agak meningkat-meningkat, bahwa sebenarnya apa yang telah ada dalam Subud, dan apa pula yang telah saudara terima yang sifatnya latihan kejiwaan ini, sebenarnya dulu juga sudah ada dan telah dilakukan oleh para utusan.

"Apakah dapat terjadi yang demikian?" andaikata saudara tanya. Ya, tentu, saudara, kemungkinan besar sekali terjadi yang demikian them techniques like meditation and other things? They just leave them alone, provided that they observe the religious practice, believe in God and truly put into practice what is taught in their religion. Why do they not show them the way to God?

The reason for that is not that Prophet Muhammad and Christ were unable or unwilling to do so, but because indeed that *is* the way. In short, the path to God, or the way for human beings to receive God's grace and God's help, is simply to be patient, to surrender, accept, and be willing to let go. That is the only way. Searching for God and thinking about the nature of God only drive us further away from God.

As Bapak has said, you cannot look for God and you cannot ignore God. In other words, you are not to look for God, nor to forget Him. What this means is: 'Be still where you are; surrender to God and trust that God exists; and be patient, accepting and willing to let go.' Only that.

Our good fortune – your good fortune – is that your trust in God and surrender to God, and your patience with whatever you are facing, has had a result; that is, you have been able to receive the contact with the greatness of God. Bapak is not differentiating here between what he and all of you have received and what has been received in religion. In fact, the same thing was also received in religion. There is no difference. However, because it happened a long time ago, and human beings are unable to put aside their desires[1] all the time, it may be that they have gradually become influenced by their worldly desires and have forgotten where it all came from. Later on, when you have made more progress, you will be able to confirm and witness that what exists in Subud and in this spiritual training you have received has already been received earlier, by the messengers of God.

'Can that really be true?' you may ask. Certainly it can. Bapak can say that, notwithstanding the fact that now, when Subud has itu. Bapak katakan demikian. Sedangkan di alam Bapak sendiri saja sekarang ini: Subud yang baru tujuh tahun berkembang, saudara, sudah ada di antara para saudara yang menyimpang, yang mengatakan: "Ini Subud tidak betul! Malah baik dengan jalan begini, begini, baik pakai jalan cari, cari, cari." Kalau yang menyimpang yang begitu itu diikuti oleh para saudara, andaikata, ya, tentu saja bukan sampai seribu tahun, baru mungkin sepuluh tahun ada saja sudah banyak saudara Subud yang menerima sungguh-sungguh dari Tuhan itu, membelok dalam soal akal-fikiran.

Maka hal yang demikian tidak perlu diherankan, karena memang desakan nafsu, nafsu keduniaan, memang berat sekali bagi manusia. Dan sifatnya manusia memang lemah sekali menghadapi hal-hal yang demikian itu, yaitu kemuliaan dan keagungan dan kebesaran dunia. Apa sebab demikian, saudara? Karena belum sungguh-sungguh mengetahui, belum sungguh-sungguh dapat merasakan bagaimana kemuliaan dan kebesaran dan ketinggian, keluhuran hidup di luar hidup di dunia ini. Dan juga belum dapat menerima perpisahan antara jiwa dan pribadinya. Bapak katakan demikian, saudara: jiwa manusia akan dapat mengalami kenyataan, tetapi – sudah tentu – apabila terpisah dari pribadi, pribadi manusia. Dan pribadi manusia tidak akan dapat merasakan perbedaan antara kemuliaan jiwa dan kemuliaan pribadi manusia, apabila pribadi manusia belum juga terpisah dari jiwa.

Dan itulah sebabnya, maka diperlukan sekali, agar saudara bakti kepada Tuhan dan menerima latihan yang sifatnya bimbingan Tuhan kepada diri saudara sekalian, agar saudara dapat menerima perbedaan, perpisahan antara kedua itu, sehingga saudara dapat merasakan kalanya saudara berbadan atau berpribadi jiwa dan kalanya saudara berpribadi rasa pribadinya sendiri sebagai manusia. Sedikit-sedikit saudara dapat merasakan bedanya: bagaimana rasanya saudara – meskipun sama-sama dalam merasakan – bagaimana rasanya badan saudara waktu dalam latihan, dan bagaimana rasanya pula serasa badan saudara sesudahnya tidak latihan?

Di situ mulai sedikit-sedikit saudara dapat merasakan perbedaannya. Sama-sama suara, sama-sama bertenaga, sama-sama … ya, menyanyi dan lain-lain. Tetapi waktu berlatih dan waktu tidak berlatih, tentu rasanya beda sekali. Itulah menyatakan, bahwa saudara dari kekuasaan Tuhan, dari kemurahan Tuhan telah dapat only been growing for seven years, even in Bapak's own circle there are members who are going astray, who are saying, 'This Subud is not right! It would better to do it like this and like this, and to continue searching and searching.' If you were to follow the people who go astray in this way – just suppose – then it will not be a thousand years, perhaps in only ten years many members, even though they have truly received from God, will have turned Subud into a mental exercise.

We need not be surprised at this, because worldly desires press very heavily on human beings, and they are very weak in the face of the splendour, glory and grandeur of this world. Why is that, brothers and sisters? It is because they have not yet really understood or been able to feel the splendour, the greatness and glory of the life that is beyond life in this world. Also, they have not yet been able to receive the separation between their soul and their individuality. Bapak says this because the human soul is able to experience reality, but – of course – only if it is separated from the human individuality. Furthermore, the human individuality will be unable to distinguish between the magnificence of the soul and the magnificence of the individuality, if it is not separated from the soul.

That is the reason why it is very important that you worship God and receive the latihan, which is God's guidance to enable you to receive the difference between and the separation of these two, so that you can feel when you have the identity of your soul and when you have the identity of your individual feeling as a human being. To some extent you can feel the difference, even though you are the same person: how does your body feel when you are in latihan, and how does your body feel when you are no longer in latihan?

That is where you can begin to feel the difference. Even though you are using the same voice, making the same movements, singing and doing familiar things, it is certain that they feel very different when you are in latihan and when you are not. This demonstrates that through the power and the grace of God, and merasakan – jadi, dari pertolongan Tuhan telah – dapat merasakan bedanya antara merasakan hidupnya rasa diri, hidupnya pribadi saudara sebagai manusia, dan merasakan hidupnya saudara pribadi dari jiwanya, yaitu yang telah dapat kemurahan Tuhan Yang Maha Esa.

Dan apabila – baik dalam hidupnya jiwa, maupun dalam hidupnya rasa diri, atau baik dalam hidupnya dalam latihan, maupun hidupnya di luar latihan sudah menjadi satu atau sama-sama, sama-sama tinggi, sama-sama rendah, sama-sama kekuatannya, sehingga akhirnya apabila kerjanya rasa diri sebagai manusia, yaitu kerjanya hati dan fikiran saudara sudah tidak lagi hidup, tidak bisa bekerja, artinya mati – *bewustzijn* saudara, keinsafan hidup, pengertian hidup, rasa-perasaan yang hidup, saudara dari yang ini beralih ke sini. Dan tidak ada bedanya sama sekali.

Memang demikian, saudara, sehingga disimbolkan – Bapak telah memberitahukan juga kepada saudara, bahwa telah dicontohkan – dalam hidupnya Kristus. Jadi, Kristus dari hidup dunia pindah ke hidup jiwa yang dikatakan mati. Jadi, Kristus mati dari hidupnya manusia, tetapi hidup dalam hidupnya jiwa. Nah, demikian contohnya, saudara. Lha, itu telah saudara mulai sekarang sedikit demi sedikit terbimbing ke arah itu dan terpimpin dan terdidik ke arah itu. Siapa yang mendidik itu? Tidak lain, tidak ada kecuali Tuhan Yang Maha Esa. Maka baik saudara jangan cari-cari, jangan memikirkan soal itu. Itu biar Tuhan saja yang bekerja, dan fikiran saudara, hati saudara kerjakanlah sebagai manusia biasa. Yaitu kerja cari uang, macam-macam yang berguna bagi hidup saudara di dunia ini.

Dan yang demikian itu, saudara, saudara akan dapat menerima dan menyaksikan, bila saudara telah dapat menerima, yaitu: tanda, tanda hidup, tanda kesungguhan kebaktian saudara terhadap Tuhan. Kalau dalam agama Kristen ialah tanda salib. Bukan tanda salib yang sifatnya benda! Tetapi tanda salib yang hidup yang menghidupkan yang menggerakkan saudara dalam hidupnya. Ini akan dapat saudara terima dan akan dapat saudara rasakan yang sungguh-sungguh. Demikian juga bagi Islam: tanda alif yang hidup, akan diterima dan akan dirasakan memang.

Memang untunglah bagi kita dan bagi saudara sekalian, bahwa kita benar-benar telah tertolong Tuhan dapat menerima kesaksian atau penyaksian dari kepercayaan kita kepada Tuhan. Jadi, kita percaya adanya Tuhan itu, tetapi kalau tidak ada bukti-bukti dan with God's help, you can feel the difference between the life of the inner feeling – the life of your individuality as a person – and the life of your individuality from your soul, which has received the grace of Almighty God.

And once the life of your soul and the life of your inner feeling – your life in the latihan and outside the latihan – have become equal, equal in height and depth and equally strong, then when the time comes that your inner feeling as a person and your heart and mind cease to work, that is to say, when you die, your consciousness, your awareness and understanding of life, and your living feeling, will simply move over from here to here. And there will be no difference whatever.

That is really true, brothers and sisters; and, as Bapak has already told you, this has been exemplified and demonstrated by the life of Christ. Christ moved from the worldly life to the life of the soul that we call death. Therefore Christ died from human life, but continued to live in the life of the soul. That is his example. And you have now begun, step by step, to be guided, led and educated in that direction. Who is educating you? None other than Almighty God. Therefore it is best if you do not keep searching or thinking about it. Just leave it to God, and use your thinking and your heart as a normal human being. That means working to make money and all the things that are useful for your life in this world.

You will be able to receive and witness this once you have been able to receive the signs, the living signs of the reality of your worship of God. In the Christian religion that is the sign of the cross. Not the cross as a material object, but the living sign of the cross that brings you to life and moves you in your life. You will be able to receive that and feel it as something real. The same is true for Islam: you will be able to receive and feel the living *alif* [6] sign.

We are lucky indeed that God has helped us to witness the reality of our faith in God. We have faith that God exists, but if there is no proof or evidence, our faith will certainly be half and half. There will be times when we have faith and times when we saksi-saksi, tentu kepercayaan kita terhadap Tuhan: setengah-setengah. Ya, kadang percaya, kadang tidak; kadang percaya, kadang tidak. Begitu. Tetapi sesudahnya kita dapat menerima saksi dan bukti-bukti, tanda-tanda hidup yang menyatakan bahwa memang Tuhan kuasa dan memang ada dalam hidup itu Yang Kuasa, sehingga menggerakkan hidup. Nah, itu telah kita terima.

Jadi, bagi saudara sekalian sudah suatu keuntungan yang tak dapat diukur besarnya yang tak dapat ditimbang berapa beratnya, yaitu telah menerima kemurahan Tuhan yang demikian. Maka tidak lain Bapak hanya mengharapkan kepada saudara sekalian, agar pertolongan, pemberian Tuhan yang demikian jangan sampai disia-siakan. Karena kalau itu saudara sia-siakan, saudara lupakan, saudara akan terasa kecewa nanti di belakang hari, apabila sudah pada saatnya saudara tidak dapat tertolong lagi.

Kalau caranya saudara ingin merasakan perbedaan antara saudara dan lain orang yang masih dalam usaha mencari Tuhan, mencari jalan ke Tuhan, saudara sekalian dapat dikatakan telah terisi atau telah dijelmai tangan Tuhan. Ataulah kekuasaan Tuhan telah ada di situ. Jadi, saudara hanya dibutuhkan: "Ikutilah Aku!" kata Tuhan. Sedangkan bagi saudara lain, yaitu yang tidak menerima ini yang masih dalam cari-cari, dia masih mencari di mana Tuhan, sehingga dengan begini, begini, begini, begini, begini ... Itulah lainnya, saudara.

Jadi, kalau saudara masih di dalam kenyataannya cari, berarti saudara tidak mengerti, tidak menginsafi, bahwa saudara sebenarnya sudah dipimpin oleh Tuhan. Kenapa saudara masih cari? Nah, dengan demikian, sehingga saudara malahan meninggalkan pribadinya sendiri ke luar. Yang sudah tentu, akhirnya saudara akan sampai ke jalan yang tidak lurus yang tidak betul dan tidak sesuai.

Maka tidak perlu banyak yang digambar-gambarkan, karena toh saudara hanya mengikuti saja pada Tuhan. Sedangkan Tuhan tahu bagaimana kekuatan saudara. Jadi, karena Tuhan tahu bagaimana keadaan saudara, kekuatan, kemampuan maupun segala macamnya, jadi, cara Tuhan membimbing saudara – karena saudara belum bisa berjalan – di tarik sedikit, sedikit, sedikit, sedikit. Kalau ada saudara lain yang sudah bisa jalan, ya, terus dibawa lari. Jadi, saudara hanya perlu mengikuti. Dan Tuhan sudah tahu dan Tuhan tahu bagaimana kekuatan saudara, sehingga pimpinan dan tuntunan Tuhan kepada saudara akan disesuaikan dengan kekuatan saudara.

Maka saudara jangan dan tidak perlu terasa kecewa, karena

do not; sometimes we will believe, sometimes not. But we have received evidence and proofs: living signs that show that God has authority, and that in our life there is a Power that moves us.

So, the fact that you have received such a grace from God is a blessing for you of immeasurable greatness and weight. Therefore Bapak simply hopes that you will not waste this help and gift from God; because if you waste it or forget about it, you will feel disappointed later on, when it is too late for you to be helped.

If you want to understand the difference between you and other people who are still trying to look for God and for the way to God, one could say that the hand of God has filled you or manifested within you. Or that God's power is within you. So God only needs to say, 'Follow Me!' Whereas people who have not received this are still at the stage of searching: they are still trying to find where God is, and following this or that method. That is the difference, brothers and sisters.

Therefore, if the reality is that you are still searching, it means that you have not yet understood or realised that you are already being guided by God. Why are you still searching? By doing that you are in fact abandoning your own individuality in favour of something outside of you, and eventually that is bound to lead you to a path that is not straight and not suited to you.

So, you do not need to use your imagination to figure it out, because, after all, you are simply following God. God knows your strength. And because God knows your state, your strength, your capacity and everything about you, if you cannot walk yet, God will lead you by gently drawing you forward. But if there is someone else who can already walk, God will take them for a run. So you need only to follow; God knows your strength, and will adjust His guidance and direction to that.

Hence you need not feel disappointed if you have not yet

belum bisa menerima dan menemukan sesuatu yang dalam atau yang luas, karena memang waktu saudara belum sampai ke situ. Nanti kalau sudah pada waktunya sampai ke situ, ya, tentunya tidak usah saudara tanya; sudah akan saudara dapat merasakan dan terima dengan sendiri.

Sebenarnya, saudara sekalian, kalau diperlukan, perlu menginsafi dan perlu tahu bagaimana hidupnya Yesus mulai kecil sampai menjadi dewasa, sampai menjadi akhirnya kembali ke kerajaan Tuhan. Lha, bagi umat Islam juga perlu menginsafi bagaimana riwayat hidupnya Nabi Muhammad ketika kecil sampai menjadi orang tua, sampai akhirnya kembali ke alam baqa, ke alam utamanya.

Saudara ketahui, saudara, bahwa hidupnya Kristus ketika kecil, ya, dapat dikatakan lain seperti saudara. Meskipun Kristus tidak bersekolah, tidak belajar, tidak berguru kepada orang, ya, lahirnya memang adalah anak seorang yang tidak mampu, dan pada saat itu memang tidak ada guru dan memang pada saat itu tidak ada sekolahan. Jadi, orang supaya menjadi pandai cukup dengan kumpul-kumpul dengan orang lain. Tetapi Kristus tidak demikian, saudara. Mulai kecil dia sudah bicara dengan pribadinya. Mulai kecil dia sudah dapat menginsafi bagaimana hubungan Tuhan yang dikatakan ayah dengan anaknya, yang rapat sekali. Jadi, Kristus berguru kepada Kristus sendiri, terus mulai kecil, mulai besar, besar, besar. Karena itu, maka di waktu Kristus diam sendiri, duduk sendiri begini – tidak seperti saudara, kalau sudah diam begini, lantas ngantuk, tidak – Kristus kalau sudah berdiri begini, ya, omong-omong sendiri, ya, ketawa, *mèsem* sendiri, menjawab pertanyaan sendiri, demikian.

Nah, demikian caranya menerima, caranya dapat bimbingan dan caranya Tuhan membimbing kepada manusia. Lha, ini telah ternyata, telah dapat saudara terima, kalau saudara dalam latihan. Ya, saudara sendiri tentunya belum mengerti, bahwa kalau dalam latihan itu sifatnya bimbingan dari Tuhan. Sebenarnya itu bimbingan dari Tuhan. Hanya karena memang sifat bimbingan itu ada yang rendah, ada yang tinggi, sehingga kalau rendah, di dalam keadaan yang masih rendah, belum dapat dimengerti. Tetapi nanti akhirnya saudara akan dapat tahu bagaimana cara Tuhan membimbing kepada manusia itu.

Adapun perbedaan antara saudara dengan para *profeten* atau dengan Kristus tentunya saudara akan dapat merasakan sendiri, received or discovered something deep and wide; it is simply that the time for you to attain that has not yet come. Later, when the time comes, you will certainly not need to ask: you will feel it and receive it spontaneously.

Actually, it is important for you to be aware of and to know about the life of Jesus from the time he was small to when he became an adult and eventually returned to the kingdom of God. And for Muslims it is important to be aware of the life story of Prophet Muhammad from when he was small until he grew up and eventually returned to the eternal world, the excellent world.

One could say that when Christ was small, he was not like you. He did not go to school, he did not study, nor have a human teacher; and … well, his parents were not well-to-do. In fact there were no teachers or schools at that time; people just learned through social contact. But that was not the case with Christ. From the time he was small he spoke with his inner self. From the time he was small he was already aware that his connection with God was very close, like that between father and son. Therefore Christ was his own teacher from the time he was small and as he grew up. When he was quiet and by himself, when he sat like this, he was not like you – when you sit quietly like this, you just get sleepy – Christ would stand up and speak and smile and laugh to himself. He would answer his own questions.

So, that is the way to receive, the way to get guidance and the way God guides a human being. This is something that you have been able to demonstrate and to receive when you are in latihan. Of course you do not understand yet that when you are in latihan you are being guided by God. Truly it is God's guidance; but, because that guidance can be on a low level or on a high level, when it is still on a low level you cannot yet understand. Later on you will know how God guides human beings.

Undoubtedly, you are able to feel for yourselves that there is a difference between you and the prophets, between you and Christ, bahwa saudara adalah manusia yang sekarang, yang telah diempit-empit yang telah di … ya, dapat dikatakan yang telah dikitari yang telah ditekan oleh hal-hal keduniaan yang demikian rupa. Sedangkan hidupnya para nabi dan Kristus pada zaman yang telah lampau adalah dalam suasana yang tenang, yang masih jauh daripada tekanan pengaruh dunia yang hebat seperti sekarang. Hanya meskipun demikan, saudara, karena Tuhan telah memberi sesuatu kepada saudara sekalian, tentunya meskipun tidak sesama itu, saudara akan dapat menerima dan saudara akan dapat mengikuti jejaknya sampai di mana yang sesuai dengan kemampuan dan keadaan pribadi saudara.

Demikian, saudara, maka tidak lain hanya Bapak mengharapkan dan memujikan semoga saudara dapat bertindak dan berlaku sebagai yang Bapak harapkan tadi. Dan tidak lain, maka sesudah pertemuan ini berakhir, Bapak tidak lain hanya mengucapkan selamat tinggal, dan semoga saudara dapat menaati apa yang telah Bapak nasihatkan kepada sekalian para saudara.

Dan untuk menambah sedikit-banyak yang merupakan dorongan bagi saudara sekalian, saudara dapat memerlukan atau meminta majalah yang Bapak tulis sendiri, ialah majalah Pewarta Kejiwaan Subud yang dikeluarkan di New York, Amerika. Dan saudara dapat menerimanya. Dan saudara dapat berhubungan dengan …

Mas Usman: Inggeris; sekarang di *England*.

Bapak: Saudara dapat berhubungan dengan grup Inggeris. Sebab di situ banyak penuturan-penuturan Bapak yang perlu bagi saudara sekalian, karena ucapan-ucapan Bapak ini Bapak hanya memerlukan yang penting-penting saja. Sedangkan yang menjadi serba-serbinya dan lain-lainnya perlu saudara ketahui. Dan itu akan dapat saudara temui dalam majalah yang Bapak keluarkan di Jakarta yang dicetak di Inggeris. Dan juga hal-hal yang perlu diinsafi oleh para pembantu pelatih tentang tugas dan kewajibannya dan juga para pengurus komite atau organisasi.

Ya. Sekian, saudara. Terimakasih.

because you are people of today who are squeezed … well, one can say that you are surrounded and oppressed by worldly concerns, whereas Christ and the prophets lived a long time ago in an atmosphere of quiet that was still far from today's enormous pressure of worldly influences. But nevertheless, even though you are not the same, God has given you something that you will be able to receive and follow wherever it leads, in line with your capacity and your individual circumstances.

That is it. Therefore Bapak simply hopes and prays that you may be able to act in the way he described. And, having finished his talk, Bapak says goodbye to you all and prays that you are able to follow the advice he has given you.

And in addition, as something that will give you all encouragement, you can ask for the periodical that is written by Bapak himself, the *Pewarta Kedjiwaan Subud*, which is published in New York in America. You can get that; you can contact …

Usman: England. It is now published in England
Bapak: You can contact the group in England. There are many explanations from Bapak in it that you all need. When Bapak talks, he tells you only the most important things, but you need also to know the details and other things. You will be able to find all that in this periodical that Bapak publishes in Jakarta – which is printed in England – and also things that the helpers and the committee need to know about their duties and responsibilities.

Yes. That is all, brothers and sisters. Thank you.

INDIA

9

NEW DELHI

14 SEPTEMBER 1964

Rekaman: 64 NDH 1

Latihan kejiwaan yang saudara terima dan lakukan, adalah latihan yang datang dari kekuasaan Tuhan pada setiap waktu pengaruh nafsu yang bersarang dalam hati dan otak atau dalam hati dan fikiran saudara, dihentikan. Maka dengan demikian sehingga para saudara dalam menerima atau melakukan latihan kejiwaan hanya dalam keadaan menyerah dengan sabar, tawakal dan ikhlas saja terhadap kekuasaan Tuhan Yang Maha Esa. Meskipun belum dapat saudara ketahui dan insafi sampai di mana kekuasaan Tuhan yang telah meliputi diri saudara, tetapi kepercayaan saudara yang demikian, diketahui sudah oleh kekuasaan Tuhan, sehingga saudara dapat merasakan dengan keikhlasan dan kepuasan dan penuh kepercayaan.

Ditinjau dari sudut fikiran – biasanya orang berfikir – memang tindakan yang demikian, adalah tindakan yang tidak serius, atau yang tidak sungguh-sungguh, karena hanya menggantungkan dirinya kepada kekuasaan Tuhan. Tetapi, saudara sekalian, kalau ditinjau dari kejiwaan – lebih-lebih sebagai tadi telah Bapak katakan bahwa latihan kejiwaan ini dibangkitkan kekuasaan Tuhan yang telah ada dalam diri saudara sekalian pada setiap waktu pengaruh nafsu yang bersarang dalam hati, fikiran tidak bekerja – maka akan lebih cepat, apabila saudara sekalian menyerahkan kepada Tuhan. Karena Tuhan tahu segala sesuatunya yang ada pada diri saudara sekalian. Dan bagaimana kemampuan dan kenyataan dan kekuatan yang ada pada diri saudara, telah diketahui oleh Tuhan

9

NEW DELHI

14 SEPTEMBER 1964

Recording: 64 NDH 1

The latihan – the spiritual training you have received and practise – is a training that comes from God's power whenever the influence of the desires[1] that reside in your heart[2] and thinking is stopped. Therefore, in doing the latihan you are simply in a state of surrender: patient, accepting and willing to let go before the power of Almighty God. Even though you are not yet able to know or to sense the extent of God's power that envelops you, God is aware of your trust, and therefore you are able to feel submission, satisfaction and full faith.

Looked at from the point of view of the intellect – from the way people usually think – such behaviour is not serious or genuine, since one is allowing oneself to be dependent on God's power. However, looked at from the spiritual point of view – given that, as Bapak said, the latihan is awakened by God's power within you whenever the influence of the desires in your heart and mind is inactive – it will work faster if you surrender to God. This is because God knows everything about each one of you, and knows your true capacity and strength.

semuanya.

Ini akan dapat saudara buktikan nanti, meskipun sekarang belum, dengan nyata-nyata, karena semuanya itu telah Bapak alami. Dan di antara para saudara juga telah banyak yang mengalami yang sungguh-sungguh apa yang telah Bapak katakan ini.

Bapak contohkan, saudara. Ketika masih dalam keadaan bayi yang baru keluar dari perut orang tua, pada saat itu saudara belum dapat melihat, mendengar, mencium, merasakan baik bentuk, warna maupun rasa yang ada dalam dunia ini. Tetapi meskipun demikian seringkali nampak muka saudara – ketika masih bayi itu – susah, gembira, menangis. Sudah tentu, saudara, apabila terjadi yang demikian, tentu ada sebabnya. Dan sebab inilah, yaitu hubungan saudara ketika masih bayi itu, dapat dikatakan masih erat dengan jiwanya. Jadi, karena rapat hubungannya masih dengan jiwanya, sehingga apa-apa yang terjadi dalam jiwa, itulah yang dirasakan yang menyebabkan hingga muka saudara ketika masih bayi itu terlihat susah, gembira, menangis.

Ya, orang tua hanya menduga saja, bahwa demikianlah biasanya bayi itu, tetapi tentu tidak ada sesuatu kejadian, tidak ada sebab-sebabnya lebih dahulu. Maka teranglah, bahwa saudara ketika masih bayi hubungan saudara dengan jiwanya masih rapat. Dan jiwa hubungannya dengan kekuasaan Tuhan masih rapat juga. Tetapi hubungan saudara dengan dunia masih belum sungguh-sungguh terbuka. Saudara belum dapat melihat bentuk-bentuk dunia, bentuk-bentuk keadaan yang ada di sekitarnya; dan belum juga mendengarkan ini dan itu. Pendek kata lebih erat hubungannya dengan jiwa daripada keduniaan.

Sesudah demikian, tambah hari, tambah minggu, tambah bulan, mulai saudara dapat melihat bentuk-bentuk dunia, dapat mendengarkan suara yang ada di sekitarnya, mencium, merasakan asin, pedas ataupun lainnya, hubungan dengan jiwa mulai berkurang. Tambah lagi makin besar. Tidak hanya penglihatan saudara saja yang sudah tertarik oleh suasana dunia, atau tidak hanya telinga, hidung, mulut, tetapi fikiran dan hati pun telah tertarik juga. Di situ mulailah hubungan saudara tambah erat dengan suasana dunia, semakin terbuntu hubungan dengan jiwa. Sehingga saudara menjadi besar, menjadi pemuda, menjadi orang tua sekarang ini: apa yang dikatakan kejiwaan, dan apa pula yang dikatakan tadi Bapak, yaitu hubungan saudara dengan jiwa, betul-betul terasa asing, gelap.

Bapak has experienced all this; so later on, even if you cannot do so now, you will be able to confirm it. And there are also those among you who have really experienced what he has just said.

Bapak will illustrate it. When you were a newborn baby you could not yet see, hear, smell or taste the shapes, colours and tastes in this world. But even so, your face would express sadness and happiness, and also you cried. Certainly there must have been a reason for that; and the reason was that as a baby your connection with your soul was still very close. So, because of that connection, whatever was going on within your soul was what you felt, and that led to your expressions of sadness or happiness and to your crying.

Well, adults simply assume that this is what babies do, but of course nothing happens without a cause. It showed that when you were a baby you still had a close connection with your soul. And the connection between your soul and God was close too, whereas your connection with the world was not yet really established. You were not yet able to see the forms of this world, of your surroundings, nor were you able to hear sounds. In short your connection with your soul was closer than your connection with worldly things.

After that, as days, weeks and months passed, you began to be able to see the forms of this world, to hear voices around you, to smell, to taste salty, spicy and all sorts of other tastes, and your connection with your soul began to fade. As you continued to grow, it was not only your sight, your ears, nose and mouth that were attracted to the atmosphere of this world, but also your thinking and your heart. That was the beginning of your close connection with the world, and your connection with your soul was increasingly blocked. So by the time you grew up and became the adult you are now, what we call the realm of the soul, and what Bapak has called your connection with your soul, seemed more and more alien and obscure.

Dan pada saat inilah waktunya tiba Tuhan memberi berkah, Tuhan memberi rahmat kepada manusia atau kepada kita atau kepada saudara sekalian: saudara mulai lagi dibangkitkan hubungan saudara dengan jiwa, tetapi pun juga tidak dilepaskan hubungan saudara dengan dunia. Karena itu, maka latihan kejiwaan yang saudara terima, bukanlah sesuatu yang baru, bukan sesuatu yang aneh, justru sesuatu yang telah menjadi milik manusia sejak manusia diadakan di dunia ini.

Maka tidak mengherankan, saudara-saudara, bahwa banyak di antara umat manusia yang tidak percaya adanya Tuhan. Dikatakan: karena Tuhan tidak dapat dilihat, Tuhan tidak dapat diraba, Tuhan tidak dapat didengar suaranya. Memang, saudara. Bukan Bapak menyalahkan saudara-saudara atau orang-orang yang demikian, karena penglihatannya telah menjelma menjadi penglihatan keduniaan; sudah tidak lagi menjadi penglihatan jiwa; telinganya pun, hidungnya pun, mulutnya, rasa-perasaannya, baik hati dan fikirannya.

Malahan bagi orang yang percaya adanya Tuhan, menggambarkan, bahwa Tuhan itu seperti manusia yang bagus yang elok, yang bercahaya, yang bersemayam di tempat yang sorga elok, katanya. Dikatakan duduk di kursi, singgasana yang ditabur berlian, jamrut dan lain-lainnya. Demikianlah gambaran manusia, fikirannya, karena fikiran atau otak manusia telah terisi pengaruh dunia. Telah terisi hal-hal yang ada dalam dunia. Sehingga menggambarkan apa saja, dikiranya, ya, tidak akan meninggalkan apa yang telah dialami, baik dalam fikiran maupun dalam hati.

Inilah, saudara sekalian. Maka dikatakan, bahwa latihan ini tidak perlu saudara fikirkan. Karena fikiran saudara sudah tidak lagi menjadi suatu fikiran yang dapat sungguh-sungguh menganalisir, sungguh-sungguh mengetahui hal-hal yang dikatakan kejiwaan.

Dengan latihan ini, saudara, apabila saudara sungguh-sungguh menyerah kepada Tuhan, percaya kepada Tuhan dengan tawakal dan ikhlas, saudara akan terpimpin, terbimbing, terdidik oleh kekuasaan Tuhan yang ada dalam rasa diri saudara. Sehingga jalannya pimpinan yang ada dalam rasa diri saudara yang sifatnya pembersihan dari seluruh apa yang telah tidak baik yang telah salah dalam rasa diri saudara, akan menjadi baik kembali, bersih kembali, sehingga hubungan saudara dengan jiwa makin terasa dan makin nampak. Barulah pada saat itu saudara mulai bisa – dapat dikatakan – menggunakan rasa-perasaan, hati dan fikirannya yang lepas dari

And now the time has come when God is giving His blessing and grace to human beings, to all of you: your connection with your soul is being reawakened, without letting go of your connection with the world. So this latihan you are receiving is not something new or something strange; in fact it has been the property of humankind from the time human beings were created in this world.

It is not surprising that many people do not believe in the existence of God. They say that God cannot be seen, cannot be touched or heard. Indeed, Bapak does not blame these people, because their sight has become the sight of this world; it is no longer the sight of the soul. The same goes for their ears, their nose, their mouth, their feeling, their heart and mind.

Even those who do believe in the existence of God depict God as a handsome, extraordinary, radiant person who resides in an amazing, heavenly place. He is described as sitting on a throne encrusted with diamonds, emeralds, and so on. Such is the imagination of human thought, because human thought or the human brain has been filled with the influence of the world, with what exists in the world. So when people picture anything, they cannot think that it will be any different from what they have already experienced in their mind and their heart.

This is the point, brothers and sisters. It is the reason why you do not need to think about the latihan. It is because your intellect is no longer capable of analysing and really understanding anything that concerns the realm of the soul.

Through the practice of the latihan – if you really surrender to God with acceptance and submission – you will be led, guided and educated by God's power within you. Through this guidance your inner feeling will be cleansed and everything that is wrong or inappropriate will be repaired and made clean, so that you will become more aware of your connection with your soul, and it will become more apparent. Only then will you begin to be able to use your feelings, heart and mind in a way that is free from the influence of the world.

pengaruh dunia.

Karenanya, maka perlu bagi saudara sekalian, agar saudara sekalian berperasaan sabar dan sungguh-sungguh menyerah dengan tawakal dan ikhlas, karena itu adalah merupakan suatu syarat yang mutlak, yang sungguh-sungguh diperlukan bagi manusia dalam menunaikan kebaktian terhadap Tuhan, sebagai yang telah dilakukan oleh para utusan-utusan atau para manusia yang hidup di zaman yang telah lama lampau. Dan utusan-utusan dan orang-orang itu dapatnya kemurahan wahyu dari Tuhan tidak ada lain jalan kecuali kesabaran, ketawakalan, keikhlasan.

Sudah tentu saja, saudara sekalian, kesabaran, keikhlasan dan ketawakalan itu tidak dapat saudara batasi sampai ke berapa tahun, karena saudara belum tahu dan tidak tahu, bahwa kesalahan yang telah saudara miliki yang telah berada dalam rasa diri saudara, telah berkarat, telah lama menjelma di situ, sehingga tidak mudah untuk menghilangkan, melepaskan, menyingkirkan dan memperbaiki kembali sebagai sedia kala, meskipun yang demikian itu dikerjakan oleh Tuhan. Karena Tuhan pun mengingat juga kekuatan yang ada pada diri saudara. Sehingga caranya membersihkan, cara memperbaiki kesalahan-kesalahan dari dalam rasa diri saudara disesuaikan dengan kekuatan dan kemampuan saudara. Ya, tentu saja perlunya, agar tidak terusak dan agar jangan saudara sampai mengalami hal-hal yang tidak diharapkan.

Dan itu tidak dan belum perlu saudara jalankan setiap saat, artinya saban hari sampai tidak ada saat yang terluang. Tidak, saudara. Cukup saudara lakukan, cukup saudara terima atau berlatih dua, tiga kali seminggu. Dan selainnya, hati dan otak atau hati dan fikiran saudara perlu saudara gunakan untuk keperluan keduniaan, artinya, untuk kebutuhan hidup, melayani hidup saudara, agar hidup saudara di dunia ini bahagia.

Dengan demikian sehingga dalam pribadi saudara atau pada diri saudara adalah dua kewajiban hidup. Yang satu berbakti kepada Tuhan, karena mengikuti bagaimana jejak Tuhan, yaitu yang dikatakan *godsdienst*, yaitu *dienst*nya Tuhan, pekerjaan Tuhan. Manusia hanya mengikuti saja bagaimana caranya bakti di gereja, di mesjid, di kuil dan lain-lain, umpamanya. Yang dua, ialah pekerjaan manusia, yaitu pekerjaan hati dan fikiran untuk melayani hidupnya selama hidup di dunia ini, supaya jangan sampai sengsara. Dengan demikian sehingga sekalian para saudara benar-benar mengamalkan hidupnya terhadap Tuhan. Berarti: bertindak menurut kehendak

Therefore you need to have a feeling of patience, and really surrender with acceptance and submission, because that is an absolute requirement for human beings in worshipping God. As in the case of the messengers and others who lived a long time ago: those messengers and the others received grace and revelation from God simply through their patience, acceptance and their willingness to let go.

Of course, it is not enough to practise patience, submission and acceptance for just a few years. For, although you are not aware of it, the faults that you possess have been there for a very long time and have corroded your inner feeling, so it is not easy to remove them and return everything to its original state, even though it is being done by God. That is because God is aware of your strength, and adjusts the process of cleaning and repairing the faults within your inner feeling to your strength and capacity. That is of course necessary, so that you are not damaged and do not experience anything disagreeable.

And you do not need to practise the latihan all the time; that is, every day without ceasing. No, it is enough for you to do it two or three times a week. And at other times you need to use your heart, your brain or your thinking for your worldly needs; that is, to look after your life so that you can live happily in the world.

This means that you have two responsibilities in your life. One is to worship God, following in God's footsteps – what they call divine service, which is the work of God. This corresponds to the way people worship God in church, in the mosque, in the temple and in other places of worship. The other is the work of human beings; that is, the work of the heart and mind in looking after their life in this world, so that they do not suffer. In this way you truly dedicate your life to God, which means that you follow God's will in serving and looking after yourself while you live in this world, and you receive and follow God's will whenever you worship.

Tuhan, ialah melayani, memelihara hidupnya selama hidup di dunia dan menerima, mengikuti, menuruti kehendak Tuhan dalam setiap melakukan kebaktian.

(*Rekaman terputus.*)

Saudara-saudara, Bapak akan melanjutkan ceramah atau *talk* Bapak yang baru saja lalu.

Nama Subud adalah singkatan dari Susila Budhi Dharma yang tadi telah Bapak terangkan bahwa nama itu hanya menyimbolkan sifat saudara atau sifat manusia yang menerima kontak dari kebesaran Tuhan atau yang menerima gerakan hidup dalam dirinya. Maka nama itu sebenarnya juga sebagai simbol, sebagai contoh perumpamaan diri saudara sekalian. Maka tegaslah bahwa Subud itu bukan atau tidak merupakan suatu aliran atau agama, selain golongan manusia yang dapat menerima kontak kebesaran Tuhan dan disitu dihimpun artinya dikumpulkan agar dari sekalian umat manusia yang menerima kontak kebesaran Tuhan itu dapat terkumpul bersatu dan dapat menyelenggarakan hal-hal atau keperluan-keperluan yang dibutuhkan dari keperluan saudara-saudara selama hidup didunia ini.

Tidak dapat disalahkan apabila ada seorang yang belum mengerti dan tidak mengerti tentang Subud ini karena memang latihan kejiwaan Subud yaitu latihan yang telah saudara terima dan lakukan adalah latihan yang semata-mata digerakkan oleh kekuasaan Tuhan diluar batas kemampuan akal-fikiran dan hati atau diluar batas kemampuan nafsu, yaitu gerak kemauan kehendakan yang biasa banyak orang melakukan. Kalau saudara telah dapat menginsafi apa yang telah diterima oleh saudara sekalian pada setiap waktu melakukan latihan, adalah itu sesuai dengan hasil para manusia yang telah bertahun-tahun menenteramkan hati dan akal-fikirannya, dan yang telah bertahun-tahun melumpuhkan nafsu yang berkeinginan macam-macam sebagai keinginan manusia yang tersebar di seluruh dunia ini. Hasil daripada manusia yang demikian lama berusaha – dapat dikatakan sampai meninggalkan keperluan hidupnya, malahan ada yang sampai meninggalkan isteri dan anaknya dan mendiamkan diri di tempat yang sunyi yang jauh daripada khalayak ramai – hasil dari orang-orang yang demikian lamanya berusaha sama halnya atau sama keadaan dengan hasil yang saudara terima yang begitu saja.

Apa sebab saudara dapat menerima itu demikian dan orang-orang itu menerimanya bertahun-tahun lamanya sampai-sampai

[*There is a break in the recording.*]

Brothers and sisters, Bapak will continue with the talk he was giving just now.

The name 'Subud' is a contraction of *Susila Budhi Dharma*, and as Bapak explained just now, this name simply represents your nature, the nature of a human being who receives the contact with the greatness of God, or who receives the movement of life within his or her being. So this name is also a symbol or a representation of all of you. This makes it clear that Subud is not a sect, nor a religion, but a group of people who are able to receive a contact with God's greatness. These people come together and form an association so that they can organise and provide the things they need while they live in this world.

We cannot blame people if they do not understand about Subud, because indeed the Subud latihan – this training you have received – is moved only by God's power, beyond the power of your intellect and your heart, beyond the power of your desires, the movement of willing and wishing that people normally use. Once you have become aware of what you receive whenever you do the latihan, you will realise that it is like the result obtained by those who spend years and years quietening their hearts and minds and paralysing the power of those desires that always want the sort of things that people generally want. The result that such people obtain after years of effort – giving up their livelihoods, even abandoning their families and quietening themselves in solitary places far from society – is the same as you have obtained in such a simple way.

How is it that you are able to receive this, whereas those people receive it only after years of putting aside the needs of their life and meninggalkan keperluan hidupnya, sampai-sampai meninggalkan segala kesenangannya? Karena apa yang telah saudara terima dan apa yang telah kita terima, adalah itu semata-mata pertolongan dari Tuhan, semata-mata rahmat atau kemurahan dari Tuhan. Kemungkinan karena jaman sekarang ini saudara sekalian, manusia telah mencapai hal-hal yang luar biasa dari akal-fikirannya dan juga banyak kesenangan-kesenangan yang sifatnya mengganggu ketenteraman rasa diri, mengganggu ketenteraman hati dan fikiran manusia yang selalu ada di kanan-kirinya. Jadi dari adanya yang demikian itu sehingga manusia dapat dikatakan tidak bisa bergerak agar dapat menenteramkan dirinya selain bergerak mengikuti kemajuan jaman, kemajuan akal-fikiran. Maka Tuhan memberi pertolongan kepada umat manusia, dan secara kebetulan, saudara sekalian, bahwa pertolongan ini dapat kita terima dan untuk pertama kalinya Bapak yang dikehendaki Tuhan untuk menerimanya.

Banyak orang yang fikirkan, apakah dapat menerima kontak dari kebesaran Tuhan yang senyata-nyatanya dengan tidak menyepikan segala kesenangan dan pula tidak menyingkirkan pengaruhnya nafsu dan juga tidak perlu menyendiri di tempat yang sunyi. Ya, memang demikian, saudara sekalian, kebiasaan, karena memang itu sudah menjadi tradisi, turun-temurun: suatu ketenteraman hanya dapat dicapai oleh seseorang yang benar-benar suka mengikhlaskan pengaruh dunia yang bersarang dalam hati dan fikiran manusia. Tapi, saudara sekalian, mungkin mereka juga tidak jauh memikirkan dan agak terlupa bahwa Tuhan Yang Maha Esa dan Maha Kuasa menentukan sesuatu atau merobah sesuatu menurut kehendakNya, dan inilah ternyata saudara sekalian telah kita saksikan, kita terima dalam latihan.

Jadi yang telah kita terima dalam latihan, saudara sekalian, kalau dalam biasa-biasanya dikatakan kebangkitan hidup dalam kematian atau hidup dalam mati. Dengan ada kata lain, dikatakan adalah suara dari kematian. Juga dikatakan adalah bisikan dari jiwa. Kalau ini dalam Islam, saudara sekalian, dikatakan adalah suatu *khatir ilham*. Arti *khatir ilham*, saudara, getaran hidup yang berasal dari kemurahan Tuhan.

Karena itu getaran hidup itu lain: ada dua macam getaran hidup: yang satu getaran yang terasa di hati manusia yang terasa waswas, waswas, kuatir, adalah itu getaran dari rasa yang terpengaruh atau yang terdorong oleh daya-daya rendah yang selalu all pleasures? It is because what you have received is simply the help of God, the grace and the gift of God. Perhaps that is because at this time you, and humanity in general, have achieved extraordinary things by using your intellect, and are surrounded by so many kinds of enjoyment that disturb the peace of your inner feeling. As a result of this, people are unable to quieten themselves; they are obliged always to follow the progress of the times and the progress of their thinking mind. Therefore God is giving help to humanity – to all of you – a help that you are able to receive; and it was God's will that Bapak was the first to receive it.

Many people question whether one can receive a contact with God's greatness in a real way without subduing all pleasures, and also without putting aside the influence of the desires and isolating oneself in a secluded place. Indeed, brothers and sisters, that is the accepted way, because it has become a tradition, handed down from generation to generation, that one can only achieve peace if one is truly willing to give up the influence of this world, which resides in the human heart and mind. But what these people have not realised, or seem to have forgotten, is that the One Almighty God can decree or change anything according to His will. That is the reality we have witnessed and received in the latihan.

So, what we have received in the latihan is usually called the awakening of life in death, or living in death. It is also referred to as the sound from death, or the whisper from death. In Islam it is called *khāṭir ilhām*. The meaning of *khāṭir ilhām* is the vibration of life that comes from the grace of God.

For there are two vibrations of life: the one is felt in the human heart when it feels anxious and afraid, and is the vibration of the feeling when it is influenced or driven by the low forces that exist within our self. In Islam that is described as the vibration of the ada dalam rasa diri. Itu dikatakan dalam Islam adalah getaran *syaitoniah*. Dan getaran yang ilham, yang dari rahmat Tuhan, yang terasa seluruh rasa diri sebagai digetarkan yang akhirnya terasa ringan dalam diri, adalah itu getaran dari rahmat, getaran yang disebut *khatir ilham*, getaran yang berasal dari kemurahan Tuhan Yang Maha Esa.

Maka, saudara sekalian, begitulah kemurahan Tuhan yang telah kita terima dan saudara sekalian terima, sehingga memudahkan cara saudara berbakti kepada Tuhan, karena saudara terpimpin olehNya, jadi saudara tidak perlu mencari-cari: 'Dimana Tuhan, dimana Tuhan?' Tidak perlu, saudara. Asalkan saudara tetap diam ditempatnya, artinya: tidak mencari, tidak menolak, hanya merasakan dirinya, tidak banyak difikirkan, saudara akan terus terasa getaran itu sehingga getaran itu lebih lama lebih mendalam, lebih lama lebih meluas, sampai menyeluruhi rasa diri sehingga saudara dengan sendiri akan dapat menginsafi.

Keadaan yang demikian, saudara sekalian, telah dipercontohkan, telah disimbolkan, seperti adanya arca Budha. Arca Budha terlihat tidak berpakaian dan terlihat diam. Diam, memang keadaannya batu dan dia diam, tetapi maksudnya: "Kalau kamu sudah dapat menghilangkan segala nafsu yang ada dalam hati dan fikiranmu, dan kamu kalau sudah dapat diam seperti batu itu, barulah akan dapat menerima bahwa dalam dirimu ada hidup yang tidak karena difikirkan, yang tidak karena dikehendaki oleh nafsu." Itulah kenyataan yang disimbolkan yang demikian saudara.

Jadi simbol-simbol baik dalam keBudhaan, keHinduan, keIslaman, keKristenan, semuanya berisi, saudara, berisi penuturan yang utama sekali yang berarti sebagai memberi penjelasan agar manusia berbakti kepada Tuhan menurut contoh-contoh yang telah dipertunjukkan. Itu semuanya, saudara, telah ada dan bertahun-tahun ada, dan bertahun-tahun pula telah dilihat manusia. Tetapi makin lama, makin lama, makin lama, manusia hanya tinggal melihat saja, belum dapat menerima apakah sebaliknya dari apa yang telah dilihat itu, apakah refleksi yang dari situ yang dapat diterima dalam dirinya? Belum dapat!

Kemungkinan dari keadaan yang demikian ini, saudara, Tuhan mengetahui: kemungkinan manusia akan berlarut-larut tidak tahu jalan yang benar. Itulah, maka Tuhan memberi pedoman kepada manusia. Inipun dalam kitab Weda juga diceritakan. Pada tiap zaman, apabila zaman yang ada di dunia yang telah dialami *shaiṭāniyya*. The other – where the whole inner feeling is made to vibrate and leads eventually to a feeling of lightness – is the vibration of inspiration, called *khāṭir ilhām*, which comes from the grace of God.

Therefore, this grace you have received makes it easy for you to worship God, because you are guided by God. So you do not need to search: 'Where is God? Where is God?' You do not need to do that; you have only to stay still, where you are. In other words, you do not search, neither do you refuse what comes; you just feel your own being and do not think about lots of things. You will then feel this vibration, which, with time, will go deeper and wider until it envelops the whole of your inner feeling. It is something you will be aware of spontaneously.

This state is depicted or symbolised by the statues of the Buddha, where he is shown not wearing clothes and in a state of quietness. He is quiet – well, of course he is quiet, since the statue is made of stone – but the meaning behind it is: 'If you can free yourself of all the desires in your heart and thinking, and you can be still like this stone, only then will you be able to receive that there is a life within you that does not depend on your thinking or on the will of your desires.' That is the reality it represents.

So the symbols in Buddhism, Hinduism, Islam and Christianity are all filled with good teachings, whose meaning is to explain that human beings should worship God according to the examples they have been shown. All of that has existed and people have been seeing it for years and years. But the more time goes on, the more people just see it, without being able to receive what is behind it, what its reflection is that they can receive within their being. They are unable to do that.

It may be that God has understood that, in these circumstances, people will go on and on not knowing the right way, and that is the reason God has given guidance to human beings. It is also told in the Vedas: that in every age, whenever humanity is facing something grim, a revelation will be sent down. The meaning of manusia, menghadapi sesuatu yang keruh, di situ akan diturunkan wahyu. Arti wahyu: kemurahan Tuhan diturunkan dari sorga atau dari langit, katanya. Diceritakan dalam surat Wedha sebagai sifat wahyu itu: Wisnu. Arti Wisnu: kesucian, kelanggengan, *en doorsnee*, tahu hal-hal yang di luar akal-fikiran ini selalu.

Bukan Bapak mengatakan Bapak ini Wisnu. Tidak, saudara! Tetapi entah bagaimana saudara nanti, apabila saudara dapat menerima.

Tetapi demikianlah yang tersebut dalam surat-surat itu, baik surat Wedha maupun surat al-Qur'an maupun Injil, maupun Zabur dan Torah. Semuanya telah tercerita dalam kitab-kitab itu. Dan ini, saudara, telah kita saksikan kenyataan dalam cerita-cerita itu. Itulah latihan kejiwaan ini yang saudara terima dan lakukan. Maka tidak perlu dalam Subud ini banyak cerita. Tidak perlu! Yang perlu bagi saudara sekalian: praktek, latihan.

Latihanlah! Dengan menyerah, sabar, tawakal, ikhlas, seperti arca Budha yang telah dipercontohkan. Saudara akan dapat melihat pertumbuhan jiwa, bisikan jiwa yang diterima bimbingan dari Tuhan Yang Maha Esa yang telah tergaris dalam pribadinya.

Dari adanya latihan yang saudara terima, yang mulainya saudara terima getaran dan akhirnya getaran itu menjelma dalam latihan seakan-akan saudara diulangi lagi bagaimana caranya berjalan, bagaimana caranya melambai-lambaikan tangan, artinya: bagaimana caranya menggerakkan tangan dan juga akhirnya caranya menggerakkan segala pancaindera. Yang demikian itu dalam kenyataannya, saudara, bahwa Tuhan Yang Maha Esa telah membimbing, telah menuntun dan memimpin gerak hidup kita atau gerak hidup manusia yang disesuaikan dengan kemampuan kepribadiannya.

Itu jelas, bahwa kita bukan hanya dapat berdekatan dengan Tuhan secara batin saja, tetapi dengan bimbingan dan didikan Tuhan ini kita dapat berdekatan dengan Tuhan dan kuasaNya dengan seluruh pribadi kita, baik dalam kita jalan, baik dalam kita gerakkan tangan, baik kita bersuara, lain-lain pancaindera, sampai ke fikiran, saudara, kita dapat berdekatan dengan kekuasaan Tuhan. Itulah kenyataan hasil-hasil dari latihan kejiwaan ini, agar manusia dengan hasil kejiwaan yang telah dilakukan dan diterima, sungguh-sungguh dapat melakukan kewajiban hidupnya baik dalam dunia maupun hidup sesudah mati nanti.

revelation is a gift of God that, they say, is sent down from heaven. In the Vedas, this revelation takes the form of Vishnu. Vishnu means pure, eternal, incisive, one who knows things that are beyond our thought.

Bapak is not saying that he is Vishnu. No, brothers and sisters. But who knows what you will discover later on, when you are able to receive it.

This is what is said in the scriptures; in the Vedas, the Quran, the Gospels, as well as in the Psalms and the Torah. It is all related in those books. And we have witnessed the reality within these stories: it is the latihan that you receive and practise. That is why we do not need a lot of talk in Subud. We do not need it. What you need is practice: doing the latihan.

Do the latihan! Surrender with patience, acceptance and a willingness to let go, as depicted in the statue of the Buddha. You will be able to witness the growth of your soul, the whisper of your soul that you receive through the guidance of God imprinted in your individuality.

In the latihan you start by receiving a vibration, which eventually takes the form of a kind of training where you are taught all over again how to walk, to move your hands, and later also how to move all your senses. The fact of the matter is that Almighty God is guiding, leading and directing the movements of our life in accordance with our individual capacities.

Clearly, it is not only inwardly that we are able to be close to God. With this guidance and education from God we are able to be close to God and God's power with the whole of our being: in our walking, in moving our hands, when we use our voice, in our senses, and even in our intellect. That is the reality of the latihan, the results of which enable human beings to fulfil the responsibilities of their life both in this world and later, after they die.

Jadi, kita dikehendaki Tuhan, agar jadi umat manusia, jadi mahluk Tuhan yang utuh dunia dan akhirat. Kita jangan sampai hanya memikirkan akhirat saja, dunia kita tinggalkan. Dan juga jangan kita memikirkan dunia saja, akhirat kita tiadakan. Dua-dua kita terima. Yang satu, kita terima karena itu didikan Tuhan, ialah suatu kebangkitan jiwa yang perlu untuk hidup kita sesudah mati nanti. Yang dua: kita perlu mengerjakan hati dan otak atau akal-fikiran kita untuk dapat melayani hidup kita selama kita hidup di dunia ini.

Kalau saudara telah dapat menerima kemajuan latihannya dan perkembangan jiwanya, bagi para saudara wanita cara bakti kepada Tuhan: setiap saudara berpakaian, setiap saudara menyisir rambutnya, setiap saudara menghias diri dan setiap saudara bepergian ke manapun dan setiap saudara berhubungan rahasia dengan suami. Demikian juga pada saudara-saudara pria. Apabila akhirnya telah menerima kemajuan daripada latihannya dan menerima perkembangan jiwanya, saudara akan dapat berbakti kepada Tuhan – yang tadi Bapak katakan berdekatan dengan Tuhan – secara biasa saudara bertindak: di kantor, sedang kerja, bepergian maupun berpakaian dan segala macam apa yang menjadi tindakan saudara, terisi, ya, bisikan jiwa yang dapat menunjukkan jalan yang benar bagi saudara sekalian, sehingga saudara dapat hidup yang utama yang dapat membahagiakan hidupnya saudara selama hidup saudara di dunia ini.

Maka dengan lahirnya latihan kejiwaan yang saudara terima ini, apabila kita dan para saudara selalu beruntung, kemajuan dunia yang dialami manusia, tidak akan menjadi mundur, malah maju terus. Tetapi di samping kemajuan dunia, manusia tidak akan dapat melupakan kebaktiannya terhadap Tuhan.

Demikian, saudara, bahwa benar-benar latihan kejiwaan yang telah saudara terima dan lakukan, apa sebabnya dimulai dengan biasa? Tidak hanya semadi saja, tetapi dimulai dengan biasa, biasa hidup manusia? Itu berarti, bahwa tuntunan Tuhan pada manusia dimulai dari A sampai Z, dari lahir sampai batin, dari yang kasar sampai yang halus, dari yang rendah sampai ke atas, agar manusia dapat menerima dan merasakan keseluruhannya. Dan dengan sendirinya saudara akan dapat menganalisir antara mana yang benar yang tidak, antara mana yang rendah dan yang tinggi. Demikian, saudara sekalian, apa yang telah terjadi dalam latihan kejiwaan yang Bapak telah alami, dan yang saudara sekalian akan mengalaminya.

So, we are willed by God to become human beings, creatures of God, who are complete in this world and in the hereafter. We should not pay attention just to the hereafter and neglect this world, nor should we pay attention only to this world and ignore the hereafter. We experience both. We receive the one as an education from God, the awakening of our soul that we need for our life after we die; for the second we need to use our heart and thinking mind in order to be able to look after our life in this world.

Once you have progressed in your latihan and your soul has developed, you women will worship God whenever you get dressed, whenever you comb your hair, whenever you make up your face and whenever you go anywhere, and whenever you make love with your husband. It is the same for the men. When you eventually progress in your latihan and receive the development of your soul, you will be able to worship God – to be close to God in the way Bapak just described – through your normal actions: in the office, while you are working, going around, putting on your clothes and all the other things you do. All that will be filled with the whisper of your soul, which can show the right way for you, so that you can lead a good life and be happy while you live in this world.

So if all goes well, with the birth of this spiritual training that you have received, human progress in this world will not falter but will continue to move forward. But, besides making progress in this world, people will not be able to forget their worship of God.

So why is it that the latihan you receive starts with ordinary movements? Starts not with meditation but with things that people normally do in their everyday life? It means that the guidance God gives to human beings goes all the way from A to Z – from the outer to the inner, from the coarse to the fine, from the low to the high – so that human beings can receive and experience everything. It follows that you learn to discriminate between what is right and wrong, what is high and low. That is what happens in the latihan, as Bapak has experienced it. And it is what you will experience.

Hal yang demikian, yaitu yang telah Bapak katakan ini, telah dialami oleh para manusia yang hidup zaman yang lampau, di kalangan para manusia yang berkedudukan tinggi, artinya: para puteri, puterinya para brahmana, puterinya para raja, puterinya para kesatria, puterinya para sayid, atau puteranya para raja, puteranya para brahma, puteranya para sayid dan puteranya para kesatria. Apa sebab demikian, saudara? Karena di zaman yang telah lama lampau, brahma, kesatria, sayid, raja, mereka menamakan dirinya brahma, sayid, raja atau kesatria, karena dia telah menerima ilham dari Tuhan yang dikatakan jiwanya tinggi. Dulu, saudara! Itulah sebabnya, maka *kabudayan* itu hampir seluruhnya – malahan, ya, seluruhnya, tidak hampir – datang dari para brahmana, datang dari para sayid, datang dari para kesatria dan raja. Yaitu adanya serimpi, menari, adanya suara yang disuarakan dalam al-Qur'an; yang diucapkan di Injil. Karena mereka memang betul-betul pada zaman itu orang-orang yang demikian itulah yang dikatakan berjiwa luhur dan dapat menerima ilham dari Tuhan.

Tetapi karena pengaruh dunia yang selalu ada di depan dan di belakang, di kanan-kirinya, sehingga lambat-laun kabudayan yang hidup dahulu yang merupakan tuntunan bagi manusia untuk bakti kepada Tuhan, lenyap. Sehingga menjadi kabudayan yang difikirkan. Jadi, sekarang caranya begini, dipelajari. Caranya ballet dipelajari. Caranya serimpi dipelajari. Demikian caranya berperang juga dipelajari.

Lha, lain daripada dulu! Karena itu dalam cerita-cerita, saudara, banyak sudah yang sifatnya memberi pimpinan atau petunjuk bagi umat manusia, agar manusia dapat berbakti kepada Tuhan secara yang benar, secara yang dikehendaki Tuhan. Tetapi karena desakan dari pengaruh dunia yang sekarang tambah maju, sehingga kebudayaan yang hidup yang dapat merupakan tuntunan bagi kita manusia, agar kita dapat bakti kepada Tuhan, menjadi tertutup. Untungnya saat sekarang tiba, kita dapat pertolongan dari Tuhan, sehingga dalam latihan ini saudara-saudara akan nanti dapat membuka tabir-tabir yang terahasia yang selama sampai pada saat ini masih dalam penuturan-penuturan, cerita-cerita. Nanti saudara akan dapat menginsafi kenyataan dari cerita-cerita itu.

Begitulah, saudara, apabila saudara dapat sudah menginsafi. Tetapi sekarang, karena belum, ya, Bapak terpaksa memberi penuturan, penjelasan. Tetapi ini jangan sekali-kali saudara tanam dalam fikiran. Hanya mendengar saja. Karena kalau saudara tanam

What Bapak has just described used to be experienced by human beings in pre-eminent positions in ages past: by the daughters of Brahmins, the daughters of kings, the daughters of knights, the daughters of Sayyids;[7] or by the sons of kings, Brahmins, Sayyids and knights. Why was that, brothers and sisters? It was because, in times long ago, Brahmins, knights, Sayyids and kings called themselves by those titles because they had received divine inspiration and had high souls. That was then; and that was the reason why almost all culture – in fact all, not almost – came from the Brahmins, from the Sayyids, from knights and kings. This applies to the court dances, the way the Quran was recited, the way the Gospels were read. For in that time it was those people who really had noble souls and were able to receive God's inspiration.

But because the influence of the world is always there, in front of and behind us, to the right and left of us, eventually the living culture that guided human beings to worship God diminished and became a culture of the intellect. So that nowadays, if you want to do this [*gesture*], you study it. You study how to dance ballet and you study the court dances. You also study how to fight.

That is different from the way it used to be. It is why there are many stories from the past that give guidance and insights for human beings to help them to worship God in the right way, the way willed by God. But as a result of the influence of the world that is making ever greater inroads, the living culture that can guide human beings to worship God has become blocked. We are fortunate that the time has come for us to receive help from God, so that in the latihan you will eventually be able to open the screen and reveal the secrets that up until now have been hidden in teachings and stories. You will be able to understand the reality of those stories.

That is what you will understand once you become aware of it. But now, since you are not yet at that point, Bapak has no choice but to explain it to you. However, just listen; do not place it in your intellect. Because if you do that it will become an expectation, and dalam fikiran, malahan saudara nanti sangat-sangat mengharapkan. Dan itu harapan yang demikian, malah menjadi tutup. Baik saudara dengar dan setiap melakukan latihan kejiwaan, menyerah, jangan banyak yang difikirkan. Sebagai tadi telah Bapak katakan, simbolnya Budha. Dengan demikian sehingga saudara nanti makin dapat merasakan dan makin dapat menerima ratanya gerak hidup yang ada dalam seluruh tubuh saudara. Dan makin lama makin mendalam, makin meluas. Sehingga saudara dapat mengetahui hal-hal yang tadi Bapak telah katakan: terutama jalan hidupnya, dan kedua jalan hidupnya nanti sesudah mati. Dan demikian pula hal-hal yang ada sangkut-pautnya dengan hidup saudara, akan dapat saudara ketahui benar dan tidak, dan bagaimana yang salah dan bagaimana yang benar dalam keadaannya.

Dan lakukan, terima latihan kejiwaan ini sebagai sesuatu hal yang biasa yang biasa saudara kerjakan dan lakukan selama hidup di dunia, seperti kalau saudara berjalan, saudara mandi dan lain-lainnya. Karena latihan kejiwaan yang telah saudara terima, tetap bertumbuh, tetap berkembang. Hanya akan terhalang jalannya latihan kejiwaan yang saudara terima itu, apabila saudara masih selalu terpengaruh nafsu, yaitu ingin ini, ingin itu dan macam-macam.

(Rekaman terputus)

... pasrah, tawakal dan ikhlas dan tenang dan merasakan apa yang terjadi dalam dirinya. Untuk dapat diketahui bagi saudara sendiri sampai di mana pertumbuhan dan kemajuan latihan kejiwaan yang saudara terima, dan untuk dapat diketahui apakah hubungan lahir dan batin sudah rapat, sudah sedikit rapat, saudara akan dapat merasakan dan menerima nanti, apabila Bapak lakukan semacam testing terhadap saudara sekalian.

Sekian, saudara-saudara, maka *talk* Bapak Bapak akhiri sekian dan Bapak katakan selamat malam. Dan Bapak akan mengisi perut.

Thank you.

that kind of expectation in fact becomes an obstacle. It is better just to listen, and whenever you do the latihan, surrender and do not think a lot. Like the symbol of the Buddha that Bapak explained earlier. In that way you will increasingly be able to feel and increasingly experience the spreading of the movement of life to your whole body. And the longer you go on the more it will deepen and widen, enabling you to know the things Bapak talked about: in the first place, your path in life, and secondly, the path of your life after you die. And furthermore, you will know what is right and wrong in your circumstances and your life.

And do the latihan as if it were something ordinary, something that you normally do during your life in this world, as when you walk, take a bath and so on. Because the latihan you receive will always grow and develop. The only thing that will obstruct it is if you are still influenced by your desires; in other words, if you want this, that or the other.

[*There is a break in the recording.*]

[That is the reason Bapak advises that when you do the latihan, you should not have any desire, imagination or speculation, but only surrender to God,][3] accepting, letting go, being quiet and attentive to what is going on within you. And to find out how far you have grown and progressed in the latihan, and whether your outer and your inner are already closely connected – or somewhat connected – that is something you will be able to receive and feel later on when Bapak does some testing with you.

That is all, brothers and sisters. Bapak will finish his talk here. He wishes you goodnight, and will now have his supper.

Thank you.

10

CALCUTTA

18 SEPTEMBER 1964

Rekaman: 64 CCU 1

Saudara-saudara sekalian, sebelumnya saya memberikan penjelasan tentang latihan kejiwaan Subud, saya mengucapkan lebih dahulu selamat bertemu dengan saudara sekalian, bahwa Bapak dimurahi Tuhan dapat datang di Calcutta di tengah-tengah sekalian para saudara.

Saudara-saudara, latihan kejiwaan, yang saudara telah terima dan lakukan, tentunya saudara telah dapat membaca, mendengar dan mengetahui, bahwa latihan kejiwaan itu adalah latihan yang dibangkitkan pada setiap waktu pengaruh nafsu yang bersarang dalam hati dan otak atau fikiran saudara, dihentikan. Yang demikian itu berarti, bahwa karena kemurahan Tuhan saudara telah dapat menerima kontakNya, maka dengan sendirinya, bahwa saudara hanya diperlukan mengikuti dan menuruti apa yang bergerak dari dalam.

Maka dalam setiap saudara melakukan latihan dan sebelumnya tidak perlu saudara memikirkan apa yang akan diterima dalam latihan, dan apa pula maksud-maksud gerak-gerak yang telah diterima, karena gerak-gerak yang telah saudara terima yang akhirnya menampakkan tenaga, adalah itu sifat pembersihan daripada segala kesalahan dan segala kekotoran yang ada dalam rasa diri saudara yang terbawa oleh sekalian pancaindera saudara dari luar ke dalam atau tindakan-tindakan saudara yang telah saudara lakukan yang tidak sesuai dengan kehendak Tuhan. Akhirnya saudara akan dapat menginsafi dan mengetahui sesudah gerak-gerak

10

CALCUTTA

18 SEPTEMBER 1964

Recording: 64 CCU 1

Brothers and sisters, before I give you explanations about the latihan – the Subud spiritual training – I would first like to greet you and to give thanks to God for enabling Bapak to come to Calcutta and be with you all.

Brothers and sisters, you have certainly read, heard and understood that the latihan you have received and practise is awakened whenever the desires[1] that reside in your heart[2] and your brain or thinking are stopped. What this means is that by God's grace you have been able to receive a contact with Him; so all you have to do is to follow and be guided by what is moved from within.

Therefore, whenever you do the latihan – and before you do it – you do not need to think about what you are going to receive or about the purpose of your movements, for the movements you are receiving are a cleaning out of all the faults and all the dirt you have in your inner feeling, which have entered you from outside through your senses and through your actions that have not been in accordance with the will of God. Eventually you will become aware of this and understand it, when the movements you receive have spread to your whole being and have reached the level of your fine inner feeling.

yang saudara terima, menyeluruhi seluruh diri saudara, dan sampai ke tingkatan rasa diri yang halus.

Hanya yang diperlukan bagi saudara sekalian: agar saudara rajin berlatih, artinya, berlatih pada hari-hari yang telah ditentukan. Dan setiap akan melakukan latihan kejiwaan selalu berperasaan sabar dan ada rasa yang sungguh-sungguh bakti kepada Tuhan. Jangan memikirkan macam-macam, karena fikiran yang macam-macam, yang bergerak, itu bukannya melancarkan latihan kejiwaan yang saudara terima, malahan menghambat jalannya.

Sudah tentu, meskipun saudara belum sampai ke tingkatan yang diperlukan – artinya tingkatan sampai menginsafi – tetapi sedikit banyak saudara akan mengalami hal-hal yang biasanya tidak diketahui. Misalnya, dalam latihan melihat ini dan melihat itu, dan kadang-kadang merasakan rasa yang aneh. Yang demikian itu adalah pengalaman kejiwaan, artinya pengalaman dari jiwa saudara yang dapat saudara ketahui, yang dapat saudara terima selama saudara melakukan latihan kejiwaan, maupun tidak dalam melakukan latihan kejiwaan, tetapi selama saudara di Subud.

Dan apabila saudara menerima yang demikian itu, yaitu pengalaman dalam kejiwaan, saudara tentunya butuh mengerti. Saudara boleh tanya kepada Bapak, antaranya kepada para pembantu pelatih, kalau para pembantu pelatih dapat menjawabnya. Tetapi kalau tidak, saudara dapat menanyakan kepada Bapak. Kirim surat ke Jakarta, maksud apa dan apa yang demikian itu, yaitu pengalaman yang dialami dalam kejiwaan, sehingga saudara akan dapat jawaban yang memuaskan hati saudara.

Memang dalam Subud, saudara-saudara sekalian, tidak ada pengajaran, artinya: saudara diajar begini, begini, begini. Karena latihan kejiwaan yang saudara terima, sifatnya menerima atau kalau saudara ingin mengerti, adalah itu sebagai suatu biji yang tertanam dalam diri saudara, sehingga akan bertumbuh dengan sendiri, apabila saudara tidak merintanginya. Dan karena itu, maka Bapak tidak memberikan pelajaran kepada sekalian para saudara seperti biasanya, karena pertumbuhan jiwa dan pembersihan rasa diri yang kotor yang salah, akan berjalan sendiri menurut keadaan saudara masing-masing. Maka penuturan Bapak ini jangan diterima sebagai memberi pelajaran, tetapi adalah suatu penerangan dari segala apa yang diterima oleh Bapak, dan juga segala macam apa yang berlaku dalam kejiwaan. Maka kenyataan latihan kejiwaan ini adalah sebagai pimpinan dan bimbingan dari kekuasaan Tuhan menurut

The only thing that is important for all of you is that you do your latihan diligently, which means that you do latihan on the appointed days. And, whenever you do latihan, always have a feeling of patience and a feeling of real devotion to God. Do not think about all sorts of things, because when your thinking is active it does not help you to receive the latihan; in fact it gets in the way.

It is certain that even though you have not yet reached the required level – the level of understanding – you will to some extent experience things that are not normally encountered. For example, you may see something or other in the latihan, or sometimes you may feel something strange. Those are spiritual experiences; they are experiences of your soul that you are able to know and receive once you are in Subud, both during the latihan and at other times.

And if you receive something like that, meaning an experience in the realm of the soul, of course you would like to understand it. You may ask Bapak, or the helpers if they are able to give an answer. If they cannot, you can ask Bapak: just send a letter, explaining what your experience was, so that you may receive a satisfactory answer.

It is true, brothers and sisters, that in Subud there is no teaching, where you are taught that something is this way or that way. That is because the latihan is a receiving. As a way for you to understand this better, it is like a seed planted in your being that grows by itself – if you don't obstruct it. Therefore Bapak does not give you a teaching, like people normally do, because the growth of your soul and the cleansing of the faults and mistakes in your inner feeling will go ahead by themselves, in accordance with your individual state. So do not receive this talk of Bapak's as a teaching; it is a commentary on all that he has received and all that goes on in the realm of the soul. The reality of this spiritual training is that it is the guidance and direction of God's power, in accordance with God's will, and is adjusted to the growth of your soul. That is necessary, so that your soul is not harmed in the process.

kehendakNya dan disesuaikan dengan pertumbuhan jiwa saudara. Perlunya agar jangan sampai rusak karenanya.

Penghalang dan penghambat daripada pertumbuhan jiwa saudara tidak ada lain kecuali hati saudara sendiri yang masih terasa ragu-ragu, masih terasa samar-samar dan masih terasa pula cari-cari jalannya dengan kemauan, agar dapat melekaskan pertumbuhan jiwanya atau melancarkan latihan yang telah diterima. Karena itu, maka hal ini – yaitu jangan sampai terpengaruh oleh nafsu, terpengaruh oleh hati, fikirannya, dan selalu dalam keadaan yang tenang yang tenteram yang sepi daripada segala macam keinginan – dilakukan oleh para umat manusia yang hidup di zaman yang telah lama lampau, misalnya seperti, kalau di sini seperti Budha. Maka disimbolkan seperti Budha semadi dan telanjang, artinya tidak terpengaruh oleh nafsu dan tidak terpengaruh oleh segala macam keinginan, selain mengosongkan, menghentikan segala macam gagasan. Karena hanya dengan demikianlah manusia akan dapat menerima bisikan maupun gerak atau *karkat* dari jiwanya yang merupakan sebagai guru, sebagai penutur atau pemberitahu bagi diri manusia itu.

Juga yang dilakukan oleh Kristus dan Muhammad dan para nabi yang sedikit-banyak tidak jauh bedanya dengan apa yang telah dilakukan oleh Budha. Memang yang demikian itu menjadi syarat yang utama bagi manusia atau bagi saudara sekalian untuk dapat menerima kenyataan-kenyataan yang berada dalam pribadinya.

Latihan yang sifatnya begitu sebagai yang saudara telah terima, ya, bagi saudara sekalian dapat dikatakan baru permulaan atau masih baru. Tetapi latihan yang demikian itu tidak hanya begitu saja seterusnya. Makin lama, apabila saudara sungguh-sungguh dapat mencegah pengaruhnya nafsu – yang selalu berada dalam hati, fikiran saudara yang kadang-kadang terasa bosan berlatih, terasa jemu berlatih, dan kadang-kadang pula yang *sregep* berlatih minta supaya lekas-lekas terima, lekas-lekas pinter – kalau pengaruh yang demikian itu dapat saudara cegah, sehingga saudara berperasaan sabar, menerima dan menyerah kepada kekuasaan Tuhan dengan arti yang tadi Bapak katakan menyepikan segala gagasan, makin lama akan makin mendalam, makin lama akan makin meluas, sehingga saudara akan menerima semacam latihan, tetapi tidak sebagai yang nampaknya saudara-saudara sekarang terima, tetapi akan memberi penjelasan yang sejelas-jelasnya apa yang telah saudara dengar, dan apa pula yang saudara telah pelajari. Dengan

What blocks or hinders the growth of your soul is simply your own heart, which still feels hesitant or worried, or still wishes to find a way to speed up the growth of your soul and the latihan by using your will. That is why people who lived a long time ago – an example here was the Buddha – used to practise not being influenced by their desires and their heart and mind, and being in a state of peace and quietness, free from all kinds of wanting. Hence the Buddha is depicted naked and in a state of contemplation, which means uninfluenced by any kind of desire, emptying and stopping every kind of imagination. Only in that way can a person receive the whisper, the movement and the power of their soul, which can act as a teacher or guide for them.

What Christ, Muhammad and the other prophets did was not so different from what the Buddha had done. Indeed, that is the main condition for a human being – for all of you – to be able to receive the realities contained within your individuality.

The latihan you are receiving now is just the beginning for you, and is still new. But it will not just go on like that for ever. As you continue, and if you are really able to restrain the influence of your desires – which are there in your heart and thinking, sometimes making you lazy about doing the latihan or bored with the latihan, and sometimes making you over-diligent and wanting to receive and become good at it as fast as possible – if you are able to restrain that kind of influence and have a feeling of patience, acceptance and surrender to the power of God, meaning that you empty yourself of all your imaginings, as Bapak just said, then your latihan will keep getting deeper and broader. Eventually, the latihan you receive will no longer be just what you are receiving now; it will bring you the clearest possible understanding about what you have previously heard and learned. You will thereby understand clearly the truth and the reality of what is said in the teachings of the Vedas, the Gospels, the Quran, the Psalms, the Torah and other demikian sehingga di situ saudara sekalian akan tahu jelasnya, benarnya, nyatanya: apa yang telah disebut dalam penuturan-penuturan, baik dalam kitab Veddha, Injil, Qur'an maupun Zabur dan Taurèt atau kitab-kitab lain yang telah ditulis, maupun yang telah diucapkan oleh para umat manusia yang telah menerima rahmat dari Tuhan.

Dan juga keadaan-keadaan saudara, yaitu keadaan hidup saudara yang biasa, karena jalannya latihan, apabila tidak terganggu, sifatnya membersihkan kesalahan-kesalahan yang ada dalam diri, sehingga apabila kesalahan-kesalahan yang ada dalam rasa diri itu dapat dibersihkan, tentu saja keadaan hidup saudara biasanya akan berubah. Dan perubahan itu sudah tentu akan mengalami kebaikan nasib saudara. Yang demikian itu, apabila saudara selalu rajin berlatih dan tidak selalu terganggu oleh hatinya dan selalu patuh dan menyerah kepada Tuhan.

Jadi, terangnya, sebab nasib seseorang tidak baik dan tidak sebagai yang mereka harapkan, itu tidak lain karena perbuatan-perbuatan yang telah dilakukan, maupun yang masih di dalam hatinya, yang salah yang telah tercipta dalam rasa diri. Karenanya, maka itu perlu dibersihkan. Dan caranya membersihkan itu atau caranya itu menjadi bersih tidak ada jalan lain kecuali bagi saudara sekalian, ialah: latihan kejiwaan yang saudara terima dan lakukan. Itulah sebabnya, maka Bapak selalu mengharapkan sekalian para saudara, agar rajin berlatih dengan sungguh-sungguh dan berperasaan sabar dan menyerah kepada Tuhan Yang Maha Esa. Maka sifatnya apa yang telah didapat dalam latihan kejiwaan ini, bukan suatu kepandaian yang difikir yang diperhatikan, tetapi adalah suatu ketenangan jiwa, ketenangan rasa diri yang benar-benar hingga memberi penerangan kepada rasa diri saudara. Artinya pada hati dan otak atau pada hati dan fikiran saudara sendiri.

Kalau saudara ingin mendengarkan, ingin mengetahui, ialah sifat saudara lahir: tentu saja saudara kadang-kadang apabila jatuh sakit atau pun mengalami kepahitan hidup, artinya: tidak baik hidupnya, maupun dalam soal keuangan dan soal kerumahtanggaan; tentunya saudara mohon kepada Tuhan, agar dapat dirubahnya, agar dapat perbaikan nasibnya. Tetapi permohonan saudara yang dari hati saudara, maupun yang diucapkan, itu sama sekali belum dapat masuk ke dalam, karena jiwa saudara belum dapat menerima bagaimana keinginan dan kehendak saudara. Inilah yang menjadikan sebab, saudara, maka perlu sekali saudara berlatih, agar scriptures, as well as all that has been said by human beings who have received God's grace.

And it will also affect your circumstances; that is, the circumstances of your everyday life. Because the latihan, if it is not obstructed, will clean the faults that are within your being; and once the faults in your inner feeling have been cleaned, your normal life circumstances will change. And this change will certainly lead to an improvement in your fortunes. That will happen provided that you do the latihan diligently, not always disturbed by your heart, and if you obey and surrender to God.

To be clear: when a person's lot is bad or not as they would like, it is due to things they have done or intend to do that are wrong, and that have formed a deposit in their inner feeling. That needs to be cleaned out, and there is no other way to do that than through the latihan. That is why Bapak hopes you will do your latihan diligently, with a feeling of real patience and surrender to Almighty God. So, what you obtain in the latihan is not an ability that you can think about, but a peace in your soul and your inner feeling that brings enlightenment to your feelings and to your heart and mind.

Perhaps you would like to hear or understand about your outer life. No doubt it happens sometimes that when you fall ill, or experience some difficulties in your life – something that doesn't go well, whether in your financial affairs or your family life – you ask God to change it and give you better fortune. But this plea, which might be in your heart or might have been expressed, is completely unable to go inwards, because your soul is not as yet able to accept your wants or your wishes. It is for that reason that you very much need to do latihan, so that your outer can become one with your inner, and your body can get to know your soul.

lahir saudara dapat bersatu dengan batin saudara, artinya: raga saudara dapat berkenalan dengan jiwa saudara, sehingga apabila saudara mengalami hal-hal yang tidak menyenangkan, penjeritan atau teriakan saudara atau keluh-kesah hati saudara akan dapat menembus ke jiwa dan jiwa tentunya dapat menembus ke kekuasaan Tuhan, sehingga keadaan saudara yang tidak baik itu, mungkin – besar kemungkinannya – akan berubah menjadi baik.

Hal ini mungkin besok malam akan Bapak lakukan terhadap sekalian para saudara, yaitu semacam testing yang mana akan dapat diketahui sampai di mana penerimaan saudara dalam latihan kejiwaan, dan juga sampai di mana batas-batas saudara telah memperkenalkan rasa dirinya, lahirnya dengan jiwanya. Bapak lihat dan ketahui, bahwa sebenarnya di antara para saudara masih banyak yang belum begitu menampakkan kemajuannya dalam latihan kejiwaan. Tetapi toh akan Bapak lakukan testing terhadap sekalian para saudara, agar saudara sedikit banyak dapat menerima dan testing itu dapat menjadi pendorong bagi saudara sekalian yang belum begitu menerima, sehingga akan dapat lekas menerima dan merasakan apa sebenarnya yang terjadi dalam latihan kejiwaan.

Sebenarnya keadaan saudara yang demikian hanya disebabkan karena saudara masih agak belum begitu tepat caranya menerima dan caranya mengertikan latihan kejiwaan Subud ini. Tadi telah ...

(*Rekaman terputus.*)

... kepada sekalian para saudara. Karena Bapak baru saja meninggalkan Eropa; saudara-saudara Eropa yang umumnya ahli fikir, tetapi karena di sana umumnya fikiran itu digunakan untuk keperluan keduniaan, sehingga apabila fikiran yang demikian itu, dapat dihentikan, orang itu atau saudara itu lantas dapat lekas menerima. Sebab karena demikian itulah, maka dalam penerimaan saudara-saudara yang ada di Eropa maupun di Amerika, agak lebih lancar daripada saudara-saudara di sini, karena saudara-saudara di sini banyak di antaranya yang menggunakan akal-fikirannya ke kejiwaan. Sedangkan kejiwaan itu tidak dapat difikirkan. Tidak dapat! Malahan, kalau saudara menggunakan ini terus-menerus sampai sangat, fikiran dan hati saudara malahan menjadi kacau. Seperti halnya orang yang tidak beres, yang tidak utuh.

Jadi, latihan kejiwaan ini, yaitu latihan yang saudara terima dan lakukan, jangan dicampur-campurkan dengan fikiran; jangan dicampur-campurkan dengan hati; jangan saudara cari begini, cari

Then, if you experience something unpleasant, your cry or your complaint can get through to your soul, and your soul can of course get through to God's power, and there will be a great possibility that your problem will be resolved.

Maybe Bapak will do some testing with you all tomorrow night, to enable you to find out how far your receiving has progressed in the latihan, and also to what extent your inner feeling and your outer parts have come to know your soul. Bapak has noticed that there are in fact still many of you who do not appear to have made much progress in the latihan; nevertheless he will do testing with you, so that you can receive in some measure, and so that the testing can motivate those of you who cannot really receive yet to be able soon to receive and feel what it is that goes on in the latihan.

The truth is, you are like that only because your receiving of the latihan and your understanding of it are not yet quite right. Earlier …

[*There is a break in the recording.*]

[Bapak has noticed a certain difference between you and your progress, and the members in Europe.][3] Bapak has just come from Europe. The European members are generally people who like to think; but, because over there people use their intellect for their worldly needs, once their thinking is stopped they are quick to receive. That is why members in Europe and also in America receive rather more easily than you do here. It is because many of you here use your intellect to think about the realm of the soul, whereas the realm of the soul cannot be thought about. It really cannot; and if you do that continuously and very intensely, your mind in fact becomes confused. You become unbalanced, like someone who is not all there.

Therefore do not mix this spiritual training, this latihan you are doing, with the working of your mind; do not mix it with your heart; do not probe and explore in order to understand your soul.

begitu, agar dapat mengetahui jiwa. Karena jiwa, perubahan jiwa atau bagian jiwa itu bukan bagian kita manusia, selain kita hanya mengikuti saja apa yang terjadi di dalamnya. Dan yang mengerjakan itu tidak lain: Tuhan sendiri. Nah, ini telah terbukti – seperti tadi telah Bapak katakan – yaitu yang telah dialami para nabi-nabi, para manusia yang hidup di zaman yang telah lama lampau yang dapat menerima kontak hidup atau kontak kebesaran Tuhan dan mengerti hal-hal yang terahasia, artinya: yang di luar akal-fikiran.

Dengan masih dilakukan akal-fikiran untuk mengetahui dan memikir-mikir tentang kejiwaan, sehingga keduniaan juga terpaksa tidak banyak saudara perhatikan. Dan dengan demikian sehingga keduniaan saudara lambat-laun terbelakang. Sedangkan jiwa yang saudara fikirkan, tidak mungkin dapat ditemui, dan tidak mungkin dapat saudara terima, karena jiwa – tadi telah Bapak katakan – adalah pekerjaan Tuhan. Jadi, akal-fikiran dan hati saudara kerjakanlah itu untuk keperluan dunia saudara. Jadi, jangan itu digunakan untuk memikirkan jiwa. Jangan! Itu digunakan untuk dunia. Jadi, perlu sekali saudara: "Cara bagaimana aku dapat uang, cara bagaimana aku dapat pekerjaan, cara bagaimana aku dapat hidup yang baik di dunia ini." Semua itu kebutuhan dunia. Dan juga: "Cara bagaimana aku maju dalam langkahku di dunia ini? Misalnya: memikir ini, memikir itu."

Pada setiap waktu saudara bakti kepada Tuhan, hanya saudara makmum kepada Tuhan; hanya saudara menyerahkan kepada Tuhan. Itulah yang dikatakan *godsdienst*. Jadi, agama yang dikatakan *godsdienst* itu, adalah pekerjaan Tuhan. Manusia hanya mengikuti. Apa saja yang diterima, diikuti. Seperti halnya latihan. Kalau dari dalam geraknya ke sini, ikuti! Kalau dari dalam geraknya ke depan, ikutilah ke depan. Kalau dari dalam geraknya bersuara, ikuti saja. Jangan kalau dari dalam gerak akan ke depan, ditahan! Jangan. Lantas saudara ingin, supaya diam saja. Jangan juga. Jadi, hati, fikiran saudara jangan sampai merintangi apa yang gerak dari dalam itu. Hanya mengikuti terus. Dan hati, fikiran saudara seratus persen saudara gunakan untuk keperluan dunia.

Dengan demikian sehingga dalam pribadi saudara atau dalam hidup saudara saudara memiliki dua wajib. Satu: wajib bakti kepada Tuhan menurut kehendakNya, yaitu makmum, mengikuti. Wajib yang kedua: berusaha, agar dapat melayani hidupnya yang baik dan utama, selama hidup di dunia ini. Itu yang dikatakan oleh para nabi,

For your soul, the change of your soul, the realm of your soul, is not our realm as human beings; we can only follow what happens there. The One who works there is none other than God. This, as Bapak said earlier, is something that has been confirmed by the experiences of the prophets, people who lived long ago who received the contact of Life or the contact with God's greatness, and the understanding of things that are hidden; that is to say, things that are beyond the intellect.

By continuing to use your intellect for understanding and thinking about the realm of the soul, you inevitably pay less attention to the affairs of this world, with the result that eventually you fall behind with regard to your worldly life. But it is not possible for you to find or encounter the spiritual realm you are thinking about, since, as Bapak just said, it is the work of God. Therefore use your intellect for your worldly needs, and do not use it for thinking about your soul. Use it for the world. You really need to think about: 'How do I make money? How do I find work? How can I live well in this world?' All those things are your worldly needs; as is: 'How do I make progress in this world? I need to think about this and about that.'

Whenever you worship God you just follow God, you just surrender yourself to God. That is what they call divine service. Religion, which is the same as divine service, is the work of God. A human being only follows, follows whatever he or she receives, as in the case of the latihan: if from within you are moved this way, you follow. If from within you are moved forwards, you follow and move forwards. If from within you are moved to make a sound, just follow. If you are moved forwards from within, do not resist; do not try to remain still. In other words, do not let your heart and thoughts obstruct what moves you from within; just keep following that. And use your heart and mind one hundred per cent for the needs of this world.

It follows that, in your individuality or in your life, you have two responsibilities: one is to worship God according to God's will – that is, to follow – and the second is to make efforts to look after your life in a good and a fine way while you are in this world. That is what the prophets, the messengers of God, meant when they said para utusan, bahwa: "Sebaiknya orang itu juga dunia, pun akhirat." Artinya: dunia, hidup selama hidup di dunia juga diperhatikan, dilakukan; dan hidup sesudah mati nanti dibaktikan, diserahkan kepada Tuhan.

Itulah sebabnya, maka latihan saudara sekalian dimulai dari lahir, artinya: yang saudara dapat lihat, yaitu gerak-gerak, jalan, menyanyi, ucapan ini dan itu. Nampaknya memang latihan saudara sebagai latihan yang tidak begitu penting, atau tidak latihannya orang yang bakti kepada Tuhan, atau tidak latihannya orang yang ingin memperdalam kebatinan atau kejiwaan. Tetapi sangkaan, pengiraan yang demikian ini malah salah! Justru latihan inilah yang benar, karena dimulai dari dasar; dimulai dari yang bawah ke atas; dimulai dari luar ke dalam.

Apa sebab demikian, saudara? Karena kesalahan, kekotoran yang ada dalam rasa diri, itu dapat dari luar. Sehingga apabila yang luar ini dibangkitkan, yang luar ini dimulai dilatih, berarti kekotoran-kekotoran yang ada di dalam, mulai terbongkar. Dengan demikian sehingga hubungan dalam dan luar: jadi satu atau ketemu. Ini disimbolkan dalam gambar Subud yang begitu. Jadi kesemuanya itu dapat kembali yang supaya dari dalam dengan luar bisa jadi satu.

Dan ini juga besok malam baru saudara dapat sedikit-banyak menyaksikan: apakah jiwa saudara sudah mengenal kepada saudara? Dan saudara sudah mengenal kepada jiwanya? Dan yang demikian itu, saudara bukan perlu saja bagi saudara sekalian, tetapi memang menjadi suatu kewajiban bagi manusia, apabila manusia itu ingin tahu dan ingin dapat melakukan kewajiban hidupnya secara asalnya, secara pribadi. Dan dengan diketahuinya yang demikian, sehingga manusia itu akan dapat tahu harga dirinya. Padahal manusia itu lebih tinggi daripada hewan. Padahal manusia itu lebih tinggi daripada tumbuh-tumbuhan dan lebih tinggi daripada benda, barang-barang.

Tetapi bagi manusia yang tidak tahu diri dan harga dirinya yang disebabkan karena butanya hubungan antara jiwa dan raganya atau batin dan lahirnya, sehingga mereka tidak tahu-menahu: "Kemana aku bertindak, dan ke mana aku berjalan, dan di manalah hidupku yang sebenarnya?" Itulah, saudara, kenyataannya.

Sebagai saudara ketahui, bahwa Tuhan menciptakan manusia ataupun menciptakan hewan tidak begitu saja, sembarang. Tuhan menciptakan manusia disertai dengan maksud-maksud yang ada dalam pribadinya. Sehingga kalau Bapak gambarkan kepada that people should have regard for this world as well as the hereafter. It means that we live and pay attention to our lives in this world, and we devote and surrender to God our lives after we die.

This is why your latihan starts from the outside; that is, from what you can see, with movements, walking, singing and making various sounds. Indeed, your latihan looks rather trivial, not like a practice of people who are worshipping God or who want to deepen their spiritual understanding. But to infer that would be quite wrong: the latihan is precisely the right way, because it starts from the base, from the bottom, and works upwards. It starts from outside and works inwards.

Why does it do that? It is because the faults and the dirt in your inner feeling came from outside. So if your outer part is woken up, if your outer part starts to be exercised, the dirt that came in starts to be cleaned out. In this way a connection is made between the inner and the outer and they become one. This is represented by the Subud emblem. So, everything can come together and reunite.

This is another thing you will be able to verify tomorrow night to some extent: whether your soul already knows you, and whether you already know your soul. And that is not just something you need, but is actually mandatory for human beings if they wish to know and fulfil their life obligations in accordance with their original self. With that awareness, human beings know their self-worth. For human beings are higher than animals, higher than plants and higher than material things.

But human beings who do not know who they are and do not know their self-worth – because they are blind to the connection between their soul and their body, between their inner and outer – do not know what they are doing or where they are going, nor where their true life is. That is the reality.

As you know, when God created human beings – and also animals – it was not done just like that, at random. God created human beings with a purpose that is planted within their individuality. So Bapak can say to you all that the work a human sekalian para saudara, pekerjaan apa yang manusia harus kerjakan yang sungguh-sungguh dapat bermanfaat bagi hidupnya, itu telah tertulis di dalam takdirnya. Demikian juga jalan manusia. Langkah bagaimana yang akan menyebabkan hingga manusia itu baik dan bahagia dalam langkahnya, telah tertulis dalam takdirnya. Demikian juga dalam seluruh anggotanya. Sampai ke otak. Fikiran yang mana yang baik yang manfaat bagi hidupnya, telah tertulis dalam otak. Tetapi segala macam yang telah ditulis di dalam pribadi itu, manusia lupakan, manusia abaikan, karena terpengaruh oleh nafsu yang telah berkeliaran dalam hati dan otak atau fikiran. Itulah, saudara sekalian, maka kalau saudara ingat demikian, maka latihan, kebaktian kepada Tuhan sebagai yang telah saudara terima, bukan perlu saja, tetapi adalah suatu kewajiban yang mutlak bagi manusia atau menjadi kewajiban saudara sekalian.

Saudara tentunya mengerti: yang burung saja, saudara, yang berada di tepi-tepi gunung. Kalau gunung akan meletus, burung itu pergi. Pergi. Akan meletus gunungnya, burungnya pergi. Demikian juga halnya dengan hewan-hewan lain.

Seperti lebah, tawon. Ia terbang. Dia dapat mencium di mana bunga yang bermadu yang isi madu. Dia datang ke situ, terbang. Coba, saudara, yang hewan saja yang dalam kelasnya dibawah manusia, tahu dan mempunyai *instinctief*, dan mempunyai gerak yang tak dikira-kira yang menunjukkan jalannya untuk mencapai rezeki, untuk dapat memupuk daging dan kulitnya, untuk dapat hidup yang bahagia. Sedangkan orang yang nasibnya tidak karuan, sampai dikatakan lebih rendah daripada hewan. Begitu, saudara.

Inilah, saudara, maka: bagaimana sampai demikian orang? Karena mereka dan dia melupakan, mengabaikan kehendak Tuhan dan mengabaikan, melupakan kewajiban hidupnya. Yang demikian itu disebabkan karena juga si orang bukannya orang itu sendiri, tetapi dari yang menurunkan. Yang menurunkan itu yang salah, sehingga menciptakan atau mempunyai anak yang begitu sempit di dalam rasa dirinya, yang begitu tertutup hubungan jiwa dengan raganya dan hubungan batin dan lahirnya.

Dengan adanya latihan kejiwaan ini, saudara, apabila saudara beruntung, akan mengembalikan kelupaan-kelupaan atau kesalahan-kesalahan yang sudah berlalu yang sudah turun-menurun itu, kembali ke dasarnya yang utama. Sehingga anak saudara akan dapat menerima *instinctief* itu, sehingga dapat mencium: 'Di mana aku harus berada, dan jalan bagaimana aku harus turut?' Jadi akan lebih being must do that will truly benefit their life has been written in their destiny. The same goes for human behaviour. The kind of actions that will make human beings feel well and happy are written in their destiny and in every part of their body, including their brain. The thoughts that are good and beneficial for their life have been written into their brain. But human beings forget, and ignore all that has been written in their individuality, because of the desires that roam around in their heart and their brain. That is a fact, brothers and sisters; and if you remember that, then the latihan – worshipping God in the way that you have received – is not only necessary but is an essential duty for human beings, for all of you.

You will certainly understand this: even birds that live on the side of a volcano will leave if it is about to erupt. Before the volcano erupts, they fly away. Other animals do the same.

Bees fly; they can smell where the flowers are that contain honey, and they fly there. Think about that, brothers and sisters: even animals, who are in a class below human beings, know instinctively, and have movements that spontaneously show them, the way to find their livelihood, to feed their flesh and blood and to enable them to live in happiness. Whereas people often have a miserable fate, and could be described as lower than the animals. That is how it is.

How is it that people can end up like that? It is because they forget; they disregard God's will, and they disregard and forget their life responsibilities. That is caused not by the person themselves, but by their ancestors. The fault lies with the ancestors, for creating or having a child who is so narrow in their inner feeling, and in whom the connection between their soul and their body – between their inner and their outer – is so closed.

If you are fortunate, this kind of forgetfulness and these mistakes from the past that have come down to you will be eliminated through the latihan, and you will return to your original excellence. Then your children will be able to receive an instinct that will enable them to sense: 'Where do I need to be, and which path do I have to follow?' That will put them in a class that is tinggi di dalam kelasnya dengan hewan, yaitu tadi yang telah Bapak katakan.

Pendek kata, saudara-saudara sekalian, perlunya latihan kejiwaan ini agar saudara dapat, bukan hanya menemukan, tetapi selalu serta-menyertai, selalu berkumpul dengan guru saudara yang kumpul sejiwa, yang kumpul seraga, yang kumpul baik bangun maupun tidur dan kumpul baik hidup di sini maupun hidup nanti.

Sekian, saudara, rupanya waktunya ini sudah agak jauh malam. Kelihatan saudara agak capai, maka Bapak akhiri sekian. Dan mungkin kalau ada waktu, dapat disambung lagi di malam-malam hari seperti berikutnya.

Thank you. Goodnight.

higher than animals, unlike those Bapak was just describing.

In short, the purpose of this spiritual training is to enable you not just to meet, but always to associate and join with your teacher, who will be one with your soul and your body, one with you whether you are awake or asleep, one with you in your life here and also later in the hereafter.

That is all, brothers and sisters. It is rather late and you look tired, so Bapak will stop here. Perhaps, if there is time, he will continue in the next few days.

Thank you. Goodnight.

11

CALCUTTA

20 SEPTEMBER 1964

Rekaman: 64 CCU 2

Saudara-saudara, nyonya-nyonya dan tuan-tuan sekalian, sebelum Bapak memberikan sekedar amanat kepada sekalian para saudara lebih dahulu Bapak mengucapkan selamat bertemu dengan sekalian para saudara, di antaranya yang datang dari luar kota. Bapak terasa gembira, bahwa saat ini telah diusahakan oleh grup Calcutta untuk mengadakan kongres, meskipun belum begitu banyak jumlah anggotanya di sekitar India sini, tetapi agaknya sedikit menampakkan kesungguhan daripada sekalian para saudara. Dan kongres yang diadakan, dimulai pada hari ini, nampaknya agak bersemangat. Mudah-mudahan dapat berjalan dengan baik dan lancar yang dapat membuahkan suatu yang berguna bagi masyarakat persaudaraan kita Subud di sini dan semoga meluas keluar menjadi contoh bagi khalayak ramai.

Saudara-saudara, kongres dari persaudaraan kejiwaan Susila Budhi Dharma yang tersingkat dengan nama Subud yang saudara adakan pada hari ini, adalah kongres dari kejiwaan. Sudah barang tentu apa yang akan dibicarakan di dalam kongres agak berlainan sekali dengan apa biasanya yang dibicarakan dalam kongres biasa. Oleh karena yang dibicarakan dalam kongres nanti soal-soal – meskipun soal biasa, ialah soal peraturan yang biasa manusia mengikuti atau para saudara sekalian mengikuti – tetapi karena kongres ini kongres kejiwaan, maka Bapak harapkan, agar saudara setiap waktu melakukan pembicaraan atau menentukan sesuatu, janganlah meninggalkan ketenteraman rasa diri. Karena

11

CALCUTTA

20 SEPTEMBER 1964

Recording: 64 CCU 2

Brothers and sisters, ladies and gentlemen, before Bapak delivers his message he would like to greet you all, including those who have come from out of town. He is happy that the Calcutta group has taken the initiative to organise a congress. Even though there are not yet very many members around India, it shows your commitment. You seem to be approaching this congress, which you are starting today, with quite a lot of enthusiasm. Bapak hopes it goes well and smoothly, and brings results that are useful for the membership of our Subud association here; and may it also have a broader impact, becoming an example for society in general.

Brothers and sisters, the congress of the spiritual association of *Susila Budhi Dharma* – that is, Subud – that you are holding today, is a congress that has to do with spirituality. It follows that your discussions in the congress will be rather different from the kind of discussions that normally take place in an ordinary congress. That is because, even though what you will be discussing in the congress are ordinary things – like the kind of by-laws that people normally follow – this is a spiritual congress; therefore Bapak hopes that when you speak, or when you decide something, you will not lose touch with a peaceful inner feeling. For peace in your inner feeling, and quietness in your heart[2] and mind, will illuminate and clarify ketenteraman rasa diri dan ketenangan hati dan fikiran akan menyebabkan menerangkan, mengheningkan dan menjelaskan hal-hal yang perlu saudara adakan atau ciptakan, dan akan membawa kebaikan, keutamaan bagi saudara-saudara pada umumnya.

Sebagaimana saudara ketahui organisasi atau komite yang kita adakan atau yang berada dalam persaudaraan kejiwaan Subud, meskipun sifat dan namanya organisasi atau komite, tetapi dalam hakikatnya hanya merupakan administrasi daripada persaudaraan kita Subud, yaitu kejiwaan Subud. Maka dengan jelas, bahwa organisasi dan komite dari persaudaraan kejiwaan Subud itu bukan merupakan suatu badan yang berkuasa dalam persaudaraan kejiwaan Subud, tetapi merupakan administrasi. Sedangkan yang berkuasa dalam persaudaraan kejiwaan Subud ini ialah persaudaraan kejiwaan. Jadi, kejiwaanlah yang berkuasa, yang menjadi patokan dan menjadi *hoofdfactor* dari persaudaraan kita kejiwaan Subud.

Karenanya, maka janganlah hanya saudara menyandarkan kepada organisasi saja, tetapi menyandarkan sedapat mungkin kepada kejiwaan, latihan kejiwaan Susila Budhi Dharma, di mana kita dapat dari kemurahan Tuhan Yang Maha Esa, sehingga dalam hakikatnya keseluruhannya persaudaraan kejiwaan Subud itu adalah di bawah kekuasaan dan di bawah pimpinan Tuhan Yang Maha Esa sendiri.

Meskipun demikian, tetapi organisasi atau komite yang kita adakan dalam persaudaraan kita Susila Budhi Dharma atau Subud, juga harus kita lakukan dengan tertib, dengan nyata, dengan sungguh-sungguh, karena dalam organisasi atau komite kita atau para saudara sekalian perlu mengatur bagaimana keadaan para saudara dalam soal keduniaan. Sehingga para saudara sekalian dalam keadaan biasanya dapat teratur tentang tempat latihan, tentang kebutuhan macam-macam yang bersangkut-paut atau yang berhubungan dengan keperluan dari persaudaraan kejiwaan Subud, persaudaraan sekalian para saudara di sini. Yang demikian itu akan merupakan suatu tata-tertib bagi sekalian para saudara yang benar-benar, bahwa saudara dapat mengikuti bagaimana apa yang telah dikehendaki Tuhan pada manusia, agar manusia dapat mengatur hidupnya di dunia di samping kebaktiannya terhadap Tuhan Yang Maha Esa, ialah penerimaan atau latihan kejiwaan yang saudara sekalian telah terima dan lakukan.

Oleh karena di India – kecuali di Calcutta – juga ada grup-the matters that you need to set up or to create, and will result in benefit and excellence for all of you.

As you know, the organisation and the committees we have in the Subud spiritual association may be called 'the organisation' or 'the committee', but in reality they are only an administration for our Subud association; that is, for the spiritual path of Subud. So, to be clear, the organisation and committee in Subud is not a body that has authority in the Subud spiritual association, but is only an administration. The power in Subud is with the spiritual association. It is the realm of the soul that is in charge, and that is the criterion and the principal consideration in our Subud spiritual association.

Because this is so, do not just depend on the organisation, but depend as much as you can on the realm of the soul, on the latihan, the spiritual training of *Susila Budhi Dharma*, where we receive from the grace of Almighty God. In reality therefore, the whole of the Subud spiritual association is under the authority and under the leadership of Almighty God.

Even so, you have to run the organisation and the committee function that you adopt in Subud in a correct, open and dedicated way, for it is through the organisation or the committee function that you need to look after the worldly needs of the membership. In that way you can look after your outer needs with regard to a place for doing latihan, and for any other needs that you have as members of the Subud spiritual association in this place. It will provide you with a structure that enables you to follow God's will for human beings, which is that they should be able to organise their lives in the world, as well as worshipping Almighty God – which means receiving the latihan.

Because there are groups in India in other cities besides

grup di lain kota seperti di Bombay dan di New Delhi dan juga di lain tempat yang Bapak tidak ingat di mana tempat itu, maka sudah selayaknya, apabila grup-grup yang telah tersebar itu, dapat dihimpun, dapat disatukan yang merupakan *nationaal comite* dari India, agar jalannya persaudaraan dan keadaan para saudara atau persaudaraan seluruh India dapat bersatu-padu, bersatu haluan dan bersatu tindakan yang merupakan persatuan daripada sekalian para saudara Subud yang ada di India. Maka perlulah kiranya selekas mungkin di India sini dibentuk suatu komite nasional yang merupakan badan persatuan dari seluruh anggota Subud yang tersebar di seluruh India.

Adapun tentang bentukan *nationaal comite* yang semestinya terdiri dari utusan-utusan dari berbagai grup – misalnya dari Bombay, dari New Delhi, dari … ya, dari mana Bapak tidak ingat tempatnya – sehingga utusan-utusan itu merupakan badan, ya, badan persatuan, di mana harus dipilih mana yang cakap di antara para saudara itu untuk dijadikan ketua, sekretaris dan lainnya. Maka bentukan itu harus dilakukan dengan segera, agar di masing-masing tempat dapat selekasnya dibentuk dan disusun organisasi yang sungguh-sungguh dapat bekerja dan lekas bekerja, sehingga keadaan Subud, keadaan para saudara kejiwaan Subud di India sini dapat dilihat kenyataan tentang kemajuannya dan kebaikannya.

Dengan dibentuknya *nationaal comite* dari persaudaraan kejiwaan Subud ini, maka langkah *nationaal comite* akan menjadi lebih luas, sehingga dapat berhubungan dengan *nationaal comite* dari berbagai negara, misalnya: negara-negara Eropa, Amerika, Asia lainnya, Indonesia dan lain-lain. Dan dengan demikian sehingga persaudaraan kejiwaan Subud yang telah tersebar di seluruh dunia, dapat diketahui di mana adanya dan berapa banyaknya anggota, dan bagaimana cara mereka bertindak, dan bagaimana cara mereka melakukan segala sesuatu yang diperlukan bagi persaudaraan, hingga dapat mengetahui di mana yang harus ditolong dan mana kekurangannya; dan juga dapat diusahakan, agar di salah satu tempat yang terbelakang dapat menjadi maju atau terpelihara keadaannya.

Demikian, saudara sekalian, maka penting sekalilah, bahwa *nationaal comite* ini perlu dibentuk dengan segera yang dapat menyusun *statuten-statuten* yang selayak dengan keadaan para saudara di sini dan yang tidak menyalahi jalannya hukum negara dan kebiasaan rakyat yang hidup di seluruh India sini.

Sebagai tadi telah Bapak katakan, saudara-saudara, meskipun

Calcutta, such as in Bombay and New Delhi, and also in other places whose names Bapak doesn't remember, it would be appropriate to gather together and unite these scattered groups through a national committee of India. Then the whole of the Indian membership can be as one, one in their direction and their actions. It will represent the unity of all the Subud members in India. So it would seem necessary to form a national committee here as quickly as possible, which will unite all the Subud members scattered throughout India.

This national committee should consist of representatives of the various groups, such as Bombay, New Delhi and – well, Bapak can't remember the places – so that these representatives become a united body, from which you need to choose those with the capacity to be chairperson, secretary and so on. This needs to be set up soon, to enable you to create an organisation in each place that can really work and work quickly, so that people can see evidence of the progress and improvement of the Subud members in India.

When the national committee of the Subud spiritual association has been formed, the scope of your activities will become broader, since your committee will make contact with national committees in other countries in Europe, in America, and in Asia – with Indonesia – and so on. Then the Subud association, which has spread all over the world, will be able to keep track of the places where there are members, how many there are, what they are doing and how they are providing for their needs. From that we can know which ones need help and what their needs are, and how we can help those who need to make progress and improve their situation.

Therefore it is very important to form this national committee right away; and to write a constitution that is appropriate to the membership here and that does not conflict with the laws of your country and the customs of all the people in India.

As Bapak said earlier, although we consider the organisation organisasi dan komite dari persaudaraan kejiwaan Subud ini kita anggap perlu dan penting, tetapi janganlah hendaknya organisasi dan komite dari persaudaraan kejiwaan Subud ini sebagai suatu badan yang tinggi yang berkuasa, sehingga nanti para ketua, para pengurus dalam komite seakan-akan memberi order, memberi perintah kepada pembantu pelatih, kepada saudara-saudara yang berlatih, supaya berlatih begini dan begitu. Tetapi para pengurus maupun pengurus grup sampai pengurus nasional dan sampai pula pengurus internasional hanya melakukan pekerjaan dan tindakan yang hanya khusus keduniaan.

Artinya, ya, keduniaan tentunya saudara mengerti sendiri: tidak diperlukan menyinggung kejiwaan. Adapun dalam kejiwaan yang perlu mengerjakan di dalamnya atau yang perlu mengerjakan di antara para saudara yang berlatih, adalah yang menjadi telah wajib, menjadi kewajibannya para pembantu pelatih yang sifatnya pembantu dari Bapak. Dan pimpinan dalam kejiwaan, pimpinan dalam latihan kejiwaan adalah dalam hakikatnya di bawah pimpinan Yang Maha Kuasa yang saudara pada umumnya hanya menerima, sehingga dalam melakukan latihan kejiwaan di antara para saudara antara satu dengan yang lain tidak diharuskan memaksa, tetapi sama-sama menerima berdasarkan penyerahan dengan sabar, tawakal dan ikhlas.

Maka Bapak harapkan sekalian para saudara yang nanti akan membicarakan soal-soal yang perlu diciptakan dalam peraturan para saudara kejiwaan Subud seluruh India, janganlah meninggalkan ketenteraman, kesadaran dan ketenangan hati maupun rasa diri. Tindakan saudara yang demikian berarti bahwa saudara merupakan alat saja bagi kekuasaan Tuhan, sehingga saudara dapat menciptakan sesuatu yang sungguh-sungguh akan bermanfaat bagi sekalian para saudara.

Sekian, saudara-saudara sekalian, ucapan Bapak, amanat Bapak kepada sekalian para saudara. Karena untuk menyusun peraturan-peraturan yang merupakan *statuten* daripada persaudaraan, Bapak serahkan kepada sekalian para saudara. Tentunya para saudara tidak akan tidak tahu. Hal itu sudah menjadi kebiasaan suatu perkumpulan yang mengadakan peraturan-peraturan dan *statuten*. Itulah sebabnya, maka Bapak hanya menyerahkan kepada sekalian para saudara bagaimana cara saudara menyusun pasal-pasal yang perlu diciptakan dalam peraturan para saudara sekalian. Dan ini Bapak serahkan kepada saudara-saudara sekalian.

and the committee of our association to be necessary and important, we should not let it become a high and powerful body, so that the chairperson and the officers of the committee tell the helpers and the members how to do their latihan. Instead, the committees, from group committees all the way to the national committee, work on and take actions only with regard to worldly matters.

You can certainly understand what is meant by 'worldly': they do not need to concern themselves with anything that relates to the path of the soul. Those who are responsible for the work that has to do with the realm of the soul, and with the latihan of the members, are the helpers, who are Bapak's helpers. And leadership in the realm of the soul, leadership in the latihan, is in reality in the hands of the Almighty; you simply receive. Those who do latihan together do not need to exert any kind of pressure or force on each other; they need only to receive together, based on their surrender, with patience, acceptance and willingness to let go.

That is why Bapak hopes, when you talk about the matters that have to be covered in the by-laws of the Subud association for the whole of India, you will not lose touch with quietness, consciousness and peace within your heart and your inner feeling. If you can do that, it means you can be a tool of God's power, so what you create will be truly beneficial for all the members.

Brothers and sisters, this is the end of Bapak's talk and his message to all of you, because the preparation of the by-laws that will make up the association's constitution is something he leaves to all of you. It cannot be that you do not know how to do it, since it is normal for an association to adopt a constitution and by-laws. That is why he just leaves it to you to put together the articles that you need to have in them.

Dan tidak lain Bapak hanya mendoakan semoga apa yang telah diharapkan oleh sekalian para saudara, dapat tercipta yang menyenangkan sebagai yang saudara harapkan.

Sekian. *Thank you.*

Bapak simply prays that what you are hoping to achieve can come about, and that it will make you all happy in the way that you wish.

That is all. Thank you.

12

CALCUTTA

21 SEPTEMBER 1964

Rekaman: 64 CCU 3

... pengalaman-pengalaman yang telah diterima; pengalaman-pengalaman yang telah dilakukan mereka, latihan kejiwaan. Jadi, melulu dalam majalah itu pengalaman-pengalaman, bukan pandangan. Sebab, kalau pandangan, tentunya saudara lantas ambil contoh dari ini, dari itu, dari ini, dari itu. Sehingga akan merupakan perselisihan atau, ya, dapat juga mewujudkan kekeruhan dalam persaudaraan kita.

Karena Subud atau latihan kejiwaan Subud ini, sebagai yang telah Bapak terangkan, sifatnya menerima dan pertumbuhan dari masing-masing saudara, maka tidak perlu mengambil contoh lainnya. Karena contoh lainnya tidak tentu dan memang tidak mungkin dapat sesuai dengan jalan pertumbuhan kepribadian saudara masing-masing. Karena itu, maka di majalah ini nanti hanya berisi pengalaman-pengalaman yang saudara terima selama ada di Subud. Dan juga ditambah kabar-kabar keluarga. Sehingga saudara dapat tahu bagaimana keadaan keluarga dari saudara-saudaranya di negara saudara sendiri maupun di negara-negara lain, apabila perlu. Demikian.

12

CALCUTTA

21 SEPTEMBER 1964

Recording: 64 CCU 3

[*This talk was Bapak's concluding address to the first national congress of Subud India, and included his comments and answers to questions. Questions and discussions were not recorded, so there are several gaps in the recording.*]

[Bapak would like to make some suggestions with regard to the *Chronicle* you are going to publish. The *Chronicle* should only contain articles about, for example, members][3] own experiences in doing the latihan. So the magazine will contain only experiences and not opinions; because if it contains opinions you are bound to make comparisons with this, that and the other; that will lead to disagreements, and could end up causing a disturbance in our community.

Because Subud and the latihan – the Subud spiritual training – is, as Bapak has explained, the receiving and growth of each individual, it is not necessary to compare it with anything else. Examples taken from elsewhere may not be appropriate, and cannot possibly fit with the personal growth of each one of you. That is why this magazine should contain only experiences that you have received while in Subud, as well as news of our Subud family, so that you can be aware of how our family is in your country and in other countries, and of when something important is happening for them.

Dan mengambil contoh dari lain aliran, misalnya: astrologi, *occultisme* atau agama-agama, besar kemungkinannya akan mendapatkan celaan dari luar, sehingga mau tidak mau saudara lantas berhadapan dengan aliran lain, yang menyebabkan bagi saudara sendiri malah menjadi keruh. Karenanya, maka dibikin, dibuat, supaya majalah ini semerdeka-merdekanya, lepas daripada lainnya. Sehingga kita dapat dikatakan berdiri sendiri atas pengalaman-pengalaman sendiri yang telah saudara miliki dan terima. Dengan demikian sehingga tidak mungkin dapat dicela dan disalahkan oleh fihak lain, karena berdasarkan pengalaman.

Orang lain mengatakan itu: "Akh, itu tidak betul!"

"Meskipun tidak betul, tetapi saya melihat, bahwa tembok ini putih. Jadi, ya, saya lihat putih, ya, saya katakan putih saja. Tidak ada lain jalan."

Demikian, saudara, sehingga majalah Subud yang diterbitkan di sini, tidak akan mengalami celaan dan musuh dari fihak lain.

(*Rekaman terputus.*)

... dengan apa masyarakat di sini, dengan haluan negara, sehingga Subud di sini dapat berjalan yang tidak menyimpang daripada peraturan-peraturan negara. Dengan demikian sehingga jalannya Subud di sini tidak dapat rintangan sesuatu apa.

Pertanyaan: (*Dalam bahasa Inggeris.*)

Bapak: Anggota-anggota dari badan itu cukup ditunjuk oleh rapat pleno setempat. Jadi, tidak perlu dengan ... Penunjukan itu menyandarkan hanya kecakapan. Jadi saudara yang ditunjuk sebagai anggota di dalam badan *trustee* itu: satu, adalah saudara yang, ya, memang dalam keadaannya dilihat baik budi pekertinya oleh para saudara sekalian, dan yang cakap dan sanggup melakukan. Karena meskipun cakap, tetapi tidak ada kesanggupan, dan juga cakap dan sanggup, tetapi budi pekertinya kurang baik dipandang dalam golongannya para saudara, ya, tidak baik ditunjuk. Yang ditunjuk supaya saudara yang nampaknya baik budi pekertinya dan cakap dan sanggup bekerja. Cukup hanya demikian saja.

And taking examples from other approaches, such as astrology, occultism or other religions, will most likely lead to criticism from outside. You will find yourselves in confrontation with other ways, and that will cause a disturbance for you. For that reason you should make sure that your magazine is as free as possible from, and not affected by, anyone else. It can then be said that we are independent, writing on the basis of experiences that we ourselves have had or received. Then what we say cannot be attacked or criticised by other people, because it is based on experience.

They may say, 'Oh, this is not true!'

'It may not be true, but I see that this wall is white. Since I see it as white, I just say that it is white. I cannot do otherwise.'

In that way, brothers and sisters, the Subud magazine you are going to publish here will not encounter criticism and opposition from other groups.

[*There is a break in the recording.*]

[Bapak agrees with this, and he would like to add that you should comply with local customs and traditions][3] and with the policies of your government, so that Subud can progress here in a way that does not deviate from the laws of your country. Then the progress of Subud here will not meet with any obstacles.

Question [*in English*]**:** The second point is that nomination of trustees will be made from time to time by the various Subud groups. But these nominations have to be approved and ratified by Bapak. If this goes into the constitution, then it becomes a very permanent feature, and in the absence of Bapak no trustee can be appointed … [*inaudible*]. What does Bapak say … [*inaudible*]?

Bapak: It is enough if the members of this body are appointed by a plenary meeting here; it does not have to be with … [*inaudible*]. These appointments should simply be based on ability. So the people you appoint to this board of trustees should first of all be members whom you all regard as having a good character, and who are capable and willing to do the job. For if they are capable but unwilling, or if they are capable and willing but are not considered to have a good character by all of you … well, then you shouldn't appoint them. Those you appoint should be those who seem to have a good character, who are capable and are prepared to work. That is enough.

(*Rekaman putus.*)

Saudara-saudara, kita atau para saudara sekalian bertindak dan berbuat dan berlaku, karena sudah terima latihan kejiwaan dan itu datang dari Tuhan, sehingga merupakan ada tuntunan yang ada dalam diri saudara. Maka segala sesuatu yang saudara kerjakan, meskipun pekerjaan itu nampaknya pekerjaan biasa bagi orang biasa bekerja, tetapi karena saudara lain daripada orang itu, ialah dalam diri saudara sudah ada biji, sudah ada kekuasaan Tuhan yang selalu melindungi dalam diri saudara, sehingga saudara akan dapat melakukan apa yang dilakukan itu, tidak menyeleweng daripada kehendak Tuhan.

Maka Subud *enterprise* yang telah diperlukan bagi saudara sekalian, sebenarnya mempraktekkan, agar saudara dapat melakukan pekerjaan dunia, tidak mengabaikan dan tidak melupakan kebaktiannya terhadap Tuhan. Sehingga kedua-duanya saudara miliki benar-benar, dan kemajuan dunia tidak akan menyebabkan saudara sehingga menyeleweng ke lain jurusan.

Demikianlah, saudara, maka apa yang telah ada dalam latihan kejiwaan Subud ini, sesuai dengan pelajaran apa yang telah dituturkan oleh para utusan yang hidup di zaman yang telah lama lampau, bahwa di samping manusia bakti kepada Tuhan perlu manusia bekerja dan melakukan tugas-kewajiban sebagai manusia hidup di dunia, agar mereka dapat melayani hidupnya dengan bahagia, selamat dan tidak kekurangan sesuatu apa.

Dan tentang mengerjakan sesuatu usaha yang sifatnya membunuh binatang, misalnya seperti memotong sapi dan lain-lain, kalau memang hanya itu saja yang dapat dikerjakan, ya, terpaksa saudara lakukan. Tetapi kalau ada lainnya yang dapat saudara lakukan kecuali itu, itu lebih baik di taruhkan di belakang, artinya: dikerjakan di belakang saja, artinya: yang sungguh-sungguh apabila tidak dapat menemukan jalan lain. Karena sedikit-banyak mestinya saudara tentu terasa tidak enak, dan ketidak-enakan rasa yang ada dalam diri, menyebabkan juga tidak baiknya jalan saudara. Maka hal itu baik dikerjakan, apabila lainnya tidak ada. Jadi, kalau ada lainnya, baik lainnya saja. Yang itu: jangan dulu.

(*Rekaman putus.*)

Sebaiknya kita mulai membangun jiwa, kita memulai membangun pribadi kita. Sehingga meskipun sedikit demi sedikit, tetapi kita lakukan secara kita dan dari kita. Maka itu lebih bermanfaat daripada tidak. Jadi, saudara tidak perlu men*jaga*kan

[*There is a break in the recording.*]

Brothers and sisters, because you have received the latihan, which comes from God, when you act, when you do something, there is a guidance within you. So whatever you do, even though to someone who is used to working it just seems like ordinary work, you are different from that person in that within you there is a seed, and God's power is already there protecting you. You will therefore be able to do what you are doing in a way that does not deviate from God's will.

So the Subud enterprises you need to do are in fact practice in doing your work in the world without neglecting or forgetting your worship of God. In that way you will truly possess both, and success in the world will not lead you to go off in another direction.

That is what exists in the Subud latihan, which is in line with what was taught by the messengers of God who lived long ago: that besides worshipping God, people must work and carry out their responsibilities as human beings living in the world, so that they look after their lives, live happily and well, and are not short of anything.

As for doing a business that involves slaughtering animals – such as slaughtering cattle or other animals, for example – if that is all you can do, then you have no choice but to do it. But if there are other things you could do, then it is better to leave such a business as a last resort and do it only if there is no other way. That is because to some extent you will feel uncomfortable doing it, and this feeling of discomfort within you will cause your business not to go well. Therefore you should do this only if there is no other possibility. If there is something else, it is better to do that.

[*There is a break in the recording.*]

It is better if we start to build our soul, if we start to build our individuality. Then, even if we do it only little by little, we are doing it our way and from ourselves. That is more beneficial than the other way. So you do not need to rely on others or ask others for dari lain. Dan tidak perlu minta sumbangan dari lain. Jadi, saudara sendiri, kalau saudara betul-betul ikhlas, betul-betul bekerja, betul-betul berusaha, akan dapat terlaksana. Contoh-contoh sudah ada, saudara. Tidak ada seorang kaya, tidak didahului dengan melarat lebih dahulu. Jadi, kita harus menderita dahulu, karena kebahagiaan, kemuliaan hanya dapat dicapai apabila didahului dengan penderitaan dan penuh pahit-getir penderitaan yang telah dialami sebelumnya.

(Rekaman putus)

... itu, ya, kita mengikuti bagaimana caranya itu. Sebab tidak di sini saja, saudara. Di Indonesia, kalau orang berdagang tidak suka mengeluarkan ini banyak, sehingga keuntungannya tipis sekali, tidak mungkin dapat berjalan. Itu memang sudah menjadi kebiasaan. Mungkin abad sekarang ini begitu. Tetapi saudara jangan takut, bahwa asal saudara melakukan segala sesuatunya dengan apa yang mestinya berlaku, artinya: dengan jujur, tentu, ya, sedikit-banyak saudara akan menerima atau mendapatkan manfaat dari tindakan saudara yang telah saudara lakukan.

(*Rekaman putus.*)

Bapak telah mendengarkan dan telah mengerti, karena telah mengikuti jalannya kongres yang telah diadakan ini oleh para saudara sekalian. Kongres yang telah diadakan saudara sekalian, ya, berkat dari kemurahan Tuhan sehingga dapat berjalan dengan singkat. Padahal biasanya kongres tidak mungkin dapat diselesaikan dalam waktu yang singkat sedemikian rupa.

Sebenarnya masih banyak juga yang perlu dimasukkan dalam kongres, tetapi bagi kongres untuk pertama kalinya, yang juga pertama kalinya membikin dan membuat peraturan-peraturan dan *statuten* yang ada dalam persaudaraan kejiwaan Subud, adalah sudah merupakan suatu kemajuan yang baik sekali. Adapun kekurangan-kekurangan, yang saudara masih terasa kurang untuk dimasukkan dalam peraturan-peraturan persaudaraan kejiwaan Subud, masih dapat disusulkan di hari depan atau waktu depan yang saudara akan hadapi. Yang demikian ini memang sudah selayaknya jalannya organisasi di mana pun juga.

Yang perlu bagi saudara sekalian, agar dapat mewujudkan hal-hal yang saudara sekarang telah kemukakan. Karenanya, maka sedikit saja cukup, asalkan saudara dapat mewujudkan apa yang saudara kemukakan dalam sidang kongres. Itu sudah baik. Dan menyusul nanti pertambahan nanti disesuaikan dengan contributions. You will be able to do it yourself if you are truly sincere, if you really work and really make an effort. There have been many examples, brothers and sisters. There are no wealthy people who did not originally come from poverty. So we have to suffer first, because you can achieve happiness and excellence only if you experience suffering and unpleasantness beforehand.

[*There is a break in the recording.*]

… well, we follow the way it is done. That does not only apply here. In Indonesia, if a person doing business is not willing to pay out a lot of money, their profits will be minimal and they will not be able to survive. That has become normal; perhaps that is how it is nowadays. But do not be afraid: provided that you do everything in the right way – that is, honestly – to a greater or lesser extent you are bound to harvest the benefits of what you are doing.

[*There is a break in the recording.*]

Bapak has heard and understood, because he has been following the congress. This congress that you have been holding has proceeded rapidly, thanks to God's will. Usually congresses cannot be finished in such a short time.

In fact there are many more things that should be dealt with in the congress, but for your first congress – and given that it is the first time you have made by-laws and a constitution for the Subud spiritual association – the progress you have made is very good. And anything that you feel is still lacking in the by-laws can be added later on. That sort of thing is normal in any organisation.

What is important for you is that the things you have proposed should be realised. So a little is enough, provided that you bring into reality the things you have put forward in the congress. That is already good. And later on you can add other things, based on your experience, starting from now and through the years to come.

pengalaman-pengalaman, dengan keadaan saudara yang berlaku selama mulai saat ini sampai tahun-tahun yang dihadapi berjalan, saudara dapat menyusulkan itu. Karena itu, maka Bapak rasa dan pandang, bahwa apa yang telah dicetuskan dalam kongres, yang telah dijelmakan hal-hal dalam kongres ini, Bapak pandang cukup sudah untuk menjadi bahan tindakan saudara yang akan saudara lakukan di kemudian hari. Dengan demikian sehingga saudara akan dapat melakukan *stap bij stap*, *step by step* yang dapat diibaratkan "Lebih baik pegang satu burung daripada sekian burung yang masih terbang di udara."

Maka Bapak tidak menyalahkan. Mungkin saudara masih banyak ide-ide yang tersimpan di sini yang belum dapat dibentangkan, tetapi baiklah itu ditunggu dengan sabar dahulu. Kita perlu menguji, saudara sekalian perlu menguji: apakah ide-ide yang sekarang telah dimasukkan dalam program kongres ini, dapat saudara laksanakan dengan sungguh-sungguh.

Demikian, saudara-saudara, maka sangat gembira rasa Bapak mendengarkan, bahwa meskipun tidak begitu banyak yang telah diciptakan dalam kongres ini, tetapi merupakan sudah suatu jalan yang jernih yang dengan mudahnya saudara dapat laksanakan. Dan tidak lain Bapak memujikan semoga asas-asas saudara yang saudara telah kemukakan dalam kongres, dapat saudara lakukan dengan seksama. Dan semoga Tuhan memberkahi saudara sekalian dapat melakukan itu dengan baik dan bermanfaat bagi saudara sekalian, sehingga membangkitkan semangat bekerja dan dapat menciptakan suatu kerukunan yang abadi di antara saudara antara satu dengan yang lain.

Bapak katakan demikian, saudara, karena keadaan para saudara sekalian nampaknya – kalau Bapak umpamakan pohon, ini mulai dikerjakan, mulai ditanam dari bunganya, bukan dari akarnya. Bapak katakan demikian, ini kongres diadakan, sedangkan organisasi, komite-komite yang ada di daerah-daerah, belum ada. Jadi, kongres ini merupakan buah atau bunga dan organisasi di tempat-tempat atau bagian-bagian itu merupakan akar dan pohonnya. Karena itu, maka sudah lumayan sekali, bahwa kongres ini dapat diadakan sebelumnya organisasi di tempat-tempat mana belum dijadikan atau belum ada. Karena itu, maka sifatnya sekarang ini terbalik. Dari kongres yang sekarang telah saudara adakan ini, nanti akan memupuk, supaya di bagian-bagian, misalnya: di New Delhi, di Calcutta, di Haiderabad atau di tempat lain lagi, terpupuk

Therefore Bapak feels and considers that what has been proposed and decided in this congress is already enough for you as a programme for future action. It will enable you to proceed step by step, in accordance with the saying: 'It is better to have one bird in your hand than to have many still flying in the air.'

So Bapak is not blaming you. It may be that you still have many ideas within you that you have not yet been able to present, but it is best if you are patient for the moment and let them wait. You first need to find out whether you are really able to carry out the ideas that have been adopted as the programme of this congress.

Therefore Bapak is very happy to hear that even though what you have created in this congress is not very much, it represents a clear path for you, which you can easily put into practice; and he prays that you will be able really to put into practice thoroughly the principles that you have proposed in the congress. May God grant that you can do it in the right way; the way that brings benefits to all of you, so that it awakens your enthusiasm to work and creates a lasting harmony between you.

Bapak is saying this because, if he compares what you are doing to planting a tree, you are planting or starting from the flowers, not from the roots. That is because you are holding this congress, but the organisation and committees at the provincial level do not exist yet. In other words, the congress is like the flower whereas the organisations at the group level are the roots and the tree. It is not bad that you are able to hold this congress before the organisation in the various groups has been set up, but you are doing it back to front: from this congress you have just had you will now create organisations, properly set up and constituted, in the various groups such as New Delhi, Calcutta, Hyderabad and other places.

organisasi yang sungguh-sungguh organisatoris yang sungguh-sungguh teratur.

Nah, demikian, saudara, maka Bapak sangat gembira rasanya, karena Bapak tunggu-tunggu lama sekali, baru sekaranglah dapat tercipta kesungguhan saudara-saudara sekalian yang ada dalam India ini, telah dapat mengumpulkan saudara-saudaranya dan dapat menciptakan kongres. Sehingga merupakan – meskipun terbalik – tetapi memberi pupukan kepada masing-masing tempat, sehingga masing-masing tempat dapat berdiri organisasi yang sungguh-sungguh menyenangkan dan teratur.

Demikian, saudara. Maka tidak lain Bapak harapkan, agar para saudara yang telah diwajibkan sebagai pemangku kewajiban untuk melakukan pekerjaan-pekerjaan yang telah diprogramkan dalam kongres ini, dapat melakukan dengan seksama yang akan dapat memberi contoh kepada saudara lainnya, sehingga benar-benar di India dapat didirikan suatu badan yang merupakan badan persatuan dari adanya para saudara yang tersebar seluruh India. Dan kemudian saudara-saudara dapat memetik buahnya, menerima buahnya dari tindakan saudara yang bermanfaat bagi umum, yaitu bagi para saudara sekalian. Dan sudah tentu akan memungkinkan di kemudian hari memberi kesempatan kepada Bapak agak lama berkeliling di India sini.

Sekianlah ucapan dan dorongan Bapak kepada sekalian para saudara. Dan tidak lain Bapak mengucapkan terimakasih.

Bapak is very happy, because he has been waiting for a long time, and it is only now that the commitment of all of you here in India could be realised by collecting everyone together and holding a congress. Even though it is back to front, this will give encouragement to each group to set up an organisation that is satisfactory and well run.

There we are, brothers and sisters. Bapak simply prays that those of you who have been given responsibilities as office-bearers will do your work in accordance with the programme that has been agreed in this congress; that you will be able to do it well and set a good example to the other members, so that you will be able to set up a body that truly represents the unity of all the members who are scattered throughout India. Also, that you will eventually be able to enjoy the fruits of your work, fruits that are beneficial for all of you. And of course, that will also make it possible for Bapak to spend more time touring around here in India in the future.

This is the end of Bapak's talk and encouragement to you all. Bapak thanks you.

INDONESIA

13

CILANDAK

13 MARET 1965

Rekaman: 65 TJK 2

... Lain daripada itu Bapak harapkan sekalian para saudara, agar suka mendengarkan ceramah Bapak ini nanti ... (*rekaman terputus*) ... dan ketenteraman. Perlunya agar rasa diri saudara sekalian dapat merasakan kenyataan apa yang telah Bapak katakan nanti ... (*rekaman terputus*).

Saudara-saudara sekalian, sebagaimana yang telah Bapak uraikan kepada sekalian para saudara tentang jalannya latihan kejiwaan. Mungkin saudara sekalian telah dapat mengerti tentang keadaannya latihan kejiwaan Subud, tetapi tidak ada salahnya, apabila Bapak selalu mengulangi, mengulangi, agar lebih dimengerti dan lebih dapat diterima hal-hal yang telah terjadi dalam latihan kejiwaan Subud ini.

Latihan kejiwaan yang kita namakan Susila Budhi Dharma, Subud, ini, adalah latihan yang benar-benar karena kemurahan Tuhan. Arti kemurahan Tuhan, saudara, bahwa: tidak dari kehendak Tuhan, kita tidak akan mungkin dapat menerima getaran rasa diri yang saudara sekalian atau yang kita katakan latihan kejiwaan itu, dengan mudah. Kenapa menjadi mudah penerimaan kita tentang getaran rasa diri ini? Karena pengaruh nafsu yang selalu ada dalam hati dan akal-fikiran kita, dihentikan. Arti dihentikan: menjadi berhenti karena kemurahan Tuhan yang telah diberikan kepada kita. Karena adanya kemurahan Tuhan yang telah kita terima, merupakan dalam rasa diri kita adalah suatu penjelmaan kekuatan hidup yang tak terhingga, sehingga dengan sendirinya menghentikan pengaruh nafsu.

13

CILANDAK

13 MARCH 1965

Recording: 65 TJK 2

[*There are frequent momentary breaks in the recording*] … Apart from that, Bapak asks that you listen to his talk … [*inaudible*] in a state of quietness. This is so that you can feel the reality of what Bapak is going to tell you.

Brothers and sisters, Bapak has explained to you about the process of the spiritual training, the latihan. Perhaps you already understand it, but it will do no harm if he keeps repeating it, so that you understand better and are able to receive more in the latihan.

This spiritual training that we call *Susila Budhi Dharma*, Subud, truly comes through the grace of God. What this means is that if it were not God's will, we would not be able to receive the vibration of the inner feeling that we call the latihan as easily as we do. Why is it easy for us to receive this vibration? It is because the influence of the desires[1] that are always present in our heart[2] and thinking is stopped. This means that it is stopped through the grace of God that we have been given: the manifestation in our inner feeling of a boundless power of life that causes the influence of the desires to stop spontaneously.

Jadi, andaikata kita tidak dimurahi Tuhan – ini arti murah, bukan murah cara orang jualan yang dikatakan murah, murah harganya, tetapi kemurahan dalam bahasa Indonesia yang dapat dari bahasa Arab; ini artinya: disayangi, dicintai oleh Tuhan Yang Maha Esa – jadi, dengan tidak adanya kemurahan dari Tuhan Yang Maha Esa, kita tidak mungkin dapat menerima getaran hidup yang menyebabkan hingga terhentinya nafsu yang bersarang dalam hati dan akal-fikiran. ...terang, saudara-saudara, bahwa dengan tidak pertolongan Tuhan, manusia tidak mungkin dapat menerima itu – yang Bapak katakan tadi – getaran hidup yang terasa getar dalam rasa diri. Oleh karena getaran hidup yang terasa dalam rasa diri kita, adalah dari Tuhan Yang Maha Esa.

Sebenarnya, saudara sekalian, tidak semestinya kita melakukan atau menerima atau menyembarang. Tidak boleh, tidak semestinya kita lakukan, menyalahgunakan itu, karena dari kesalahan kita yang kita menyalahgunakan itu, sehingga menimbulkan, memberi jalan kepada daya-daya rendah yang semestinya menjadi peserta manusia itu, sehingga daya-daya rendah itu nyampuri dalam latihan kita, dalam penerimaan kita.

Saudara-saudara tentunya tidak lupa – terutama saudara-saudara yang ada di Jawa, yang telah melihat, mendengarkan bagaimana lakon-lakon, cerita-cerita yang ada di wayang – tercerita begawan Wisrawa ketika membuka, menafsirkan, *memejangkan* yang dikatakan Sastra Jéndra Yuningrat kepada seorang wanita yang dikatakan dalam lakon: Dewi Sukèsi. Begawan Wisrawa adalah begawan atau pendeta yang ulung, yang suci, yang sudah memuncak dalam kejiwaannya di dalam cerita ini. Tetapi karena terpengaruh oleh nafsu, oleh nafsu ingin. Dalam lakon itu dia ingin melihat dewi Sukesi yang elok yang cantik parasnya, sehingga timbul gagasannya, timbul nafsunya yang ingin mengawini Dewi Sukèsi itu. Daya-daya rendah dengan cepat-cepat mencampuri dalam hal ini. Kenyataannya sehingga begawan Wisrawa yang begitu tinggi dalam kejiwaannya – dalam cerita – toh melahirkan anak yang wujudnya raksasa yang menjadi sarangnya nafsu angkara dan murka. Demikian, saudara.

Pendeta yang sudah ulung dan tinggi dalam tingkatan kejiwaan – dalam cerita – toh masih begitu. Ada dalam cerita lain-lain jangan dikira para nabi-nabi, para wali-wali tidak terkena pengaruh dari daya-daya rendah. Masih juga. Apa sebab masih? Meskipun setinggi-tingginya mereka, belum setinggi Tuhan, yang berarti

Therefore, if we didn't receive God's grace – the meaning of grace being that God loves us – it would be impossible for us to receive the vibration of life that causes the desires in our heart and thinking to stop. So it is clear that without God's help, human beings would not be able to receive the vibration of life we can feel in our inner feeling, because that vibration of life comes from Almighty God.

Truly, brothers and sisters, we should not do or receive the latihan carelessly. We should not – we may not – misuse it; because if we do, that will allow a rising up of the low forces that are supposed to be the companions of human beings, and open the way for them to get involved in our latihan, in our receiving.

You will not have forgotten – especially those of you who live in Java and have seen and heard the *wayang* stories – the story of the ascetic, Wisrawa, who revealed or explained the *Sastrajéndra Yuningrat* [mantra] to a woman called Dewi Sukèsi. In this story Wisrawa was a great priest or ascetic, who was pure and had reached the summit of spirituality, but he was influenced by his desire. He became infatuated with Dewi Sukèsi, who was very beautiful, and wished to marry her. The low forces very quickly got involved, and the result was that Wisrawa, who in the story was so high spiritually, had a son who was a giant[8] and who was filled with arrogance and greed. That is what happened.

So in this story, a priest of such high spiritual degree still ended up in this situation. And there are other stories that show that the prophets and saints are not exempt from the influence of the low forces. They are still subject to them. Why is that? It is because no matter how high they are, they are not as high as God; meaning masih manusia. Jadi, selama masih manusia, saudara, jangan – dalam bahasa Islam atau Arab dikatakan takabur – jangan sampai menentukan sesuatu. Ketentuan sesuatu itu terdorong oleh nafsu. Itu sebagai membuka jalan bagi daya-daya rendah mencampuri dalam rasa diri nanti.

Apalagi saudara-saudara sekalian! Bukan Bapak merendahkan diri saudara sekalian, tetapi apalagi saudara-saudara sekalian yang nampaknya masih manusia biasa seperti Bapak ini, janganlah lalai, janganlah melupakan, selalu ingat kepada Tuhan Yang Maha Kuasa dan selalu ingat jalan yang benar yang tidak menyalahi bagaimana peri-kemanusiaan.

Jangan mengatakan nanti, kalau sudah terima: "Saya ini nanti, waah, jadi nabi, jadi wali, utusan yang nomer satu," umpamanya. Saudara boleh mengatakan begitu, tetapi saudara akan terbalik oleh ucapannya sendiri, sebagai halnya begawan Wisrawa. Ia ... (*tak terdengar*). Ia mempercayakan keunggulannya.

Masih lagi, lahir lagi, juga masih raksasa: Kumbakarna. Ia merasa: "Ini bagaimana, ini? Kalau begitu keilmuan saya itu belum sungguh-sungguh!"

Ya, karena dia pendeta yang sudah begitu tinggi dalam kejiwaan – ceritanya – sehingga berusaha untuk melenyapkan daya-daya rendah, agar tidak lagi mencampurinya. Tetapi, toh ketiga kalinya juga. Tetapi sudah bersifat wanita, berarti sudah lembek. Tetapi toh raksasa juga, kan! Ya, biasanya kalau wanita dikatakan lembek, artinya: *zwak*. Coba, kalau wanita saja, wanita itu larinya kan begini ... kalau laki-laki kan begini ...

Sudah ketiga kalinya begitu, Wisrawa tobat, dia. "Akh," katanya, "tidak ada Wisrawa sekarang ini. Yang ada hanya Yang Maha Kuasa."

Akhirnya mertobat kepadaNya, "Yang kuasa Tuhan saja. Bukan saya!" Sehabis demikian, barulah lahir anaknya yang keempat: Wibisana.

(*Tak terdengar satu kalimat.*)

Ini Bapak hanya menggambarkan, sebagai *tuladha*, sebagai contoh, agar saudara sedikit-banyak melihat, merasakan bagaimana sejarah, sejarah, sejarah. Jangan hanya saudara menyempitkan rasa dirinya yang hanya menyandarkan: "Kalau aku sudah begitu mengerti, ya, sudah demikian." Harus dapat membanding-bandingkan dan harus dapat meneliti hal-hal yang ... (*tak terdengar*).

that they are still human beings. Therefore, while you are still a human being, you should never be *takābur*, as they say in Islam; that is, you should never predict with certainty that something will happen, because in doing so you are being driven by the desires. It opens the way for the low forces to become involved in your inner feeling.

How much more so does this apply to you. Bapak is not trying to belittle you, but how much more so is it necessary for you – who are still ordinary human beings, like Bapak himself – never to neglect, never to forget, always to remember Almighty God, and to remember the right path that does not deviate from humane behaviour.

If you have received something, do not say, for example, 'Oh, I'm going to be a prophet, I'm going to be a saint, I'm going to be the first among the Messengers.' You *can* say that, but your own words will lead you astray, as happened with Wisrawa. He … [*inaudible*]. He put his faith in his own excellence.

He had yet another son, Kumbakarna, and he was a giant too. He thought to himself, 'How can this be? It must mean that my spiritual knowledge is not yet effective.'

Well, since he was such a spiritually advanced ascetic – so it is told – he made an effort to banish the low forces, so they would not affect him any more. And yet his third child was once again a giant. This time it was a girl, so she was softer, but a giant nevertheless. Well, women are described as being softer, meaning weaker. That is because when a woman runs she runs like this [*gesture*], whereas a man runs like this [*gesture; laughter*].

After this happened to him for the third time, Wisrawa repented. 'Ah!' he said, 'There is no Wisrawa any more, there is only the Almighty.'

So he finally repented before God: 'God alone has authority, not I!' Only then was his fourth child born, who was Wibisana.

[*The next sentence is inaudible.*]

Bapak is using this simply as an illustration or example to help you to see and understand to some extent what has happened in the past. Do not be narrow in your inner feeling and maintain, 'Once I understand it this way, then that is how it is.' You need to be able to compare and examine things that are … [*inaudible*].

Kejadian yang baru saja, artinya: ya, tidak begitu lama yang lalu, seperti di Parsi, di tempat lahirnya kaum Sufi. Di sana banyak orang melatih. Dan tarèkhnya yang dikatakan tarèkh Naqsabandi. (*Tak terdengar*) ... juga tarèkh Naqsabandi itu, tetapi didahului dengan diteliti, dipelajari jalan-jalan yang ke situ. Jadi, di situ ada *kaart*nya: sini jalannya ke sini, ini begini. Lha yang mojok sana itu, jalan ke Tuhan.

Meskipun itu anggapannya betul, tetapi dalam kenyataannya, ya, juga belum betul, karena bagaimana manusia dapat mengetahui di mana Tuhan dengan akal-fikirannya? Dan bagaimana dapat manusia menentukan Tuhan ada di sesuatu tempat? Kalau Tuhan di sesuatu tempat Tuhan, tempat lain yang tidak ada Tuhannya nanti. Andaikata tempatnya ada sepuluh, sepuluh Tuhan semuanya. Jadi yang Maha Tuhan yang Maha Tuhan yang Maha Tuhan yang Maha Tuhan, sepuluh kali, baru sampai. Umpamanya begitu.

Banyak kaum sufi, misalnya, telah melahirkan: "Allah aku, aku Allah." Tetapi ucapan yang demikian dapat juga disenangi yang mendengarkan dan dapat juga tidak disenangi yang mendengarkan. Kalau kebetulan yang mendengarkan itu negara, sedangkan negara dalam keadaan kacau dan ... (*tak terdengar*). Mengapa demikian? Dikarenakan orang selalu begitu saja. Pekerjaan tidak suka, cari makan tidak suka. Malah jang diagung-agungkan yang miskin. Iya! Yang miskin, yang minta-minta! Yaitu yang dikatakan kaum darwis. (*Tak terdengar*) ... mundur sekali kemajuan bangsa, sehingga negara mengambil ketentuan: "Bagaimana, kalau orang mengaku Tuhan: Tuhan aku, aku Tuhan, tentunya tidak butuh dunia. Masak Tuhan suka makan! Masak Tuhan suka roti."

"Saudara apa?"

"Tuhan."

"Jadi, saudara: Allah?"

"Iya."

"Tidak perlu di dunia."

(*Tak terdengar*) ... jadi, pada saat itu dua puluh lima ribu kaum sufi ditembak mati.

(*Tak terdengar*) ... pengakuannya benar, katanya, tetapi tidak benar yang sebenarnya. Artinya hal demikian itu: pengakuan hati, pengakuan nafsu. Ya, memang begitu itu biasa bagi hati dan nafsu. Saudara saja, andaikata saudara dirampèk-rampèk oleh orang yang tinggi pangkatnya, dirampèk-rampèk oleh orang yang kaya, seakan-

It happened not so long ago in Persia, the birthplace of Sufism, that many people were practising a mystical path called the Naqshbandi *ṭarīqa*. [*Inaudible*] … also the Naqshbandi practice, but they first examined and studied the way to get there. It was as if they had a map: here you go this way, and then this way, and round that corner is the way to God.

Although they considered this to be right, well … in reality it is not right, for how could human beings understand with their mind where God is? And how could they figure out that God is in a certain place? And if God were in a particular place, then God would not be in other places. And if there were ten places, then altogether there would be ten Gods: Almighty God, Almighty God, Almighty God … ten times, or something like that.

Many of these Sufis declared, 'Allah is I, I am Allah.' Some people might approve of such a statement but others might not. If it happens to be the government that hears it, and if the country is in turmoil … [*inaudible*]. Why would that be? Because then people just stand still. They don't want to work and don't want to earn their livelihood. In fact they admire the poor, the people who beg, who are called dervishes.

[*Inaudible*] … their country went into decline, so the government took a decision: 'How can this be? If a person claims to be God, 'God is I, I am God,' then they certainly do not need this world. Why would God want to eat? Why would God want bread?'

'What are you?'

'God.'

'So you are God?'

'Yes.'

'Then you do not need to be in the world.'

[*Inaudible*] … they were arrested, and twenty-five thousand Sufis were shot.

[*Inaudible*] … they said that what they claimed was true, but it was not true in reality. What this means is that it was a claim made by the heart and the desires. That kind of thing is normal for the heart and the desires. It can also happen to you: if someone important invites you to dinner, or you are invited out by someone akan saudara terus menjadi orang kaya yang tinggi. Iya. Juga andaikata saudara dekat dengan orang yang kuat, yang *gespierd* … (*tak terdengar*), nanti saudara juga akan merasa jadi … (*tak terdengar*) … juga. Itu memang begitu.

... memang, sebagai gambaran juga, agar saudara jangan bertindak yang demikian itu. Mengapa Bapak pesan yang demikian, Bapak nasihatkan yang demikian? Karena Tuhan menurunkan ilham dan wahyu kepada saudara sama saja dengan saudara telah dibukakan jalan untuk maju ke Tuhan sendiri. Oleh karena saudara sudah dianak-emaskan Tuhan. Ini dalam kata-kata anak-emas seperti orang biasa. Ia sedikit-sedikit diberi kesempatan, diberi kelonggaran, diberi jalan yang terbuka, diberi kemudahan dalam kebaktian saudara terhadap Tuhan, tetapi … (*tak terdengar*).

... yang telah terjadi, saudara, di banyak tempat di antaranya yang telah menerima sesuatu yang dirasa tinggi sudah dan dapat mengetahui sedikit ini-itu, ini-itu, karena dirinya lebih tinggi daripada yang lain, lalu menentukan ucapan-ucapan, pada anggapannya benar, tetapi kalau ditelusuri, diteliti dari sejarah, tidak sama sekali benar.

Orang mengaku: "Aku sekarang menjadi wali." Rupanya dia diisi wali. Umpamanya saja wali Sunan Kalijaga, umpama saja. Diisi wali Sunan Kalijaga, yang payah dua-duanya. Yang payah ini, Sunan Kalijaga-nya, ya, payah, orangnya juga payah juga. Kalau yang terima itu – umpama saja – pegawai, Sunan Kalijaga payah: "Elho! Diajak kerja, apa! Bagaimana?" Kalau yang terima wahyu itu orang main-main, main judi, waaah, lebih payah lagi. Sunan Kalijaga diajak *nguthut kucing*, apa!

Orangnya sendiri juga payah, artinya, ya, juga kecewa dan celaka, karena dengan adanya Sunan Kalijaga yang di dalam dirinya, sehingga dia lupa kebiasaan hidup. Dulunya saban pagi tidak sarapan, jadi sarapan tiga kali. Umpamanya begitu. Dulunya kalau makan biasa saja sama tempe, sama tahu, kalau memang harga-harga mahal. Sekarang ayam satu yang besar, kadang-kadang tidak usah dibubuti saja. (*Hadirin tertawa.*) Jadi, saudara-saudara, payah semua.

Itu diambil dari biasa. Kalau diambil dari keadaan yang sebenarnya, tidak begitu. Tuhan memberi kepada manusia wahyu sehingga manusia itu dapat menerima suatu pengetahuan luar biasa, Tuhan tidak mengambil dari Sunan Kalijaga, tidak. Masak who is wealthy, you feel as if you have become wealthy and important yourself. It is the same if you are close to someone who is very strong and muscular … [*inaudible*], you will feel as if you have become … [*inaudible*] too. That is the way it is.

[*Inaudible*] … the purpose of this illustration is so that you should not act that way. Why does Bapak give you that advice? Because when God bestows grace and revelation on you it is the same as opening the way for you to proceed towards God; God is treating you as one of His favourites. Expressing it in everyday language, as favourites you are given opportunities, given space; the way is opened for you and things are made easy for you in your worship of God, but … [*inaudible*].

It has happened in many places, brothers and sisters, that people have received something that seems to be high, and they are enabled to understand various things. And then, because they feel higher than those around them, they will say something that they consider to be true. But if you investigate that and compare it with what has happened in the past, it is not true at all.

One man might claim, 'I have now become a saint.' Perhaps he thinks he has been filled by the spirit of a saint; for example, by Sunan Kalijaga.[9] If that happened it would be unpleasant for both of them; it would be unpleasant for Sunan Kalijaga and also for the person himself. Suppose that the person who receives this is an employee, it will be uncomfortable for Sunan Kalijaga: 'I say, what is it I'm being asked to do? How can this be?' If the person who receives this is a gambler, that's even worse. Sunan Kalijaga being expected to play cards, what's going on?

And it is also a nuisance for the person himself – that is, he will be disappointed and in trouble – because with Sunan Kalijaga within him he will forget his normal way of life. For example, he never used to have breakfast, but now he has three breakfasts one after the other. Before, he would eat normally – just tempeh and tofu when prices were high – but now he wants a whole chicken, and sometimes he forgets to pluck the feathers! [*Laughter.*] So you see, brothers and sisters, it is bad for everybody concerned.

This idea comes from conventional thinking. In reality it is not like that. When God gives His grace to a human being, enabling them to receive an understanding beyond the ordinary, God does not take it from Sunan Kalijaga. No. Do you think that God would

Tuhan sudah memberikan kepada orang, kok dicabut lagi, itu tidak ada caranya. Itu, kalau saudara, bisa! Kalau Tuhan tidak! Tuhan itu – umpamanya – memberi begitu: diberi seratus, tinggal seratus; diberi seribu, masih seribu; tidak diberi, tidak ada; diberi, ya, ada. Jadi, selalu pas diberi.

Jadi, kalau Tuhan memberi kepada orang itu, tidak mengambil dari sana-sana. Atas kodratNya. Kalau atas kodratNya, selaras dengan pribadinya: tidak pernah mengaku. Perlunya apa mengaku Sunan Kalijaga? Kalau memang sudah pandai, ya pandai! Kan lebih baik daripada yang mengaku Sunan Kalijaga, tetapi pandai dengan nama Sastra Jéndra.

Dan itu Bapak mengalami. Di mana-mana Bapak ini dikatakan, bahwa Bapak ini penjelmaan dari Masehi, Messias. Tidak! Saya tidak pernah dijelmai itu. Mulai dulu, ya, Pak Subuh, sekarang Pak Subuh. Susah saya, kalau dijelmai Messias itu. Saban hari putar-putar di gereja saja; itu kan payah, itu, kan? Tidak pulang-pulang.

Kalau Bapak dijelmai ini-itu, tidak juga. Juga tidak ini-itu, saya tetapi … (*tak terdengar*).

Lho, kok bisa begitu? Tuhan Maha Kuasa. Apalagi yang manusia, saudara! Lalat! Tuhan memberi wahyu pada lalat itu, lebih pandai, lebih bijaksana daripada manusia! Tuhan! Karena, dalam kata-kata Jawa ada, "*Jalma tan kena kinira*." Yang '*tan kena kinira*' itu tidak dapat dikira-kirakan itu, andaikata dapat wahyu dari Tuhan.

Karenanya, apa yang diterima, saudara sekalian, dalam latihan, terimalah saja dengan memujikan syukur kepada Tuhan, bahwa saudara dapat menerima sesuatu dariNya. Kan saudara terasa, kalau saudara terima, lantas: 'Eh, inilah yang saya cari itu.' Ya, diterima saja, karena Tuhan memberi manusia tidak hanya itu-itu saja. Manusia dapat kembali dengan pemberian Tuhan itu. Kembali ke mana? Kembali ke Tuhan atau Alam Yang Semesta.

Dalam latihan kejiwaan kenapa saudara ada yang begini, ada yang begitu? Dan apa sebab si B tidak seperti A? Kenapa si B tidak seperti C? C tidak seperti D, dan selanjutnya? Karena bimbingan atau kemurahan Tuhan yang telah diterima pada manusia dari Maha Wikan, dari Maha Tahunya Tuhan dan dari Maha Bijaksananya Tuhan untuk menyesuaikan dengan orang itu; Tuhan tahu give a gift to somebody and then take it back? There is no way that God would do that. You might do that, but not God. With God, when He gives a hundred, there is a hundred; when He gives a thousand there is a thousand. When God doesn't give, there is nothing; when God does give, there is something. So what God gives is always precisely what is needed.

Therefore when God gives to a person, He doesn't take it from somewhere else. It comes through God's will and, because it is through God's will, it will be in accordance with that person's individuality – so they will not make claims. What is the point of claiming to be Sunan Kalijaga? If indeed this person already understands something, then they just understand it. Rather than pretending to be Sunan Kalijaga, isn't it better to be wise as John Smith?

Bapak has experienced this. In some places people say that he is the incarnation of the Messiah. No. The Messiah has never incarnated within me. From the beginning I was Pak Subuh, and I am still Pak Subuh. It would be difficult for me if I became the incarnation of the Messiah. I would have to hang around in the church all the time; I would never be able to go home.

Bapak is not the incarnation of anyone else either. Nobody else, I'm always ... [*inaudible*].

How can that be? God is Almighty. Never mind human beings, God can give His grace to a fly and the fly will be wiser than a human being. That is God. In Javanese there is a saying: 'You cannot tell what will happen when a person is touched.' What 'you cannot tell' is what will happen when you get grace from God.

Therefore, brothers and sisters, whatever you receive in the latihan, just receive it and be thankful that you can receive something from God. You know the feeling: you receive something and you think, 'Oh, this is just what I was looking for.' So just receive it, because what God gives to human beings is not only that. With this gift from God, human beings are able to return. Return to where? Return to God, to the universe.

Why is it that in the latihan one person does this, and another does that? And why is B not like A? Why is B not like C, and C not like D, and so on? It is because the guidance and grace that is received by human beings comes from the All-knowingness and Wisdom of God, which adjusts to each person. God knows how to adjust to the individuality of each person.

menyesuaikan dengan pribadinya masing-masing.

Kalau A terima, A, B terima, B, C terima, sungguh-sungguh itu ditaati, sungguh-sungguh itu ditawajuhi, A tidak nanti akan berkonkuren sama si B, B juga tidak pada si C. Sama seperti biasa di dunia ini dikatakan: Dr., Mr., Ir. dan lain-lain ahli. Tentunya bisa mengatakan *ingenieur* itu bodoh, karena tidak seperti saya, tidak. *Ingenieur* punya kepandaian sendiri, atas relnya. Demikian juga dokter punya kepandaian sendiri atas relnya. Terang, saudara, bahwa apa yang telah ada dalam latihan kejiwaan ini memang sungguh-sungguh *mribadèni*, sungguh-sungguh berkepribadian. Kita terlatih menurut rel kita masing-masing, sudah tentu dengan kemampuan yang ada pada kita.

Demikian juga, kalau Bapak katakan secara orang … (*tak terdengar*): kemudahan cara Tuhan membimbing manusia, karena manusia jalan di atas relnya sendiri. Ada orang Bagelèn, orang guru – ini baru di Indonesia – pertama kalinya di Jawa Tengah. Kalau guru memberi pelajaran sama orang Bagelèn sama seperti memberi pelajaran orang Solo, tidak akan dimengerti dia ini. Itu baru Solo dan Bagelèn saja! Apalagi dari negeri Cina dengan Indonesia? Pelajaran itu cara Jawa, cara Indonesia, kepada orang Cina tidak *dingêrtèni* sama sekali. Mempunyai rel sendiri. Orang di negeri Cina diajar seperti Cina. Kita Indonesia diajar seperti Indonesia.

Siapa yang dapat mengatur sedemikian? Tidak lain kecuali Tuhan Yang … (*tak terdengar*). Dengan demikian sehingga saudara sekalian dapat mengambil kesimpulannya, bahwa suatu latihan yang masih digerakkan atau dipengaruhi oleh sesuatu pelajaran, di dalam latihan kejiwaan, sesuatu teori, adalah latihan itu masih latihan dari manusia yang belum berjalan atas relnya. Bapak saja, Pak Subuh punya ilmu. Lantas mau saya berikan ilmunya Pak Subuh. Ya, lantas kerjakan. Ya, tetapi – apa namanya itu, semadi, meditasi dan macam-macam – kalau Nak bisa. Nak umpama namanya itu … (*tak terdengar*), sesudahnya Nak bisa dan jadi, *geslaagd*, bukan siapa-siapa lagi, Pak Subuh yang jadi.

Rugi! Jadi, semuanya rugi bolehnya mbanting raga lama sampai beberapa tahun untuk gunanya, untuk kepentingannya Pak Subuh. Itu, kalau sampai saya. Malah tidak! Pak Subuh tidak dapat, dia juga tidak dapat. Dua-dua tidak dapat semua! Bagaimana dia bisa menjalankan, wong Pak Subuh, Pak Subuh masih ada di saya!

If A receives, B receives and C receives, and they truly obey and devote themselves to what they each receive, A will not be competing with B, nor B with C. It is the same as in the world, where you have doctors, lawyers, engineers and other professions. A doctor cannot say, 'Engineers are stupid because they are not like me!' Engineers have their own knowledge, their own track, just as doctors have theirs. Clearly, brothers and sisters, the content of the latihan empowers our own individuality. We are trained on our own rails and, of course, according to our own ability.

In the same way, if Bapak may put it simply … [*inaudible*]: when God guides a human being it is easy because they travel along their own rails. In the matter of teaching, consider somebody from Bagelen, in Central Java.[10] If a teacher were to teach someone from Bagelen in the way he teaches someone from Solo, he would not be understood. And that is just Solo and Bagelen. What about China and Indonesia? If you taught someone from China in the way that people teach in Java or Indonesia, they would not understand it at all. They each have their own rails. So Chinese people have to be taught the Chinese way and Indonesian people the Indonesian way.

Who is capable of organising something like that? No one but God. You can therefore draw the conclusion that a spiritual training motivated or influenced by a teaching, a method or a theory, is still a training where people are not travelling along their own rails. Take Bapak as an example. If Pak Subuh has spiritual knowledge – say, it is some kind of meditation – and he wants to give it to you. You put it into practice; if you can, that is. And suppose that you were successful: you would not be you any more; you would have become Pak Subuh.

What a waste! All that effort, over who knows how many years, in the interest and for the benefit of Pak Subuh! If the benefit reached me, that is; but it doesn't. So Pak Subuh doesn't benefit and neither do you. Neither of us gets any benefit. And how could you put it into practice anyway, given that Pak Subuh is still here with me.

Memang demikian. Karena itu, maka di Subud tidak ada pelajaran. Teori juga tidak ada. Andaikata ada pelajaran teori akan didapat sendiri dalam arti di atas relnya. Menunjukkan kekuasaan Tuhan, menunjukkan Maha-kebijaksanaan Tuhan.

(*Tak terdengar*) ... sukar mengenal Tuhan, memang! Karena kamu ... (*tak terdengar*) ... belum nampak dan belum terlihat, bagaimana bisa tahu Tuhan? Tuhan itu memberi manusia di atas relnya. Kenyataannya, saudara sekalian, latihan kejiwaan yang saudara telah terima, latihan yang benar-benar tidak menyeleweng dari apa yang ada dalam pribadi saudara sekalian.

Tentunya bagi saudara sekalian percaya kepada apa yang dilihat, karena saudara lihat dengan *mripat*, dengan matanya sendiri. Saudara akan percaya kepada segala sesuatu yang terdengar, karena saudara dengar dengan pendengarannya sendiri. Demikian juga anggota-anggota lainnya. Jadi, meskipun – entah bagaimana – andaikata salah, tetapi toh saudara lihat itu. Kalau yang dilihat itu putih, harus dikatakan: "Putih yang saya lihat. Ini mata saya yang membuktikan." Lebih nyata daripada saudara percaya kepada penglihatan orang lain yang mengatakan itu putih atau itu biru. (*Tak terdengar satu kalimat.*) Dalam kejiwaan, saudara, kecuali kalau saudara masih terpengaruh oleh daya-daya rendah, kecuali saudara masih selalu teperdaya oleh nafsu, sedangkan nafsu itu, saudara-saudara, merupakan alat bagi daya-daya rendah.

Lho, lha bagi manusia, bagi jiwa yang tinggi, apa tidak perlu pakai nafsu itu? Nafsu itu inti-sarinya, ialah kepentingan. Jiwa yang tinggi dari manusia tidak punya kepentingan dunia. Apa perlunya pakai nafsu? Sedang daya-daya rendah, itu memang punya kepentingan. Agar dengan manusia dapat naik ke atas! Sudah tentu, kalau mereka naik ke atas, lalu manusianya yang turun.

Karena itu, maka bagi manusia yang telah dapat menerima daya hidup lebih tinggi daripada manusia itu, apabila manusia telah dapat melenyapkan nafsu; berarti apabila manusia tidak lagi berkepentingan dunia. Apa sebab, saudara, tidak perlu dunia? Karena sana, saudara – lha Bapak katakan sana itu, ya, sana – sana itu bagi mahluk yang lebih tinggi daripada kita manusia, lebih nyata dalam segala-galanya. Lebih nyata dalam segala-galanya.

Jadi, kalau saudara di dunia sini, kalau minum teh, minum teh sungguhan – teh sungguhan ini. Kalau makan tahu, ya, makan tahu sungguhan; makan bestik, ya, makan bestik sungguhan. Disini...

That is really how it is. Therefore in Subud there is no teaching and there is no method. If there is any teaching or method, you will get it yourself, on your own rails. This shows God's power and God's great wisdom.

[*Inaudible*] … that it is hard to know God. Indeed that is so! Since your … [*inaudible*] is not visible yet, how can you know God? God gives to a human being on his or her own rails. The proof of this, brothers and sisters, is the latihan you receive, which does not deviate from your individuality.

You naturally believe in what you see, since you see it with your own eyes. You believe what you hear because you hear it with your own hearing, and the same goes for all the other parts of your being. So even if it happens to be wrong in some way, that is what you see. If what you see is white, you have to say, 'What I see is white; my eyes have witnessed it.' That is more real than if you trust someone else's seeing and they tell you that it is white or blue. [*Inaudible*] … in the realm of the soul, unless you are still influenced by the low forces – or by your desires, which are the tools of the low forces.

And as for human beings, for higher souls, don't they need to use desires? The essence of desires is self-interest, and souls that are higher than human have no self-interest in this world – why would they want to use desires? The low forces however, do have a self-interest, which is to go higher by way of human beings. And of course, when they move up it is the human beings who move down.

Because this is so, human beings who can receive life forces higher than the human are those who have been able to extinguish their desires, and who no longer have a self-interest in this world. Why do they not need the world? It is because over there – and by 'over there' Bapak means, well … over there – for creatures higher than us human beings, everything is more real.

So, for you in this world, when you drink tea you are drinking real tea – this, here, is real tea. When you eat tofu, it is real tofu; you eat steak and it is real steak. That is here – that is what we call real

Kita katakan, ini nyata di dunia! Tetapi di sana, saudara, boleh dikatakan yang di sana itu lebih tinggi daripada di sini. Oh, apa-apanya lebih nyata daripada di sini.

Umpama saudara tanya: "Elho, kalau begitu kan Bapak enak sana!" Lho, memang sebetulnya enak sana, tetapi kalau Bapak di sana, tidak bisa bicara di sini! Jadi, ya, sama-sama untungnya. Saudara-saudara untung, karena Bapak masih suka di sini, Bapak sendiri juga untung, karena masih bisa makan tempe sama sambal.

Sebenarnya, saudara, apa sebab Bapak masih di sini? Bapak menyerah kepada kehendak Tuhan. Tuhan menghendaki aku masih di sini. Tetapi kalau Tuhan menghendaki aku tidak di sini, ya, menyerah menyerah kepada Tuhan. Karena Bapak ini mati-hidupnya menyerah kepada Tuhan. Habis bicara ini mati? Insya Allah. Besok? Insya Allah. Dulu matinya, ya, insya Allah.

Itulah yang dikatakan penyerahan. Jadi caranya saudara menyerah kepada Tuhan tidak hanya dengan kata-kata saja. "Tuhan, aku menyerah kepadaMu, Tuhan, ampunilah dosaku." Begitu. Itu baru soal tanya-jawab, belum menjadi praktek, belum menjadi laku. Harus dilakukan dan dipraktekkan. Ini biasanya dikatakan, beramal. Harus dapat mengamalkan. Mengamalkan apa yang dikehendaki Tuhan atas diri kita. Karena kita ini manusia, jadi dalam segala halnya juga peri-kemanusiaan.

Berarti – kalau manusia – manusia itu dapat merasakan hal yang baik, hal yang tidak. Sampai dapatnya merasakan hal yang baik yang tidak, sampai ini *semuruh* saja, artinya ini *semuruh* cuma *gelaat* saja, cuma tingkah-lakunya saja sudah dapat menerima.

"Akh, saya ndhak senang sama dia."

"Kenapa?"

"Itu *melerak-melerok* dia."

"Ya, sudah."

Sudah terima. Belum dikatakan: "Aku benci kepadamu," tetapi dia sudah melèrek, itu siapa ... (*tak terdengar*) ... mengerti! Manusia!

Kalau kita tajam dalam hal segala-galanya, untuk kita dapat memisahkan antara baik dan tidak. Sebagai simbol dalam Kristen adanya *kruis*. Baik, jelek. *Goed en kwaad*. Dan kita menjadi ... (*tak terdengar*). Supaya manusia dapat merupakan talang di dalam hidup, memisahkan aku siapa, Tuhan itu dimana; yang jelek di mana yang baik di mana.

in this world. But over there, you could say that it is higher than over here, and everything is more real than here.

If you were to ask, 'If that is so, isn't it more pleasant for Bapak to be over there?' Yes, in fact it is more pleasant there, but if Bapak were over there he could not give a talk over here. So, we both win: it is good for you that Bapak is still willing to be here, and it is good for Bapak because he can still eat tempeh with sambal.

Brothers and sisters, what is the real reason that Bapak is still here? It is because he surrenders to the will of God. God wills me to be here. But if God willed that I should not be here, well, I would just surrender to God. In life and death Bapak surrenders to God. What if I were to die after this talk? If it is God's will. Tomorrow? If it is God's will. And if I'm already dead? Yes, if it is God's will.

That is what is called surrender. So when you surrender to God, it is not just a matter of words. You might say, 'God, I surrender to you, please forgive my sins.' That is just question and answer, not yet implementation; it hasn't been carried out yet. You have to carry it out and practise it. That is what they call implementation. We have to implement what God wants for us. Since we are human beings, in everything we have to behave in a humane way.

This means that human beings can feel what is good and what is not good. They can feel this even at the superficial level, just from somebody's behaviour.

'Oh, I don't like him.'

'Why not?'

'He looks shifty.'

'Oh, yes.'

You can grasp that. He hasn't said, 'I hate you,' but from his shifty look you can grasp that.

If we are sharp in everything, we can discriminate between what is good and what is not. In Christianity this is symbolised by the cross: good and bad. And we become … [*inaudible*]. A human being can become a conduit in life, knowing who 'I' is and where God is, distinguishing between what is bad and what is good.

(*Tak terdengar*) ... tidak akan tahu jelek, apabila belum sampai menginjak ke kebenaran. Jadi, tahunya jelek karena baik. Tahunya baik karena jelek. (*Tak terdengar satu kata*). Tetapi kalau yang baik tidak ada, yang jelek itu jadi baik terus.

Agar kita dapat menimbang dan merasakan bagaimana baiknya orang berkelakuan, bagaimana utamanya orang berkelakuan baik, karena kita dapat merasakan antara kita dengan kekuasaan Tuhan.

Demikian, saudara sekalian, segala sesuatu yang telah kita alami dalam latihan menunjukkan bahwa dalam segala hal, tingkah-laku, gerak-gerik, selalu diliputi, selalu diketahui oleh Yang Maha Esa. Karena Maha Sayang kepada manusia, sehingga kemauan manusia selalu diberi, diizinkan.

Apakah yang demikian itu karena kelakuan *onverschillig*? Artinya *onverschillig* itu, ya, semau-maunya manusia sendiri, dibiarkan saja. Karena Tuhan mengasih-sayangi kepada manusia, sehingga manusia disediakan segala sesuatu yang menjadi keperluan hidupnya.

Sama seperti keadaan orang yang meminjamkan dan yang pinjam. Yang pinjam: secara adilnya yang pinjam, minta kalau pinjam tidak usah bayar *rente*. Malah kalau bisa, cukup dibayar separoh saja kembali. Yang meminjamkan, sebaliknya: kalau bisa, mengembalikan dengan rente yang tak terhingga besarnya; dan andaikata ada lowongnya, tidak bayar, di*tikêl* kena. Karena mau menerima demikian: "Habis! Kalau tidak begitu, perlunya apa itu uang saya gerakkan?"

Kemauan orang dua tadi mohon adil kepada Tuhan, mana yang benar. Dalam hal itu, adil Tuhan kepada manusia: "Ya, bagaimana kamu, toh dapat menimbang sendiri. Kalau kamu timbang itu *rente*nya terlalu tinggi, kenapa kamu pinjam?"

"Habis! Tidak punya uang. Tidak ada uang."

"Apakah uang itu yang menjadikan manusia hidup?"

(*Tak terdengar dua kata.*) Uang itu wujudnya hanya sebagai suatu – ya, kalau dikatakan dalam biasanya – *ruilmiddel*. *Middel* untuk mempertukarkan. Kalau itu tidak digunakan, mungkin kertas-kertas tidak laku. Kalau digunakan, sehingga, ya, ada harganya. Jadi ... (*tak terdengar*).

Demikian juga dalam latihan yang saudara terima. Kalau saudara menerima latihan, sehingga saudara menganggap, merasakan itu sudah cukup dan itu yang menjadi kepentingannya, Tuhan memberikan. Umpama saja saudara menerima dalam latihan itu, sehingga akhirnya nyêmbur saja, orangnya lantas punya uang,

[*Inaudible*] … will not know what is bad if we do not know the truth. We know what is bad because of the good. We know the good because of the bad. But if there is nothing good, what is bad will always go on being good.

We are able to weigh up and consider how to behave and what constitutes the best behaviour, because we can feel what comes from us and what comes from God's power. The fact is that everything we experience in the latihan shows that Almighty God envelops and is aware of everything about us: every action and every movement. Because God is All-loving towards human beings, God grants and permits whatever they want to do.

Or is that because God doesn't care – meaning that whatever humans want to do, God just lets them get on with it? It is because God loves human beings that everything they need for their lives is provided for them.

For instance, take someone who lends and someone who borrows. The one who borrows would like to be excused from paying interest. In fact, if possible, would it be enough if they just pay back half the loan? On the other hand, the lender wants the loan repaid with huge interest, and if the borrower misses a payment they will compound the interest. To explain why, they will say, 'Well, otherwise why would I bother to lend the money?'

Suppose these two would like God to arbitrate and say who is right. In such a case what God would say to human beings is, 'It is up to you; you can work it out for yourself. If you thought the interest was too high, why did you borrow?'

'What could I do? I had no money.'

'Is it money that gives life to human beings?'

[I*naudible.*] Money is only what they call a medium of exchange. If it weren't used for that, it would be paper of no value; when it is used, then it has a value. So … [*inaudible*].

It is the same with the latihan you receive. If you think that the latihan you receive is sufficient for your needs then that is what God will give you. For instance, you may receive something in the latihan so that you can blow on someone and they will have money, or you can blow on someone and they will be cured of nyêmbur saja, orangnya lantas sembuh dari sakitnya. Cuma sampai situ atau saat cuma itu saja, saudara, cari, teruji. Ya, sudah sampai di situ saja! Juga andaikata saudara mengaku ini mengaku itu, toh sampai situ juga.

Sekarang pada saudara sendiri, saudara dapat menimbang-nimbang: "Apakah begini sudah betul?" Lha, sekarang lihat cara apa? Ini, saudara yang Bapak katakan: cara orang merasakan dan meneliti.

Kalau saudara mengatakan: "Kenapa kalau dalam latihan kejiwaan ini sudah dididik, dipimpin oleh Tuhan, tidak dapat mengetahuinya?" Saudara-saudara, sifat saudara sekalian, bukan Bapak merendahkan saudara sekalian, tetapi sifat saudara sekalian ini sudah merupakan sifat yang kelanjutan dari kesalahan. Jadi, salah dari yang menurunkan sampai ... sampai ... sampai ... sampai ... ke diri saudara. Sehingga sifat saudara sekarang ini sifat kelanjutan dari sana. Jadi, kesalahan yang sudah terlanjur, terlanjur, telah terlanjur yang belum ada batasnya.

Lha, kesalahan tindakan yang sudah meresap dalam kepribadian yang biasa dikatakan karma, itu sampai ke diri saudara sudah merasakan asli. Seperti dikatakan: gula; gula dengan manisnya. Kalau manisnya diambil dari gula itu, tidak wujud lagi gula. Jadi, *blêgêr* saudara itu: gula. Kesalahan yang telah meresap dalam pribadi saudara: manisnya.

Jadi, kalau saudara ingin dengan kekuatan saudara sendiri melenyapkan kesalahan yang ada dalam diri pribadi saudara, berarti saudara melenyapkan saudara sendiri. Berarti: mati. Karena itu tidak kurang-kurangnya orang yang belajar-belajar, sampai mengheningkan cipta, *ngrogoh sukma*, blaas, mati. Iya.

Oooh, banyak dulu teman-teman saya itu. Orang hidup itu disuruh *mêndhêm*. Iya! *Mêndhêm*! *Mêndhêm*. *Mêndhêm*, *dipêndhêm* itu, ditanam di dalam tanah. Katanya lebih lama, lebih utama. Sesudah tujuh hari, ditarik-tarik dari atas masih menjawab. Biarkan saja! Sesudah empat belasnya sampai, tidak ada. Tidak menjawab. Digali. Dibuka. Mati. Terus! Mati.

Lantas bagaimana, saudara? Jadi sekarang yang dibutuhkan, supaya lenyap kesalahan-kesalahan yang ada dalam pribadi, sehingga kepribadian saudara kembali sebagai sediakala, yaitu kembali sebagai manusia yang tunggal, manusia yang sempurna. Sedangkan kalau saudara paksa: itu mati. Tentu saja tidak ada jalan lain kecuali:

their illness.[11] The only thing is, if that is what you want then that is all you will get. That is as far as you will go. No matter if you claim to be this or that, you will only go to that point and no further.

And now it is up to you, you can reflect on it yourself: 'Is what I am doing correct?' So how do we reflect on it? This is what Bapak has been talking about: how one reflects on and analyses such things.

You might say, 'If we have already been educated and guided by God in the latihan, why can't we already understand this?' Brothers and sisters, Bapak does not wish to offend you, but your nature is like a continuation of faults: mistakes that have come down from this ancestor to another and another and finally to you. So your present state is a continuation of all that. The mistakes that have been made go on and on, and have not yet reached their limit.

And by the time they reach you, the mistakes that have permeated your individuality – which are often called karma – feel as if they are part of your original self. It is like sugar and its sweetness. If you take the sweetness away from the sugar it is no longer sugar. In this case your form is the sugar, and the mistakes that have permeated your being are its sweetness.

So if you want to get rid of the mistakes in your being by your own strength, it means you are getting rid of your own self. It means dying. That is why there are many people who study and learn to meditate, to travel with their astral body, and whoosh … the next thing they know, they are dead. Yes.

I used to have many friends who did that kind of thing. They were buried while still alive. Yes, they were buried; buried in the earth. The longer the better, they were told. After seven days someone would tug on a string from above and the person would still respond. So they were left there. After fourteen days there was no response any more. They were dug up and found to be dead. Yes, dead. Permanently.

So then, what must we do? What we need to do is get rid of those mistakes that have found their way into our individuality, so that our individuality reverts to the way it was in the beginning; that is, it once again becomes a whole, complete human being. But if we force it, we'll die. Clearly there is no other way but to menyerah kepada Tuhan. Karena Tuhan yang menciptakan: dari tidak ada, ada, kembali ke tidak ada. Tentunya Tuhan, itu pekerjaannya Tuhan sendiri. Tidak ada lain.

Bagaimana bolehnya menyerahkan? Lho, kalau ada barangnya, ya, begini, ya, bisa diserahkan. Lha, orangnya milik sendiri, bagaimana bisa diserahkan sendiri. Bagaimana? Tetapi Tuhan Maha Sayang kepada manusia, Maha Kasih kepada manusia, sehingga sesuatu yang sukar yang tidak mungkin didapatkan manusia, toh diberi. Karena sayangNya. Yaitu: apa yang saudara-saudara telah terima dalam latihan. Tidak dikira-kira itu, saudara, yang saudara masih utuh memikirkan ini-itu. Sedangkan biasanya, saudara, untuk melenyapkan, menyepikan pengaruh nafsu: itu bukan sesuatu yang mudah dilakukan. Banyak di antaranya yang telah melakukan bertahun-tahun. Tetapi untuk menyepikan, untuk mengosongkan nafsu, belum dapat.

Kecuali itu, saudara, juga ada kekuatiran. Kalau dari kekuatannya sendiri, ya, kalau sudah sungguh-sungguh dapat mengatasi daya rendah! Kalau belum? Kemauannya menyepi, sebentar sepi: isi! Yang mengisi malah *thèthèthuwèt*. Bagaimana? Yang mengisi: yang ada di bawah jembatan. Kan payah! Lha, yaitu yang dikatakan *kêpanjingan*.

Sedangkan kita atau saudara sekalian dapat dikatakan, ya, meskipun saudara belum mengetahui – nanti dapat saudara ketahui – tetapi sudah ada penyerahan yang toh diterima. Buktinya: saudara menerima ini dengan mudah, meskipun telah dihentikan dari pengaruhnya nafsu, toh jalan. Saudara dapat merasakan, kalau latihan itu. Begitu saudara: "Eu, eu, eu, eu, hwuk, hauk, hauk ..." *En toch* sedar itu. Mengerti sendiri, lho: "Kenapa saya 'owik, owik', kenapa."

Lha, kalau umpama *kêpanjingan*, tidak begitu: Sêt! Bwêt! Kêjèt, kêjèt, kêjèt. "Huèk, huèk." Begitu … (*tak terdengar*).

Jadi, apa yang telah saudara terima, kalau umpama Bapak samakan *lijn* begitu, yaitu yang sudah nak terima dalam waktu yang singkat. Bagaimana tidak singkat? Kadang nak dibuka baru tiga bulan, empat bulan, sudah bisa: "Eu, eu, eu," begitu, ta! Itu bagi lainnya, saudara, kalau kayak itu ditarik *lijn*nya yang sama begitu surrender it to God. Because God created us: from nothing we are brought into existence, and then we become nothing again. Therefore this is clearly God's work; there is no one else who can do it.

How do we surrender? If it was an object, then we could surrender it like this [*gesture*]; but if what we have is ourselves, how can we surrender that? How do we do it? Well, God is All-loving towards human beings, so something that human beings cannot possibly obtain, God will still give to them, because of His love. That is what you receive in the latihan. You receive it quite unexpectedly, while still fully engaged in thinking about this and that; whereas normally, getting rid of the influence of the desires is not something that is easy to do. Many people work on it for years, but in the end are still unable to do it.

And not only that, brothers and sisters, there is a concern involved. Doing it from your own strength is all right if you are already really able to overcome the low forces. But what if you can't? You want to become empty, and you achieve it for a moment. The next thing you know, something else has come in, and what comes in is a goblin. Now what? Your content is now one of those beings that live under the bridge. Now you are in trouble, aren't you? That is what they call being possessed.

Whereas in our case – though you may not be aware of it yet – our surrender has already been accepted. Later you will be able to confirm this for yourself. The proof is that you can receive easily in the latihan: you are separated from the influence of your desires and it proceeds. You are aware while you are doing latihan. When you go, 'Ow, ow, ow, ow, huck, howk, howk,' you are still conscious. You are aware that you are making those noises.

When you are possessed, it is not like that. [*Bapak demonstrates someone having fits and spasms and making macabre noises … the rest is inaudible.*]

If Bapak compares it with other ways, you have received this in a short time. Why does he say it is a short time? Because you have been opened for just three or four months and you can already go, 'Ow, ow, ow'. If we compare that to the time line for those following other ways, they have studied and practised for thirty or yang sudah dipelajarkan, sudah dilakukan tiga puluh tahun, empat puluh tahun, kadang kurang setahun sebelum matinya. Terima. Setahun lagi, mati. Belum tentu juga kalau betul!

Karena saudara dimudahkan yang demikian itu, itu malahan saudara sebaliknya harus yang ... (*tak terdengar*). Jangan saudara kalau sudah dimanjakan orang tua itu lantas seenaknya. Jangan! Oooh, nanti *kêthul*! Tidak jadi bolehnya sekolah.

Jadi, kasih-sayang Tuhan kepada manusia itu, janganlah disembarang; jangan salah digunakan. Sebab kalau salah menggunakannya, seperti anak yang dimanjakan. Diongkosi tidak karu-karuan orang tuanya, *mlincur* saja, bagaimana? Habis, sekolah *sangu*nya seribu. Iya. Lha, *wong* masih sekolah *sangu*nya seribu! Bagaimana? *Sangu* itu *zakgeld*, seribu. Liwat saja sekolah tadi, diliwati saja, *orang* punya seribu.

Jam satu: pulang. Pukul satu pulang. Dipas anak pulang dari sekolahan. Dan sebenarnya dia sekolah nongkrong makan sate. Iya.

Ditanya: "Wah, bagaimana bijinya?"

"Baik, Pak."

"Kenapa ndhak diperlihatkan saya?"

"Sudah saya teken sendiri."

"Wah, klakon! Tidak diperlihatkan sama saya."

Lha, wong anak sendiri dimanjakan.

"Iya sudah, anakku yang bagus. Pandai *teken* sendiri."

Ada sambungannya juga: familinya mesti teken isi *rapporten*. Wadhuh, merah semua!

Jadi, saudara harus hati-hati malahan kalau sudah dimanjakan begitu.

Memang sudah dipelihara oleh orang tuanya sendiri, maka pandai, lebih utama daripada diindekoskan. Iya! Utamanya: ia lantas tidak ada rasa yang jauh daripada orang tuanya.

Adapun tentang kelambatan, saudara, dalam penerimaan, yaitu dalam latihan kejiwaan – tadi telah Bapak katakan – sifat saudara telah menjadi sifat yang salah. Kelanjutan dari barang yang salah. Untung sudah saat ini menerima batas-batasnya. Jadi, ini merupakan suatu batasnya yang memberi batasan kepada saudara. Kalau ini saudara untung terbatas, anak sudah tidak lagi. Berarti, sudah kembali ke jalannya.

forty years; and then, one year before they die, they receive it. They receive, and a year later they die. And it is not certain whether what they received was right.

Since it has been made so easy for you, you need to be … [*inaudible*]. Do not take it easy just because you have been spoiled by your parents. Don't do that, or you will become dull. You will not make the grade at school.

So do not waste God's love, and do not misuse it. If you misuse it you are acting like a spoilt child. Your parents have spent a great deal on your education and you play truant. How can you do that? They have sent you to school with pocket money of a thousand rupiahs. Yes. How could that be – you are still at school and you are getting a thousand rupiahs for pocket money? You will just pass by the school; after all you have a thousand rupiahs in your pocket. [*Laughter.*]

At one o'clock you go home, just like all the other children. But actually, you have been sitting around eating satay.

When your father asks you, 'What marks did you get?'

'Good, sir.'

'Why don't you show me the report card?'

'I already signed it myself.'

'Oh, gosh! He's not showing it to me.'

That's what comes of spoiling your children.

'Oh never mind then, my good son. How clever of you to sign the report card yourself!'

But there is a sequel: when the time comes that the family has to sign the report card, all the grades are red.[12]

So you all have to be careful if you have been spoilt in this way.

Indeed the best thing is if you can stay with your parents while you go to school, and still do well. That is better than if they send you away to board, because you will not have a feeling of distance from your parents.

And if you are slow in your receiving in the latihan, it is because your nature has become faulty, as Bapak explained earlier. It is a continuation of something that is faulty. Fortunately, you have now received the limit of these faults; the latihan provides a limit for your mistakes. If you are lucky and have received that, then your children will not be affected and they will be able to return to their path.

Jadi, umpama secara asal-usul begitu, kalau Nak sudah *graad* tujuh, kembali *graad* satu lagi. Kalau sekarang sudah *graad* tujuh belas, berarti ke tujuh belas, sampai tidak ada radèn-nya sama sekali: radèn-nya habis, wong tujuh belas, kembali lagi radèn!

(*Tak terdengar*) ... sampai di sana: satu. Wah, itu cuma bagi saudara sekalian: beratnya! Membersihkan kesalahan-kesalahan yang sudah dari kakek-moyang. Itulah sebabnya, saudara, maka dalam latihan kita tidak semudah apa yang dikatakan orang-orang yang telah dapat menerima wahyu di zaman sedia kala. Tetapi saudara beruntung juga, karena meskipun susah-payah, tetapi toh dapat mengangkat dan saudara kembali sampai ke yang lurus.

Jadi, andaikata sampai terlaksana saudara membersihkan segala kesalahan yang ada pada diri pribadi saudara, berarti saudara menjunjung juga ayah, kakek dan seterusnya. Itulah yang dikatakan dalam bahasa Jawa – biasanya orang kuno, orang tua itu – anak laki-laki dapat memikul tinggi dan dapat menanam atau mengubur ayah atau orang tuanya sedalam-dalamnya.

Perlunya apa, kok, tinggi-tinggi dan dalam-dalam, orang sebegini saja cukup? Itu bukan hanya untuk dikubur saja. Yang diperlukan itu arwahnya. Karena anaknya yang begitu, terangnya: itulah sebabnya, maka latihan saudara agak lambat, lambat karena bukan untuk diri sendiri. Untuk aku dan yang menurunkan. Karena itu, maka Islam biasanya anaknya dipelajarkan, supaya mengerti, supaya insaf agama, karena dengan alim-solehnya anak, berarti mengangkat orang tua.

Jadi, meskipun lambat, perlu saudara terima dengan syukur kepada Tuhan. Jangan *nutuh* dirinya sendiri, "Wadhuh, memang nasibku nasib demikian. Waah, dasar nasibnya orang melarat!" Jangan. Saudara mengatakan demikian, merasa begitu, itu menyumpahi dirinya sendiri. Jadi, terima dengan syukur. Dengan rasa hati, rasa diri saudara yang demikian, malah menambah kelancarannya latihan. Karena dengan rasa diri saudara yang demikian menyatakan: saudara sungguh-sungguh percaya dan menyerah pada keagungan Tuhan Yang Maha Esa. Selanjutnya apa yang diterima dalam latihan kejiwaan, andaikata saudara lurus, dapat menerima, dalam latihan begitu, begitu, sedikit demi sedikit.

Jangan dahulu mengatakan, kalau latihan itu sudah menuju jalan ke Tuhan. Ya, sudah menuju, tetapi jangan dikatakan demikian. Itu baru merupakan pembukaan. Jangan kalau belum dibersihkan

If you compare this with family trees, say you are at the seventh remove,[13] it is as though you are returned to the first remove. Or, if at the moment you are down at the seventeenth remove – so low that you do not even have the title *radèn* any more – then you become a *radèn* again.

[*Inaudible*] … when you get to that point, you are one. Well, this applies only to you … but it is very hard, cleaning the mistakes that started with your ancestors. That is the reason why for us in the latihan it is not as easy as it was said to be for those who were able to receive God's grace long ago. But you are lucky nevertheless because, hard as it is, you are able to raise up your ancestors and return to the straight path yourself.

For if you succeed in cleaning out all the faults within your individuality, it means you are also raising up your father, your grandfather, and so on. That is why in the olden days they used to say in Java that a son could raise his father up high and bury him deep.

Why does it have to be high and deep? Why isn't it enough just like this? It is not just about burying the dead. What is important is their soul. Clearly, if as their child you have to do that, it slows your latihan down. It is slow because it is not just for your own benefit. It is for you and your ancestors. That is the reason why, among Muslims, children are taught to understand and be aware of their religion: for the piety and virtue of the children will bring their parents to a higher level.

So even though it takes longer, you need to receive it with gratitude towards God. Do not indulge in self-pity: 'Oh, my fate is really like this; I have a miserable fate.' Don't do that. By saying that or feeling that way, you are cursing yourself. Therefore accept it with gratitude. Your grateful feeling will in fact improve your latihan. It signifies your trust and surrender to the greatness of Almighty God. Then, provided that you are aligned, you will be able little by little to receive in the latihan.

And don't be too forward in saying that the latihan is a path directed towards God. Well, that is its direction, but it is better not to say it. It is just the opening of the way. Until you have been tidak akan terlihat dan tidak asli. Ada: hidup yang asli, ada yang tidak asli, belum terlihat.

Itu berarti saudara sudah dapat melihat, begitu. Melihat. Saudara atau, ya, saudara lain mulainya begitu, tetapi saudara dapat melihat sudah, itu ada yang hidupnya hidup. Tetapi anggotanya itu masih *pating* tidak karu-karuan. Ada yang telinganya seperti *ilir*. Tahu *ilir* itu? *Kêpêt*. Ada yang hidungnya seperti *munthu*. *Munthu* itu baik. Ada yang seperti setrikaan. Ada. Itu meskipun demikian jadi orang, tetapi sudah hidup. Jadi, banyak yang masih belum terlihat. Belum terlihat. Jadi, semacam masih dibungkus kekotoran. Itu kesalahannya.

Itu dalam latihan, saudara, akan dapat saudara rasakan dan ketahui. Kalau itu sudah dapat saudara rasakan dan ketahui, berarti saudara tahu kesalahannya sendiri, itu yang lebih utama. Sehingga saudara lebih menyerah kepada Tuhan: "Akh, beginilah, Tuhan! Kayak apa rasanya utuh tangan saya?"

Ini nanti sedikit-sedikit, kalau toh bisa, bukan Bapak cobakan, marilah sama-sama dirasakan. Itu nanti, bukan sekarang. Nanti, mari dirasakan sama-sama. Nanti. Sekarang belum. Belum ada komando, kok, ya!

Kelanjutannya, apabila pembersihan terus berjalan, sehingga terasa, saudara, benar-benar terasa, bahwa: "Adanya aku bisa begini dan begitu: apa aku bisa hidup? Karena Tuhan."

Toh kita hidup karena otak, karena hati, karena telinga, dan lain-lainnya. Buktinya, kalau saudara sudah mati, itu mati … (*tak terdengar*) … karena Tuhan.

(*Tak terdengar satu kalimat*) … karena Tuhan itu tidak bersifat, berwarna, berwujud sebagai saudara kira-kirakan. Kalau diwujudkan: salah. Tidak usah saudara ingin tahu kayak apa wujudnya Tuhan itu. Cukup bila dapat merasakan zatNya, kekuasaanNya, yang ada dalam diri saudara. Dengan kekuasaanNya lama-lama, ya, sampai ke sana.

(*Selanjutnya rekamannya tidak jelas sampai habis.*)

purified, your nature will not be visible and will not be original. There is a life that is genuine, and one that is not. You are not there yet.

But it means that you are already able to see this. You – or, well … other people – start off like that, but you are already able to see it: that there is a life within. But the parts of your being are still deformed. There are those whose ears are like fans; some have a nose like a pestle. That is not bad: there are noses that look like a smoothing-iron. There really are. Even so, they are already alive – there are many others where no nose is visible at all yet. That means it is still covered by their dirt, by their faults.

You will be able to sense and to know this through the latihan. Once you are able to sense and know it, it means you are aware of your own faults, and that is good. Then you surrender more to God: 'Oh God, this is what I am like! How would it feel if my hands were complete?'

Later, if possible, Bapak can to some extent, not test it with you but … let us feel it together. Later, not now. Right now, the command hasn't come yet!

In the next stage, once the purification has gone on, you will feel – truly feel – that, 'I am able to do this and to do that; and I am alive, thanks to God.'

Isn't it true that we live thanks to our brain, our heart, our ears, and so on? The proof is that when we die, all that dies too. [*Inaudible*] … thanks to God.

[*Inaudible*] … for God has no attributes, no colour or form in the way you think. It is wrong to give God a form. You do not need to know what God is like: it is enough for you to be able to feel God's essence, God's power within your being. With God's power, you will get there in the end.

[*The rest of the recording is inaudible.*]

14

CILANDAK

6 APRIL 1965

Rekaman: 65 TJK 3

Saudara-saudara, akan Bapak mulai. Sebagai biasanya, Bapak selalu menerangkan tentang jalan kejiwaan dan yang menjadi serba-serbinya. Arti serba-serbi itu, menjadi bumbu-bumbunya, begitu.

Seringkali Bapak memberitahukan, bahwa latihan kejiwaan Susila Budhi Dharma ini latihan yang dikatakan hakikat; artinya hakikat, latihan menurut kodrat Tuhan. Karenanya maka kita tidak bisa lebih dan tak kurang, hanya tinggal mengikuti saja, hanya tinggal menuruti saja apa yang menjadi kehendak Tuhan yang telah menjelma dalam latihan kejiwaan, yang telah menjelma pula dalam diri saudara sekalian.

Tentunya saudara belum dapat merasakan, bahwa yang demikian itu sungguh-sungguh kehendak Tuhan, bahwa yang demikian itu benar-benar atas tuntunan Tuhan dan bimbingan Tuhan, karena kejadian yang ada dalam latihan kejiwaan Subud itu, adalah sesuatu yang lain dari pada yang lain, yang tidak menjadi kebiasaan orang bakti kepada Tuhan yang demikian itu. Sehingga banyak diantara para penerima maupun yang belum menerima mengira, bahwa kebaktian kita terhadap Tuhan dengan latihan kejiwaan ini dapat diperkeras, dapat diusahakan dengan jalan lain, mungkin agar dapat selekasnya menerima dan memahaminya. Tapi tidak mungkin terjadi demikian, karena Bapak tadi telah katakan, bahwa latihan kejiwaan Subud ini adalah latihan hakikat, berarti menurut kodrat Tuhan Yang Maha Esa. Karena itu, maka setiap saudara menerima latihan kejiwaan ini, memiliki dan mempunyai permulaan sendiri-sendiri.

14

CILANDAK

6 APRIL 1965

Recording: 65 TJK 3

Sisters, Bapak will start. As usual, he will explain about the path of the soul and about other things. By that, he means all that goes with it.

Bapak has often told you that the latihan, the spiritual training of *Susila Budhi Dharma*, is a training that can be described as reality; a training that is in accordance with the will of God. That is why we cannot add to it or subtract from it; we can only follow God's will that is acting in the latihan, acting in the being of each one of us.

Of course you cannot yet feel that it is really God's will and that it is truly guided by God, because what happens in the Subud latihan is different from anything else, and is not the way people usually worship God. That is why many of those who receive it, as well as those who don't, imagine that their worship of God in the latihan can be intensified and augmented in other ways so that they can then receive and understand more quickly. But this is not possible, because as Bapak said just now, this Subud latihan is a training of reality; meaning that it is according to the will of Almighty God. That is the reason why, every time you receive the latihan, each of you has a new beginning of your own.

Oleh sebab itu, maka diantara saudara yang lain, tidak ada tapi tidak seharusnya beriri hati dan mengatakan itu kurang sempurna dari pada saya atau lebih tinggi dari pada lainnya, tidak. Karena setiap saudara memiliki permulaan sendiri-sendiri. Meskipun permulaannya para saudara sendiri-sendiri, tetapi toh semua menuju kesatu, ialah menuju ke Tuhan Yang Maha Esa. Dengan demikian, maka nyatalah bahwa Tuhan Yang Maha Esa, Maha Tahu, Maha Bijaksana, dan dapat mendidik, memimpin, membimbing manusianya menurut ukurannya masing-masing.

Karena itu, maka saudara sekalian, janganlah salah terima, sehingga terasa kuatir-kuatir, nanti mungkin menjadi krisis seperti itu, itu, itu, begitu. Kalau toh saudara krisis itu krisisnya sendiri, berarti memang saudara sifatnya harus melalui waktu krisis, tapi tidak semuanya demikian. Kalau semua demikian, Bapak tentu juga krisis, padahal tidak.

Dan krisis yang dikatakan, sebenarnya itu kata-kata salah, hanya menurut faham atau kebiasaan saja orang bicara, kebiasaan orang mengatakan. Itu sebenarnya bukan krisis namanya, ini kalau dalam Islam dikatakan *zadab*. *Zadab* berarti dinaikkan atau diberi keterangan, diberi penerangan oleh kekuasaan Tuhan karena semangatnya, karena kehendaknya yang kuat. Ini adalah bagian yang terbawah, *zadab*. *Zadab* adalah dibagi-bagi; *zadab* syaitoniah, *zadab* nabatiah, *zadab* hewaniah, *zadab* jasmaniah. Itu semuanya pemberian tahu dari Tuhan kepada manusia yang belum dapat sebenarnya menerima tapi hanya karena keinginannya yang kuat untuk dapat mengetahui apa yang ada dalam latihan itu, sehingga seperti barang dibuka begitu.

Karena tidak kuatnya melihat barang-barang dibuka, yang serba tidak karuan baiknya, seperti anak kecil dimasukkan kedalam toko dan melihat yang banyak sekali main-mainan, sehingga milih ini, tahu itu, ingin milih itu, milih itu, sehingga sifatnya seperti orang bingung karena milih ini, ada lagi yang baik, milih itu, begitu seterusnya. Apa sebab demikian? Karena belum kuat.

Karena itu maka kepada saudara sekalian, Bapak anjurkan janganlah soal kejiwaan ini difikirkan, dirasakan dalam-dalam. Bagaimana kekuatan saudara tidak mungkin dapat melebihi atau sampai ke Tuhan, tidak bisa. Saudara harus tahu dan dapat menginsafi sendiri kekuatan manusia sampai kemana dan dimana. Manusia adalah sifat mahluk yang terhitung juga lemah, yang

Therefore there need not and should not be any jealousy between you. You need not say, 'your worship is less perfect than mine,' or 'it is higher than others'. No, because you each have your own beginning. But although each of you has your own beginning, you are all going in the same direction – towards Almighty God. From this it is clear that Almighty God is the One, All-knowing, All-wise, who can educate, lead and guide human beings according to their individual capacities.

So, do not misunderstand and feel worried that you may get into a spiritual crisis, like this person or that person. Even if you do experience a crisis, it will be your own crisis; meaning that it is a period of crisis you really need to go through. But that does not apply to everybody; if it did, then Bapak would certainly have experienced one, whereas in fact he has not.

And when people talk about crisis, actually they are using the wrong word, which people have adopted for convenience. In reality it is not called a crisis: in Islam it is called *ghaḍab*. *Ghaḍab* means a person is raised up or given information by the power of God because of their eagerness, because of their strong will. *Ghaḍab* is the lowest category, and it can be divided into material *ghaḍab*, vegetable *ghaḍab*, animal *ghaḍab* and *ghaḍab* of the physical human level. They are all God giving knowledge to those who cannot really receive it yet, on account of their strong wish to know what is in the latihan. It is as if something is uncovered within them.

Because they are overwhelmed when they see what has been uncovered – all of which is extraordinarily attractive – they become like small children entering a toy store. They choose this, they see that, they want this and that. They become confused because, whatever they choose, there is something even better, and they cannot stop. Why is that? It is because they are not yet strong enough.

That is why Bapak advises you not to think about the spiritual realm nor ponder deeply on it. No matter what, your strength cannot exceed or reach God. You have to know and be aware of the limits of human strength. Human beings are weak creatures, who are very easily affected by the heat of the sun and by the coldness of water. If we do not eat, we get hungry; if we do not mudah sekali kenyataannya terkena panasnya matahari, terkena dinginnya air, kalau tidak makan juga lapar, kalau tidak tidur nanti juga masuk angin, sakit dan mati. Terus saudara, jangan sampai lantas hanya membanggakan, menguatkan, meninggi-ninggikan kemauan, bahwa ada kemauan tentu ada jalan. Itu kata-kata biasa. Memang kata-kata biasa yang untuk melahirkan sesuatu yang dapat diukur dengan jalan fikiran, dapat. Tapi kejiwaan ini adalah sesuatu diluar akal fikiran manusia dan kejiwaan ini adalah pekerjaan yang melulu dikerjakan oleh kekuasaan Tuhan, yang ini didalam biasanya disebutkan *Godsdienst*, yaitu pekerjaan Tuhan.

Karena itu maka setinggi-tinggi dan sejauh-jauhnya orang belajar dalam agama, syariat sampai ke tarekat, lebih dari pada itu, lain hak manusia. Apa yang telah kita terima dalam latihan, inilah sesuatu yang diluar kekuatan manusia, karenanya kita hanya diperlukan agar kita sungguh-sungguh menyerah kepada Tuhan. Karena penyerahan manusia terhadap Tuhan dengan ikhlas dan tawakal, agar itu merupakan sesuatu syarat yang mutlak, yang menyebabkan sehingga mengosongkan segala pamrih, segala pengaruh, dari nafsu yang selalu meliputi dalam rasa diri saudara sekalian.

Inilah perlu saudara insafi, yang perlu saudara rasakan, dan jangan hanya menuruti kemauannya saja, karena saudara kalau tidak tahan-tahan, sakit, nanti kalau sakit, lama-lama menjadi sangat atau menjadi-jadi, bisa juga sampai mati. Jadi saudara rasakan, bahwa kekuatan manusia terbatas. Ini akan dapat saudara alami, akan dapat saudara insafi, apabila saudara nanti sudah sampai menginjak ketaraf-taraf diluar akal fikiran manusia, taraf-taraf diluar pengertian manusia. Untuk sekarang saudara sekalian, saudara perlu berperasaan sabar dan menerima.

Sifat sabar dan menerima saudara, bagi manusia hidup didunia ini terhadap sesama manusia, memang salah. Kalau saudara dengan Bapak, umpamanya lantas menyerah saja, dengan tawakal dan ikhlas, apa yang saudara punya harus diberikan kepada Bapak, itu salah. Karena Bapak ini manusia, yang memiliki juga nafsu, sehingga apabila saudara beri, kemauan Bapak, habiskanlah semuanya kepada saya (*hadirin tertawa*). Nanti akhirnya saya yang enak, saudara yang tidak enak. Kepada Tuhan tidak demikian. Kita atau manusia terhadap Tuhan dengan penyerahannya, dengan tawakal, ikhlasnya itu, itu merupakan sesuatu, hingga manusia dapat menerima sesuatu pula diluar dugaan.

sleep, we feel ill. And we die. Therefore do not only depend on and take pride in the strength of your will, believing that 'where there is a will there must be a way'. That is a commonplace saying. It is a saying that is appropriate to what can be measured by the intellect. But the development of the soul is beyond the human intellect and is the work of God's power alone. It is commonly described as 'divine service'; that is, the work of God.

That is why the highest and the most advanced topics that people can study in religion are limited to religious observance and mystical teachings. Further than that is no longer the province of human effort. What we have received in the latihan, that is something beyond the power of human beings, which is why we are required just to surrender truly to God. That is because surrendering to God, with submission and acceptance, is the absolute condition for emptying every self-interest and every influence from the desires[1] that always envelop our inner feeling.

You need to be aware of this and think about it, and not always follow your will; because if you always follow your will and you are not strong enough, you will get ill. If you then persist, your illness may become worse and may lead to your death. So you can see that human strength is limited. You will be able to experience and become aware of this once you start to reach a level that is beyond human thought and human understanding, but for now you need to have a feeling that is patient and receptive.

For human beings living in this world, to be passive and acquiescent towards others is indeed wrong. Between you and Bapak, for instance: if you just surrender with acceptance and willingness to let go, so that you have to give to Bapak whatever you own, that would be wrong. Because Bapak is a human being, who also has desires, he would want you to give him everything you have! [*Laughter.*] In the end, Bapak would be comfortable and you would be miserable. But with God it is not like that. If we human beings surrender to God with acceptance and willingness to let go, the result is that we can receive something unexpected.

Karena Tuhan tidak ada pengaruh, Tuhan tidak ada kepentingan bagi manusia. Jadi saudara, andaikata lantas selalu memuji-muji Tuhan, lantas Tuhan menjadi tinggi, tidak. Saudara sering mengatakan Tuhan Yang Maha Bagus, Maha Baik Hati, Suka Menolong, tidak menjadi sebab bagi Tuhan itu, tidak Tuhan lantas menjadi besar, menjadi nomor satu, tidak. Tuhan sudah nomor satu selamanya, tidak ada berubah-berubahnya. Tuhan sudah ada untuk selamanya, tidak ada rubahnya. Karena itu dikatakan *Khadim*, *langgeng*. Jadi kita saudara-saudara atau saudara sekalian mengahadapi ke*Khadim*an, ke*langgeng*an Tuhan Yang Maha Esa, sehingga jangan kuatir-kuatir, kalau saudara menyerahkan dengan ikhlas, lantas nyawanya dicabut, tidak. Lantas dompetnya dicabut, tidak … [*tak terdengar*].

Begitu saudara sekalian, maka yang terpenting bagi saudara sekalian, sabar, tawakal, ikhlas dan menerima. Apa yang diterima diterima; jangan terasa ini kurang, kurang bagus, kurang dalam, kurang jauh, jangan.

Saudara tidak mengerti ukuran dirinya sendiri, saudara belum mengerti ukurannya diri sendiri. Kenapa? Karena saudara belum tahu pribadinya sendiri. Karena itu, dengan latihan Tuhan Yang Maha Esa, dengan bimbingan Tuhan Yang Maha Esa, sehingga saudara akan dapat mengetahui pribadinya. Kalau saudara sudah mengetahui pribadinya, baru disitulah saudara mengaku junjungan Tuhan Yang Maha Esa itu, yang pada tempatnya. Bagaimana saudara bisa memujikan, mengucapkan sampai ke Tuhan, sedangkan sampai ke diri sendiri saja belum bisa. Sudah berapa kali saudara minta rezeki kepada Tuhan, sudah berapa kali saudara minta maaf kepada Tuhan, supaya berkelakuan baik. Sudah berapa kali saudara minta selamat kepada Tuhan, karena terkena ini, terkena itu. Tapi toh masih saja terkena. Berarti bahwa permohonan saudara-saudara belum sampai ke Tuhan. Apa sebab demikian? Ucapan saudara ke Tuhan, tapi batin saudara tidak demikian. Lahirnya, "Tuhan aku mohon ampun!" Batinnya, "Hutangnya belum dibayar!"

Minta maaf kepada Tuhan, supaya kelakuannya menjadi baik, jangan sampai mendosai lain orang, tapi hatinya masih, "*Waduh kemayune saiki, kaya sing duwe-duwe wae.*"

Saudara-saudara sekalian, saudara harus dapat mengatur sendiri hatinya. Tidak usah saudara minta-minta kepada Tuhan, supaya

God has no agenda or self-interest towards human beings; if you praise God it does not make God any higher. If you keep saying that God is the best looking, most kind and helpful, it will not affect God. It will not make God any greater or make Him number one. God is already number one and does not change. God is for ever and never changes. That is why God is said to be eternal. So when you face the eternal nature of Almighty God, do not worry that if you surrender and let go, God will take your life. No. Or that God will take your wallet … [*inaudible*].

That is how it is, sisters. So the most important things for you are patience, acceptance, submission and receiving. Whatever you receive, accept it. Do not have the feeling that there is something missing; that it is not beautiful enough, not deep enough, or not advanced enough.

You do not understand your own capacity. Why not? It is because you do not yet know your individuality. Through the training and guidance of the One Almighty God you will get to know your individuality. Only when you know it will you be able to express your adoration to God in the right way. How can your words and prayers reach God if they cannot even reach your own self? How many times have you prayed to God for good fortune? How many times have you asked God for forgiveness, that your behaviour may become good? How many times have you asked God for protection because you were affected by this or that problem? But you are still affected. It means that your prayers have not reached God. And why is that? It is because you say one thing to God, but inside you are saying something different. Outwardly you say, 'God, I ask for forgiveness,' but inwardly, 'I haven't paid my debt.'

You ask God for forgiveness so that your behaviour may become good and you no longer hurt other people, but in your heart[2] you are thinking, 'She is putting on airs now, just as if she were rich!'

Sisters, you need to be able to manage your own heart. You don't need to ask God to make your behaviour good; you can do kelakuannya baik. Diperbaiki sendiri. Dengan dilakukan perbaikannya sendiri itu, itu berarti sudah dapat diampuni oleh Tuhan. Saudara minta ampun setiap kali kepada Tuhan, tapi masih melakukan sesuatu yang menyalahi jalan hidup yang baik.

Karena itu maka latihan kejiwaan yang telah saudara terima dan lakukan, sudah memberi kenyataan kepada sekalian para saudara. Saudara harus sewajarnya apa yang diterima. Disitu saudara ingin sekali supaya dapat baca ini, ini, ini supaya bisa menyanyi begini, begini, supaya bisa lenggang kangkung, supaya bisa tenaga yang bagus, supaya bisa tahu bidadari, bisa tahu ini dan itu. Kemauannya; tapi alat untuk dapat menangkapnya itu, alat untuk mengetahuinya itu, belum ada. Bagaimana bisa? Pada akhirnya kalau saudara tidak bisa, putus asa. "Ah tidak perlu Subud-subudan sekarang ini saya."

Apa itu Subud-subudan? Lho, yang Subud itu saudara sendiri … [*tak terdengar*]. Jadi Subud itu bukan sesuatu yang ada ilmunya, tidak, pun Subud itu bukan suatu pendirian, suatu perkumpulan yang disitu ada pelajarannya, tidak. Subud itu adalah nama yang kita namakan sebagai lambang kita, ya lambang manusia yang telah dapat menerima ilham dari Tuhan. Buktinya, apa yang kita alami dalam latihan, kita dapat menerima suatu getaran hidup, yang tidak dikira-kira, itulah yang dikatakan khatir ilham, gerak, getaran hidup yang berasal dari Tuhan Yang Maha Esa.

Karenanya Bapak katakan sudah berapa besarnya dan berapa pula agungnya, saudara, sehingga dapat diberi yang demikian, yang dapat diterimanya secara yang mudah. Sedangkan para saudara mendengar banyak diantara umat manusia yang sekarang ada dibumi ini yang melakukan kebaktian kepada Tuhan, kehendaknya ingin bakti kepada Tuhan sungguh-sungguh ini, dengan cara meninggalkan segala macam yang menjadi keperluan hidupnya. Misalnya menjauhi kesenangan, apa lagi lihat bioskop, waduh jauh, kadang-kadang beristri saja tidak suka. Iya, tidak suka beristri, tidak suka kawin, karena dikiranya dengan perkawinan itu menjadi penghalang bagi kebaktiannya terhadap Tuhan. Sampai begitu, *en toch* belum terlaksana, sudah begitu tapi belum terlaksana. Buktinya, masih begitu kan masih salah; sedangkan hukum … (*tak terdengar*) … manusia harus kawin. Sama saja dengan ini gelas. Apa gunanya diadakan, kalau tidak ada isinya. Apa gunanya ini dibeli? Gunanya akan diisi teh atau kopi, bisa diminum. (*Tak terdengar.*) *Gathuk*, supaya bisa menumbuhkankan lagi, bisa meneruskan lagi terjadinya manusia sebangsanya, sehingga dunia atau jagat ini selalu berisi manusia.

it yourself. When you have fixed it yourself, it means you have also been forgiven by God. You are always asking God for forgiveness, but you still do things that are contrary to the way you ought to live.

The latihan you have been doing gives you all an experience of reality. You have to be true to what you receive. Maybe you would very much like to be able to recite this or that scripture, to sing in this or that way, to feel light and move beautifully, to know the angels, or to know this or that. That is what you want, but you do not yet have the instruments to get those things and to know those things. So how could you get them? And then when you can't, you are in despair: 'Oh why do I bother with this Subud stuff?'

What do you mean, 'Subud stuff'? Don't you realise that Subud is you yourself … [*inaudible*]. Subud is not something where there is a teaching, nor is it an organisation or association where instruction is given. Subud is a name that represents a symbol of ourselves; that is, a symbol of a human being who has been able to receive inspiration from God. The proof is that what we experience in the latihan is a spontaneous vibration of life. That is what [in Islam] they call *khāṭir ilhām*, which is a movement or a vibration of life that comes from Almighty God.

That is why Bapak said how great and how wonderful it is that you are given something like this and can receive it so easily. You have heard that many people on this earth today who worship God, and want to do so truly, do it by putting aside all the needs of their life. For instance, they avoid pleasure; not only do they not go to the cinema – they certainly wouldn't do that – but sometimes they even do not want to marry. Yes, they do not want to marry, because they think that marriage will be an obstruction in their worship of God. That is how far they go, but even so it doesn't work. The reason for that is because it is wrong. The fact is that the law … [*inaudible*] human beings have to marry. It is the same as this glass. What is the use of making it if there is nothing in it? Why would you buy it? It is to fill it with tea or coffee so you can drink. [*One sentence inaudible.*] … you can add to, you can propagate more human beings like yourself, so that this world will always have human beings in it.

Ya, memang saudara sekalian, banyak diantara orang yang masih belum dapat menginsafi dan mengerti, dikarenakan memang belum dapat kemurahan dari Tuhan diluar dugaan, diluar akal fikiran. Sedangkan para saudara sekalian telah dimurahi Tuhan sudah. Jadi kalau saudara sampai melalaikan apa yang telah diterima dalam latihan, sampai mengabaikan apa yang telah diterima dalam latihan, ya bukan Bapak lantas menyumpahkan saudara sekalian. Saudara akan berdosa pada dirinya sendiri. Tidak usah ke Tuhan, pada dirinya sendiri berdosa, apa lagi ke Tuhan.

Apa sebab berdosa pada dirinya sendiri? Karena saudara-saudara lihat sesuatu yang putih atau merah, itu dikarenakan apa? Karena mata saudara. Jadi saudara percaya pada mata saudara sendiri. Saudara mendengar sesuatu suara nyaring atau tidak nyaring, tapi didasarkan pendengarannya. Jadi kalau saudara dengar ngik, ngik; ya ngik, ngik itu yang didengar. Jangan lantas mengatakan salah itu. Jadi yang nguk, nguk.

Tidak. "Yang ngik, ngik itu yang benar, itu yang saya dengar. Tidak … (*tidak terdengar dua kata*) … tidak."

Demikian juga saudara meraba-raba apa. Itu merasa halus, ya sudah begitu. Percayalah pada apa yang kamu kerjakan.

Lainnya mengatakan tidak, itu kasar itu.

(*Tak terdengar*) "... tetapi saya, lho, halus."

Kasar, halus, tak percaya.

Demikian sampai batas ke pengertian saudara. Disitulah saudara akan dapat menerima keyakinan yang sebenar-benarnya. Itu. Maka dikatakan dalam syahadatnya Islam ini: Asyhadu an lailaha illallah, waasyhadu anna Muhammadarrasullullah.

"Yakinkah kamu bahwa Muhammad utusan Tuhan?"

"Ya katanya begitulah."

Jadi, ya, belum benar saudara. Jadi itu namanya kan sudah palsu. Iya, ini saudara sudah pergi ke mesjid saban Jumat, (*tak terdengar*) … tapi tidak apa saudara, banyak kawan-kawannya. Lama-lama kan dapat, asal sabar, tawakal dan ikhlas.

Maka terangnya saudara, apa yang saudara telah dapat, setiap waktu saudara melakukan dan menerima latihan kejiwaan, ini sama umpama disamakan dengan apa yang didapat oleh para umat manusia yang telah bertahun-tahun menyendiri, mengasingkan diri di rimba, coba, tidak dimakan macan sudah untung dia. Sedangkan

Yes indeed, sisters, among human beings there are still many who are not aware and do not understand this, because they do not have God's grace, which is beyond expectation and beyond the intellect. But you have already been blessed by God, so if you neglect what you receive in the latihan, if you ignore what you receive in the latihan … well, Bapak is not going to curse you, you will be committing a sin against yourself. Never mind about God, you are sinning against yourself. And even more against God.

In what way is it a sin against yourself? When you see something that is white or red, how does that come about? Through your eyes. Therefore you trust your own eyes. You hear sounds that may be clear or not clear, but it is based on your hearing. So if you hear, 'nik, nik, nik,' then 'nik, nik, nik,' is what you hear. Do not listen to someone who says that it is wrong, that it should be 'nook, nook, nook'.

No: '"Nik, nik, nik," is right. That is what I heard, not … [*inaudible*].'

It is the same when you touch something. It feels smooth. That is good. Have confidence in what you experience.

Others may say, 'No, that is rough.'

[*Inaudible*] '… but to me it feels smooth.'

Whether it is rough or smooth, do not just believe what you are told.

This takes you to the limit of your understanding. That is where you can obtain true conviction. It's true. That is why in Islam, in the confession of faith they say, 'I bear witness that there are no gods but God, and I bear witness that Muhammad is the messenger of God.'

'Are you convinced that Muhammad is the messenger of God?'

'Well, that is what they say.'

That is not good enough. You could say that's being false. You go to the mosque every Friday … [*inaudible*]. But never mind, you have a lot of company. Eventually you will get it, provided that you are patient, accepting and willing to let go.

So it is clear that what you obtain when you do the latihan is the same as what is obtained by people who have spent years alone, isolating themselves in the jungle. Imagine. They are lucky if they haven't been eaten by a tiger, whereas for you it is so convenient. You do your cooking, you come here, you listen to a talk and you saudara enak-enak saja. Habis masak, kesini, dengarkan ceramah, latihan. Nanti kembali, di*singkur*kan. Ini sudah enak-enak saja, bagaimana?

Memang demikian saudara, Tuhan telah memerintahkan manusia: "Lakukanlah ibadah kamu dengan seenak-enaknya. Dengan seenak-enaknya, jangan kamu susah-susah itu, tidak boleh."

Justru ibadah ke Tuhan itu, waduh saudara, sungguh-sungguh nikmat. Jalan ke Tuhan itu sungguh-sungguh nikmat, tapi kalau tidak nikmat salah. Itu jalan ke berhala, yang susah itu, iya. Menyan ditunggu sampai ... (*tak terdengar*), tahu, kan, menyan itu, waduh pusing kepala saya.

Kalau ibadah ke Tuhan tidak nikmat, tidak sempurna, tidak seenak-enaknya, senikmat-nikmatnya, Tuhan tidak Maha Agung, Tuhan tidak Maha Kuasa. Karena itu tidak disamakan, tidak ada bandingannya. Janganlah sampai Tuhan itu dibanding-bandingkan.

Biasa saudara, saudara betul, Bapak tidak menyalahkan. Saudara ingin tahu Tuhan, betul. Karena ya siapa yang tidak ingin tahu Tuhan. Tapi mata saudara tidak kuat untuk mengetahui Tuhan itu, kalau mau melihat itu. Baru lihat panasnya matahari saja, itu tidak kuat. Sedangkan Tuhan itu Maha dari pada itu, boleh dikatakan Tuhan itu Maha dalam segala macamnya. Maha Jauh, Maha Terakhir, Maha Bagus, Maha Kuasa, Maha Halus, Maha Kasar. Bumi ini kasar, Tuhan lebih kasar lagi. Apa iya? Ya, tapi belum bisa menangkapnya. Sudah begitu saja. Sebab kalau Tuhan tidak lebih dari pada lainnya, itu tidak akan ada.

Iya, toh saudara sendiri dapat merasakan: apa yang saudara berbuat. Karena itu semua dari saudara, sehingga saudara dapat melenyapkan itu, sehingga itu apa yang saudara berbuat itu berarti dibawah kekuasaan saudara. Karena itu saudara dapat merubah apa yang dibikinnya. Demikian juga Tuhan terhadap manusia. Tuhan dapat merubah manusia, kalau Tuhan menghendaki. Andaikata Tuhan menghendaki supaya manusia kepalanya tiga, bisa. Tapi Tuhan menghendaki satu saja. Baru satu saja, sudah tidak karuan yang difikir; apa lagi tiga, nanti difikir tiga kali. Jadi kalau fikir pinjaman mestinya cuma satu kali saja, tapi kalau kepalanya tiga, tiga kali, kan? Jadi baik satu saja kepalanya.

Begitulah saudara-saudara, maka jadikan atau terima latihan kejiwaan itu sebagai sesuatu yang sudah menjadi hak pribadi saudara, sebagai kalau saudara jalan, sebagai saudara makan, sebagai kalau saudara melihat, mendengar dan lain-lainnya. Jangan lantas do latihan. Then you go home and forget about it. Isn't that convenient?

Indeed, God has commanded human beings: 'Carry out your worship in a comfortable way. Be relaxed, don't make it difficult. That is not allowed.'

In fact, devotion to God – really, sisters – it is truly blissful. The way to God is really blissful. If it is not blissful, there is something wrong. When it is difficult, you are worshipping an idol. You have to wait for the incense to ... [*inaudible*]. You know what I mean by incense? It gives me a headache.

If our worship of God is not blissful, complete, as easy and as ecstatic as possible, then God is not All-great and Almighty. That is why there is nothing you can compare it with. Do not compare God with anything else.

You are right, it is normal, sisters, and Bapak doesn't blame you: you would like to know God, it's true; for who would not like to know God? But if you would like to know God with your seeing, your eyes are not strong enough. They are not even strong enough to look into the sun, and God is far greater than that. You can say that God is the greatest in everything; the furthest, the last, the most beautiful, the most powerful, the finest, the coarsest. If this world is coarse, God is still coarser. Is that true? Yes, but you cannot grasp it, and that is all right. For if God is not greater than something, it cannot exist.

Certainly you can understand that, with regard to things that you make: since they are from you, you can destroy them. In other words, whatever you make is within your power. Therefore you can alter whatever you create. It is the same for God with regard to human beings. God can change human beings if God wills. If God wanted human beings to have three heads, He could do it. But God wants them to have just one. Even with one they already think excessively; with three they would think three times as much. If you are thinking about your loan, it is enough to think about it once. If you had three heads you would think about it three times, wouldn't you? So it's better to have just one.

There you are. So, make the latihan into something that is part of you by right, just like when you walk, when you eat, when you look, listen, and so on. Don't treat it as something special: 'Oh, I haven't done my latihan yet.'

dispesialkan, "Wah saya belum berlatih."

"Dimana?"

"Disana, dan malam Jum'at dan malam Selasa. Oh, saya harus mendengarkan ceramah setiap Selasa."

Jangan. Jangan mendengarkan ceramahnya setiap hari Selasa, yang saudara rasakan itu *inwerkenn*ya, bekerjanya. Bapak bisa saja memberikan ceramah seribu kali, tapi kalau saudara tidak bisa menerimanya, seribu kali sama dengan satu kali, kalau saudara dapat menerimanya itu.

Bapak, saudara sekalian, kalau menurut nafsu, wah senang sekali dipercaya orang itu senang, ditinggikan orang juga senang, ditaati orang juga senang, dialem, dibanggakan juga senang, dimanjakan juga senang, siapa yang tidak senang. Bapak Subuh, sekarang Pak Subuh. Ini umpamanya. Ya senang mestinya, tapi bagi Bapak tidak, saudara. Insya Allah, Bapak tidak begitu, yang Bapak kehendaki. Lebih dimanjakan orang, lebih merendahkan saya terhadap diriku sendiri, diri Bapak sendiri, karena kebanggaan yang terasa dalam diri saudara akan menyebabkan keruntuhannya.

Bisa juga dikatakan, ada suatu pendeta yang istimewa, wah sudah tinggi sekali itu derajatnya; umpama orang memanjat pohon itu, sudah sampai ke puncak, dikatakan Pendeta Balhum namanya. Dapat menentukan, "Aku ke sorga, dengan sorga aku sudah tahu."

Lho, coba toh tahu sorga dapat menentukan aku sampai kesorga nanti. Dari takaburnya begitu, karena ketika mengucapkan yang demikian, ada anjingnya disebelah, anjingnya tercenggang dia dengar itu. Akhirnya mati, tetapi Balhum masuk neraka. Anjingnya ke sorga. Itu sebagai perumpamaan. Kalau ada sungguh, Bapak tidak tahu, cuma lambangnya begitu, bahwa yang tidak menyangka-nyangka dapat juga kesorga. Yang memastikan sesuatu apa yang dia pastikan belum tentu ke sorga. Karena itu apa? Menyerah kepada Tuhan dengan tawakal, ikhlas, entah bagaimana kehendak Tuhan. (*Tak terdengar*) ... kalau kehendak Tuhan bikin begitu bagaimana? Kita tidak bisa menolaknya. Justru dengan keadaan saudara yang demikian malah lebih utama, karena Tuhan Maha Tahu dan Maha Adil.

Maka, inilah yang terpenting bagi saudara sekalian, agar saudara sedikit-sedikit dapat merasakan kelemahannya yang ada dalam dirinya, kelemahannya yang ada dalam sifat-sifat. Jangan saudara mengaku-ngaku, karena saudara lantas mengeluarkan "Aku masih muda." Begini bukan caranya ... (*tak terdengar*) ... tidak.

'Where do you do it?'

'Over there, on Thursday evening and Monday evening. Oh, and I have to listen to a talk every Tuesday.'

Do not think like that. Do not listen to the talk every Tuesday and feel that it is a task you have to do. Bapak can give talks a thousand times, but if you cannot receive it, it is no more use to you than the one time when you are able to receive it.

Sisters, according to the desires, Bapak should very much enjoy it if people trust him, if people look up to him, if people obey him, praise him, are proud of him and spoil him. Who does not enjoy that? This is taking Bapak Subuh as an example. Bapak should enjoy all of that, but he doesn't. God willing, that is not what Bapak wants. The more people spoil him, the more humble he feels, because the pride you feel about Bapak would lead to his downfall.

There was a special holy man, who had reached a very high degree: if you compare it with someone climbing a tree, he had reached the very top. His name was Balhum. He was able to declare, 'I am going to heaven. I already know heaven.'

Imagine that! Knowing heaven and deciding that he would get there. There happened to be a dog standing next to him and the dog was stunned to hear his arrogance. The result was that when Balhum died, he went to hell and the dog went to heaven. This is just a fable; whether it really happened, Bapak doesn't know. But it shows that someone who least expects it can get to heaven, whereas a person who is sure might not get there. So, what is the conclusion? Surrender to God, with acceptance and willingness to let go to whatever God wills. [*Inaudible*] … if that is God's will, what can we do? We cannot refuse it. In fact that is the right attitude, since God is All-knowing and All-just.

This is the most important thing for you, so that little by little you can begin to feel your weakness, the weakness that is associated with your nature. Do not claim this and that, and end up saying, 'I am still young!' That is not the way to … [*inaudible*]. No.

Bapak tidak menyindir saudara sekalian, tidak; ini sebenar-benarnya. Bagi kaum wanita yang membanggakan, memanjakan, "Aku masih muda, masih cantik, aku kalau meninggalkan kamu bisa dapat laki, umpamanya laki yang mentereng." Oh jangan. Demikian juga sebaliknya saudara, Bapak tidak katakan kepada kaum wanita saja. Kepada kaum laki-laki yang di belakang itu juga, jangan lantas, "Aku laki-laki, bisa cari lagi." Jangan; tidak boleh begitu. Itu menyumpahi dirinya sendiri. Ya, kalau dikatakan demikian, besok tidak bisa cari uang; kan payah.

"Wah mana sekarang, cari uang!"

"Oh, tidak bisa!"

"Bagaimana? Kok bisa bilang begitu." (*hadirin tertawa*)

Maka begitulah dalam kenyataannya saudara, apa juga yang telah dikatakan Nabi pada sahabatnya dan yang telah ada dalam Al Qur'an. Kebetulan ada saudara, yang dari Ceylon, yang dari Hongkong, yang agak faham dalam Islam, Bapak ini tidak faham. Kalau Bapak ini, apa yang Bapak fahami apa yang Bapak terima. Jika saudara yang dari Ceylon ini, kecuali itu juga lahirnya, syariatnya dapat dikatakan sudah kampiun. Iya. Kalau Bapak ini malah seperempat saja tidak ada kampiunnya.

Itulah sebabnya, maka bagi saudara sekalian, yang terpenting hanya dengan sabar mengikuti, jangan sampai terasa bosan. Apa sebab bosan itu terhadap latihan, sedangkan ini latihan dirinya sendiri, dimulai dari dirinya sendiri, didapatnya dengan jalan-jalannya sendiri. Kalau saudara seorang Jawa akan dapat menerima segala sesuatu yang saudara butuhkan, tidak mengurangi tidak melebihi dari apa kebiasaan orang Jawa. Kalau saudara orang Arab demikian juga, apa yang saudara terima, yang saudara perlukan, akan saudara terima apa yang menjadi kebiasaan, keadaan saudara, sebagai orang Arab. Demikian juga orang Inggris. Jangan terasa, "Wah saya ini rupanya sekarang menjadi Jawa." Tidak, saudara tetap menjadi orang Inggris saja.

Itu sebab masih ketempelan pengetahuan dan pelajaran-pelajaran yang dari lain-lain; misalnya pelajaran ya biasa yang dikatakan Budhisme, Budha, yang masih adanya inkarnasi dan lain-lain. Dan ada pelajaran kebatinan, latihan begini, begini dan macam-macam itu, sehingga mengatakan, "Aku sekarang ini sudah Dewi Suprobo, kan, saya." Ya, jadi Dewi Suprobo, malah susah nanti. Dewi Suprobokan, itu ayam masuk sini. Jadi apa-apa yang telah tercerita dalam pedalangan, namanya Dewi Suprobo itu lambang.

Bapak is not teasing you, this is really true. Do not be like women who are proud and pampered, who say, 'I am still young, still beautiful; if I leave you I can find another man, perhaps a successful one.' Don't be like that. And the same is true the other way round – Bapak is not saying this only to the women. It applies to the men too: they should not say, 'I am a man; I can find another woman.' Don't say that. It is like cursing yourself. Yes, you may say that, and the next day you are unable to earn any money. That would be a problem.

'All right, now go and get me some money!'

'Oh, I cannot!'

'How come? How can you say that?' [*Laughter.*]

That is how it is in reality, sisters; it is also what the Prophet told his companions, and what is written in the Quran. It so happens that there are some people among you from Ceylon and from Hong Kong who are knowledgeable about Islam, whereas Bapak isn't. What Bapak understands is what he receives. As for the person from Ceylon, she is also an expert with regard to the *sharī'a* [Muslim religious observance], whereas Bapak is not even a quarter of one.

So, the important thing for you is simply to follow the latihan patiently, without feeling bored. Why would one get bored with the latihan, when it is a training of your own being that starts from your own being, and comes according to your own path? If you are Javanese, you will be able to receive everything you need without taking away or adding to your habits and customs as a Javanese woman. It is the same if you are an Arab: what you receive and what you need will come to you in accordance with your culture and your nature as an Arab. Likewise if you are English: do not have the feeling, 'Oh, it seems I have now become Javanese.' No, you remain English.

The reason why you have that feeling is that you still have within you the traces of teachings from other sources, such as Buddhism, where they believe in reincarnation and so on. There are also esoteric teachings where they do all sorts of exercises until they say, 'I have now become Dewi Suprobo' [a *wayang* figure]. Well, if you become Dewi Suprobo it will be worse for you. Perhaps you think you have become Dewi Suprobo, but what has come into you is a chicken. In fact all the things they talk about in

Suprobo artinya, su-probo: su itu *luwih*, *luwih* artinya yakin atau nyata. Suprobo itu penerima. Jadi penerimaan yang yakin. Jadi nama itu bukan ada orangnya. Nak keliru ada orangnya Dewi Suprobo itu, kan payah, to? Kalau saudara menjadi Suprobo, jalannya seperti wayang itu. (*Bapak memperagakan, hadirin tertawa.*)

Jadi saudara sekalian mempunyai garis sendiri-sendiri. Kalau memang begitu garisnya, sudah. Andaikata saudara cuma begini saja, "e-e-e-e-e", itulah jadinya. Jangan sampai saudara ini katakan, "Kamu itu sudah berapa tahun latihan, bisanya cuma e-e-e-e-e, itu bagaimana? Tidak seperti saya bisa ..." (*bagian berikutnya tak jelas; hadirin tertawa*).

Jadi apa yang tumbuh, yang ada dalam latihan kejiwaan saudara sekalian, diturutkan kekuatan dan kemampuan yang sedang berkembang. Jadi kalau saudara masih begini jalannnya ... (*Bapak berdiri untuk memperagakan, suaranya tak terdengar jelas; hadirin tertawa.*)

Contohnya saudara, ada dongengan. Ada *manuk* kutut, burung kutut, perkutut, bunyinya "waaang kuung". Yang punya itu, "Wah, ini kututku memang bagus-bagusnya kutut. Aku sudah menerima." Dialem begitu, dibanggakan dan dimanjakan sama yang punya.

"Waaang kuung."

"Tapi kok suaranya masih kung, tidak bisa besar-besar seperti jago? Kecil; aku bunyinya terus. Saya ini sudah kaku, kok masih belum besar."

Dia paksa ku-ku-kuruk, tidak bisa ku-ku-kuruk. Dari dipaksanya ku-ku-kuruk, malah tidak bisa suara. Inilah. Apa sebabnya? Karena manusia yang punya itu mengharapkan agar kututnya itu bukan kung saja, tapi bisa ku-ku-kuruk, begitu. Kan tidak bisa! Cari diluar dunia juga tidak ada kutut yang bisa keluruk seperti jago. Iya, kalau ada, orang-orang suka beli, waang kuung kukuluruk. Tidak ada.

Jadi, saudara menurut garisnya, garis dengan segala apa yang telah ia atau yang telah dipunyainya. Yaitu perkutut tidak bisa mengeluarkan lebih kuat dari pada biasanya, karena kalau kuat lehernya tidak cukup. Disitulah Tuhan memelihara kepada manusia dalam latihan ini, agar tidak menyalahi apa yang telah ada, apa yang telah punya. Yang demikian sehingga tidak merusak segala apa yang the *wayang* are symbols. Suprobo is *su-probo* [Jav.]: *su* means more, meaning convincing or real. So *suprobo* means one who receives, or a receiving that is convincing; it is not the name of a person. If you think there is a person called Dewi Suprobo you will have trouble, don't you think? If you become Dewi Suprobo, you will walk the way they do in the *wayang*. [*Bapak demonstrates. Lots of laughter.*]

So each of you has your own line. Whatever your line is, it is all right. If you just go, 'Eh-eh-eh-eh-eh,' in the latihan, let it be. Don't let somebody say to you, 'You have been doing latihan for several years; how can it be that all you can do is go "eh-eh-eh-eh-eh," while I am able to …' [*the rest is inaudible. Much laughter.*]

So whatever grows in your latihan is adjusted to the strength and capacity that is developing within you. Therefore if you are still walking like this … [*Bapak stands up to demonstrate, and what he is saying cannot be heard clearly. Laughter.*]

There is a story that illustrates this. There was a zebra dove[14] whose call sounded like 'waahng-koong!' The owner said to himself, 'This zebra dove of mine is the best zebra dove there is. I am sure of it.' He praised it, was very proud of it and spoiled it.

'Waahng-koong!'

'But why is its call so soft? Why can't it be louder, like a rooster? It's still soft, even though I've been teaching it and teaching it. I'm getting quite hoarse, but it still hasn't got any louder.'

He tried to force it to crow, but it never could. And as a result of all this effort to get it to go 'cock-a-doodle-do', finally it couldn't make any sound at all. There you are. And why was that? It was because the owner wasn't satisfied with it going, 'waahng-koong,' he wanted it to go 'cock-a-doodle-doo'. How could it? You could search beyond this world and you still would not find a zebra dove that could crow like a rooster. If there were such a thing, many people would want one. 'Waahng-koong-cock-a-doodle-doo.' Unfortunately, it doesn't exist.

Hence you follow your own line, the line that goes with everything you have. The zebra dove cannot sing louder than is normal, because its throat is not strong enough. That is why God looks after you in the latihan, so that you do not go against what you are and what you have. That is so as not to damage anything that you possess. If you can do that, in accordance with what you telah dimiliki manusia. Kalau saudara dapat melakukan ini, menurut apa yang ada, yang diterima, selamat saudara, sampai kemana saja saudara bagus. Kalau sudah waktunya berjalan, jalan sendiri. Seperti anak-anak yang dilahirkan, iba senangnya orang tua, mengaharapkan agar anaknya lekas bisa jalan, tapi kalau belum bisa jalan dituntun, "Ha, bisa kaki!"

Jadi diukur dengan kekuatan yang telah ada. Karena latihan kejiwaan ini diterima dan dilakukan menurut apa yang menjadi kemampuan dan kekuatan dan kenyataan pribadinya. Disitulah saudara sekalian, kalau saudara dapat merasakan, memikirkan ke Maha Kuasanya Tuhan Yang Maha Esa. Dimana ada orang yang bisa menuntun demikian, dimana ada orang yang bisa membimbing orang lainnya yang demikian? Tidak mungkin.

Biasanya yang telah Bapak mengerti, ada pelajaran sesuatu dari sesuatu kiyai atau orang yang pintar: "Caranya orang bakti itu begini, begini. Pakai tarekh, ini. Ini kalau kamu mau bakti, waduh sukarnya, mau bakti saja pakai begini, pakai begini. Syuut, begini terus, kadang begini, dibantu kesini. Itu jalannya kamu ke Tuhan."

Itu mungkin baik bagi yang mendapat itu, bagi yang mengarang itu, mungkin itu baik. Kalau buat saudara belum tentu itu baik, karena itu mem*forsir* keadaan saudara yang tidak semestinya. Sama tadi *manuk* kutut supaya bisa keluruk seperti jago, tidak bisa. Yang paling baiknya *manuk* kutut ya seperti *manuk* kutut saja, burung kutut saja.

Inilah, saudara, dengan demikian sehingga dapat menyaksikan saudara sekalian ke-Maha Adil, ke-Maha Bijaksana, ke-Maha Kuasanya Tuhan Yang Maha Esa. Karenanya, saudara sekalian, bukan Bapak membangga-banggakan latihan Subud ini yang istimewa, tidak; Bapak mengatakan demikian berdasarkan pengalaman yang memang ada, yang sungguh-sungguh logis di dalam latihan kejiwaan itu, bahwa saudara terbimbing, terdidik menurut ukurannya saudara sendiri ... (*tak terdengar*) ... sehingga apa yang saudara miliki tidak terusak karenanya.

Itulah sebabnya, maka bukan disebabkan demikian lantas tidak ada, tapi iya karena demikian itu sehingga Subud atau dalam persaudaraan kejiwaan kita Subud ini, dapat menerima orang-orang yang berbagai bangsa dan agama. Karena apa? Orang yang beragama Kristen tidak kamu harus begini, tidak. Ya, jalankan apa yang telah ada pada dirinya, nanti bagaimana perkembangan yang are and what you receive, you will be safe. You will be all right wherever you are. And when the time comes for you to walk, you will walk by yourself. The parents of a small baby would like him or her to walk as soon as possible. If they cannot, the parents lead them: 'Hey, leg, you can walk!'

You need to match everything to the strength you have. You receive and do the latihan according to the reality of your strength and capacity. That is where you can feel and understand the greatness of Almighty God. For where is the person who can guide you like that, who can guide others like that? It is impossible.

Bapak has heard of a religious teacher or wise man who taught people, 'This is the way you worship: you do this and this. You do this exercise. If you want to worship it is extremely hard. You must go like this and like this [*Bapak demonstrates*]. You move here and sometimes there, and that will help you to get to here. That is your way to God.'

That may be good for the person who figured that out or made it up, but for you it may not be right, because you would be forcing yourself to do something inappropriate. Just like the zebra dove who was being made to crow like a rooster and couldn't. It is best if a zebra dove remains a zebra dove.

That is the point, sisters; you can witness in this the great justice, wisdom and power of Almighty God. So it is not that Bapak wants to promote the Subud latihan and say that it is special. What he is saying is based on experience of the latihan, which truly makes sense: that you are guided and educated according to your own measure … [*inaudible*] with the result that what is within is not damaged in any way.

For this reason our Subud spiritual association can receive people of all nationalities and religions, rather than the reverse. Why is that? It is because those who are Christians are not told, 'You have to worship like this.' No, they are told, 'Just follow whatever is there within you and see how your receiving develops.' And Buddhists are welcome to join Subud so that they may develop kamu terima. Dan yang beragama Budha, ya masuk Subud begini, sehingga nanti berkembang menurut perkembangan pribadinya. Dengan demikian sehingga dalam Subud terdapat banyak saudara-saudara yang berbagai bangsa dan agama maupun agama lainnya, dan disitu, karena itu semua kebangkitan kita dalam latihan kejiwaan itu, tidak karena hatinya, karena kehendak Tuhan, diluar akal fikiran, diluar nafsu, sehingga terasa dengan yang lain seperti dengan saudaranya sendiri, meskipun baru satu kali itu kenal.

Disini telah nyata sudah, ada saudara yang dari *Zuid* Afrika, ada saudara dari *Zuid* Amerika, ada saudara dari Australia dan *New Zealand* yang latihan, yang kelihatan disini, lantas ada saudara yang dari Jawa, ada. Lihat dan datang mendekati, pegang, dipijet-pijet sini; dipijet-pijet ketawa-tawa begitu, enak rasanya. Kalau saudara lihat begitu, baru satu kali kenal dan lain bangsa dan jauh juga tempatnya diantara satu dengan yang lain, "Kenapa begitu? Kok kelihatan akrab sekali, lebih dari pada saudaranya sendiri. Kenapa?"

Sudah tidak nafsu, yang selalu membimbing kedekatan antara yang satu dengan yang lain itu, sudah tidak diadakan, sudah tidak diadakan oleh kekuasaan Tuhan. Jadi terang, saudara-saudara, yang demikian itu kehendak Tuhan terhadap manusia, agar manusia itu rukun sudah tentu. Yang tidak rukun manusianya sendiri, nafsunya. Jadi yang menyebabkan tidak rukun itu nafsu. Yang memisah-misahkan aku dan kamu nafsunya, dan memisahkan aku bangsa ini kamu bangsa ini nafsunya, dan memisahkan kulit putih, kulit sawo matang, seperti Bapak, ya nafsunya.

Kalau sungguh-sungguh pisah, kalau saya dapat orang situ, tidak dapat beranak. Kenapa bisa beranak, saudara? Begitu umpama saja lain-lainnya sudah ada. Orang Jawa dapat istri orang Belanda, punya anak. Lho punya anak? Katanya tidak *gathuk*, katanya lain bangsa itu, lain bangsa lain manusia. Tidak. Jadi terang saudara, bahwa kehendak Tuhan terhadap manusia, satu. Kalau manusia belum satu, diantara kamu masyarakat manusia, janganlah coba-coba mendekati Tuhan. Tuhan tidak akan memberi kamu, sedangkan kamu tidak akan dekat kepada Tuhan, apabila kamu masih menyendiri didalam dunia ini. Itulah sebabnya, maka Nabi Muhammad mengatakan: "He kamu, bangsa manusia tidak bangsa Arab. Dalam Islam artinya selamat, *madhep*, yang suci."

according to their individuality. The result is that in Subud you will find people of all nationalities and religions; but because our awakening in the latihan is not from our heart but from God's will, beyond our intellect and our desires, we feel as if we are with our own family even though we have just met.

The reality is right here: here is a sister from South Africa, sisters from South America, from Australia, from New Zealand, all doing latihan with their sisters from Java. It can happen that they approach one another, touch one another, massage one another, giggle together and feel good about it. When you see that and remember that they have only just met, belong to different nationalities and their homes are far from each other, you wonder, 'How can that that be? They appear to be so intimate, closer than with their own sisters; why is that?'

It is because the desires, which normally guide the relationship between one person and another, are no longer there; they have been extinguished by God's power. So it is clear that this is God's will for human beings: that they should be in harmony. What is not in harmony are human beings themselves; that is, their desires. What causes disharmony is our desires. That which discriminates between you and me is our desires; what separates me of this nationality from you of that nationality is our desires. What differentiates a person with white skin from a person with brown skin is also the desires.

If we really were different and we married, it would not be possible for us to have children. So how is it that we *can* have children? There are many examples. A Javanese man marries a Dutch woman and they have children. How can they have children? People say they are not compatible, people say that they are of different races, that they are different kinds of human being. No. It is clear that by God's will humanity is one. If you are not yet one as a society of human beings, it is no use your trying to be close to God. God will not grant you that, and you will not be close to God if you still isolate yourself in this world. That is why Prophet Muhammad said, 'Oh, people, you are not just Arabs, you are human beings. The meaning of Islam is peace, turning to God, and purity.'

Itulah, saudara sekalian, jadi terang bahwa Tuhan menghendaki manusia itu bukan supaya bertengkar. Apa lagi kalau disebutkan, apa Tuhan menghendaki supaya perjodohan-perjodohan itu terpisah-pisah, tidak juga. Tuhan menghendaki supaya manusia berjodoh untuk selama-lamanya. Jadi kalau berjodoh tidak selama-lamanya, itu perjodohan nafsu. Nah itulah yang kita singkiri, atau singkiri jangan sampai terkena nafsu.

Andaikata dirasa, "Wah ini tidak jodoh, saya dengan suami saya."

"Kenapa?"

"Kalau saya … (*tak terdengar*)."

Saudara harus kembali melihat, merasakan sejarahnya dirimu sendiri: "Sebelum aku dapat dia dan dia dapat aku, kenapa senang? Lho kalau dulu senang, sekarang tidak, itu kan salah, to?" Memungkiri kebatinannya sendiri, memungkiri kebaikannya sendiri. Dulu senang ya terus senang.

Itu baru manusia ke manusia, baru laki-laki terhadap istrinya. Apa lagi kepada Tuhan, nanti sudah tahu Tuhan, cari Tuhan lainnya. Itu ukuran, saudara. Kita berlatih supaya hati kita tetap, karena yang *tetep*, patuh, tetap.

Karena itu tidak sucilah mereka atau manusia, apabila manusia belum disucikan Tuhan. Demikian saudara-saudara sekalian, dalam latihan kejiwaan sudah saudara terima, terisi bukan sedikit, pujian, atau yang dikatakan pelajaran tapi terisi hal-hal yang ada dalam seluruh dunia ini maupun di luar dunia. Karena Tuhan itu Maha Kuasa, Maha Meliputi seluruhnya. Kalau saudara selalu membonceng kepada orang yang kaya, setidak-tidaknya ya jadi orang yang kaya kecil. Kalau saudara selalu dekat kepada orang yang pandai, setidak-tidaknya ya pandai lumayan. Kalau saudara dekat kepada Tuhan, setidak-tidaknya ya Maha, setidak-tidaknya. Jadi tidak Maha Maha, Maha sedikit. (*Hadirin tertawa.*)

Itulah saudara, maka didalam kenyataan apa yang telah dituturkan oleh para utusan, kalau kamu ingin baik tabiatmu, dekatilah orang yang baik hatinya. Kalau kamu ingin pandai, dekatilah orang yang pandai. Kalau kamu ingin jujur, dekatilah orang yang jujur-jujur. Tapi kalau kamu ingin berjudi juga dekati kepala judi.

Jadi terangnya kita ini ingin dekat-dekat kepada Tuhan, saudara. Ya Tuhan, Tuhan. Bagi saudara yang Islam telah dapat, mungkin

There you are, sisters, it is clear that it is not God's will that human beings should quarrel. Even less is it God's will that marriages should break up. God's will is that marriage should last. So if a marriage doesn't last, it is a marriage that comes from the desires. That is what we need to avoid; we need to avoid being affected by our desires.

Suppose that you feel,'Oh, my husband is not my right partner.'

'Why is that?'

'If I … [*inaudible*].'

You need to go back to the beginning and review your story: 'Before I got him and he got me, why did I love him? If I used to love him and don't any more, there is something wrong with that, isn't there?' You are denying your inner reality, denying your own rightness. If you loved him before, you need to go on loving him.

This is just one human being with another, a wife and her husband. How much more so will you do that with God? Later, when you have come to know God, you will start looking for another God. This is an example for you. We do the latihan so that our heart becomes steady, because what is steady is obedient and stable.

People cannot be pure unless God has made them so. Therefore, the latihan you receive contains praise and lessons that relate to all that exists in this world as well as beyond this world. For God is All-powerful and All-enveloping; enveloping everything that exists. If you are always in the company of wealthy people, you will at the very least become a little wealthy. If you are always close to intelligent people, you will at the very least become somewhat intelligent yourself. So if you are close to God, you will at the very least be All-something – at the very least. Not All-All, but a little bit All-. [*Laughter.*]

Thus what the messengers said is really true: if you want to have a good character, get close to people who are kind-hearted; if you want to be intelligent, get close to intelligent people; if you want to be honest, get close to honest people. But equally, if you want to gamble, then get close to the top gamblers.

So it is clear that we would like to be close to God. Well, God is God. For those of you who are Muslims, although you may not tidak mempelajari, juga dengar-dengar, kata sifat dua puluh itu. Jadi, kalau kita dekat-dekat pada Tuhan, seperti belajar bagaimana Tuhan itu. Secara yang singkat, Tuhan menyayangi, kasih sayang kepada sesama, saudara juga demikian. Karena Tuhan dapat mempersatukan pada segala sesuatu yang telah di ciptakanNya. Tuhan tidak menyebelah-menyebelah, tetapi mengikuti segala apa yang ada dalam sifatnya. Bagi saudara, kalau ingin mendekati itu umpama saja saudara-saudara ikut merasakan bagaimana rasa orang lain, bagaimana rasa perasaan orang lain. Kalau saudara sudah dapat menangkap rasa-perasaan orang lain, saudara tidak akan sampai hati memukul, memperdaya, menyusahkan orang lain, karena saudara akan memukul, akan menyusahkan saudara itu, satu rasa.

Itulah yang disebut dalam Islam zakat dan fitrah. Rasa yang demikian didapatkan setelah puasa. Apa sebab demikian? Karena puasa itu suatu latihan, saudara. Latihan untuk dapat diketahui bagaimana pengaruh nafsu yang ada dalam rasa diri. Karena itu biasanya orang sudah dalam puasa, itu nafsu-nafsu kurang. Dengan demikian sehingga sedikit demi sedikit bisa tahu bagaimana nafsu bekerja dalam hati, bagaimana bekerjanya dalam fikiran. Sehingga sesudahnya dua puluh hari, lama dua puluh hari itu, sebagai sesuatu ujian dapat merasakan bagaimana pengaruh nafsu itu: "Oh begini!"

Sehingga akhirnya mengetahui, bahwa hidup diantara manusia itu harus saling mengerti saling sayang-menyayangi, yang kurang harus diberi yang lebih, yang bodoh harus diberi pengerti yang pandai. Kalau itu semuanya dapat dijalankan oleh manusia juga, rukun dalam dunia ini.

Jadi terang saudara-saudara, bahwa kehendak Tuhan terhadap manusia rukun, apa lagi kepada perjodohan manusia, itu pun juga. Ada rahasia yang terjalin dalam perjodohan saudara, arti terjalin itu yang terselip disitu, yang telah menjadi *untel-untelan*, menjadi *nam-naman* dalam perjodohan. Itu tidak perlu Bapak ucapkan sekarang dan Bapak terangkan sekarang, karena itu terisi rahasia. Kecuali apabila nanti saudara telah dapat menerima sendiri, bahwa dalam perjodohan penuh rahasia hidup.

Saudara-saudara sekalian, dengan apa yang telah Bapak terangkan dan dengan apa yang telah Bapak uraikan pada sekalian para saudara, menunjukkan bagaimana saudara seharusnya atau perlunya berlatih. Jadi saudara berlatih janganlah lantas ada gagasan, ada kemauan, supaya bisa begini, bisa begitu, jangan. Sebab itu, meskipun begitu dengan baiknya, asal, umpamanya saja, supaya have studied it, you will have heard of the twenty attributes of God. If we are close to God, we are learning what God is like. Briefly, God loves every creature, so you ought to be like that too. God can unite with everything that God has created. God does not take sides, but instead follows the nature of every creature. For you, if you wish to come close to that, you can, for example, feel how other people feel. When you are already able to grasp other people's feelings, you will never be able to put down, trick or harm other people, because you will be one in your feelings with the one you are going to put down or harm.

This is what is called *zakāt* and *fiṭra* in Islam; a feeling you get after you have done the fast. Why is that? It is because doing the fast is a training, a training to be able to recognise the influence of the desires in your inner feeling. For when a person is fasting, their desires are reduced. As a result, little by little they can learn how the desires work in their heart and their mind. So after fasting for twenty days, it is as if they have passed a test and can feel how the influence of the desires works: 'Oh, it's like this!'

Eventually you will understand that in our life with others we must understand and love each other. Those who have more must give to those who have less; those who are intelligent must give understanding to the simple-minded. If people can do that, there will be harmony in this world.

So it is clear, sisters, that God's will for human beings is that they should be in harmony; and in marriage, even more so. There is a secret that is woven into your marriage; meaning that it has been introduced or knotted into it. This is not something Bapak needs to tell you now or explain now, because there is a secret within it. Later on you will be able to receive for yourself that marriage is full of the secrets of life.

Sisters, what Bapak has clarified and explained to you shows how necessary it is for you to do the latihan. So when you do it, do not imagine anything or have the wish to be able to do this or that. Do not have that, even if it is aimed at something good; for example, that you should become kind-hearted. Do not have that wish, because that is still touched, manipulated and motivated by saudara menjadi manusia yang baik hatinya, juga jangan. Karena itu masih tersentuh, masih teperdaya, masih terdorong oleh nafsu. Yang ... (*tak terdengar*) ... yang menyerah kepada Tuhan. Sebab kalau saudara sudah menyerah kepada Tuhan, bukan Tuhan karena penyerahan itu lantas mudah caranya bekerja, tidak. Bagi saudara sendiri; dalam penerimaannya nanti tidak bisa mudah, tidak bisa terang. Lain dari pada kalau saudara sungguh-sungguh diam, sungguh-sungguh menyerah, itu dalam penerimaannya nanti sungguh-sungguh jitu, sungguh-sungguh baik dan terang.

Jadi lakukan dan terimalah dalam latihan ini, sebagai biasa kalau saudara jalan, melihat dan lain-lainnya, yang nanti pada waktunya, ada batasnya, sehingga saudara dapat mengetahui apa yang jadi petuah saudara sekalian. Bila perlu, saudara tanya, "Apakah dulu saya ini putri, apakah dulu saya ini anaknya Raja Bayangkara?" Tidak usah. Sebab pertanyaan saudara yang demikian menyatakan bahwa saudara masih terlekat, masih tertarik, masih terpengaruh kemuliaan dunia, keindahan dunia, kenikmatan dunia. Dengan demikian, sehingga andaikata saudara mati saudara tidak bisa melepaskan dunia ini dan tidak bisa terlepas dari dunia ini.

"Apa betul, Bapak, kalau orang yang sungguh-sungguh mati sempurna dan menjadi dikehendaki Tuhan itu, bisa lepas dari dunia ini?"

Bapak jawab, yang sekarang saudara telah dapat mendengarkan juga, baca, dengarkanlah hadis mikrad, yaitu mikrad nabi Muhammad. Bagi para umat Kristen dengarkanlah, tanyakanlah bagaimana *hemelvaart* dari pada Kristus. Demikian juga dengan Budha. Masa bisa dikatakan, Nabi Muhammad itu bohong atau dikatakan Kristus bohong. Itu halnya, bahwa diluar dunia ini ada lagi suatu kenikmatan lebih dari pada dunia, dan diluar dunia ini, disitulah tempat kemuliaan, keluhuran yang lebih dari pada sini.

(*Tak terdengar beberapa kata*) ... meskipun jadi anaknya orang kaya, kena kanker, kan payah. Kaya-kaya kena kanker. Lain dari pada yang diluar dunia. Jadi secara pendek kita mohon kepada Tuhan agar kita sesudah mati nanti, dapat kembali ke alam yang semestinya menurut kehendak Tuhan.

"Apakah disana bisa merasakan ini, itu, Pak, orang mati? Orang hidup bisa merasakan manisnya gula, panasnya cabai rawit, gurihnya kelapa. Kalau sudah mati kan tidak bisa. (*Tak terdengar satu kalimat.*) Cari ilmu supaya naik sorga disana kalau tidak bisa merasakan seperti disini, dalam mimpi saja, apa gunanya?"

your desires. What is … [*inaudible*] is to surrender to God. For if you surrender to God it doesn't mean that you are making things easier for God, it is for you; because otherwise you will not be able to receive easily or clearly. If you are truly quiet and truly surrendered, your receiving will be really precise, really good and clear.

So do your latihan in the way you would normally walk, or look, and so on; and later, when the time comes, you will discover the advice that is for you. You don't need to ask, 'Was I a princess before? Was I a daughter of King Bhayangkara?' Such questions show that you are still affected, attracted and influenced by the magnificence, beauty and delights of this world, with the result that when you die you will not be able to free yourself of it.

'Is it true, Bapak, that if somebody dies in the right way and it is willed by God, they can be free of this world?'

Bapak's answer is that you can read and hear the account of Prophet Muhammad's ascension. Those of you who are Christians should listen to or ask about Christ's ascension. Or that of the Buddha. How could you say that Prophet Muhammad or Christ were lying? The fact is that beyond this world there is another bliss, greater than any bliss in this world, and beyond this world there is a place more magnificent and noble than what exists here.

[I*naudible*] … even though she was a daughter of a wealthy family, she got cancer. That is hard. She is wealthy but has cancer. Beyond this world that is not how things are. In short, we pray to God that when we die we can return to the world where we are supposed to go according to God's will.

'Bapak, over there, when we are dead, are we able to taste this and that? A person who is alive can taste the sweetness of sugar, the hotness of chilli, the richness of coconut. When we are dead we cannot taste that any more, can we? [*One sentence inaudible.*] What is the use of making an effort to get to heaven if over there we

Saudara-saudara, yang diperlukan bagi saudara itu hidupnya rasa diri, yang dikatakan rasa. Meskipun saudara masih utuh mempunyai tangan, saudara masih utuh mempunyai kaki, masih utuh mempunyai telinga, mulut, hidung dan lain-lainnya, kalau itu tidak ada rasa didalamnya, tidak ada gunanya.

(*Bagian berikutnya tak terdengar.*)

Ini rasa saudara, ini yang perlu kita hidupkan, ini yang perlu kita fahamkan, bakti kepada Tuhan dengan rasa hidup. Ini, ini kembali, ini dapat sifat yang kasar, sebagai terjadi karena keadaan yang tadi. Ini yang dapat merasakan saudara. Saudara punya lidah tapi rasa didalamnya tidak ada. Saudara dapat merasakan teh? Tidak bisa. Masuk saja seperti mulut buaya, katanya. Mulut buaya itu apa saja masuk: "*Oh, apa sing kok untal?*"

"*Ora ngerti.*" (*Hadirin tertawa.*)

Ini yang kita mohonkan kepada Tuhan. Karena itu maka Nabi Muhammad pergi luar dari dunia masih utuh di dalam *bewustzijn*nya. Bisa merasakan. Umpama saja Nabi Muhammad ini dikasih sama malaikat ini cabai rawit itu: "Ini apa? Oh! Tidak suka." Umpama. Ini tidak dikatakan; tapi umpama saja.

Demikian juga Kristus ... (*tak terdengar*). Ditunjukkan bekasnya, tangan, bekas paku. Kok sampai begitu. Itu menyatakan, bahwa itu tidak ada ubahnya; tapi kalau ininya tidak.

"Oh, katanya dengan ininya."

Apa gunanya badannya dibawa kesana? Baru yang didunia saja saudara; saudara itu miskin, pakai hanya satu baju, sampai lima tahun masih dipakai saja. Lantas saudara jadi anaknya orang kaya atau menjadi kaya, dapat nomor lotre seratus lima puluh juta saudara, *eerste prijs*. Saudara lihat saja tidak suka bajunya, terus dibuang: "Apa gunanya saya pakai baju itu? Sudah dapat seratus lima puluh juta. Beli saja baja, baja dipakai baju. Giginya berlian semua."

Itu bagi dunia. Lain bulan lain haluan, lain tempat lain keadaan. Kalau manusia dengan rasa itu, dinaikkan ke atas, di sorga, masa butuh masih pakai hidung seperti ini. Masa butuh pakai gigi seperti ini, kalau disana *guwal-gawil, guwal-gawil*. Apa lagi yang memang tidak elok, maupun cantik kaya apa, ya tidak butuh. Kalau cantik kaya apa nanti, kadang-kadang ... (*tak terdengar*). Cantik pun cannot feel anything the way we do here; if it is just a dream?'

What you need, sisters, is for your inner feeling to be alive. If you are complete and have your hands, your legs, your ears, mouth, nose and all the rest, but there is no feeling in them, they are useless.

[*Section inaudible.*]

It is our feeling we need to bring to life and comprehend, in order to worship God with a feeling that is alive. This [*gesture*] is a coarse physical thing when there is no feeling in it. You can understand it yourself: you have a tongue but there is no sense of taste in it. Can you taste tea? No, you cannot. It is like putting something into the mouth of a crocodile. You can put anything into the mouth of a crocodile: 'What was it you swallowed?'

'I don't know!' [*Laughter.*]

This is what we need to ask for from God. When Prophet Muhammad travelled beyond this world his consciousness was complete. He could feel and taste. For instance, if an angel had given him a hot chilli he would have said, 'What's this? Oh! I don't like it!' Just an example. There is no record that this actually happened; it is just an illustration.

It was the same with Christ … [*inaudible*] he showed them the trace of the nails on his hands. How could that be? It shows that nothing had changed, but he no longer had this [*Bapak indicates his body*].

'Oh, we were told that he went with his body.'

What is the use of taking his body with him over there? Compare it with this world: suppose that you are poor and you have been wearing the same clothes for five years. Then you are adopted by a rich person, or you become rich by winning 150 million rupiah, the first prize in the lottery. You wouldn't like your clothes any more; you would throw them away immediately: 'Why do I need these clothes? I have 150 million rupiah. I can buy steel and make myself clothes of steel, and have diamonds in my teeth.'

That is in this world. A different time, a different situation. When a human being with their feeling is raised up to heaven, why would they need a nose like this? Why would they need teeth like this, to wobble up there? Forget about the ugly bits – even the bits that are amazingly beautiful are useless there. In fact the very beautiful bits sometimes … [*inaudible*]. No matter how attractive, bagaimana, manusia masih kena apa-apa, jadi ya tidak guna, tentunya lain keadaan. Meskipun lain keadaan, toh rasanya, *bewustzjin*nya, pengertiannya lengkap, utuh. Itu yang dikatakan manusia yang sempurna. Didalam cerita dikatakan Insan Kamil. Manusia yang sempurna sebagai simbolnya lahirnya bayi dari orang tua.

Demikian juga Kristus. Jadi begitulah contoh-contoh yang telah ada, yang telah menjadi penuturan, yang nak sekalian telah terima dan dengarkan dapat nak terima bukti-buktinya, nyata-nyatanya dalam latihan. Karenanya latihan kejiwaan itu merupakan tekniknya dari pada segala tindakan manusia bakti dalam kebaktiannya terhadap Tuhan. Itulah sebabnya maka tidak menyeleweng dari apa yang telah diterima dalam agamanya.

Yang beragama Kristen akan tetap mengerti apa yang Kristen itu, yang beragama Islam akan mengerti apa Islam itu dan agama Budha mengerti bagaimana agama Budha itu. Jadi misalnya saudara setelah mengerti, sama-sama mengerti mana yang dekat, mana yang cepat, umpamanya orang jalan; saudara mengerti nanti, sini ke Surabaya yang dianggap *straat* yang baik. Lalu tinggal milih saja, jalan mana yang lebih dekat, apa membelok dari Bandung, apa terus lewat Karawang.

"Oh, lewat Karawang itu cepat tapi jalannya rusak, mobilnya rusak nanti."

"Nah, bagaimana?"

"Jalan Bandung: jauh, tetapi selamat mobilnya."

"Oh!"

Kalau itu tidak mengherankan, bahwa sesudahnya saudara latihan, latihan, latihan, kenapa mulai kecil sudah terdidik Kristen, mulai kecil dididik Nasrani, sesudah latihan, latihan, latihan, ada kalanya itu, "Ya, ya, ya, Allah, Allah, Allah, la illaha ill'Allah, la illaha ill'Allah."

Lha, siapa yang suruh? Jadi disitulah ada pilihan sendiri dari pribadi. Disitulah pula yang dikatakan dalam agama, orang masuk agama itu merdeka, tidak ada paksaan. Orang yang masuk agama dipaksa itu tidak boleh, karena itu mesti menceng nanti. Belum masuk agama kan ada pamrihnya, sudah ada pengaruhnya, ada keinginan ini dan itu.

Ini telah kita buktikan, telah kita yakinkan dan telah kita alami the human body is vulnerable to so many things. So it is useless, for the situation there is different. But even though it is different, our feeling, our consciousness, our understanding, are complete. That is called a complete human being, traditionally referred to as *insān kāmil*. It is symbolised as a baby being born.

Christ was like that. You have heard and been taught about these examples from the past, and you can find the proof and the reality of all of that in the latihan. That is because the latihan is the putting into practice of all the ways that human beings have acted in their worship of God. That is why it does not deviate from what has been received in your various religions.

Those of you who are Christians will continue to understand what Christianity is; those who are Muslims will continue to understand what Islam is; and Buddhists will continue to understand what Buddhism is. If you compare it with travelling, it is like understanding the way that is shorter and the one that is faster. You will understand the best way from here to Surabaya. You simply have to choose the one that is best: whether to turn and go via Bandung or to go straight, through Karawang.

'Oh, going through Karawang is shorter, but the road is bad. You will wreck your car.'

'So what should I do?'

'Go through Bandung. It is further, but your car will be all right.'

'Oh, I see.'

So it is not surprising that although you have been brought up as a Christian from the time you were small, after you have done a lot of latihan you sometimes go, 'Ya, ya, ya, Allah, Allah, Allah, la illaha ill'Allah, la illaha ill'Allah.'

Who told you to do that? You are being presented with a choice by your individuality. It also explains what they say in religion, that people must be free in embracing a religion; there must not be any compulsion. It is not allowed to force someone to join a religion or they will go wrong later. That is because before they have joined there is already some self-interest or influence at play, some kind of wish.

These are things we verify, confirm and experience in the

dalam latihan kejiwaan. Bukan dari Bapak, Bapak tidak memberikan penuturan apa-apa, saudara. Ini Bapak mau menggambarkan pengalaman Bapak dan saudara nanti akan dapat mengalami sendiri yang seperti ini, yang seukur dengan saudara-saudara sendiri.

Begitulah, saudara-saudara sekalian, maka sebenarnya tidak ada cerita yang panjang-panjang, tidak membutuhkan apa yang panjang-panjang, yang tidak-tidak. Yang perlu sekarang ini soal penerimaan, karena kalau kita butuh omong-omong kita butuh cerita, sudah penuh, saudara, di pesantren, di pondok sudah penuh kitab tumpuk-tumpuk yang penuh penuturan-penuturan yang baik, yang patut diikuti. Di *klooster*, di gereja tumpuk-tumpuk Injil, tidak kekurangan penuturan yang dapat diikuti, karena itu semuanya penuturan-penuturan menuju ke kebaikan tindakan manusia. Di India umpamanya di tempat mana kuil yang banyak bertumpuk-tumpuk, buku-buku Weda yang dikatakan, banyak penuturan sudah. Jadi kalau kita masih nutur-nutur, masih omong-omong sama saja dengan mengulangi omong-omong saja. Jadinya kita bakti kepada Tuhan hanya omong-omongan saja.

Karena itu maka kenyataannya apa yang telah ada dalam latihan kejiwaan, singkirkan omong-omong itu, terima kenyataan. Ini yang dikatakan hakikat. Disitulah perbedaan antara hakikat dan syariat dan tarekat. Jadi syariat, tarekat itu ada perbedaan dengan hakikat dan makrifatnya. Yang syariat, tarekat adalah itu untuk manusia karena manusia, berarti karena usaha manusia untuk dapat mengetahui sesuatu yang diinginkan mengetahui. Hakikat dan makrifat itu untuk manusia karena Tuhan. Bedanya, untuk manusia karena manusia syariat tarekat, hakikat makrifat untuk manusia karena Tuhan. Artinya kalau tidak karena Tuhan tidak bisa manusia dapat mengetahui pribadinya yang sampai ke Tuhan.

Demikian saudara-saudara, keterangan Bapak yang tadi Bapak katakan tidak perlu banyak-banyak diomongkan. Meskipun ini keterangan Bapak singkat mungkin dapat saudara rasakan sudah, dan penuturan ini Bapak sudahi sekian. Sedikit-sedikit marilah sama-sama diterima agar saudara dapat mengetahui dan merasakan sendiri sampai dimana dan bagaimana perkembangannya yang telah dialami. (*Testing*) latihan. Not from Bapak; Bapak is not teaching you anything. He is only telling you his experience, and later you will be able to experience it for yourself, in accordance with your own capacity.

That is how it is, sisters. So in fact there is no long story to tell. There is not a lot to tell you or anything strange to say. What you need now is to receive. If what we needed was lots of talk, the world is full of it. In the Islamic schools there are mountains of books full of excellent teachings that are fitting to be obeyed and followed. In the cloisters and the churches there are piles of Bibles and of teachings that can be followed, for it is all aimed at getting human beings to behave well. In India too there are places and temples full of books like the Vedas, which are also full of teachings. So if we still teach, if we still talk, it means we are only repeating the same things and we are worshipping God only in words.

That is why the essence of the latihan is that we put aside our talk and we receive the reality. [In Islam] that is what is called *ḥaqīqa*. There is a difference between this reality and following religious observance and mystical teachings. Religious observance and mystical teachings are different from this received reality and from the state of being open to God's will, because they are for human beings from human beings; meaning that they are human efforts to get to know something that they want to know. The state of being open to God's will and of receiving the reality are for human beings from God. So, the difference is that religious observance and mystical teachings are for people from people; being open to God's will and receiving the reality are for people from God. What that means is that without God, human beings cannot find their individuality that can bring them to God.

Sisters, this is the end of Bapak's explanation, which he just described as not needing a lot of talk. Even though it has been short, perhaps you have been able to sense its content. Bapak will finish now. Let us now spend a little time receiving together, so that you can know and feel your development for yourselves and how far you have progressed. [*Testing*]

15

CILANDAK

1 MEI 1965

Rekaman: 65 TJK 4

Salam saya kepada sekalian para saudara dan ucapan Bapak selamat datang kepada sekalian para saudara yang telah datang memerlukan mengunjungi ceramah pada malam ini.

Saudara-saudara sekalian, apa yang akan Bapak uraikan kepada sekalian para saudara, ialah jalannya latihan kejiwaan Susila Budhi Dharma yang telah saudara terima dan lakukan. Maka untuk menjelaskan agar saudara sekalian lebih dapat menginsafi tentang jalannya latihan kejiwaan, maka Bapak terangkan. Mudah-mudahan keterangan Bapak nanti yang akan Bapak sajikan kepada sekalian para saudara, dapat memberi kepuasan kepada sekalian para saudara.

Latihan kejiwaan Subud ini, saudara sekalian, nampaknya sebagai biasa. Memang latihan kejiwaan ini biasa. Karena itu, maka latihan kejiwaan ini bukan sepatutnya, apabila dikatakan latihan sebagai kebatinan saja, tetapi juga latihan kelahiran. Oleh karena latihan kejiwaan ini ya, lahir, ya, batin, maka dengan singkat dapat saudara sekalian mengatakan: ialah latihan hidup, latihan hidup manusia.

Kalau latihan kejiwaan ini dikatakan latihan kebatinan, tentunya dalam waktu atau pada waktu latihan saudara dalam keadaan yang diam, tenteram, malahan tidak bergerak, sehingga sifatnya betul-betul semadi, betul-betul mengheningkan cipta, betul-betul merasakan dalam diri. Sedangkan pada kenyataannya saudara dalam latihan kejiwaan ini selalu bergerak. Memang digerakkan oleh kekuasaan Tuhan yang meliputi dalam diri maupun di luar diri

15

CILANDAK

1 MAY 1965

Recording: 65 TJK 4

My greetings, and welcome to all of you who have come to this talk tonight.

Brothers and sisters, what Bapak is going to explain to you is the process of the latihan, the spiritual training of *Susila Budhi Dharma* that you have been receiving and practising. He will explain it to you so that you may be more aware of how it works, and he hopes that his explanation will give you satisfaction.

The spiritual training of Subud seems ordinary. Indeed, it is ordinary. Because of this it is not appropriate to refer to the latihan as just an inner training; it is also an outer training. Since it is both inner and outer, you can simply say that it is training for life, training for human life.

For if you were to call the latihan an 'inner' training, then during the latihan you would certainly be still, quiet and not moving. You would truly be meditating, emptying your thoughts, and feeling your inner self; whereas in fact in the latihan you usually move. Indeed, you are moved by God's power, which envelops your being inwardly and outwardly. But if you were to call it an 'outer' training, that does not describe the latihan either, because it does saudara sekalian. Kalau dikatakan: lahir, juga latihan kita tidak demikian. Karena kita tidak hanya lahirnya saja, artinya: tidak hanya mengeluarkan suara saja, tetapi suara itu datang dari dalam yang berarti di luar akal-fikiran kita. Maka juga tidak cocok, apabila dikatakan lahir.

Jadi, ya, lahir, nampaknya karena bersuara, bertingkah-laku dan bergerak, tetapi tidak meninggalkan pula apa yang ada dalam diri, karena latihan kejiwaan Subud atau latihan para saudara digerakkan dari dalam. Kalau dikatakan dari dalam pun juga tidak demikian, tetapi digerakkan oleh kekuasaan Tuhan yang telah meliputi baik dalam maupun lahir diri saudara sekalian.

Dengan demikian, maka latihan kejiwaan Subud ini ialah latihan hidup, hidup manusia. Karena yang latihan ini manusia, tidak ada hewannya, jadi latihan hidup manusia. Sebetulnya kalau ada hewan yang ikut begitu, ya: hidup segala mahluk, segala penciptaan Tuhan, tetapi karena latihan ini manusia, jadi: hidup manusia. Jadi, latihan hidup manusia. Karena itu, maka nampaknya sebagai biasa, bagaimana manusia hidup dalam dunia ini.

Yang demikian ini, saudara sekalian, memberi arti, bahwa kebaktian manusia terhadap Tuhan tidak terbatas dan tidak pula tertutup oleh sesuatu. Artinya sesuatu: sesuatu apa yang ada dalam dunia ini, hidup. Jadi, terangnya, bakti saudara terhadap Tuhan Yang Maha Esa tidak tertutup oleh – misalnya – benda, yaitu uang, pakaian, rumah maupun segala apa yang ada dalam dunia ini. Maka terangnya, latihan para saudara, latihan kejiwaan Subud ini dapat menembus segala dinding yang menjadi perintang maupun yang menjadi tutup antara manusia ke Tuhan. Memang demikian, saudara sekalian, yang dikehendaki Tuhan, agar manusia dapat berbakti kepada Tuhan langsung dan tak terganggu oleh sesuatu hal.

Apakah latihan kejiwaan yang demikian ini, baru sekarang ada dan baru sekarang dilatihkan atau baru sekarang dapat diterima oleh manusia? Mungkin sudah lama, dan dahulu pula sudah ada, tetapi karena pengaruh nafsu, pengaruh hati dan fikiran, dengan nafsu, hati dan fikiran itu terletak pada diri manusia atau pada hidup manusia, sedangkan manusia sedikit-banyak tidak dapat menyepikan atau mengosongkan pamrih atau pengaruhnya. Selama manusia masih berpamrih, berpengaruh, belum dapat mengosongkan pamrih atau pengaruh itu, selama manusia juga masih selalu terganggu dalam kebaktiannya terhadap Tuhan Yang Maha Esa.

not concern only the outer. We do not just make sounds, those sounds come from within – from beyond our thinking. Hence it is also inappropriate to call it an outer training.

Therefore, yes, it appears as outward manifestations – we use our voices, we act and we move – but we do not lose touch with what is within us, because our latihan is moved from within. But if we say it is from within, that is not so either, since it is moved by the power of God that envelops us both inwardly and outwardly.

So, this Subud latihan is a training for life, for human life. Since those who do the latihan are human beings – no animals do it – it is training for human life. It is true that if animals joined in, then it would be for all creatures, all creatures of God; but since the latihan is done just by people, it has to do with human life, so it is training for human life. That is why it looks ordinary, and reflects the way human beings live in this world.

The meaning of this, brothers and sisters, is that a human being's worship of God is not intended to be limited or obstructed by anything, in the sense of anything that exists in this world, all of which is alive. Clearly, therefore, your worship of Almighty God is not intended to be obstructed by, for example, material things such as money, clothes, houses, or anything whatsoever that exists in this world. So your latihan, this Subud spiritual training, can penetrate all the walls that are in the way, that obstruct human beings on their way to God. Indeed, that is God's will: that human beings should be able to worship God without being disturbed by anything.

Is this kind of spiritual training something that has only just come into being, that can only now be received by human beings? It is possible that it has existed for a long time and was already available long ago; but due to the influence of the desires,[1] the heart[2] and the thinking, which are part of a human being and part of human life, people are not able to empty themselves of their self-interest and its influence. And for as long as human beings still have this self-interest and its influence, and cannot free themselves of it, their worship of Almighty God will be disturbed.

Tetapi, saudara sekalian, Tuhan Maha Kuasa dan Tahu bagaimana kekuatan manusia dan bagaimana pula kelemahan manusia. Sehingga Tuhan Yang Maha Esa membangkitkan kembali sesuatu yang sifatnya pertolongan dari Tuhan, yang sifatnya dapat membangkitkan hidup rasa diri sekalian para saudara. Yang demikian itu, saudara sekalian, hakikatnya menyatakan keluhuran, kebesaran, ketahuan, kebijaksanaan Tuhan Yang Maha Esa, bahwa jalan ke Tuhan tidak dapat dibendung dan tidak dapat pula ditutup, diganggu oleh segala sesuatu, apabila Tuhan telah menghendakinya dan apa pula manusia dapat mengosongkan pengaruh nafsu yang dikatakan biasanya: *sepi ing pamrih*.

Kenyataan, saudara sekalian, Subud atau latihan kejiwaan Subud ini telah dapat menerobos ke luar Indonesia dan dapat pula menerobos bangsa-bangsa lain, lain daripada bangsa Indonesia, yang beragama pun lain daripada agama yang ada di Indonesia di dalam besarnya. Agama di Indonesia sini yang besar, adalah agama Islam. Subud dapat menerobos ke situ, sehingga dalam Subud atau dalam persaudaraan kejiwaan Subud terdapat banyak bangsa-bangsa yang memiliki berbagai agama. Malahan ada segolongan manusia yang tidak beragama yang tidak suka mengakui adanya Tuhan dan kekuasaanNya, yang tidak tahu dan tidak suka dan tahu-menahu apa yang lainnya mengatakan Tuhan dan kekuasaanNya itu.

Namun yang demikian toh juga banyak di antara mereka itu, golongan-golongan itu yang masuk Subud. Dan sesudahnya masuk Subud dan dapat latihan kejiwaan dan sesudah mereka dapat sungguh-sungguh membuktikan, bahwa dalam dirinya ada sesuatu yang dilakukan maha hebat, katanya, barulah mereka percaya, bahwa ada sesuatu yang kuasa dalam hidup manusia. Oleh karena mereka mulai dahulunya tidak mengenal Tuhan dan kekuasaanNya itu, sehingga ada sesuatu yang hebat yang dapat sungguh-sungguh dirasakan dan sungguh-sungguh dapat dibuktikan.

Oleh karena itu, maka dalam Subud – sebagai tadi telah Bapak katakan – terdapat berbagai bangsa dan agama dan juga pendeknya berbagai orang yang tidak percaya kepada Tuhan. Apa sebab demikian, saudara sekalian? Sebagai tadi telah Bapak katakan, bahwa latihan kejiwaan ini betul-betul latihan hidup, betul-betul latihan manusia hidup dan *bewust*. Jadi, bukan nanti – kalau sudah menerima latihan ini – lantas memisahkan dirinya, artinya: lantas terasa asing dari dunia ini. Atau – dengan kata lain – lantas tidak suka kerja, umpamanya begitu, lantas tidak suka hidup sebagai

However, God is All-powerful and knows the strength and weakness of human beings, and therefore God has reawakened something that can help bring your inner feeling back to life. What this shows is the sublimity, greatness and wisdom of Almighty God; and also the fact that the path to God cannot be blocked, closed or disturbed by anything when God wills it to be open and when human beings can empty themselves of desire – a state usually described as 'free of self-interest'.

It is a fact that Subud, or the latihan, has spread beyond Indonesia to other nations who are different, and whose religions are also largely different from those in Indonesia, where the largest religion is Islam. Subud has been able to enter there, with the result that in the Subud association there are many nationalities who follow a variety of religions. There are even people who have no religion and are unwilling to acknowledge that God and God's power exist. They know nothing about what other people call God and God's power, and do not wish to know.

And yet many of these people join Subud. It is only after they join Subud and have the latihan, and are able to confirm, so they say, that there is something incredible working within them, that they believe there is a power that has authority over human life. Because they are not familiar with God and God's power, they say this is something amazing, which they can really feel and confirm for themselves.

So, as Bapak said just now, in Subud there are all kinds of nationalities and religions, as well as people who don't believe in God. Why is that? As Bapak said, the latihan is really a life training; it is truly a training for people who are alive and conscious. So it will not happen that when you have received the latihan you will withdraw from life or feel estranged from this world. Or, to put it another way, that you will not want to work or live like a normal human being. That is not in line with what we receive in Subud, and not in accordance with what really happens in the latihan. That manusia biasa. Itu tidak sesuai dengan apa yang telah kita terima dalam Subud. Dan tidak sesuai pula dengan apa sebenarnya yang terjadi dalam latihan kejiwaan Subud ini. Oleh karena yang demikian itu, saudara sekalian, maka latihan kejiwaan Subud ini benar-benar sesuatu yang dibangkitkan oleh kekuasaan Tuhan yang sifatnya mengingatkan kepada manusia, agar manusia kembali kepada Tuhan Yang Maha Esa. Jangan berlarut-larut tersasar. Demikian kalau diambil arti yang sebenarnya.

Apa sebab demikian Tuhan terhadap manusia? Apa kepentingan Tuhan kepada manusia, yang manusia selalu diberi? Agar jangan sampai terlanjur-lanjur kesasar, agar jangan sampai terlanjur-lanjur tidak tahu hidupnya, sehingga menyebabkan dunia menjadi ramai dan saling cakar-mencakar, karena kegelapan rasa diri manusia yang belum dapat menerima penyuluh dari Tuhan Yang Maha Esa. Jadi, terangnyalah, saudara sekalian, latihan kejiwaan Subud ini, yaitu latihan yang saudara telah terima dan lakukan, benar-benar sifatnya pelita dalam rasa diri, yaitu sinar penerangan yang ada dalam rasa diri yang menyinari ke luar, agar tutup-tutup yang ada di luar saudara yang selalu mempengaruhi nafsu dan hati, fikiran saudara, tertembus oleh sinar pelita yang ada dalam rasa diri.

Mungkin, saudara sekalian, ada yang mengira, bahwa latihan kejiwaan Subud ini adalah suatu agama baru. Mungkin karena agamanya baru, Tuhannya baru juga. Mungkin. Tetapi di dalam kenyataan: tidak, saudara. Pelita rasa diri yang karena Tuhan Yang Maha Esa, yang sifatnya ialah asalnya dari getaran hidup yang ada dalam rasa diri, itu telah ada, sama adanya dengan adanya manusia di dunia ini. Jadi, bukan sesuatu yang baru.

Dan Tuhannya pun juga tidak baru. Tuhannya *juist* itu, justru yang menggetarkan rasa diri itu, yang menyebabkan hidup manusia dalam dunia ini. Tidak lain ialah Tuhan, satu untuk semuanya, yang biasa dikatakan Tuhan Yang Maha Kuasa. Di dalam Islam dikatakan, yaitu: Allah *subhanahu wa ta'ala*. Dalam Islam, saudara; mungkin bagi saudara-saudara lain negeri yang beragama lain, agak asing menyebut Allah *subhanahu wa ta'ala* itu. Tetapi dapat Bapak praktekkan, terjemahkan dalam bahasa Indonesia, ialah: Tuhan Yang Maha Kuasa, Tuhan Yang Maha Esa.

Dengan demikian pula, saudara sekalian, latihan kejiwaan ini yang selalu saudara terima, mungkin di luar latihan, waktu latihan, di dalam keadaan biasa; misalnya: waktu saudara bekerja, waktu saudara bertamu, waktu saudara beristirahat, waktu saudara akan is because the Subud latihan is truly something that is awakened by God's power, to remind human beings to return to God and not continue to stray. That is its true meaning.

Why does God give this to human beings? What is God's interest in human beings that He always gives them His grace? It is so that they should not stray too far, that they should not be oblivious of their life for too long, lest the world become too chaotic, with people attacking each other because their inner feeling is in darkness, unable to receive the light that comes from Almighty God. So it is clear that the Subud latihan you have been practising is a light within your inner feeling, a guiding light that shines out from your inner feeling, cutting through all the covers that surround you and influence your desires, heart and thinking.

Perhaps there are those who imagine that Subud is a new religion, and therefore has a new God. Perhaps. But in reality that is not so, brothers and sisters. The light of the inner feeling, which is given by Almighty God and which emanates from that vibration of life, has existed for as long as there have been human beings in this world. So it is not something new.

And our God is not new either. Our God, who makes our inner feeling vibrate, is precisely the One who caused human life to exist in this world. He is simply God, who is usually called Almighty. In Islam God is described as *Allāh subhāna-hu wa-ta 'ālā*. That is in Islam; but for those of you who come from other countries and other religions it sounds rather alien to describe God as *Allāh subhāna-hu wa-ta 'ālā*, so Bapak will translate it. It means: God who is All-powerful, God who is One and Omnipotent.

In the same way, the latihan you receive also works outside of the latihan times, when you are in a normal state, such as when you are working, when you are visiting somebody, when you are resting, or when you are sleeping. Maybe in the middle of sleeping tidur. Mungkin di tengah-tengah tidur yang nyenyak, karena dalam dibangkitkan dalam tidur itu, saudara terlatih, adalah latihan yang benar-benar, yang sifatnya membimbing dan menuntun, pembuka jalan bagi saudara sekalian agar saudara dapat menginsafi dan tahu kepribadiannya. Hal demikian itu adalah dalam manusia, dan ada pada manusia, tak dihitung bangsa dan agamanya. Karena Tuhan satu untuk semuanya.

Benar-benar ini asal dari Tuhan satu yang dipersembah oleh sekalian para mahluk, dan sesuai sekali dengan apa yang telah dituturkan dalam kitab manapun juga, bahwa Tuhan Yang Maha Esa tidak berbentuk, tidak berwarna, tidak bernegara, tidak berbahasa, pun juga tidak berbangsa. Mendahului sekalian yang dahulu, mengakhiri sekalian yang terakhir. Lebih dalam sekalian yang di dalam, lebih di luar daripada sekalian yang di luar. Demikian memberi arti, bahwa Tuhan tidak dapat disama-samakan dengan apapun. Jadi, kalau saudara lantas menyamakan Tuhan seperti apa-apa, salah!

Karena itu jangan mudah-mudah mengatakan: "Aku telah ketemu Tuhan." Jangan mudah juga: "Aku telah dibisiki Tuhan." Jangan mudah juga ... Ooh, banyak, saudara-saudara yang mengatakan: "Sekarang saya sudah mengerti Tuhan itu di mana." Ya, boleh saja.

Dikatakan, saudara sekalian, Tuhan itu: "Kalau kamu mohon kepada Tuhan, sebelum kamu mohon, Tuhan telah menjawab sudah." Bagaimana? Baru saudara minta ampun kepada Tuhan, sebelum minta ampun, Tuhan telah menjawab, sudah. Sudah menjawab. Artinya, saudara, saudara telah diketahui sebelum dan sesudahnya.

Kalau begitu, lantas minta *ngapura* apa itu: tidak ada, oh, tidak ada gunanya? Mestinya, tidak ada gunanya.

"*Gusti Allah, nyuwun ngapura*," tidak ada gunanya itu. Lha, wong sebelum minta ngapura, sudah mengerti *Gusti* Allah itu. Tuhan telah mengetahui sebelumnya.

Jadi, kalau saudara lantas mengatakan: "Aku telah tahu Tuhan," oh, diketawai Tuhan, itu andaikata Tuhan itu mengetawai: "Wadhuh, manusia, kamu kok lancang-lancang sekali. Kamu tahu Aku? He, sebelum kamu tahu Aku, Aku tahu lebih dulu."

Lantas bagaimana, saudara, kalau kita segala sesuatunya didahului Tuhan? Apa gunanya aku dan saudara sekalian berusaha? Padahal usaha perlu bagi saudara sekalian. Kalau saudara tidak soundly, your inner self is awakened and trained. That is the true latihan, in which you are led and guided; it opens the path for you to become aware of and get to know your individuality. It is within human beings and belongs to human beings, irrespective of their nationality or religion, for God is One for all.

Truly, this originates from the One God who is worshipped by all creatures, and it is very much in accordance with what is written in every holy book: that Almighty God has no form, no colour, no country, no language and also no nationality; that God comes before everything that is at the beginning and ends everything that is at the end; and that God is deeper than everything that is within and beyond anything that is on the outside. This signifies that God cannot be compared to anything. Therefore if you compare God with anything at all, that is wrong.

So you should not glibly say, 'I have met God.' Nor say, 'God has whispered to me.' Nor glibly say – there are a lot of people who say this – 'Now I know where God is.' Well … you can if you want to.

It is said that when you ask God for something, before you have asked, God has already answered. How can that be? You are just about to ask God for forgiveness, and before you have asked, God has already answered. It means that God knows before and after whatever you do.

If that is the case, asking forgiveness and all that sort of thing, it's quite useless, isn't it? It would seem that it is of no use.

'Almighty God, I ask for forgiveness!' All that is useless; after all, before you have asked, Almighty God already knew. God knew in advance.

So if you were to say, 'I have known God': oh, God would laugh at you – if God laughed at people, that is – God would say, 'Oh, human being, you are so impertinent; you have known Me? Hey, before you knew Me, I knew you first.'

So then, brothers and sisters, if God is ahead of you in everything, what is the point of you trying to do anything? But in fact it *is* necessary for you to make efforts to do things. If you dengar dari kawan lain, masak bisa datang ke sini. Kalau saudara belum mendengar nama Subud, mungkin tidak akan dapat di sini atau ketemu dengan Bapak. Jadi, sedikit banyak, ya, usaha perlu.

Saudara-saudara sekalian, usaha perlu! Ketahuilah, saudara sekalian, hati yang tumbuh usahanya, ingin berbakti kepada Tuhan, itu sedikit-banyak hati yang telah *dijawil* oleh kekuasaan Tuhan. *Dijawil – dijawil* itu *disentek*, disentuh – karena manusia, kalau tidak disentuh tidak bisa mengerti. Karena mengerti manusia, karena Tuhan. Karena itulah, saudara sekalian, maka segala sesuatu, karena Tuhan.

Jadi, usaha akan bakti kepada Tuhan, usaha agar dapat melakukan sesuatu yang sifatnya bakti kepada Tuhan, itu perlu sekali. Dan hati yang terasa demikian, ialah hati yang dapat sentuhan juga dari kekuasaan Tuhan. Meskipun hanya sedikit sentuhan itu, belum merupakan sentuhan ketika dibuka begitu, tetapi dapat sentuhan.

Tetapi karena hati itu dijelmai nafsu empat: nafsu aluwamah, amarah, sufiah dan mutmainah. Yang tiga ini mesti menang-menang; yang mutmainah ini yang lemah sekali di dalam hidup. Karena mutmainah itu artinya yang *nrima*, yang sabar, yang menyerah, yang sumarah, begitu. Lha, banyak-banyaknya orang tidak suka sabar, *nrima*, begitu. Tidak suka, "sebab, kalau sabar, *nrima*, ndhak dapat apa-apa!" sikapnya begitu. Tetapi, ya, tidak begitu, saudara. Kalau sungguh-sungguh sabarnya, *nrima*nya itu, bulat, seratus persen: oh, akan dapat!

Dikatakan dalam bahasa Jawa, katanya: "*Sabegja-begjané kang lali, meksa isih begja kang éling lan waspada*." Katanya begitu. Lha, ini! "*Padanya, nek ora ngédan, ora keduman*, sekarang ini." Lho! Iya! *Ngakuné ora* ikut-ikut *édan, ndak keduman*, memang. Tetapi seuntung-untungnya orang yang lupa, lupa sentuhan itu, masih bahagia dan untung bagi mereka atau bagi ia yang ingat dan waspada kepada, ya, sentuhan.

Demikian, saudara sekalian. Karena itu, maka bagi saudara sekalian, juga bagi para saudara di luar negeri – meskipun di sini baru sedikit sekarang ini, belum nanti waktu asuhan, ya, mungkin banyak di antaranya – latihan kejiwaan Subud ini adalah suatu anugeraha yang tak terhingga besarnya.

Mungkin, saudara sekalian, kalau saudara dengar-dengar begitu, memang belum pernah terjadi, artinya belum ada di lain-lainnya hadn't heard from someone else, how could you have come here? If you hadn't heard the word Subud, you would probably not have come here or met Bapak. So, it is necessary to make some effort.

Efforts are necessary! You should know that a heart that makes an effort and wants to worship God is a heart that has to some extent been touched by God's power. A human being who has not been touched by God cannot understand, because human understanding comes from God. Therefore everything is due to God.

So trying to worship God, or making an effort to do anything that is like worshipping God, is very necessary. And a heart that feels like doing that is a heart that has to some extent been touched by God's power. Even though it is only a little touch, not like the touch you get when you are opened, it is a touch nevertheless.

But the heart is affected by the four passions, [in Arabic these are:] *lawwāma*, *ammāra*, *supiah* and *mutma'inna*. It is the first three of these that generally get their way, while *mutma'inna* is very weak in our life. The characteristics of *mutma'inna* are acceptance, patience, surrender and submission. Well, most people don't want to be patient and accepting. They don't want it, 'because if you are patient and accepting, you get nothing!' That is their attitude. But, well, that's not the way it is. If your patience and acceptance are genuine, total, one hundred per cent … oh, you will receive.

There is a saying [by a] Javanese [seer][15] that goes, 'No matter how fortunate are those who are oblivious, those who are conscious and alert are more fortunate still.' That is what he said. [He also said] 'These days, if you do not act crazy you won't get your share.' Yes, really! He said that if you don't join in the craziness, you won't get your share. But, no matter how fortunate are those who forget – meaning, forget that touch – much more fortunate are those who remember and are attentive to that touch.

That is how it is, brothers and sisters; therefore for all of you and also for the members abroad – there are not many of them here right now, but later there may be quite a few who come for the *asuhan*[16] – the Subud latihan is boundless grace.

Perhaps on hearing this you will conclude that this has never happened before, that nothing like this exists anywhere else. There yang begini ini. Tetapi ada yang serupa ini, tetapi sesungguhnya lain daripada apa yang ada dalam latihan kejiwaan ini. Seperti – baru saja Bapak datang dari Bali – apa yang telah dilakukan oleh para penari-penari di Bali nampaknya seperti latihan kejiwaan Subud. Di Ponorogo pun juga tidak kurang-kurang, yaitu *jaran kèpang*. Di India pun juga tidak kurang-kurang, saudara, yaitu hipnotis, spiritis dan magnetisme; occultisme juga. Sedangkan anak-anak *dolanan* itu, main-main itu, juga sudah menyerupai latihan ini, yang dikatakan jangkung-jangkung … apa namanya? Jailangkung? Malah saya salah mengatakan. Tetapi itu semuanya di dapat dalam keadaan yang lupa. Dijawab begini-begini, lantas: huuuu, begitu. Dari lupanya sehingga bukan kemasukan, saudara; dalam diri bekerja daya rendah yang dikatakan daya syaitaniah. Tentunya saudara kira setan itu di luar diri. Tidak, dalam diri saudara setannya tidak karuan banyaknya, cuma tidak kita ketahui saja. Kalau saudara tahu: "Wooo, setan! Wooo, setan!" (*Hadirin ketawa.*)

Jadi, setan yang ada dalam diri manusia, bekerja. Kalau saudara pernah mengalami: saudara dalam latihan, umpamanya – atau tidak dengan latihan, tidak dengan waktu latihan, di luar waktu latihan – saudara melihat sesuatu. Arahnya di atas lemari. Dia kira itu di atas lemari. Bukan; kalau lemarinya disingkirkan masih di situ juga. Kalau saudara *ménggok* ke sana, ya, ke sana juga. Saudara begini, ya, di sana.

Karena sesudah ini bangkit, yang sepi daripada hati dan fikiran, maka rasa diri ini menjadi besar. Sehingga aku ada dalam aku. Buktinya, saudara, kalau saudara pernah melakukan, yaitu kebatinan, saudara diam begini, saudara melihat terus jalan. Di dalam diri terlihat benua, jagat, ya. (*Tak terdengar satu kata*) … Kunto kelihatan semua. Di dalam sini, dalam diri.

Pernah dulu Bapak ketemu dengan kawan Bapak. Dia seorang kebatinan yang ulung sekali. Malahan dia sudah menjadi guru. Tapanya, *tirakat*nya sudah jauh meliwati Bapak. Mungkin Bapak tidak pernah yang demikian itu. Dia tidak makan nasi, hanya makan kangkung saja, lima tahun. Makan pisang saja, tiga tahun. Wah, sudah tahunan, coba. Bapak pernah juga, makan pisang tidak pakai nasi: tiga hari! (*Hadirin ketawa.*) Untung sudah kuat saya tiga hari. Wah, sudah *mênggèh-mênggèh*, saya.

Pada suatu ketika ketemu dengan Bapak. Rupanya dia menunjukkan ketinggiannya atau kejauhannya tentang are similar things, but in truth they are different from the latihan. For instance, Bapak has just been to Bali: what the dancers do in Bali looks a bit like the Subud latihan. And in Ponorogo there are lots of such things, for example *jaran képang.*[17] In India there are also many practices involving hypnotism, spiritism, magnetism and occultism. There are even games played by children that are like the latihan – what is it called? *Jankung-jangkung* ... [*Somebody from the audience calls,* 'Jailangkung.'] *Jailangkung*[18] – I said it wrong. But all these things are obtained in a state of oblivion. You ask a question and then: woooo ... [*Bapak demonstrates*]. They are unconscious, and what happens is not that something enters them, but the low forces within them that are on the satanic level start to work.[19] Of course you imagine that the devils[20] are outside of you. No, within you there are innumerable devils; it is just that you are not aware of that. If you knew, you would constantly be going, 'Oh! A devil! Oh! A devil!' [*Laughter.*]

So, the devils that are within the human self are working. You may have experienced it: you may be doing latihan – or it can happen at another time, when you are not doing latihan – and you see something. It is on top of the cupboard. You think it is on the cupboard; but no, if you took away the cupboard it would still be there. If you look at it like this [*Bapak demonstrates*], it is still there. If you do this [*Bapak demonstrates*], it is still there.

Because when this [*gesture*] has woken up and is free of the heart and thinking, your inner feeling grows bigger. So my 'I' is within me. You can confirm this if you have ever practised a mystical way. You are quiet like this, and you begin to see: within yourself you can see continents and worlds, yes. [*Inaudible*] ... right here, within you.

It happened once that Bapak met a friend who was very advanced on an esoteric path. In fact he had already become a teacher. His meditation and self-denial were far beyond anything Bapak had done. Maybe Bapak had never even done such things. For five years this man had eaten no rice, only *kangkung* [a type of spinach]. For three years he had eaten only bananas. He had done that for years, imagine! Bapak has done that too, eating no rice, only bananas ... for three days! [*Laughter.*] I was lucky to stick to it for three days; I was really exhausted.

One day he came to see Bapak. He seemed to want to demonstrate how far he had advanced inwardly. He started to kebatinannya. Dia semadi. Jadi lihat saja di depannya. Sampai hidungnya: *plêtik*, *plêtik*, *plêtik*, habis. Nafasnya hilang.

Saya lihat. Ee, betul-betul mati? Saya lihat, 'Oh, belum bangun saja.' Saya lihat, betul-betul mati. Saya sambil bersenda-gurau saja, saya panggil. Saya panggil namanya. Namanya Sabar: "Bar!"

"Hé! Lho, kamu itu, kok, sudah jauh, kok dipanggil!"

"Lho, apa kamu sudah jauh?"

"Uwaaaah! Sudah ndhak karuan jauhnya!"

"Lha, kok saya panggil, kok kembali?"

"Ini nggak tahu saya. Kenapa kamu panggil saya?"

Kok bisa kembali? Harusnya, dia harus insaf itu. Lha, jauhnya cuma *sak kilan* saja, bagaimana? Dia merasa sudah jauhnya bukan main. Iya.

Dia mengatakan: "Wah, ini sudah di lapangan *alang-alang kumitir*!"

Alang-alang kumitir gundar-gandir bawana, itu tempatnya Sanghyang Wenang.

"Kenapa kamu bisa panggil saya?"

"Ada *draad*nya!" saya katakan.

"*Draad*nya kaya apa?"

"*Telefoon*! Itu *zonder draad*, malahan *telefoon*. É, *zonder draad*, malah."

Mestinya dia sudah harus insaf. Jadi bagaimanapun dalamnya kebatinan, ya, cuma di sini saja. Demikian, saudara.

Jadi, dengan kebatinan – bukan Bapak menyalahkan kebatinan, tidak; Bapak juga mengalami itu kebatinan – kebatinan berarti segala sesuatu dimasukkan ke dalam. Kalau itu sudah jadi, aku ini Tuhan. Sudah *methentheng*, *pantog* tempat gelap: peet. *Entuk*nya: "Wah, ini *Gusti* Allah. Ya, saya ini *Gusti* Allah."

Lho, kok anehnya *Gusti* Allah kok masih mau minum-minum kopi! Lho! Saya sendiri tidak tahu. (*Hadirin ketawa.*) Lha, wong Tuhan itu tidak berbangsa, tidak berbahasa, tidak berbentuk, bagaimana kok bisa minum kopi?

Sedangkan latihan kejiwaan yang saudara terima dan lakukan, dari dalam yang dalam ke luar. Jadi, saudara dapat sudah merasakan, bahwa latihan kita ini dari nul malahan ke luar. Di situ akan menuju ke *tu*, ke batasnya pamrih, ke batasnya pengaruh nafsu dan fikiran. Dari situ kita ke luar. Kalau yang demikian itu dapat saudara alami dan miliki, sehingga seluruhnya ini terbuka, dengan meditate. He was looking straight ahead; his nostrils were moving and then they stopped. He had stopped breathing.

I saw it and wondered, 'Eh, is he really dead?' I looked at him: 'Oh, he doesn't appear to be moving.' I saw that he was really dead. For fun, I called him – his name was Sabar – 'Bar!'

'Hey! I was so far away, how could you call me?'

'Oh, were you already far away?'

'I was unbelievably far away!'

'Then how come you came back when I called?'

'I have no idea. Why did you call me?'

How could he come back? He should have realised from this that the distance was actually no more than the span of a hand. He thought he had gone incredibly far.

He said, 'Oh, I was already in the field of *alang-alang kumitir* [Jav.].'

Alang-alang kumitir gundar-gandir bawana[21] is the abode of *Sanghyang Wenang* [Jav.].[22]

'How was it that you were able to call me back?'

'I have a direct line.'

'What kind of line?'

'It's a telephone; in fact, a wireless telephone.'

He should have been able to realise that no matter how deep you go with esotericism, you still remain here. That is how it is.

So, with esotericism – Bapak is not saying it is wrong, he has experienced it himself – everything goes inside you. Once you have done that, 'I' becomes God. You already feel you are very important, and suddenly you hit complete darkness: click! You construe that to mean, 'Wow, this is Almighty God. Yes, I am Almighty God.'

But, the strange thing is that 'Almighty God' still wants to drink coffee! How come? I have no idea! [*Laughter.*] Given that God has no nationality, no language, no form, how can God drink coffee?

Your latihan, on the other hand, works outwards from deep within you. So you are able to feel that this training of ours comes from zero and works outwards. From there it moves to the limit of your self-interest, to the limit of the influence of your ego and your thoughts, and then outwards from there. Once you can experience and possess that, and all of this [*gesture*] is opened, when you hear mendengarkan sesuatu, saudara sekalian, sampai yang menghidupkan saudara sekalian, yang dapat diartikan sampai ke Tuhan. Dengan melihat tembok sana, terus ke Tuhan. Dengan makan pisang goreng, sampai ke Tuhan. Karena semuanya itu Tuhan yang punya: *Bismillahir-rahmanir-rahim*. Kalau semuanya kita, semuanya itu yang punya Tuhan, aku kembali ke Tuhan juga, mestinya begitu.

Itulah, saudara sekalian, maka tadi Bapak katakan, Tuhan memberikan pertolongan semacam apa yang saudara terima itu, kepada manusia, agar manusia tidak berlarut-larut kesasar; agar manusia dapat kembali ke Penciptanya, yaitu Tuhan Yang Maha Esa. Ini sebagai juga yang telah seringkali dikatakan dalam Qur'an, apabila seorang mati: "Inna li-Llahi wa inna Ilaihi raji'un." Jadi benar-benar meninggalkan dunia, kembali ke Tuhan. Oh, kalau yang ke dalam tadi: tidak. Ia semua dimasukkan: bukan meninggal dunia, masuk ke dalam bumi. Diberitahukan sekarang saya punya kawan masuk dalam dunia, tidak kembali meninggalkan dunia. Bukan meninggalkan, tetapi malah memasuki dunia.

Kemarin dulu Bapak ketemu, saudara. Ini saya ceritakan. Sebetulnya Bapak lupa itu, ada undangan dari Pak Bardjo. Jam setengah sepuluh dapat. Bapak lagi enak-enak omong-omong itu. Malah omong-omong tentang asuhan itu. Baru *mênthênthêng-mênthênthêng*nya saya.

"Kula nuwun!"

"Hêh, ada apa?"

"Diminta datang sama Bapak di Cikini."

"Ada apa?"

Saya terkejut, saya kira itu Jeng Bardjo itu sakit. Saya lantas tata-tata, ambil kertas, ambil pen. Ya, kalau diperlukan, untuk bikin rajah, umpamanya begitu.

"Ada resepsi."

"Lho, ada apa?"

"Ambassadeur, Duta Besar dari Iran, Irak, Afghanistan, Turki ingin ketemu Bapak di sana."

"Oh, begitu!"

"Iya."

Wah, kebetulan Bapak baru pulang, kembali dari atas. Jadi, jasnya sudah saya *canthèl*kan. Umpama tidak saya *canthèl*kan, saya pakai saja terus. Tidak perduli kita ini. Terus jalan. Ah, sampai di something it will reach the One who gives you life. You can say that it will reach God. So when you see that wall, it goes directly to God. When you eat a fried banana, it reaches God. Because all of that belongs to God: '*Bismi'llāhi 'r-Rahmāni 'r-Rahīm* [Arab.: In the name of the One and Only God, the All-merciful, the All-compassionate]. If all of us and all of those things belong to God, it follows that we should also be able to return to God.

That is it, brothers and sisters. As Bapak said earlier, God gives human beings the kind of help that you have received in order that you do not stray further and further, so that you can return to your Creator, to Almighty God. This corresponds to what is often written in the newspaper when somebody dies: '*Innā lillāhi wa innā ilaihi rāji'ūn* [Arab.: We belong to God and to God we are returning]. So we *truly* leave this world and return to God; whereas the man we were just talking about who went inwards, will not. All of his being will go inwards: instead of leaving this world he will enter the earth. So when you announced it, you could not say 'My friend left the world and returned'; you would have to say, 'My friend entered the world.' He does not leave, he enters the world.

The day before yesterday Bapak met some people; I will tell you about it. Actually Bapak had forgotten that there was an invitation from Pak Bardjo.[23] Somebody came with a reminder at half past nine. Bapak was just enjoying a discussion. In fact it was about the *asuhan*, and I was speaking very seriously.

'May I speak to you?'

'Oh, what is it?'

'Bapak [Subardjo] is asking you to come to Cikini.'

'What is the matter?'

I was surprised; I thought Mrs Subardjo must be ill. I started to collect some paper and a pen in case I needed to make a *rajah*.[24]

'There is a reception.'

'What is it for?'

'The ambassadors of Iran, Iraq, Afghanistan and Turkey want to meet Bapak there.'

'Oh, is that so?'

'Yes.'

It so happened that Bapak had just returned from the mountains. He had already hung up his jacket, otherwise he could have kept it on and would not have had to put it on again. Never sana. Ketemu sama tuan-tuan yang dari dunia Arab itu.

Lha, itu benar-benar orang Arab ini. Ketemu sama orang Jawa, ngaku keturunan Arab. Wah, payah saya ini. Wah, *sida diêngkuk-êngkuk* saya nanti. Rupanya memang ketika Bapak datang, saudara, yang terangnya itu, "Akh, orang Indonesia saja!" Mestinya, begitu, sudah teratur, "Orang Indonesia, akh, apa itu! Orang Indonesia tidak bisa apa-apa." Saya rasa demikian, memang dalam keadaan yang demikian itu.

Ketika Bapak datang itu, ya, salaman, ya, biasa saja. Uwêt, uwêt, uwêt, begitu. Sesudahnya omong, omong, omong, masuk ke ketuhanan itu. Bagaimana bedanya ini dan itu, ini dan itu, begitu terjawab semua. Mungkin jawaban Bapak itu mengenai semua, sehingga terasa puas.

Akhirnya Bapak berdiri atau sesudahnya mereka akan pergi meninggalkan sana, wah, salaman bukan salaman sebagai dulunya. Dipegang tangan Bapak, tangan dua. Mangka tangan satu! Orang satu pegang srutu! Elho! Cuma saya sayangkan, tidak ada tempat ini, lho!

Malah justru orang yang tua ... itu sudah salaman, kembali sana, kembali lagi. Perlunya minta restu. Lho! Minta restu supaya selamat hidupnya, supaya dapat bakti kepada Tuhan yang sebenar-benarnya. "Insya Allah," saya katakan.

Di situ, saudara – ini Bapak ceritakan sedikit saja – dia tanya bedanya apa Budha dan Kristen, Kristen dan Islam. Coba, lho, ditanya begitu, bagaimana! Wah!

Lha, saya panggil ki dalang: "Hayo, dalang! Terserah."

Bapak jawab: Budha. Hasil daripada apa yang telah didapat Budha, ialah hasil dari usahanya yang sifatnya bertapa. Mengurangi segala kesenangan. Memang Budha itu anak raja, itu Budha Gautama. Sehingga semua kemulyaannya, semua kesenangannya, semuanya dijauhkan. Akhirnya dia bertapa.

Apa sebab? Karena dia melihat pada suatu waktu orang miskin yang kurus dan hanya tulang saja badannya, meninggal di tepi jalan. Mati. Meninggal. Dia lihat: "Akh! Masih hidup, seperti saya ini gagahnya. Kalau sudah mati, kok kayak begitu!"

Kebetulan ada anjing dekat. Digigit-gigit, ditarik-tarik. "E, iya. Kalau hidup seperti saya ini, pertama: anak raja; dua: memang serba mind, off he went. He arrived there and met with these gentlemen from the Arab world.

These are real Arabs, I thought, and they will meet a Javanese who claims to be of Arab descent. I will be in trouble; they will make fun of me. When Bapak arrives it will be clear: 'Oh, this is just an Indonesian.' And they are bound to think, 'An Indonesian? Who's he? Indonesians are incapable of doing anything!' That is what I was thinking; that was my mood.

When Bapak arrived, we all shook hands in the normal way. [*Bapak demonstrates a perfunctory handshake. Laughter.*] Then we talked. Eventually we touched on theology: what is the difference between this and that, that and this. Bapak answered all their questions, and it seems that his answers covered everything and they felt satisfied.

Eventually, when they were all about to leave and Bapak stood up, they shook his hand, but not in the way they did at the beginning. They held his hand with both their hands. I responded with one hand. What could I do? My other hand was holding a cigar. It is a pity there was no ashtray!

In fact there was an old man who had already shaken my hand, who then came back again. He asked for my blessing. Imagine: he asked my blessing for his well-being and that he should be able to worship God in the right way. 'If it is God's will,' I said.

And then, brothers and sisters, he asked, 'What is the difference between Buddhism and Christianity, Christianity and Islam?' Bapak will tell you about it. Imagine being asked such a question! What would you say?

Well, I called on my dalang,[25] 'Please, dalang: it's up to you!'

Bapak then replied that Buddhism is the result of what Buddha obtained, the result of his effort in practising asceticism. He put aside all his pleasures. For Buddha was the son of a king – Buddha Gautama, that is – and he put aside all his glory and all his pleasures, and eventually became an ascetic.

Why did he do that? Because he saw a thin, destitute person, all skin and bone, die at the side of the road. When he saw that, he said, 'While I'm alive, I am strong like I am now, but how can it be that when I die I will be like that!'

It so happened that a dog was close by and started to gnaw at the corpse. 'Oh, I see! While I am alive like this, nobody, let alone ada. Apalagi anjing, masak berani dekat saya. Tetapi kalau sudah mati, kok tidak ada apa-apanya, begitu. Bagaimana hidupmu itu?"

Dia tidak pulang lagi ke kerajaan. Dikirim kembali pakaiannya. Hanya dia memberi surat keterangan kepada ayahandanya: "Ayahanda, ananda tidak suka kembali lagi ke kerajaan. Akan meneruskan perjalanan yang tidak dapat saya tentukan ke mana. Aku akan mencari hidup dengan sebenarnya. Saya ngeri melihat orang yang mati yang begitu saja ..."

Terus bertapa, memeras ... tetapi semuanya dikerjakan, dilakukan oleh kehendakan yang luar biasa kuatnya. Sehingga dari kuatnya bertapa dengan lamanya bertapa dapat menemukan kekuatan diri, kekuatan badan, yaitu nafsu.

Tuhan Maha Kuasa, saudara. Apa yang diminta manusia, diberi. Memang sebelumnya diminta, sudah diberi. Jadi, apa yang dilakukan manusia, sudah tentu terlaksana, apabila sungguh-sungguh.

Kalau begitu itu kan Tuhan itu menyuruh orang melakukan sesuatu yang jahat? Bukan! Tetapi Tuhan itu selalu mengadilkan apa yang mestinya diberikan kepada manusia. Sebagai contohnya: yang punya rumah dengan pencuri. Yang punya rumah selalu baca-baca, supaya Tuhan menolong jangan sampai ada pencuri masuk. Si pencuri pun juga tidak ketinggalan, saudara. Sedikit-sedikit: *Bism-i-Llah-ir-Rakhman-ir-Rakhim.* Iya! Sedikit-sedikit ... (*Bapak memperagakan, hadirin tertawa*) sebentar-sebentar: "*Gusti* Allah, *nyuwun mergi sagêd kula*, supaya saya dapat masuk dalam rumah itu dalam keadaan yang selamat. Yang punya rumah ngorok, barang-barang tersedia di luar semua, kuncinya lupa, sehingga lemari-lemari semua tidak terkunci."

Wah, dituruti lho, semua itu. Hujan turun malahan, yang punya rumah mestinya belum tidur, jadi tidur. Lemarinya belum terkunci. Wah, enak masuknya.

Jadi, sama-sama diberi. Yang punya rumah, ya, diberi. Pencurinya, ya, diberi. Jadi, bagaimana nanti? Ya, siapa yang cocok: siapa yang lupa, siapa yang ingat, begitu. Jadi, semuanya itu tidak akan terlaksana, apabila saudara tidak melakukan sendiri. Jadi, saudara jangan lantas asal nyuwun saja sama *Gusti* Allah, supaya diberikan, lalu diberi. Jangan! Perlu usaha itu!

Lha, usaha tadi Bapak katakan ada dua macam. Usaha yang seperti menguatkan hati dan akal-fikiran sehingga bernafsu, dengan a dog, dares to approach me; first of all because I am the son of a king, and second, I have everything. But once I die I will have nothing. Then what is this life all about?'

He did not go back to his palace. He sent his clothes back with a letter to his father, explaining, 'Father, I do not want to return to the palace. I shall continue my journey and I cannot say where it will take me. I am going to look for the true life. I was horrified to see a person dying, just like that …'

So he forced himself to practise asceticism, and he did it with an extraordinarily strong will. Through the intensity of his meditation and the length of time that he did it, he was able to find the power of his self, of his body – which is the ego.

God is Almighty, brothers and sisters. God gives whatever people ask for. In fact God gives before they ask. So whatever people undertake will come true as long as they are serious about it.

If that is so, doesn't it mean that God encourages people to commit crimes? No, God is always just in deciding what should be given to human beings. As an example, consider a house owner and a thief. The house owner recites prayers that God might prevent thieves from breaking in. But the thieves are not outdone: they constantly go, '*Bismi'llāhi 'r-Rahmāni 'r-Rahīm*'. They are always … [*Bapak illustrates. Laughter.*] They pray all the time: 'Almighty God, please give me a way to enter this house safely. May the owners be snoring, with all their things lying about. May they have forgotten to lock up, so that all the cupboards are unlocked.'

All these prayers are answered. In fact it even rains, so the owner of the house, who would normally still be awake, is already asleep; and the cupboards haven't been locked. It is easy to get in.

So, God gives equal measure to both. He gives to the house owner and He gives to the thief. So then what happens? Well, it depends on who gets it right: on who is conscious and who is not, as it were. In other words, nothing will get done if you do not do it yourself. Do not therefore pray to God to give you something and just expect to get it. No, you need to make an effort.

Now there are two kinds of effort, as Bapak said just now. There is effort that focuses the heart and the intellect and activates the usaha menyerah kepada kekuasaan Tuhan dengan sabar.

Itu … jadi saya kembali kepada cerita saya. Sesudah Budha itu lama dia melakukan bertapa, sehingga sampai dapat menemukan 'aku'-nya yang sebenarnya. 'Aku', nafsu yang sebenarnya. Jadi, dia tahu bagaimana 'aku', tetapi dia belum tahu bagaimana yang membikin 'aku'. Belum. Oleh karena itu, maka: 'aku' Tuhan, Tuhan 'aku'.

Ini. Bedanya dengan Yesus Kristus. Bedanya pula dengan nabi Muhammad *sall-al-Lahu 'alaihi wa salam*. Yesus sedikit-sedikit … (*Bapak memperagakan*) yang artinya: "Allah, Tuhanku atau Allah, Ayah."

Dan Yesus dapat menerima dan menginsafi hidupnya dan bagaimana hidupnya, karena Tuhan. Karena itu Yesus mengaku juga: dia anak Tuhan. Kalau ada anak ada ayahnya. Kalau ada ayah tentunya menyatakan, bahwa ada yang lebih kuasa daripada anak itu. Di mana-mana kalau anaknya dikuasai Tuhan, ayahnya. Di mana-mana ayah lebih kuasa daripada anaknya. Kalau mau *jajan*, ayahnya tidak memberi uang, pun juga tidak bisa jajan.

Anak artinya bocah. Tenaganya seperti kerbo, makannya tidak di*cacah*. Sudah *ditatakkên* di jumlah *mlathing*, makan ini, makan ini, makan itu. Jadi kalau saudara sedikit-sedikit makan, seperti anak nanti. Ngemil terus, memang anak begitu. Lha, kalau saya sendiri kok tidak biasa begitu, Nak. Kalau saya ngemil itu rasanya seperti kerja. Kok, mulut kok suruh kerja terus saja, bagaimana, ta? Mbok ya ada *pauze-pauze*nya, begitu! Kok terus saja! Itu namanya kan ngemil.

"Di situ perbedaannya," Bapak terangkan kepadanya. Akhirnya rupanya, ya, diterima juga.

"Ya," dia katakan. "Tetapi saya tanya lagi. Orang yang sudah mendapatkan kekuasaan Tuhan, sehingga manusia itu dijelmai kekuasaan Tuhan, bagaimana dengan orang yang demikian itu? Artinya: bagaimana sepak-terjangnya dan bagaimana tindakannya? Toh sudah ada kekuasaan di dalam dirinya?"

Saya katakan: "Tuhan Maha Kuasa, Tuan, tetapi kekuasaan yang menjelma ke diri manusia, terbatas pada sifat itu. Tidak lebih daripada itu! Karena itu, maka meskipun Yesus telah dijelmai kekuasaan Tuhan seluruhnya, toh dapat disalib. Meskipun Nabi Muhammad juga telah dijelmai kekuasaan Tuhan seluruhnya yang dikatakan Rasul-ul-Lah, toh masih dapat dikejar-kejar musuhnya. Dan dapat pula sakit dan mati."

ego, and there is effort that patiently surrenders to God's power.

So let me return to my story. Once Buddha had meditated for a long time he found his true 'I': the 'I', the real ego. So, he found out who is 'I', but he did not yet know who made the 'I'. Not yet. Therefore for him 'I' was God, and God was 'I'.

That is it. That is the difference between him and Jesus, between him and Prophet Muhammad, peace be upon him. Jesus always did this [*gesture*], which means: 'God, my Father'.

And thanks to God, Jesus was able to receive and be aware of his life. And for that reason Jesus said he was the child of God. If there is a child then he must have a father, and if there is a father, it means there must be an authority greater than the child. In general the child is under the authority of God, his father, because generally a father has greater authority than his child. If the child wants to go out to eat, but the father doesn't give him any money, he will not be able to eat out.

A child means a little boy, whose energy is like that of a buffalo and you cannot add up how much he eats! [*Laughter.*] You have prepared food for him but he eats this and that and this and that. So if you are one of these people who is always eating, it means you are like a child. Always snacking – that's how children are. As for me, I don't seem to be able to do that. When I snack it feels like work – why do I have to make my mouth work all the time? Wouldn't it be better to give it a rest – why eat all the time? Isn't that what they call snacking?

'So, that is the difference,' Bapak explained to him. It seemed that in the end he could accept it.

'Yes,' he said, 'but I want to ask something else. When a person has obtained God's power, so that God's power has manifested within them, how is it for that person? What I mean is: how do they behave? After all, they have God's power within them.'

I said, 'Sir, God is Almighty, but when that power manifests in the human body, it is limited by that nature. It cannot be more than that. Therefore, even though Jesus was fully imbued with God's power, he could still be crucified. And although Prophet Muhammad was also fully imbued with God's power and was called the Messenger of God, he could still be pursued by his enemies. And he could also become ill and die.'

"Oh, begitu. Iya."

"Saya beri contoh. Begini (*thok, thok, thok*). Meskipun saya panggil penggambang, saya panggil pemukul gamelan, tetapi kalau yang saya pukul itu ini (*thok, thok, thok*), masak bisa seperti gamelan. Tidak bisa. Jadi, ini tidak lebih, tidak dapat melebihi sifatnya.

Demikian juga kekuasaan Tuhan yang telah ada dalam manusia. Tidak bisa lebih daripada bagaimana manusia. Kalau kekuasaan Tuhan di manusia lebih dari manusia, habis dunia ini. "Saya suka sekali. Iya. Semua saya ambili."

Lha, kalau mau minum – apa itu – buah leci, umpamanya begitu, tinggal … waaaah! Lha, kuasa! Mau beli apa-apa? Tidak usah. Ingin makan pisang goreng, ingin makan sate apa, tinggal … *sujèn*nya itu, lho …

Lha, kalau ada duren, saya suka itu! Juga tidak. Jadi, ya, seperti manusia! Sehingga benar-benar berbeda antara manusia dengan Tuhan.

Tetapi meskipun demikian, saudara, meskipun kekuasaan Tuhan yang telah menjelma dalam diri saudara, umpamanya, toh tergantung kepada kepribadian saudara, tetapi lebih *luwung* daripada … lumayan daripada lainnya yang tidak. Karena setidak-tidaknya saudara tahu jalan hidupnya. Bagaimana aku berbuat, aku bekerja? Dan ke mana aku pergi dan bagaimana, bila aku mati? Dan bagaimana keadaanku sesudah mati? Semua telah ada dalam diri pribadi.

Karena itu, ketika Yesus ditanya oleh para sahabatnya: "Bagaimana, Tuanku? Sedangkan Tuanku kuasa, kenapa didiamkan saja? Kenapa Tuanku tidak panggil malaikat untuk menumpas orang-orang yang akan membunuh, akan menyalahi, memperdaya Tuanku?"

"Oh, tidak bisa! Aku dapat berkuasa yang lebih daripada manusia, apabila aku sudah kembali."

Ah! Jadi, kalau ada *Gusti* Allah di sini, enak sini!

Daripada orang ngaku *Gusti* Allah itu, ya, bukan Bapak mengatakan itu salah, iya, iya salah itu. Itu kan kesalahan yang besar sekali. Tidak, tidak bisa dan tidak pada tempatnya!

Dikatakan, saudara, diumpamakan sebagai imbangan begitu atau contoh: apa yang ada dalam dunia ini dengan isinya yang kaulihat, itu diumpamakan air setetes yang menetes di tengah-tengah samudera yang samudera yang luas itu adalah kekuasaan Tuhan dan adanya Tuhan. Bagaimana? Jadi, bagaimana muluknya,

'Oh, I see. Yes.'

I will give you an example. If I do this [*sound of knocking*], even if I ask a gambang or a gamelan player [*to play*], if what they are striking is this [*knock, knock, knock*], it will never sound like a gamelan. It cannot. So this thing cannot be more than its nature.

The same goes for God's power within human beings. It cannot go beyond the nature of a human being. If God's power within a person could be more than human, this world would be destroyed: 'I like this very much. Yes! I'm taking all of it!'

If you wanted to eat lychees, you would just … waaah! Well … you're almighty! If you wanted to buy something, you wouldn't need to. If you wanted to eat fried bananas, or to eat satay … there would be nothing left but the satay-sticks.

If it were durians, I wouldn't mind that! But no, we just remain human. So there is a real difference between human beings and God.

But even so, even though the power of God that manifests in your being depends on your nature, it is still better than if you don't have it – because at the very least you know the path of your life. What should I do? What should I work at? And where should I go and how should I be when I die? And how will my state be after I die? All that is given, in our individuality.

That is why, when Jesus was asked by his disciples, 'How is it, Lord, given that you have authority, that you do not use it? Why don't you call the angels to destroy those who would like to kill you, or who intrigue against you and condemn you?'

'Oh, I cannot do that! I can only be more powerful than a human being once I have gone back.'

Of course, if Almighty God were here, how nice that would be!

It is not that Bapak blames people who claim to be Almighty God, but, well … they are wrong. In fact it is a very big mistake, isn't it? It is impossible and it is inappropriate.

Brothers and sisters, as a measure or a comparison, it is said that what exists in this world – everything in it that you can see – is like a drop of water in the wide ocean that is God's power and the nature of God. What does that mean? It means that no matter how extraordinary and wonderful human beings may be, they are no bagaimana hebatnya manusia itu masih – kalau dibandingkan – air setetes yang "tès" itu saja, dengan luasnya samudera yang ada dalam dunia ini. Karena itu saja dapat dibandingkan. Karena itu tidak boleh disama-samakan.

Banyak sudah saudara yang mengatakan sebagai tadi telah Bapak katakan, bahwa, "Aku sekarang telah mengerti bagaimana Tuhan itu." Banyak! Ya, Bapak terima saja sebagai guyon, sebagai surat dari anak yang minta keterangan kepada Bapak. Karena sebenarnya, saudara sekalian, saudara yang begitu itu masih dalam anggapan saja. Memang gampang saja menganggap itu! Saya bisa saja menganggap: "Wah, anggapan saya, saya sebagai milyuner." Ya, bisa saja!

"Anggapan saya, saya sebagai orang yang bagus sendiri di dunia." Ya, bisa saja! Begitu.

Jadi, anggapan, menganggap dirinya, rasa dirinya, hatinya dekat Tuhan. Kalau saudara dekat Tuhan itu tidak ada soal tanya, juga tidak ada. Tetapi Bapak mengatakan: sebelum kamu tanya, sudah dijawab. Lho, belum tanya!

Jadi, kalau saudara sungguh-sungguh ketemu Tuhan itu, sudah lepas, sudah prei, saudara, itu. Sudah habis omong-omong itu. Tidak perlu tanya sudah. Perlunya apa tanya? Tanya banyak salah!

(*Tidak jelas*) … demikian, saudara?

"Apa betul, Pak, kalau saya sekarang sudah dekat Tuhan?"

Lho, bagaimana? Kalau kebenarannya pertanyaan itu asal dari Bapak, Bapak berarti lebih tinggi daripada Tuhan!

Bapak jawab: "Bagaimana, anak, kalau Bapak dapat menunjukkan kebenaran anak terhadap Tuhan, Bapak lebih kuasa daripada Tuhan. Jadi, kalau benar Nak sudah tahu Tuhan, tidak usah tanya! Sebab tanya itu salah!"

Demikianlah, kalau diceritakan, saudara, ketika Bapak bertemu dengan saudara-saudara seagama yang datang dari Afghanistan, Turki, Iran. Malahan di antaranya itu ada menteri yang spesial *kabudayan* Islam. Wah, sudah! *Mêmêt* itu! Iya!

Saya ditanya: "Saudara pandai bahasa Arab?"

"Tidak." Memang saya tidak bisa.

Lantas dia mengatakan: "Saudara harus tahu sifat Tuhan itu sembilan puluh sembilan."

"Oh," saya beritahukan, "tetapi kalau kita di sini tidak begitu, tuan."

more than a drop compared to an ocean in this world. Therefore one cannot compare the two, and one may not treat them as if they were the same.

There have been many members who have said, as Bapak just described, 'I have now understood all about God.' There have been many, and Bapak simply accepts it with good humour, as a letter from one of his children asking for advice, because the fact is that what they are saying is just their opinion. Indeed, it is easy to have an opinion. I can say, 'It is my opinion that I'm a millionaire.' That's easy.

'It is my opinion that I am the most handsome man in the world.' That's easy too.

So, a person can also believe or feel that their inner feeling or their heart is close to God. But if you are close to God there are no more problems or questions, for Bapak can tell you that your questions are answered before you have asked. Yes, you haven't asked yet.

If a person has truly met God they are liberated, they are free. There is nothing more to be said. They will not need to ask. What is the use of asking? Asking is often wrong.

[*Sentence inaudible.*]

'Is it true, Bapak, that I am already close to God?'

What kind of question is that? If the right answer to that question were to come from Bapak, it would mean that he is higher than God.

Bapak's answer is, 'If Bapak could show you your true relationship with God, he would have greater authority than God. So if it is true that you already know God, you don't need to ask, because asking that question is wrong.'

Brothers and sisters, that is what Bapak wanted to tell you about his meeting with his co-religionists from Afghanistan, Turkey and Iran. In fact among them there was a minister specially for Islamic culture. In short, it was all really over-the-top.

I was asked, 'Are you good at Arabic?'

'No.' It's true, I'm not.

Then he said, 'You need to know that there are ninety-nine attributes of God.'

'Oh,' I said, 'but for us here it is not the same, sir.'

"Apa?"

"Sifatnya itu dikurangi dari sembilan puluh sembilan. Hanya dua puluh." (*Hadirin ketawa.*)

"Oh!"

"Iya! Dua puluh saja. Malah bisa diringkas jadi tiga saja."

"Apa dua puluh itu?"

Saya terangkan. Jadi, dikira kita mengatakan Tuhan itu seperti raja Jawa pakai blangkon. Itu … (*tak jelas*). Iya. Dikira begitu! Lha, itu … (*tidak terdengar*). Sudah, lantas Bapak katakan. Isi sifat dua puluh: *mula, wujud, qidam, baqa, mukhalafatu, li-l-khawadithi, baghiyamu, binnati.* Artinya begini: … (*tak jelas*) Tuhan dahulu, tidak ada yang mendahului; yang mengakhiri dan yang terakhir; yang terakhir cuma Tuhan sendiri. Ada di dalam daripada sekalian yang ada di dalam; di luar daripada sekalian yang di luar. Tidak berbentuk. Tidak bernegara. Tidak berbangsa. Tidak berwarna."

"Oh, cocok, kalau begitu!"

Ya, cocok, memang, tetapi … (*Tak terdengar*). *Verschil*nya berapa itu? Jadi, *verschil* tujuh puluh sembilan itu. Terlalu banyak itu. Iya, kalau *verschil* itu *verschil*, kalau kurang namanya kan … apa itu?… (*tidak jelas*). (*Hadirin tertawa.*)

"Kalau begitu kok di … kok ada?!"

"Ada, memang!"

(*Tak terdengar.*)

Di sana memang lebih luas. Lebih sembilan puluh sembilan.

"Lha, kalau begitu, benar! Sembilan puluh sembilan itu."

Lha, saya katakan: "Kok banyak sekali! Kalau kita di sini cuma dua puluh. Lho, kok *verschil*nya kok tujuh puluh sembilan. Lalu di mana yang tujuh puluh itu?"

Lha, mungkin ditambahi orang. Lha, iya ndhak usah. Cuma Tuhan tidak berbentuk, begitu saja. Tetapi mungkin dapat di sana: Tuhan tidak berbulu! Tuhan tidak berrambut. Lho, siapa itu? Tuhan tidak berkumis. Lha, saya ini yang kumis! Waaah, lha kurang kumis yang saya ini. Tidak boleh terganggu.

Akhir-akhirnya, yaitu: lantas ketika pulang, salaman. Lha, mesthinya untuk mengimbangi begitu tangan Bapak dua juga. Tangan Bapak pegang serutu. *Kewuhan*, bolehnya saya meletakkan, jadi, saya itu begini saja, (*tak terdengar*).

(*Tak terdengar.*)

Saudara-saudara sekalian, dengan adanya pengalaman-

'What?'
'It has been reduced from ninety-nine to just twenty.'

'Oh?'
'Yes, here there are only twenty. In fact they can be reduced to three.'
'What are the twenty?'
I explained. Clearly, he must have thought that we describe God as if God were a Javanese king wearing a *blangkon* [Jav.: a special hat]. It is … [*inaudible*]. Yes, that is what they think. [*Inaudible.*] So Bapak explained that the twenty attributes are: *mula, wujud, qidam, baqa, mukhalafatu li-l-khawadithi, baghiyamu, binnati,* etc. What that means is: … [*inaudible*] God is the first, nothing precedes God; God is the end and the last, only God is last; God is deeper than everything that is within and beyond everything that is outside. God has no form, no country, no race and no colour.
'Oh, then that is correct!'
Yes of course, but … [*inaudible*]. What is the shortfall? The shortfall is seventy-nine. That is too much! Yes, a shortfall is a shortfall. If it is short that is a … what do you call it … [*inaudible*]. [*Laughter.*]
'If that is the case there is a discrepancy, isn't there?'
'Indeed there is!'
[*Section inaudible.*]
What they have over there is wider, they have ninety-nine.
'So then it is right! It is ninety-nine!'
But I said, 'Isn't that rather a lot? Here we only have twenty. How come there is a difference of seventy-nine? Where have they gone?'
Well, maybe they have added a few, don't you think? Actually it shouldn't be necessary … [*inaudible*]. It should be enough to say that God has no form, that is all; but maybe over there they say God has no hair, or no moustache. You can say anything you like … [*inaudible*]. [*Laughter.*]
In the end we all shook hands as we were leaving. Of course Bapak should have responded by using two hands as well, but he was holding a cigar. Where could I put it down? So I just went like this … [*inaudible*].
[*Section inaudible.*]
Brothers and sisters, from the things that Bapak has

pengalaman yang telah Bapak alami, maka teranglah, bahwa latihan kejiwaan Subud ini merupakan, kalau dikatakan, tehniknya, boleh; kalau dikatakan kenyataannya, boleh; kalau dikatakan sungguh-sungguh amal bagi kita, artinya: mengamalkan kita kepada Tuhan. Bapak katakan demikian, karena dimulai dari permulaan saudara sekalian menerima latihan: sudah dimulai, sudah digerakkan oleh kekuasaan Tuhan.

Ya, memang saudara belum dapat merasakan sebenarnya apakah itu dari Tuhan dan tidak, tetapi karena semuanya atau apa yang terjadi dalam latihan kejiwaan Subud itu, di luar akal-fikiran dan hati – buktinya kalau dicampuri hati akal-fikiran, berhenti – maka sudah terang bahwa latihan yang diterima di dalam rasa diri yang akhirnya merupakan gerak-gerak, tingkah-laku dan tenaga, itu benar-benar dari aliran yang suci, dari aliran yang *sepi ing pamrih*; dari aliran yang kosong daripada segala macam pengaruh.

Jadi, kita benar-benar digerakkan oleh kekuasaan Tuhan. Dengan demikian sehingga kita dapat mengatakan: kita berlatih karena Tuhan untuk manusia, untuk para saudara. Kalau kita berlatih, kita menerima sesuatu karena Tuhan, itu dalam sejarah para nabi, para utusan dikatakan: mukjizat Allah, karena Tuhan. Jadi, kita tidak bisa bikin sendiri. Dibikinkan oleh Tuhan! Saudara tidak bisa berbuat sendiri. Dibuatkan!

Kalau begitu sesuai dengan keadaan kita. Kodratnya kita karena Tuhan, dunia ada, Tuhan yang menciptakan dengan seisinya. Jadi, kita manusia ada, diadakan oleh Tuhan. Jadi, kalau kita apa-apa, ya, harus dari Tuhan. Memang demikian!

Oleh karena, saudara sekalian, kita mulai, sampai kita bergerak, bertindak, bertenaga yang semua itu karena Tuhan, maka percayalah kepada Tuhan dengan sabar, tawakal dan ikhlas. Jangan saudara lantas memeras hatinya, memeras kekuatannya untuk lekas dapat menerima. Jangan! Tuhan Maha Tahu, saudara. Kalau saudara memperkosa dirinya sendiri, paling tidak nanti saudara krisis. Paling tidak! Kalau krisis, jadinya tidak karu-karuan, malah nanti kembalinya: mulai lagi. Lha, coba, ta, itu. Sudah tidak karuan, akhirnya mulai lagi.

Sedangkan kalau dari Tuhan, karena Tuhan tadi, saudara, sedikit demi sedikit, sedikit diikuti kenyataan. Mungkin saudara dapat menerima, andaikata, bisikan dari dalam, itu bisikan dirinya sendiri yang dikatakan itu. Tuhan tidak membisiki, saudara. Yang nyata, experienced, it is clear that the Subud latihan could be called the practice or the reality of our devotion, which means living our life for God. The reason why Bapak says that is because, from the time you begin to receive the latihan, you start to be moved by the power of God.

Of course, you are not yet able really to feel whether it is from God or not. But everything that takes place in the latihan is beyond the thinking mind and the heart. The proof is that if you interfere with your heart and mind, it stops. So it is clear that the latihan, which you receive in your inner feeling and which eventually manifests as movement, is truly from a pure source, from a current that is free of self-interest and void of every kind of influence.

Therefore we are truly moved by God's power, and can say that we are trained by God for our benefit as human beings. When we do the latihan, we receive because of God. In the history of the prophets that is called the miracle of God. It is caused by God and is not something we can do ourselves; it is done by God. You cannot do it yourself – you are made to do it.

That corresponds to our existence and to our destiny. This world exists because of God; God created it, with everything in it. Therefore we human beings exist because we were created by God. So if we do something … well, it should come from God. That is how it is.

Because that is so, brothers and sisters, since we begin and then move and act because of God, we should trust God with patience, acceptance and submission. Do not force your heart and make a big effort to receive. Don't do that; for God is All-knowing. If you force yourself, you will at the very least experience a crisis. That is the least that can happen. And if you get into crisis, you will get into a disturbed state; and when it is over you will have to start from the beginning again. Think of that: you not only go through the bad state, but in the end you have to start from the beginning again.

Whereas, if it is from God, it will come little by little and always be followed by evidence of its reality. Suppose you are able to receive inspiration, an inspiration from within. What that means is inspiration from your self. It is not God who inspires you. The saudara membisiki sendiri. Kalau Tuhan membisiki saudara: berarti Tuhan masih mempergunakan sesuatu untuk ke badan saudara, yang berakibat masih ada antaranya … antara Tuhan dan saudara.

Sebagai kemarin dulu lagi, saya katakan isi sifat dua puluh kepada orang-orang Arab itu: "Tuhan dekat kepada manusia, manusia yang jauh kepada Tuhan."

Apa sebabnya begitu? Dekatnya Tuhan kepada manusia, karena Tuhan Maha Kuasa. Dekatnya Tuhan kepada manusia: lebih dekat daripada manusia membuka matanya melihat sesuatu di depan. Dekatnya Tuhan kepada manusia: lebih dekat daripada manusia mendengarkan sesuatu dengan telinganya. Tetapi jauhnya manusia kepada Tuhan, karena ditutup, *dialing-alingi* oleh nafsu yang selalu ada di tengah-tengahnya. Nafsu dengan … (*tak terdengar satu kata*) … saudara mengaku mengerti kepada segala sesuatu; mengaku tahu kepada Tuhan mengaku juga; mengaku mengetahui: "Aku ini, waaah, jiwa saya sudah luhur sekali," begitu nafsu.

Tidak usah berkata jiwanya yang luhur dan sebagainya. Semuanya itu ada dalam kenyataan. Kenyataan. Apa kok, semuanya menjadi pokok kenyataan itu? Di situlah kenyataan itu yang dikatakan afal Allah, itu di situ. Kekuasaan Tuhan seluruhnya dalam sifat yang zat, *mênêng*. Zat berada dalam sifat. Sifat, yang bekerja, bertindak, *makarti*, dikatakan asma. Zat, sifat, asma. Sekarang tinggal: afalnya kayak apa?

Kalau kamu mengaku sungguh-sungguh zat, sudah *jumênêng* dalam sini, afalnya *nuthuki uwong*, tidak cocok! *Nuthuki*! Afalnya *ngêlus-êlus têkên* di pinggir jalan. Ya, ndhak cocok! … (*tak terdengar*).

Afal, kenyataan. Jadi, seperti Nabi Muhammad sall-al-Lahu 'alaihi wa salam atau Kristus, Yesus, itu sudah afal. Apa sebab Yesus Kristus itu – orang yang melarat asalnya; keluarnya, lahir-lahir di *gêdhogan*, katanya; anaknya tukang kayu yang belanjanya setalen, sehari setalen itu, apanya, kabarnya malah dulu ndhak ada setalen itu – dihormati, dimulyakan, disegani siapa yang melihat dia, siapa yang menemui dia. Karena afalnya, kenyataan. Demikian dengan Nabi Muhammad.

Jadi, cocok itu: zat, sifat, asma, afal, empat. Nah, jadi dua puluh tadi diringkas jadi empat itu. Lha, malah kalau dari sembilan puluh sembilan, *verschil*nya terlalu banyak. *Verschil* sembilan puluh lima!

reality is that the inspiration comes from your self. If it were God who inspired you it would mean that God is using something to reach your body, implying that there is something in between, some intermediary between God and you.

As I said to those Arab gentlemen the day before yesterday, when we were talking about the twenty attributes of God, 'God is close to human beings; human beings are far from God.'

What is the reason for that? God is close to human beings because God is Almighty. God is closer to a person than when that person opens their eyes and sees something in front of them. The closeness of God is closer than when a person hears something with their ears. But human beings are far from God because they are blocked and obstructed by their desires, which are always in the way. It is your desires that make you claim to understand everything; make you claim to know God; make you say, 'My soul is very high.' That is what the desires do.

It is not necessary to say that your soul is high, or anything like that, because it is all there in the result. Why do we say that it is in the result? In Islam the result is called the *af' āl*. All of God's power has the attribute of *dhāt*, or essence: it is at rest. The essence is within a form, *ṣifa*. When the form works or acts, it is called *asmā'*. *Dhāt*, *ṣifa*, *asmā'*. So the next thing is: what is the *af' āl*, the result?

If you claim that you really have *dhāt*, that God's essence is embodied within you, but the result is that you hit people, it is not appropriate. Or if the result is that you sit stroking a stick [begging] at the side of the road: that is not appropriate either. [I*naudible.*]

So *af' āl* is the result. For example, Prophet Muhammad, peace be upon him, or Jesus Christ, they had the *af' āl*. Why is it that Jesus Christ – who came from a poor background, who was born in a stable, so they say; who was the son of a carpenter whose salary was one talent a day, or not even that much – was respected and glorified by anyone who saw him, anyone who met him? That was because of his *af' āl*, the result of who he was. And the same was true of Prophet Muhammad.

So it is correct: essence, form, action, result. Four. So the twenty we had earlier can be reduced to four. Compared to the ninety-nine, the discrepancy is then even greater. The discrepancy is ninety-five!

Karena itu, saudara, saudara dapat melihat perbuatan saudara sendiri. *Self*-koreksi. "Apakah sungguh-sungguh aku sudah benar di dalamku? Bagaimana perbuatanku?" Dilihat, *self*-koreksi.

Ada, saudara, yaitu saudara yang tidak perlu saya katakan namanya: "Pak, saya ini banyak membuka saudara baru. Kalau satu, dua bulan, saudara itu masih senang sama saya. Kalau sudah tiga bulan itu paling lama, kok membenci saya, itu sebabnya apa? Sudah saya buka, saya tolong, latihan di tempat saya. Nanti datang latihan saya kasih biskuit. Kalau sudah tiga bulan, kok membenci saya? Itu sebabnya apa? Itu manusia yang tidak tahu adat!"

"Oh yang salah kamu, bagaimana kamu itu! Wong yang salah kamu!"

"Lho, kok salah saya, bagaimana?"

"Itu menyatakan isimu, perbuatanmu. Kalau sungguh-sungguh isimu baik, perbuatanmu baik, masak orang begitu? Tidak bisa! Malah tidak usah dikasih stroop sudah *tresna*. Iya."

Lha, samanya ketika Nabi Muhammad dan Kristus. Nabi Muhammad ketika hidupnya tidak ada yang diberi stroop. Tidak ada! Habis, setelah orang melihat, sênêng sama Muhammad. Sênêng!

(*Tak terdengar beberapa kalimat.*)

Saudara-saudara, demikian keterangan Bapak yang sedikit-banyak ada kesesuaiannya, ada kecenderungannya dengan bagaimana yang telah dialami oleh para manusia yang hidup di zaman yang telah lama lampau. Ialah para nabi, para wali atau para manusia yang telah dapat anugeraha, wahyu, ilham, dari Tuhan Yang Maha Esa.

Jadi, bagi saudara sekalian latihan kejiwaan ini dilakukan, diterima sebagai sesuatu yang sungguh-sungguh milik saudara sendiri. Bukan Subud ini suatu permisi dengan ... (*tak terdengar*) ada aturan-aturan yang menekan saudara itu, tidak. Dan dari situ saudara mendapat apa-apa, pun tidak. Subud itu adalah lambang daripada saudara sendiri. Ialah: Susila Budhi Dharma yang dalam ringkasannya adalah sesuatu lambang dari sesuatu orang, sesuatu mahluk, sesuatu manusia yang dapat menerima kontak dari kebesaran Tuhan, sehingga menyepikan pamrihnya dalam hati dan fikirannya. Jadi, *zonder* atau tidak dengan diterimanya kemurahan dari Tuhan tidak mungkin, tidak mungkin mampu, saudara sekalian, menghentikan pengaruhnya nafsu dan akal-fikiran yang selalu

Therefore, brothers and sisters, you can observe your own actions. That is self-correction. 'Am I already right within myself? What are my actions like?' You observe that and you correct yourself.

There was someone – I don't need to mention his name – who said, 'Bapak, I open a lot of new members, and for the first month or two they still like me. But after at most three months, they dislike me. Why is that? I have opened them, I have helped them, they do latihan in my house. When they come for latihan I serve them biscuits. Why do they dislike me after three months? What is the reason? They are so ungrateful!'

'Oh, that is your fault. How did you behave? It is your fault.'

'What? My fault? How is that?'

'It shows something about your content and your behaviour. If your content was right and you behaved correctly, how could anyone do that to you? They wouldn't. Even if you didn't offer them a drink they would still like you. Yes!'

It was like that with Prophet Muhammad and with Christ. While Muhammad was alive he didn't have to offer people a drink. Whoever met him was drawn to him.

[*Section inaudible.*]

Brothers and sisters, these explanations of Bapak's correspond or converge to some extent with the experiences of human beings who lived long ago; that is, with the experiences of the prophets, saints and others who received the gift, revelation and grace of Almighty God.

So, do your latihan as something that really belongs to you. Subud is not something where you need to ask permission … [*inaudible*] and where there are rules that oppress you. No. Nor is it a place where somebody gives you something. Subud is a symbol of your own self. That is to say: *Susila*, *Budhi* and *Dharma*, taken together, are a symbol of a person or creature who has received a contact with the greatness of God, the effect of which is to empty out the self-interest from their heart and thinking. Without receiving God's grace it would be impossible for you to stop the influence of your desires and your intellect that continually disturbs your inner feeling. Hence Subud is a symbol of such a person, and that person is you.

menjadi pengganggu dalam rasa diri. Jadi, lambang dari seseorang yang demikian. Sedangkan yang demikian itu: saudara-saudara.

Lho! Jadi, kalau saudara menyalahkan: "Wah, ini sesudahnya saya latihan Subud malah uang saya habis!"

"Lho, ini yang menghabiskan bukan Subud! Yang menghabiskan itu saudara sendiri."

"Wooo, begitu?"

Karena kalau ini semuanya di-Subud-kan, Bapak yang payah ini!

Lho, kalau kebetulan enak, malah tidak bilang. Coba! Beli lotré dapat uang lima puluh juta. Tidak! Nanti kan tidak Subud, katanya. "Tidak! Ini terang dari saya ini! Tidak dari Subud ini!"

Coba! Kan menang-menangan itu! Yang untuk beli lotré lima puluh kali tidak dapat, Subud ini, katanya. Rak menang-menangan, ta, itu! Kalau enak, tidak nyebut; kalau tidak enak, menyebut Subud.

Jadi yang Subud itu saudara-saudara. Bukan Subud itu sesuatu apa yang memberikan apa-apa kepada saudara. Jadi, jangan – sebetulnya salah, salah ucapan: "Akh, sekarang saya mau keluar dari Subud itu!"

Lho! Kok keluar dari Subud! Tidak bisa keluar dari Subud itu, tidak bisa. Sebetulnya kalau sudah satu kali dibuka, sudah dibuka, sudah tidak bisa keluar! Minta keluar bagaimana? Sebenarnya, kalau ditanya, dikatakan keluar begitu, yang keluar itu: apabila mati! Sesudah mati, keluar, sudah tentu! Tidak usah disuruh coret, dicoret sendiri.

Jadi, Subud tidak bisa dikatakan keluar … (*tak terdengar*). Sehingga tidak bisa keluar dari Subud. Tidak bisa, karena Subud: saudara sendiri.

Bagaimana? Saudara dapat merasakan sendiri. Kalau saudara dalam latihan: "Éyong, éyong, éyong," yang suruh siapa? Kalau saudara dalam latihan: "Allah, Allah," yang suruh juga siapa? Kalau saudara dalam latihan: "*God verdoemd! God verdoemd, zeg*!" – umpamanya – yang suruh siapa? Bapak tidak suruh sama sekali! Subud pun juga tidak suruh! Tidak ada dalam *statuten*, itu begitu: Orang harus bilang: '*God verdomme*!' sama-sama. Aduuh!

(*Tak terdengar satu kalimat.*) Eh, itu seperti saudara Slamet, Slamet kolonel. Habis *ndonga*. Habis *ndonga*, akhir-akhirnya tari Solo. Lha, coba itu. Yang suruh siapa?

Tempoh hari ada polisi, ada pengawas dari Mapol datang di sini:

Therefore, if you blame Subud: 'Huh, since I have been doing the Subud latihan all my money has gone!'

'Come on! It wasn't Subud that spent it, it was you.'

'Oh, is that so?'

If everything that happens to you is due to Subud, that is tough on Bapak.

But, if it happens to be something pleasant, people do not mention it. For example, someone plays the lottery and wins fifty million. No, that is not Subud. They would say, 'No, this is clearly due to me! It is not due to Subud!'

Imagine! That is not fair. The fifty times they bought a lottery ticket and got nothing, they'd say that was Subud. Is that fair? When it is something pleasant, they don't mention it; but if it's unpleasant, they link it to Subud.

Subud is you. Subud is not a place where you are given something. So it is wrong to say: 'Ach, I want to quit Subud now.'

Quit Subud? You cannot quit Subud. The truth is that once you are opened you cannot quit. How do you want to quit? As a matter of fact, if you want to know, you quit when you die. Once you have died, you are out; that is certain. You don't even have to ask for your name to be removed from the list, it will be removed automatically.

So in Subud you can't talk about leaving ... [*inaudible*]. You cannot leave Subud; you can't, because Subud is you yourself.

How is that? You can figure it out for yourself. When you go, 'Yong, yong, yong,' in the latihan, who told you to do that? When you say, 'Allah, Allah,' in the latihan, who told you to say that? Or if, for example, you say, 'Goddamn! Goddamn!' in the latihan, who told you to do that? Bapak never told you to do that, nor did Subud. There is nothing in the by-laws that says everybody has to say, 'Goddamn!' together. Goodness!

[*Sentence inaudible.*] Like, let's say, someone called Slamet, Slamet the colonel. First he prays, and after praying he dances a dance from Solo. Imagine that! Who told him to do that?

The other day there was a policeman from Police Headquarters ada saudara yang begitu. "Kok bisa begitu, dan pelajarannya bagaimana?"

"Oh, tidak dipelajari! Itu pelajarannya sendiri."

"Lho! Keluar sendiri?"

"Keluar sendiri!"

"Lain-lainnya kok tidak?"

"Lainnya tidak. Lain-lainnya tidak begitu! Apalagi suruh begini, (*tak terdengar*) ... tidak bisa menirukan dia!"

"Begitu."

Jadi, terangnya, saudara, di antara para saudara tidak mungkin dapat mengiri-hatikan antara satu dengan yang lain, karena satu-satu mempunyai, memiliki permulaan maupun kemampuan dan kepribadian sendiri-sendiri. Sehingga saudara tidak dapat mengatakan mestinya: "Ooh, kamu tidak bisa seperti saya. Kamu masih begini, begini. Saya kan begini! Ini."

Jadi, satu demi satu, setiap orang mempunyai kemampuan sendiri-sendiri. Justru kemampuan sendiri-sendiri itulah yang merupakan jembatan, merupakan jalan dan merupakan ukuran bagi saudara-saudara sendiri. Jadi, berarti, bahwa saudara bertindak atas relnya sendiri yang asli. Jadi, terangnya, bukan sesuatu yang baru dan asing bagi saudara sekalian, tidak. Justru inilah yang menjadi *eigenschap* saudara. Bukan inventaris, malah *eigendom*. Kalau inventaris, nanti bisa ditarik pulang, ditarik kembali. Pak Bardjo nanti minta kembali. Tidak! *Eigendom*! Tidak ada batasannya!

Maka andaikata ada kekurangannya, ada kelambatannya dalam menerima latihan atau didikan, pimpinan Tuhan yang ada dalam diri saudara sekalian, bukan itu dikarenakan Tuhan tidak memberi, tetapi ukuran saudara sendiri yang menghendaki yang statusnya masih demikian. Caranya agar agak lebih licin daripada yang tidak: sabarlah sedikit. Jadi, satu-satunya alat yang utama bagi saudara sekalian tidak ada lain kecuali sabar, tawakal, ikhlas. Kalau dalam bahasa Jawa dikatakan: *suméndhé hing takdir.*

"Wah, wong takdir kok *disèndhèni*? Salah itu, iya?"

Apa yang telah Bapak katakan ini, adalah sesuatu yang mengenai kejiwaan atau jalannya kejiwaan. Yang berarti: kebaktian kita terhadap Tuhan Yang Maha Esa. Dan adalah antara kita manusia dan Tuhan Yang Maha Esa. Jadi, janganlah saudara sekalian salah terima, bahwa kita terhadap Tuhan yang tidak perlu masih menggunakan hati dan fikiran itu, kita gunakan juga untuk keperluan dunia. Jangan!

who came here and saw a member doing that. 'How does he do that, and how is it taught?'[he asked.]

'Oh, that is not taught. He is teaching himself.'

'Oh, you mean that comes by itself?'

'It comes by itself.'

'But why are the others not doing it?'

'The others don't. They do something different. If you told them to imitate him … [*inaudible*] they wouldn't be able to.'

'Oh, I see.'

So it is clear, brothers and sisters, that it is not possible for you to be envious of each other, because each one of you has his or her own ability and individuality. So you cannot say, 'Oh, you are not able to do latihan like me. You are still doing that, but I can do this!'

Every person has their own ability. It is precisely that ability which is their bridge, their path or their measure. This means that you are moving along your own individual track. It is therefore not something new or alien to you. It is precisely that which is your quality. It is more than your stock-in-trade, it is your own possession. For if it were your stock-in-trade, it could be withdrawn or taken back. Pak Bardjo could ask for it back. No, it is your possession forever; there is no time limit.

Therefore, if there is some lack or some slowness in you receiving the latihan – the education and guidance of God within your being – it is not because God is not giving to you. It is your own capacity that keeps you the way you are at present. The way to make it somewhat smoother is to be a little more patient. So the only true means for that is patience, acceptance and a willingness to let go. In Javanese that is called 'resting on your destiny'.

'What? How can one rest on one's destiny? Isn't that a mistake?'

What Bapak is talking about concerns the realm of the soul, or our spiritual path; in other words, our worship of God, which is between us human beings and God. So do not misunderstand and imagine that because we do not need to use our heart and mind in relation to God, we can have the same attitude in dealing with our needs in this world. Don't do that.

Untuk keperluan dunia, saudara yang menghadapi sesama manusia, tidak boleh saudara lantas tidak pakai fikiran dan hati. Payah nanti!

"Saudara punya uang? Punya berapa?"

"Ya, ini!"

"Boleh ambil?"

"Ya, boleh."

Diambil. Akh, melarat terus.

Jadi, terhadap sesama manusia kita perlu menggunakan hati dan fikiran, supaya menimbang-nimbang, baik dan tidaknya. Dan juga terhadap keperluan kita hidup di dunia ini kita perlu pakai, menggunakan hati dan fikiran kita. Karena alat itulah yang dapat melayani, mencukupi kebutuhan kita selama kita hidup di dunia. Jadi, kalau kita lantas hanya merasakan kejiwaan saja, akal-fikiran kita tidak perlu kita pakai seterusnya, oh, malah itu tidak menjadi kehendak Tuhan, saudara.

Lho, sebabnya apa kok tidak menjadi kehendak Tuhan? Wah, kalau Bapak tahu itu, ya, Bapak tahu kehendak Tuhan: tidak, cuma Bapak melihat bagaimana keadaan manusia, keadaan saudara sendiri. Kalau mulut Bapak, perut Bapak, perutnya bisanya lapar karena tidak kemasukan nasi. Mulutnya tidak tanya-tanya nasi, karena nasinya sudah dapat. Bisanya dapat nasi itu karena bekerja. Kalau tidak bekerja, tidak bisa.

Zaman dahulunya belum ada yang dikatakan *ruilmiddel*, seperti uang, masih zaman tukar-menukar. Itu semua masih bekerja. Kalau kamu ingin makan, kerjakanlah makanan itu. Misalnya: menanam padi. Tetapi kalau semuanya menanam padi, nanti yang bikin pakaian siapa? Ada yang bikin pakaian, yaitu menanam kapas dan lain-lainnya yang dibikin pakaian. Jadi, dari kapas, pakaian bisa ditukarkan dengan beras dengan lain-lainnya, sehingga sifatnya *samenwerken*, kerjasama untuk melayani hidupnya bersama.

Jadi, kita perlu bekerja. Dan perlu menggunakan akal-fikiran dan hati selama kita hidup disini. Dan untutk kejiwaan kita, karena itu pekerjaan Tuhan, hanya Tuhan lah yang dapat yang dapat memperbaiki maupun memperkembangkan maupun bagaimana penyelesaiannya, artinya: menyempurnakan hidupmu, hidup kita, sehingga Tuhanlah yang bekerja itu. Itu dikatakan: *godsdienst*. Jadi, *dienst*-nya Tuhan. Kita hanya tunduk kepada perintahNya.

Jadi, soal tidak menggunakan hati dan fikiran, saudara sekalian, janganlah nanti digunakan untuk keperluan hidupnya di dunia

For your needs in this world you are facing other human beings, and you need to use your thinking and your heart. Otherwise you are in trouble.

'Do you have some money? How much do you have?'

'Here it is!'

'May I take it?'

'Yes, you may.'

So they take it, and you will always be poor.

Therefore, in facing our fellow human beings we need to use our heart and our thinking in order to weigh up what is right and what is wrong. And for our needs in this world we also need to use our heart and our thinking, since they are the tools that can serve and fulfil those needs while we live in this world. So if we dwell only in the realm of the soul and do not use our intellect at all, that is not God's will, brothers and sisters.

So, why is it not God's will? If Bapak knew that, then he would know God's will. No, it is simply that Bapak can see the situation of human beings: your situation. Bapak's mouth and his stomach will be hungry if they don't eat rice. His mouth will not ask for rice if it has already got some. And you get rice by working for it. If you don't work you cannot get it.

In the old days there was not yet a medium of exchange like money; it was still the age of barter. So, everybody had to work. If you wanted to eat, you had to produce the food. For example, you had to plant rice. But if everyone is planting rice, who will make clothes? There had to be someone to make clothes: to plant cotton and other things for making clothes. From the cotton you could make clothes and exchange them for rice, so there was cooperation to provide for the life of the community.

Therefore we need to work and we need to use our thinking and our heart while we live here. But our spiritual life is God's work, and only God can do it. Only God can repair us and develop us, wherever that leads. In other words, only God can make our life complete. It is God who does that. That is what they call divine service; the service provided by God. We simply submit to God's command.

So in this matter of not using the heart and mind, brothers and sisters, do not apply that to the needs of your life in this world.

jangan. Karena sudah kejiwaan – katanya – tidak perlu memikirkan uang, katanya.

"Lho, kita ini sudah kejiwaan. Tidak perlu kontribusi-kontribusinan. Tidak perlu! Sungguh."

"Lho, kenapa tidak perlu?"

"Itu kan soal uang! Masak kita selalu saban bulan ditarik kontribusi, lho!

Bukan baktinya kepada Tuhan dengan kontribusi, tetapi dapat saudara di sini untuk mendapatkan tempat latihan dan ditambah pula untuk bisa minum tehnya, ditambah pula untuk bisa makan *gêdhang* gorengnya – umpamanya itu – itu kan butuh uang, ta, saudara! Kalau tidak ada uang, masak bisa begitu?

Jadi, supaya dapat memisah-misahkan. Kalau sudah kejiwaan lantas kontribusinya tidak difikirkan, ya, salah! Lho, bukan Bapak ini menganjurkan supaya kontribusinya dibayar terus. Aturan sudah begitu!

Demikian, saudara sekalian, maka Bapak anjurkan kepada sekalian para saudara, agar jangan mencampur-campurkan, yaitu antara hati, akal-fikiran yang perlu untuk dunia dan yang tidak dengan akal-fikiran, hati, sehingga hanya menyerah saja kepada Tuhan, yaitu kejiwaan. Dengan demikian sehingga saudara dapat bekerja, dapat hidup yang tidak menyalahi kodratnya. Jadi, Tuhan telah memudahkan jalan. Ada telinganya, ada matanya, ada hidung, ada mulut, ada kaki dan tangan. Tidak dikehendaki Tuhan, supaya saudara itu *sêdhakêp* saja. Jangan. Wong mempunyai tangan, kok, *sêdhakêp* saja. Itu kan salah, ta! *Sêdhakêp* itu boleh, kalau *katisên*.

(*Tak terdengar beberapa kalimat.*)

Jadi, saudara punya mata dua, itu dikehendaki Tuhan: "Lihat-lihatlah!" Kalau sudah melihat, tentunya saudara dapat melihat: mana yang kecil mana yang besar; mana yang kelihatan baik, mana yang kelihatan tidak. Jadi, melihat itu mana yang besar, mana yang tidak; mana yang kuat, mana yang lemah; tentunya saudara dengan sendirinya nanti – umpama dipilih – rumah punya, ya, milih yang kuat, milih yang besar, milih yang baik daripada yang tidak baik. Memang begitu.

Kalau berusaha, sungguh harus dengan milih. Ingin yang baik dan yang kuat dan yang besar, tentunya bertenaga. Kalau tidak dengan tenaga, tidak bisa! Karena itu, maka tidak mungkin, saudara, segala sesuatu dapat saudara terima, apabila saudara tidak berusaha. Tetapi, cara usahanya itu: lain-lain.

Sometimes people say that because they are now on a spiritual path they do not need to concern themselves with money.

'Look, we are on a spiritual path, so we don't need to pay contributions. It's not necessary. Really!'

'Why is it not necessary?'

'That is all to do with money! Why should we be asked for a contribution every month?'

It is not that we worship God by giving contributions, but the fact that you are here means that you have a place to do latihan, and on top of that you get to drink tea and to eat a fried banana, for example. Doesn't all that need money? Without money how can you provide all that?

So you need to be able to separate the two things. It is wrong not to think about contributions just because you are on a spiritual path. And it is not Bapak who is saying that you must keep paying your dues; that is what has been agreed.

The point is that Bapak is advising you not to mix up the two: your heart and mind that you need for the world, and the spiritual realm where you do not use your heart and mind but only surrender to God. Then you can work and live in a way that is not contrary to your nature. For God has made it easy for you: you have ears, eyes, nose, mouth, feet and hands. It is not God's will that you just fold your arms. No. Why would someone who has been given arms keep them folded? Well, you can do that if you are feeling cold … .

[*Section inaudible.*]

So, you have two eyes, and God's will is: 'Look around!' Once you look around you will of course be able to see what is small and what is large, what looks good and what doesn't. So, being able to see what is large and small, what is strong and what is weak, if you have to choose a house you will choose one that is strong and large and well made, rather than the reverse. That is how it should be.

When you work you truly have to choose. If you want what is good and strong and large, of course you have to work for it. If you do not make an effort you cannot achieve it. So it is impossible to get what you want if you do not work for it. But there are different ways of working.

Jadi, apa yang telah Bapak bicarakan dengan duta-duta ketika ada di tempatnya Pak Bardjo, ya, dia mengatakan: "Bakti kepada Tuhan: harus usaha!"

"Tidak! Untuk dunia, melayani dunia, keperluan untuk hidup di dunia itu, memang usaha. Kepada Tuhan: tidak usaha."

"Bagaimana?"

"Menyerah. Pasrah, menyerah."

"Wah, kalau begitu, apa gunanya dengan fikiran."

"Memang gunanya fikiran yang ... manusia dapat itu untuk dunia! Tidak untuk sana. Tidak. Ya, ini." (*Tak terdengar.*)

Lha, kalau kepada saudara sekalian, dapat dibuktikan. Segala keinginan saudara yang telah tertanam dalam hati dan fikiran – apalagi yang nanti sampai mati – baru tidur saja lupa sudah. *Sênggur* tidur, tidur jejer dengan kekasihnya, sesudah tidur, lupa itu. *Disalini bantal ndhak ngêrti*. Begitu itu *disalini* – umpama kasarnya – *gênjik, ndhak ngerti*, lho. Lha, itu.

Begitu, kok, mau mengatakan: "Wah, kalau (*tak terdengar*), bisa dibawa ke sana!"

Tidak bisa! Orang buat tidur saja tidak bisa, apalagi mati yang semuanya itu sudah memang berhenti.

Sewaktu tidur itu pindah tempat saja. Fikiran pindah tempat. Pindah tempat, bukan otaknya, isinya pindah tempat. Lha, ini nanti dalam latihan dapat saudara terima: kalau tidur itu ke mana? Isinya itu ke mana?

Maka Bapak harapkan sekalian para saudara, ya, sedikit-sedikit supaya dapat memisahkan antara kedua itu, sehingga tidak menjadi kacau dalam hati dan fikiran saudara. Dan tentang latihan: lakukanlah latihan sebagai milik saudara sendiri. Kalau itu jadi milik saudara, sebagai milik saudara, saudara dapat melatih di mana saudara suka, karena tidak ada batas waktunya. Bagaimana, sudah jadi milik saudara?

Karena latihan ini akan berkembang meliputi seluruh anggota saudara. Misalnya: kalau dalam mata, mata saudara terlatih, sehingga buka-tutupnya melihat, begini dan begitu, semua terlatih. Ya, tentu saja lain daripada kalau saudara terlatih kakinya. *Mancal*, *mancal*, lain. Mata tidak bisa *mancal*. Tidak bisa. Membelalaki bisa. Jadi, lain-lain.

Ini hati dan mata. Belum nanti macam, yaitu otak. Kalau otak sudah terlatih, saudara, jalan memikirkan: dilatih. Waah, enaknya

When Bapak was having the discussion with the ambassadors at Pak Bardjo's, one of them said, 'To worship God we have to make an effort.'

'No. For the world, to deal with the world and the needs of our life in the world, we must make an effort. For worshipping God, there is no effort.'

'So then how?'

'Surrender. Submit and surrender.'

'Oh, then what is the use of the intellect?'

'Actually, human beings have their intellect for this world, not for over there. No, it's for here … [*inaudible*].'

In your case, you can prove it for yourself. All the wishes that are buried in your heart and mind are forgotten as soon as you have gone to sleep, let alone when you die. You are snoring, sleeping next to your lover: as soon as you are asleep you forget them. If a pillow is put in their place, you will not know. If – to put it crudely – they are replaced by a baby wild boar, you will not know.

So how can you say, 'Well, you can take your … [*inaudible*], with you over there.'

You cannot. You cannot even keep it when you are asleep, how much less can you do so when you die and everything stops.

When you sleep it just moves to another place. Your thinking moves to another place. What moves is not your brain but the content of the brain. You will be able to receive that in your latihan: where does that content go when I'm asleep?

So Bapak hopes that to some extent you will be able to separate these two functions, so that your heart and thinking don't become confused. And as for the latihan, do the latihan as if it were your own property. Once it is your own property you can do latihan whenever you want, because there is no time limit. Why should there be, since it is yours?

For the latihan will develop and spread to every part of you. For instance, when it is in your eyes, then opening and closing your eyes and moving them around is all moved by the latihan. Of course it is bound to be different when the latihan is in your legs. Kicking is different – you can't kick with your eyes, but you can stare with them. So, they are different.

That is the heart and the eyes. Next comes the brain. When the latihan works in your brain, your thinking is guided. Oh, that is bukan kepalang. Lho, enaknya itu kok tinggal menurut saja! Jadi, seperti Nabi Muhammad dan Kristus itu, terima apa itu sudah terus, iya, mengikuti saja begitu. Habis mengikuti, sudah. Berhenti. Tidak ada lagi. Jadi, kalau kebetulan Nabi Muhammad itu duduk begitu, duduk sendiri, baru minum kopi, makan pisang goreng, itu ditanya: "Kepandaian kamu?"

"Tidak ada!"

"Lha, apa kepandaianmu?"

"Minum kopi dan makan pisang goreng."

Tetapi, terlepas daripada itu, di tempat mana yang perlu, di situ: "Lho, kamu kok pinter sekali?"

"Iya. Sebab di sini perlu pinter."

Jadi, nanti akan saudara merasakan dan mengalami sesuatu, ya, di mana diperlukan.

Saudara-saudara, saya hentikan sekian dahulu. Dan nanti akan Bapak sambung dengan sedikit-sedikit, bukan testing, tetapi sedikit-sedikit supaya dapat saudara merasakan bagaimana hal-hal yang terjadi dalam latihan kejiwaan. Karena Bapak butuh juga minum, karena terasa haus. Dan apabila ada *nyamikan*, boleh, saudara. Kalau ada, lho, itu! Tetapi kalau tidak ada, ya …

(*Rekaman diputus sementara.*)

Saudara wanita, Bapak batalkan. Karena dekat sekali waktunya, sehingga – bukan menambah pekerjaan, tetapi … menjadikan, apa namanya itu, menambah pekerjaan Bapak. Karenanya, maka ceramah ini akan Bapak lanjutkan juga, sehingga akan dapat memberi kepuasan kepada saudara wanita yang besok Selasa depan ini yang mestinya Bapak memberi ceramah kepadanya, dapat sudah didengar sekarang ini. Jadi, besok malam Selasa tidak akan Bapak adakan ceramah. Jadi, kalau saudara terpaksa datang ke sini dan menunggu ceramah Bapak itu, salah saudara sendiri, karena sudah Bapak katakan.(*hadirin tertawa.*)

Saudara-saudara sekalian, rasanya juga ada faedahnya, apabila Bapak terangkan bagaimana banyak yang dialami para saudara sesudah menerima latihan dan melakukan latihan kejiwaan ini, terasa olehnya pekerjaan yang dikerjakan, tidak sesuai dengan rasa-perasaannya. Malahan ada yang mengalami sesudah latihan kejiwaan ini diterima dan dilakukan agak begitu lama, terasa tidak dapat bekerja lagi seperti yang dahulu, seperti yang biasa dilakukan.

very pleasant. It is pleasant because all you have to do is follow. It is as it was for Prophet Muhammad and Christ: they were just receiving all the time and following it. And once they had followed it, that was all. It would stop and there would be nothing more. So when Prophet Muhammad happened to be sitting there, sitting alone drinking coffee and eating fried bananas, if you were to ask him, 'What is your expertise?'

'I don't have any.'

'But isn't there something you are good at?'

'Drinking coffee and eating fried bananas.'

But at other times, when it was required, then people would say, 'Wow, you are really clever!'

'Yes, because here I need to be.'

So, later on you will feel and experience whatever you need and whenever you need it.

Brothers and sisters, I will stop here for a moment. Later, Bapak will continue with … not exactly testing, but something that will enable you to experience the sort of things that happen in the latihan. Bapak needs to drink now because he is feeling thirsty. And if there is something to nibble, then please help yourselves. That's if there is anything, otherwise …

[*The recording is interrupted while refreshments are served. Afterwards both men and women are asked to return to the hall.*]

Sisters, Bapak has changed his mind [about doing testing]. Since our time is almost up, it would be too much. Therefore Bapak will now continue with this talk, to make you satisfied. He is supposed to give you a talk next Monday, but instead you can hear it now. So, he will not be giving you a talk next Monday night. Therefore if you show up expecting a talk by Bapak, that will be your own fault, as he has already told you it is cancelled. [*Laughter.*]

Brothers and sisters, Bapak feels that it would be useful if he explains something that many of you have experienced after doing the latihan: that the work you are doing no longer corresponds to your feelings. In fact there are those who, after doing the latihan for quite a while, find that they are unable to work the way they used to. This can be a problem and has been on the minds of members both here and abroad.

Ini memang menjadi persoalan, saudara. Dan menjadi gagasan para saudara, baik saudara di sini maupun saudara di luar negeri.

Sebenarnya sesudah menerima latihan kejiwaan ini yang sifatnya dibangkitkan menurut kepribadian, artinya menurut kemampuan, ukuran dan relnya sendiri. Sudah tentu dalam fase ini yang demikian itu mengalami perubahan dalam rasa diri. Yang biasanya digemari, yang biasanya dapat dikerjakan, tidak lagi dapat dikerjakan dan tidak lagi digemari. Jadi, terangnya yang demikian itu disebabkan karena perubahan. Yang dahulu cara saudara melangkahkan, cara saudara menindakkan pekerjaan menurut apa yang telah dipelajarinya. Sedangkan pelajaran yang telah dipelajari itu, adalah pelajaran dari seseorang, yang tidak cocok sama sekali dengan pribadi saudara. Jadi, sifatnya saudara meniru tindakan, langkah maupun gerak-gerik orang lain. Itulah. Jadi, terang, bahwa sifat yang meniru, itu tidak *langgêng* dan tidak sesuai dengan kepribadiannya, yang menyebabkan hingga banyak penderitaan yang dialami, dan terasa, bahwa yang demikian itu menyebabkan mengalami nasib yang tidak sebagai yang diinginkan.

Bapak tadi katakan, bahwa sebenarnya latihan kejiwaan ini dibangkitkan, digerakkan, dihidupkan seluruh anggota badan saudara menurut pertumbuhan pribadinya. Sudah tentu karena ini baru sekarang dialami dan pula baru dialami setahun, dua, tiga, empat tahun, lima tahun atau enam tahun, sepuluh tahun, sedangkan yang menjadi kebiasaan saudara sudah bertahun-tahun, malahan sudah dipelajari semula sedari kecilnya. Karena pada saat-saat itu saudara tentu mengalami sesuatu yang sungguh-sungguh ganjil, sungguh-sungguh aneh. Karena dahulu yang disenangi yang digemari, dahulu yang dapat dikerjakan sebagai biasanya, sudah tidak lagi digemari dan sudah tidak lagi dapat membiasakannya.

Tetapi yang demikian itu, saudara, pertama: saudara perlu teguh rasa-perasaan, perlu teguh hatinya. Jadi, terimalah yang demikian itu sesuatu perubahan yang digerakkan yang dikerjakan oleh kekuasaan Tuhan. Dan kebiasaan saudara bekerja atau bertindak yang dalam saat itu tidak lagi ada – umpamanya – dalam rasa diri saudara, jangan saudara lantas putus asa ataupun lantas tergesa-gesa meletakkan itu, lantas menunggu perkembangan dari pribadinya, tetapi kerjakanlah dahulu apa yang menjadi kebiasaan saudara, meskipun rasa dalam rasa diri itu seperti semacam *tegenzin* didalam rasa diri. Tetapi lama-kelamaan, lambat-laun yang demikian itu nanti menjadi baik dengan sendiri sesudah perubahan yang didapat

The truth is that once someone receives the latihan they are brought to life in accordance with their individuality; meaning, with their ability and capacity and along their own track. It goes without saying that, in this phase, you experience a change in your inner feeling. You are no longer able to do and enjoy things you used to do and enjoy. Clearly this is the result of the change. Previously, the way you used to act and do your work was according to what you had learnt, and what you had learnt was from somebody else and did not fit at all with your individuality. You were imitating the actions, steps and movements of another person. That is the point. It is clear that when you imitate, it is not sustainable nor in accordance with your individuality, and causes you a lot of suffering. You feel that your life is not how you would like it to be.

Bapak just said that the latihan awakens, moves and brings to life every part of your body according to its own individual growth. Of course this is a recent experience: you have only been experiencing it for one, two, three, four, five, six or ten years; whereas your old habits have been with you for many years – in fact, since you were small. So you are bound to experience something that seems really odd, really strange: namely, that you no longer enjoy the things you used to enjoy and you can no longer go on doing the things you used to do.

In this situation you need first to have a firm feeling; your heart needs to be firm. In other words, accept it as a change that is being brought about by the power of God. And when you no longer have the drive to do what you used to do within your inner feeling, do not despair and be in a hurry to give up your work while you wait for your individuality to develop. Instead, you should carry on with what you have been doing in spite of the aversion in your inner feeling, because gradually your state will correct itself spontaneously, as the change you are experiencing is completed.

yang dialami para saudara, mulai mendekati penyelesaian.

Memang, saudara sekalian, tidak hanya saudara-saudara sendiri saja yang mengalami kesalahan yang ada dalam rasa diri. Hampir – Bapak katakan – hampir semua, karena memang dalam kenyataannya hidupnya umat manusia pada saat sekarang ini dapat dikatakan hidup yang sifatnya seperti benda. Tidak gerak, kalau tidak digerakkan. Pun juga tidak bekerja, kalau tidak disuruh. Begitu. Sekarang ini.

Lha, sekarang ternyata juga, saudara. Di mana-mana mungkin saudara dapat menyaksikan sendiri, meskipun negara kita merdeka: mestinya kalau kita berada dalam negara kita yang merdeka, berarti kita merdeka. Bukan merdeka itu lalu merdeka, enak-enak, seenak-enaknya saja, tidak. Orang yang merdeka sesungguhnya berat, sesungguhnya lebih berat dalam tindakannya, kalau dipertimbangkan dengan orang dengan segala sebelum merdeka, karena kalau saudara merdeka, harus segala sesuatunya dapat bertindak sendiri – yang dikatakan sekarang – *op eigen benen staan*. Begitu. Katanya sekarang.

Lha, memang sukar. Dulu pakai *benen* kayu, sekarang pakai *benen* sendiri. Dulu kan kayu: *égrang-égrangan*, 'klèk, klèk, klèk'. Makanya ada yang tinggi, ada yang rendah, kadang-kadang kalau kesénggol sedikit saja ada yang jatuh. Lha, ini tidak! Tetapi kalau sekarang ini sudah dapat sungguh-sungguh *op eigen benen staan*, saudara akan dapat terpelihara oleh saudara sendiri, begitu.

Lha, ini hasil yang nantinya akan saudara dapat. Tetapi sekarang ini belum. Jadi, sebelumnya menerima hasil yang begitu itu, ya, saudara harus dulu – bukan berani, tetapi – sanggup menempuh ujian hidup. Memang ujian hidup berat sekali, saudara. Ini sebagai yang digambarkan dalam keadaan kita manusia hidup di dunia ini.

Seperti apa perlunya orang kawin? Kawin itu berjodoh. Ya, kalau saudara lihat enak-enak saja berjodoh, orang kawin itu enak! Iya! Orang sebelumnya belum punya kawan lantas punya kawan. Sebelumnya kalau makan, mesti jajan, ke sana-sana makan, lantas ada yang *ngêliwêtaké*. Tetapi sebenarnya orang kawin, saudara, berat itu! Dikira orang berjodoh tidak berat. Berat.

Laki-laki yang disimbolkan *lanang* – dalam bahasa Jawa – artinya: lanang itu dari *lana* yang dapat *sandhangan*, dapat pakaian *cêcak*. *Cêcak* artinya: di atas itu bisa *mbêngangang*, sebenarnya bisa ber*straal*, bisa bercahaya. Jadi sifat yang *langgêng* yang bisa bekerja.

Of course, you are not the only ones who experience faults in your inner feeling; Bapak can say that it happens to almost everyone, because the life of human beings at this time resembles that of material objects. They do not move unless someone moves them. They do not work unless they are told to. That is how it is in this day and age.

There is something else. Wherever you look you can probably witness this. Our country is free; and living in a country that is free should mean that we are free. Being free doesn't mean that we can take it easy and do whatever we like. In fact it is harder for a person to act when they are free than it was before they became free, because when you are free you must be able to do everything yourself; or, as they say nowadays, stand on your own feet. That is how they say it these days.

Indeed it is difficult. You used to stand on wooden legs and now you have your own legs. You used to walk on stilts that went 'clack, clack, clack'. That is why there are those who are high and others are low; and sometimes a person is jostled just a little and they fall over. But not any more; if you can now stand on your own feet you will be able to look after yourself.

Well, that is the benefit you will obtain later on; but you don't have it yet. Before you obtain that result you first need to have the courage and the willingness to face trials in your life. Indeed the trials of our life are very difficult, brothers and sisters; it is a description of how life is for human beings living in this world.

For instance, why is it that we need to marry? To marry is to have a mate. So if you just look at the comfort of being married, then being married is very pleasant. Yes. You didn't have a companion and now you do. Before, when you wanted to eat you had to go out for a meal, and now somebody cooks for you. But in truth, marriage is hard. People imagine that being married is not hard. It *is* hard.

In Javanese a man is called *lanang*, the meaning of which comes from adding the sound *ng* to *lana*. In effect you are adding a halo,[26] meaning that you possess a radiance; in other words, there is a permanence or consistency that is able to work. That is a man. Just

Itu laki-laki. Lho, coba! Jadi, kalau saudara laki-laki, tidak bisa langgêng, tidak bisa bekerja, hêh, salah!

Lha, wanita! Dikatakan *wanodya*. Itu lambang daripada *têlênan* atau tempat yang selalu utuh. Arti: menjaga keselamatan. Jadi yang laki-laki bergerak, terus, lana atau *langgêng*. Artinya, Indonesianya – apa namanya – mutlak. Dan wanitanya dapat memelihara keutuhan perjodohan.

Jadi, sama-sama geraknya juga. Jangan nanti yang wanita mengatakan kepada laki-lakinya: "Wah, saya ini kan *swarga nunut, nêraka katut*."

Oh, itu tidak boleh, itu! Tidak bolehnya: hidupnya di sorga ikut saja, seperti hidupnya pohon yang selama hidup di pohon, yaitu *kêmladhéyan*. Itu sebenarnya tidak. Apa sebab tidak? Karena meskipun wanita sifatnya lain daripada laki-laki, toh seluruh anggotanya – kecuali yang perlu – toh sama. Jadi, sama-sama dapat memikir, sama-sama dapat memperhatikan, sama-sama dapat melihat dan lain-lainnya.

Jadi, terangnya, orang yang sudah kawin, sudah berjodoh, itu antara satu sama lain supaya dapat memelihara keutuhan. Tentunya kalau memelihara, saudara, ya, sudah tentu berat sekali, karena kedua-duanya itu selalu diliputi oleh nafsu. Sedangkan nafsu bekerjanya dalam rasa diri – yang terang saja – selalu ingin menguntungkan dirinya sendiri. Jadi, laki-laki, ya, menguntungkan dirinya sendiri; wanitanya menguntungkan dirinya sendiri.

Arti menguntungkan: "Wah, itu yang salah kan dia! Kalau saya itu selalu benar." Itu laki-laki. Jadi, laki-laki itu kemauan hatinya, karena nafsunya itu, rasanya cuma yang benar saja.

Lha, wanitanya tidak suka. "Oho! Yang bisa benar bukan kamu saja. Saya pun juga benar!" Wanitanya. Jadi, berebutan benar antara satu sama lain. Sehingga, ya, sudah tentu saja *gèsèk*, begitu, lho. *Gèsèk*. Kalau sudah *gèsèk*, terasa: "Aku tidak patut jadi kawan hidupmu dan kamu tidak patut jadi kawan hidupku." Umpamanya begitu.

Itu tidak! Kalau satu kali kita sudah berani kawin yang di situ secara Islam ditentukan oleh syahadat – yang dikatakan kalimah syahadat – ooh, kita harus berani tanggungjawab. 'Asyhadu an la ilaha ill-Allah', tiada Tuhan yang dipersembah, kecuali Tuhan. 'Wa asyhadu anna Muhammad ar-rasul-ul-Lah', aku meyakinkan dan aku menyaksikan, bahwa Nabi Muhammad utusan Tuhan. Arti utusan Tuhan, saudara, bukan seperti orang utusan orang. Tidak.

think of that! So if you are a man and cannot be consistent and cannot work, ha – that is wrong.

As for a woman, she is called *wanodya*. That represents a vessel that is always complete; meaning that it takes care of well-being. So the man moves straight ahead, consistently and fully, while the woman looks after the wholeness of the marriage.

Therefore they should move together. It should not happen that the woman says to the man, 'Well, if you go to heaven I get a lift from you, if you go to hell I go down with you.'[27]

It is not allowed to say that. The reason being that if she just follows him to heaven she is like a parasite. That is not how it should be. And why not? It is because, although a woman's nature is different from that of a man they have all the same organs, don't they – except for those that are different – so they are equally able to think, to pay attention, to see and so on.

So it is clear that people who are already married should be able to maintain the wholeness of their relationship. Of course to do that is bound to be very difficult, because both of them are always enveloped by their ego, and the ego always works in the inner feeling to pursue its own self-interest. So the man's ego pursues his interest, and the woman's, hers.

Pursuing their self-interest means, for example: 'Whoa, that was her fault, wasn't it? As for me, I'm always right!' That's the man talking. Because of his ego, in his heart he thinks that he alone is right.

The woman doesn't like that. 'Oho! It is not only you who can be right. I am right too!' That's the woman. So they fight over who is right. There is bound to be friction. And once there is friction you get, for example, the feeling: 'I am not suitable to be your life partner, and you are not suitable to be mine.'

That is not true! If once we have had the courage to make a commitment to marry somebody and, as a Muslim, have pronounced the confession of faith, oh, then we must have the courage to take responsibility for it. *Ashhadu al-lā ilāha illa'llāh*: 'I bear witness that there is no god to be worshipped but God. *wa ashhadu anna Muḥammadan rasūlu'llāh*': 'I am convinced and I bear witness that Prophet Muhammad is the messenger of God.

Utusan artinya: kekuasaan Tuhan menyertai orang itu, ialah seperti Nabi Muhammad.

Di situ dikatakan Muhammad, saudara, arti Muhammad: itu laki-laki. Arti Muhammad: sifat yang terujud, sifat yang telah diciptakan Tuhan yang akan dijelmai Zat Tuhan, yaitu: *Kêrsaning Gusti Allah*. Jadi, kenyataan: aku menyaksikan, aku yakin, bahwa aku manusia sungguh-sungguh utusan Tuhan.

Utusan Tuhan dalam kenyataan, saudara, tiada ada lain kecuali melahirkan sebangsa manusia di dunia ini. Karena itu, maka ditangguhkan kalimah syahadat itu pada waktu kawin. Kalau tidak begitu, tidak perlu ditangguhkan itu! Kenapa ditangguhkan pada waktu kawin? Jadi, kawin itu belum absah, apabila tidak mengucapkan dalam keyakinannya: kalimah syahadat. Ini Islam.

Tentang lainnya, ya, ada waktunya lagi-lagi nanti. Karena ini kalau Bapak ceritakan tentang Kristen, ya, bagi saudara-saudara sendiri tidak mengapa. Tetapi bagi lainnya yang belum mengalami latihan, nanti tentu ada rasa yang tidak enak, karena mewajarkan hal-hal yang terahasia. Lha, karena ini Islam, Bapak sendiri juga Islam, banyak saudara juga Islam, sehingga, ya, sudah sepatutnya, apabila kita ini membuka dada kita sendiri untuk dapat dikoreksi. Janganlah kita hanya sifatnya meniru-niru, tetapi kita harus dapat menginsafi bagaimana keadaan kita yang sebenarnya, sehingga kita dapat berjalan maju ke depan menurut rel kita sendiri. Artinya: menurut rel pribadi kita.

Demikian, saudara, sehingga aliran atau agama Islam yang kita miliki, yang kita anut, yang ada dalam pribadi kita atau dalam diri kita, adalah merupakan suatu aliran agama yang hidup. Jadi, karena dengan nama Islam dan Islam itu ada pada diri kita, menghidupkan seluruh apa yang ada pada kita. Hidupnya dan pertumbuhan daripada hidup itu, inilah yang dikatakan: nabi. Jadi, nabi: itu hidup, pertumbuhan hidup. Karena itu nabi itu dalam Indonesia: tumbuh. Tumbuh.

Maka terangnya, saudara sekalian, apabila kita sungguh-sungguh dapat menggali, mengetahui isinya apa yang ada dalam agama, apa yang ada dalam Islam, kita – bukan mau tidak mau, tetapi – tetap maju ke depan, tetap hidup, tetap bertumbuh. *En* di situ anehnya, saudara sekalian, sehingga sungguh-sungguh kita dapat menginsafi

Messenger of God, brothers and sisters, does not mean a messenger like when a person sends another person with a message. No. Here, messenger means that the power of God accompanies that person, as with Prophet Muhammad.

And when they say Muhammad, the meaning of Muhammad is 'man'. The meaning of Muhammad is a creature formed and created by God, in which God's essence – the will of God – will manifest. So it means: I bear witness, I am convinced that I, as a human being, am truly a messenger of God.

In reality, the task of God's messenger is to give birth to another human being in this world. That is why the confession of faith forms part of the marriage ceremony. If that wasn't the case there would be no reason to include it. Why do people repeat it when they marry? A marriage is not valid if the couple do not express their conviction by repeating the confession of faith; that is, in Islam.

As for other religions, well, Bapak can talk about them another time. For if Bapak were to talk about Christianity now, it might be all right for you, but others who have not experienced the latihan are bound to feel uncomfortable. That is because it would mean revealing secrets. So, since we are Muslims – Bapak is a Muslim and most of you are Muslims – it is appropriate if we open our hearts to be corrected. We should not just imitate. We need to be aware of our true state, so that we can move forward on our own rails; that is, according to our individuality.

Therefore, the Islamic religion that we possess, which we follow and which is within our individuality or our being, is a religious path that is alive. So Islam is within us and brings everything in us to life. Life, and this growth of life, is what is called *nabi* [prophet]. Hence the word prophet means life or the growth of life. That is why in Indonesian the word *nabi* means 'to grow'.

So it is clear that if we can truly explore deeply and understand the content of our religion, the content of Islam, we will always progress, we will always be alive and grow. And the miracle is that we will also truly become aware of the glory and All-greatness of God's power.

bagaimana keluhuran dan kemuliaan dan kemahabesaran kekuasaan Tuhan itu.

Karena itu, maka dalam Islam ditentukan: syari'at, tarikat, hakikat, ma'rifat. Ahli ma'rifat dan hakikat, bukan orang yang ahli hakikat, ma'rifat itu tidak menyukai syariat. Tidak! Orang yang sudah berma'rifat dan berhakikat akan tetap melakukan syari'at.

Artinya syari'at: hidup manusia biasa dalam dunia ini. Ini sesuai sekali dengan apa yang telah kita alami dalam latihan kejiwaan, sebagai tadi yang telah Bapak katakan, bahwa apa yang telah kita terima dalam latihan itu, menghidupkan seluruh anggota kita, agar kita dapat hidup dalam dunia ini menurut rel kita sendiri, sehingga menuju ke kebaktian, keselamatan. Itulah, maka dikatakan agama Islam, agama selamat, suci dan … (*tak terdengar*). Dengan apa yang telah Bapak ceritakan ini, sesuai sekali dengan apa yang telah disebut-sebut dalam agama. Jadi, syari'at tetap kita lakukan, meskipun kita berma'rifat dan berhakikat. Tarikat perlu juga kita lakukan, karena itu telah menjadi milik ataupun telah menjadi jalan kita untuk menuju ke keselamatan, kesempurnaan hidup kita, baik dunia maupun akhirat.

Jadi, sungguh-sungguh, saudara, agama bukan menuntun manusia, supaya manusia hanya mementingkan hidup sesudah mati. Agama tidak menentukan, tidak menyuruh manusia, tidak memberi penuturan kepada manusia, agar manusia hanya mementingkan akhirat saja. Kalau toh demikian dalam agama ditentukan, perlunya apa manusia hidup di dunia ini? Perlunya apa? Kalau Tuhan menghendaki agar manusia mementingkan akhirat saja, perlunya apa hidup di dunia ini? Keluar, mati. Lahir, mati. Lahir, mati saja. Tidak.

Jadi, manusia dilahirkan di sini, hidup sebagai wujud di dunia ini, supaya bisa menyelamatkan hidupnya selama hidup di dunia ini; pun juga supaya manusia tahu, kalau Tuhan diharap: manusia akan kembali ke Penciptanya, yaitu Tuhan Yang Maha Esa. Karena itu, maka setinggi-tingginya manusia di dunia ini – meskipun telah mencapai manapun juga, puncak manapun juga – hanya merupakan alat daripada Tuhan. Ini telah dikatakan, diucapkan oleh Nabi Muhammad, yaitu Rasul-ul-Lah, agar semua itu alat Tuhan.

Lha, bagaimana manusia jadi alat Tuhan? Ya, sudah tentu lain daripada manusia punya alat benda. Lain! Alat Tuhan yang

That is why in Islam they define: *sharī'a*, religious observance; *ṭarīqa*, mystical paths; *ḥaqīqa*, received reality; and *ma'rifa*, being open to God's will. It does not mean that those who possess *ḥaqīqa* and *ma'rifa* do not like *sharī'a*. No! Those who already possess *ḥaqīqa* and *ma'rifa* continue to practise *sharī'a*. The meaning of *sharī'a* is the life of normal human beings in this world.

This is very much in agreement with what we experience in the latihan. As Bapak said earlier, what we receive in the latihan brings to life all the parts of our body, so that we can live in this world on our own rails, which take us towards worship and well-being. That is why Islam is said to be a religion of well-being, purity and … [*inaudible*]. What Bapak has been telling you is very much in line with what is said in religion. Therefore we still practise the observances of our religion, even though we are open to God's will and have received reality. We also need to practise our path, because that is our possession and our way towards well-being and the perfection of our life, both in this world and the hereafter.

Therefore, truly, brothers and sisters, religion does not lead human beings to give importance only to their life after death. It does not decree or advise them to give importance only to the hereafter. If that were prescribed in religion, what would be the point of people living in this world? What purpose would it serve? If it were God's will that human beings pay attention only to the hereafter, what would be the use of living in this world? We could be born and die right away; be born and die. It is not like that.

Human beings are born here and live as forms in this world so that they may look after their life; and also so that they may know that, if God wills, they will return to their Creator – Almighty God. Because this is so, as high as a person can become in this world – no matter what they have achieved, or what peak they have reached – they are only tools of God. This was said by Prophet Muhammad, the Messenger of God: that everything is God's tool.

Well, how does a human being become God's tool? Yes, it is certainly not the same as when a person has a material tool. It is merupakan manusia, kalau Tuhan menyuruh kepada manusia, supaya manusia dapat melihat dalam penglihatannya. Kalau Tuhan menyuruh manusia, supaya manusia dapat mendengarkan sesuatu yang ghaib maupun yang tidak, adalah sudah dalam pendengaran manusia itu. Demikian sampai ke hati dan fikiran atau sampai ke hati dan otak manusia.

Dengan demikian, sehingga cara manusia berfikir, artinya: menggerakkan otaknya, karena Tuhan. Karena Tuhan, untuk manusia yang kembali ke Tuhan. Karena manusia untuk manusia; ialah gerakan otak yang menuju ke dunia. Gerak otak yang menuju ke hidup pribadinya, yaitu hidup sesudah mati.

Memang demikian, saudara. Satu sebenarnya dua, dua sebenarnya satu. Yang dipakai sama saja! Terpakai, ya, itu-itu juga. Kenapa? Kalau orang biasa dikatakan *endhas*, *inggil-inggil*nya *sirah*, tetapi kalau ratu, dikatakan *mustaka*.

Demikian juga halnya dengan nabi. Kalau orang biasa, dikatakan: kepala. Kalau nabi, dikatakan: 'arasy-ul-Lah. Bagaimana? Apa sebabnya? Tetapi saudara sekalian belum boleh mengatakan: 'arasy-ul-Lah' secara betul, karena kepala saudara masih terisi otak, otak masih terisi nafsu yang terisi nafsu bayangan dunia.

Karena itu, maka nabi mengatakan: "Manusia harus berakal, berbudi." Ya, memang demikian. Tetapi jangan dilupakan, saudara, saudara belum seperti Nabi Muhammad. Akal saudara masih akal nafsu, yang dikatakan masih akal kancil. Lha, iya! Belum akalnya manusia yang telah diilhami, yang telah disucikan Tuhan. Ya, meskipun saudara lambat-laun sampai ke situ, tetapi sekarang belum.

Jadi, terangnya, saudara sekalian, syari'at janganlah saudara tinggalkan. Tarikat pun juga jangan saudara tinggalkan. Karena kodrat, iradat, ilmu hayat. Jadi, iradat pun juga pakai kodrat dahulu, sebagai kodrat, iradat, ilmu hayat. Jadi, iradat yang dari kodrat, artinya: karena Tuhan untuk manusia, sehingga iradat saudara adalah iradat yang mengikuti kehendak Tuhan.

Demikian, saudara, maka – Bapak katakan tadi – saudara berjodoh. Memang orang berjodoh itu, ya, gampang, ya, *angèl*; ya, mudah, ya, sukar. Mudahnya: secara nafsu, sukarnya: apabila saudara mengikuti perintah, mengikuti kehendak Tuhan yang telah different. When a human being is God's tool and God gives them an instruction, they will see with their own eyes. When God gives them an instruction to hear something, whether it is something supernatural or not, it will already be in their human hearing. The same applies if it involves a person's thinking, their heart or their brain.

If that is so, when the person thinks – moves his or her brain – it will be because of God. The thinking that is from God is to enable the person to return to God. Human thought that is from one person to another is the movement of the brain directed towards the world, whereas the movement of the brain directed towards the life of the person's individuality is for their life after death.

It really is like that. The one is in fact two, and the two are in fact one. And what you use is the same in both cases. You are using the same thing. [In Javanese,] in the case of an ordinary person you call it *endhas*, if it is higher it is called *sirah*, and if you are talking about the queen you call it *mustaka*.[28]

This also applies in the case of a prophet. For an ordinary person, you talk of their 'head'. But in the case of a prophet, it is called *ʿArshu'llāh* [Arab.: God's throne]. You cannot yet truthfully call your head *ʿArshu'llāh*, because it still contains a brain filled with desires that are shadows of this world.

It is true that Prophet Muhammad said, 'Human beings must use their ingenuity and their intelligence.' Yes, that is so. But don't forget that you are not yet like Prophet Muhammad. Your ingenuity is still the ingenuity of the desires, known as cunning. It is not yet the ingenuity of a human being who has been inspired and purified by God. Eventually you will get there, but you are not there yet.

So it is clear that you must not give up the practice of your religion. Nor should you put aside the understanding of its meaning. Because the progression is: God's will, human will, the science of life. So, human will is preceded by God's will; meaning that it is because of God. In other words, your will follows God's will.

Bapak was talking about marriage. It is true, marriage is both easy and difficult. It is easy from the point of view of your desires, but it is difficult if you follow God's command or God's will that arises within your individuality.

menjelma dalam pribadi saudara.

Apakah dalam perjodohan tidak ada petunjuk? Tidak ada petunjuk? Tiada penuturan? Tidak ada bimbingan? Tidak ada didikan? Oh, penuh didikan dan bimbingan. Karena itu, maka absahnya orang berjodoh dengan kalimah syahadat. Dengan demikian sehingga manusia tidak meninggalkan petunjuk dari Tuhan; tidak meninggalkan sembah kebaktiannya terhadap Tuhan. Jadi, meskipun dalam perjodohan kumpul laki-laki dan wanita, tidak akan meninggalkan atas kehendak Tuhan, yang dikatakan 'karena Tuhan' itu.

Apa sebab dan apa perlunya demikian? Karena, saudara – tidak perlu Bapak tanya kepada saudara sekalian, tetapi – mestinya saudara sekalian sudah mengerti, bahwa adanya saudara berjodoh dan berkawin agar mendapatkan anak; akan mendapatkan biji manusia yang sama dengan keadaan saudara. Dan dengan demikian sehingga saudara tetap menjadi utusan Tuhan untuk melanjutkan perkembangan hidupnya manusia di dunia ini.

Selama dunia ini ada, manusia tetap ada. Tak perlu saudara ragu-ragu dan susah, apabila nanti penuh manusia di sini, di dunia ini. Itu di luar dugaan. Bukan sekarang saja manusia memenuhi dunia yang bermilyar-milyar, katanya sekarang. Tetapi sudah beberapa kali dunia ini terisi manusia. Sudah tentu berlainan waktu, berlainan jenisnya; berlainan bentuknya. Kalau tidak berlainan bentuknya, nanti tahu sama tahu. Itulah sebabnya, maka secara fikiran dan hati tidak dapat mengikuti. Jadi, tidak dapat mengetahui. Dan ini hanya dapat saudara ketahui dengan peninjauan kejiwaan, karena jiwa hidup yang tak terbatas.

Apa yang telah Bapak alami, saudara sekalian – ya, untuk saudara belum; karena itu, maka dengarkan saja Bapak yang seperti orang *ndongèng* saja. Jangan dijadikan patokan sebelum saudara mengalami sendiri. Satu juta tahun lebih, kira-kiranya akal-fikiran manusia, waktu itu belum ada manusia. Kalau menurut sejarah Adam, sejarah nabi, Adam itu sampai sekarang baru dua puluh lima ribu tahun. Sedangkan bumi ini sudah berjuta-juta. Buktinya sekarang ini sudah didapatkan orang tulang-tulang yang dapat diketahui oleh manusia yang berasal dari sejenis manusia yang hidup sudah dua, tiga ratus ribu tahun yang lampau. Di sini, di Solo *vallei*.

Suara seseorang: Trinil

Are there no indications within marriage? Is there no guidance, advice or education? Oh, it is full of education and guidance. That is why the confession of faith is what makes a marriage official. It is to ensure that people do not ignore God's indications and do not give up their worship of God. So, although marriage is the joining of man and woman, they will not lose touch with God's will, what we called 'because of God'.

Why is that so important? Bapak should not need to ask you, as you should already understand that the reason one gets married is to have a child, to obtain the seed of a human being like you. This means that you become God's representative in perpetuating human life in this world.

For as long as this world exists, human beings will exist. You do not need to worry or feel disturbed that the world might become overpopulated. This is beyond analysis. It is not the first time that billions of human beings have lived in the world, as we are told today. The world has been full of human beings several times before. Of course that was in another time, and their nature and their form were different. If their form had not been different we would not be able to tell them apart. This is not something your thought and your heart can follow, so you cannot find out about it that way. You can only find out about it through testing, because the life of your soul is unlimited.

According to what Bapak has experienced … well, you haven't experienced it yet, so just listen as you would to someone telling you a fairy tale; do not put your trust in it until you have experienced it yourself. According to human thought, a million years ago there were no human beings yet. According to the history of the prophets, not more than twenty-five thousand years have passed since the time of Adam, whereas the earth has existed for millions of years. The proof is that they have now found bones that have been identified as belonging to a type of human being who lived two or three hundred thousand years ago. Here, in the Solo valley.

A voice from the audience: Trinil!

Bapak: Ya? Trinil. Manusia mengatakan Trinil, karena kecil. Bukan demikian, saudara. Bukan demikian. Bukan Trinil itu! Bukan! Dulu lebih besar dari manusia sekarang. Tulang manusia itu lebih lama, lebih lama, lebih *mêngkêrêt*, lebih pendek, lebih pendek, lebih pendek.

Saudara belum pernah mendengar cerita. Bapak telah mendengar cerita ini. Entah lupa di mana, ketika Bapak ke luarnegeri. Ada orang mati. Biasanya di golongan itu … itu tidak ditanam, tetapi di*tarang*. Di*tarang* itu: ditaruhkan di pohon. Ada yang sebagian ditaruh di rumah saja. Itu kepalanya diambil, kepalanya *ditojèh-tojèh*. Lama-lama jadi sebegini, sak … itu telur. Itu kepala manusia. Jadi, dibegitukan terus makin *mimpês*, *mimpês*, *mimpês*, *mimpês*, jadi saktelur. Karena memang demikian, saudara. Karena itu, kalau andaikata ada alatnya begitu, manusia yang sebegitu besar itu, kalau di-près begitu, mungkin cuma jadi satu … satu korrel beras. Iya.

Jadi, lama, lama, lama, karena udara, karena *sfeer*, karena hawa, sehingga menjadi kecil, kecil, kecil, kecil. Tetapi bukan Trinil. Lha, itu Trinil, karena dilihat sekarang. Iya. Tetapi dulu besar.

Jadi manusia yang hidup zaman yang telah lama lampau, itu besarnya tidak seperti manusia sekarang. Bentuknya hampir sama. Tetapi sama, tidak! Itu *schouderblad*nya lebar. Iya. Besar-besar! Jadi, kalau manusia dulu yang hidup di zaman yang telah lampau itu, kalau *mungsuh* sama banteng sekarang itu, waaah, ditendang saja seperti bal. Iya! *Mungsuh* harimau apa itu.

Kalau manusia dapat menggambarkan binatang yang hidup di zaman yang telah lama lampau, sebesar itu, apa namanya, gorila itu, kalau kewannya sekian besarnya, masak manusia tidak sebesar itu? Kan kalahan manusia, nanti. Manusia jadi takut, ketakutan, artinya: tidak suka hidup. Iya! Kalau pada zaman itu tikusnya sebesar *jaran*, kuda, manusia sebesar sekarang ini, mana bisa? Jadi, manusia takut kepada tikus, karena tikusnya sekuda besarnya!

Nah, itu. Jadi, manusianya, ya, waaah, lain daripada sekarang. Dan umurnya, kalau orangnya besar, umurnya, ya, besar. Umurnya panjang. Makan, ya besar. Nafsunya, ya, besar juga. Sama orangnya.

Ada orang katakan, pernah dalam semadinya, pernah dalam kesepiannya, melihat Arjuna, Radèn Harjuna, yaitu suaminya Wara Sembadra. Adiknya Werkudara. Itu jarinya – katanya – sebesar pokok pohon kelapa, lho, jarinya! Wah, lha, begitu, kok bagus,

Bapak: Yes? Trinil. People have called her Trinil because she was small. But that is not so, brothers and sisters. In fact she's not Trinil. No! They used to be bigger than human beings today. Human bones shrink with time; they get shorter and shorter.

You may not have heard this story. Bapak heard it when he was abroad, he cannot remember where. There is a place where, when people die, they are not buried but put out to dry. They are placed in a tree, or in a house. They take the head and perforate it. Eventually it shrinks to the size of an egg. That is a human skull; when they do that to it, it shrinks and shrinks until it is the size of an egg. That is how it is; so with a tool like that, maybe you could compress a human being who is this big down to a grain of rice.

So, after a long time, due to the effect of the atmosphere, the human frame gets smaller and smaller. So it is not 'Trinil'. It is only 'Trinil' because you are looking at it now; originally it was large.

Human beings who lived a long time ago were not the same size as people living today. They had almost the same form, but they were not the same. They had wide shoulder blades and were very big. So if one of these human beings who lived a long time ago had a fight with a bull of today, they could just kick it like a ball; the same with a tiger, or whatever.

If human beings picture animals that lived in past ages to be as large, say, as a gorilla, then why would the humans of that time not be that big too? Otherwise the humans would have been overwhelmed. They would have been fearful and not wanted to live. If the mice in those days were as large as horses, how could the people have been no larger than now? People would have been afraid of the mice, since they were as big as horses.

There you are; so people were – wow – different from now. And their lifespan: if the people were bigger, their lifespan was also longer. They also ate more, and their passions were also bigger, just like their bodies.

There was someone who, in a state of meditation, in a state of emptiness, saw Arjuna, the husband of Wara Sembadra, younger brother of Werkudara [three *wayang* characters]. He said Arjuna's fingers were as big as the trunks of coconut trees. He wondered katanya. Lha, tetapi kalau di golongan itu, ya, bagus jari yang besar-besar itu. Sak golongan kita, raksasa namanya itu. Iya.

Itu belum Sembadra-nya, itu. Jadi, sambil guyon ini – nak sekalian mengatakan – *mêngkêrêt, mêngkêrêt,* itu perlu! *Songgol-songgol!* Karena Sembadranya, isterinya Arjuna itu – karena Arjuna itu jarinya saja sebesar pokok pohon kelapa – lha Sembadra itu mestinya tangannya, mestinya, paling sedikit sepuluh pokok pohon kelapa itu. Jadi, kalau ngêlus-êlus saudara, mati! Karena itu saudara jangan mimpi ketemu Sembadra, nanti malah ... Sembadra *mlayu,* saudara ... wadhuh! Kabur!

Jadi, terang, saudara sekalian, bahwa manusia ini bukan sesuatu yang baru; dan tidak perlu juga mengkuatirkan isinya. Sebetulnya! Tetapi, ya, secara fikiran, rasionya, ya, Bapak mufakat saja, karena bagaimana mau dijelaskan, kalau memang khatamnya sampai ke situ?

Sehingga manusia sekarang ini usaha, agar kelahiran dapat diberantas. Sebab ini kalau orang lahir, melahirkan anak, di terus-teruskan saja seperti orang kita ... Orang kita itu *kêbangêtên, wong* sudah anaknya sudah enam, tambah lagi saja. Sudah enam itu sudah banyak. Masih tambah, tujuh. Sudah tujuh, katanya: "Ya, kalau ditambahi lagi, ya, bagaimana lagi."

Sampai delapan, sampai dua belas. Sampai ada yang enam belas.

Tetapi orang kita lain daripada orang lain: 'Ada anak, ada rejeki. Banyak anak, banyak rejeki!'

Ya, boleh saja, baik demikian, saudara. Tidak perlu dikuatirkan. Karena Allah tadi! Jadi, Tuhan menghendaki manusia hidup di dunia ini. Karena dikehendaki Tuhan, tentu ada jalan. Tuhan mengadakan dan menciptakan jalan itu. Jadi, tidak perlu takut-takut.

Jadi, terangnya, saudara sekalian, orang yang berkawin, yang punya isteri, atau berjodoh itu adalah seorang yang sungguh-sungguh menaati, menuruti perintah Tuhan, agar sungguh-sungguh dapat menjadi saksi, bahwa manusia adalah utusan Tuhan. Menjadi utusan untuk memperkembangkan selanjutnya manusia dalam dunia ini. Ya, tentu saja kesanggupan yang demikian itu perlu juga dilaksanakan dan berani menempuh ujian-ujian yang selalu dihadapinya. Adapun ujian yang dihadapinya, ialah – tadi telah Bapak katakan – dapat menaklukkan, dapat melemahkan how that could be called handsome. Well, among his own kind, fingers that size would be appropriate. Among our kind, we'd call him a giant.

And that is not yet Sembadra. While we are joking, some shrinkage is needed here! Because if Arjuna's fingers are like the trunks of coconut trees, then Sembadra's hands will be like ten coconut trees. If she caresses you, you are dead! Therefore do not dream of meeting Sembadra. If she runs after you, you will flee for your life.

So it is clear that human beings are not something new, nor do they need to worry about overpopulation. In reality, that is. But, well, from the point of view of the thinking, of reason, Bapak has no objection if they worry about it; for how can you explain this to people if their understanding is at that stage.

Therefore, these days, people are trying to find a way of restricting births. Because otherwise, if people have children, and go on having them, like our people here … It's really too much! They already have six children, but they just go on. Six is already a lot but they have a seventh. And once they have seven they say, 'Well, if we have another, what can we do?'

So they have eight, or twelve. Some even have sixteen.

But our people are different from people elsewhere; here, they say, 'Where there is a child there is good fortune. Lots of children means lots of good fortune!'

Well, you can say that and it is all right. You do not need to worry, thanks to God, as we said earlier. For it is God who wills human beings to live in this world. Since it is willed by God, there is bound to be a way. It is God who will create that way, so you do not need to be afraid.

So it is clear that people who marry are truly obeying and following God's command, in that they are willing to bear witness to the fact that human beings are God's representatives. They are God's representatives in causing the human race to multiply in this world. And of course, putting that into practice implies being willing to go through the trials that they always have to face. Those trials they have to face, as Bapak has explained, involve overcoming and weakening the greed of their desires, which are always there in the inner feeling, which are always there in the heart and mind. If kemurkaan nafsu yang selalu ada dalam rasa diri, yang selalu ada dalam hati dan fikiran. Kalau yang demikian itu dapat saudara lakukan, saudara akan dapat hidup rukun di antara berdua sampai dapat menemukan jalannya yang benar.

Jalannya yang benar, saudara, sebagai tadi telah Bapak katakan, perlunya orang berkawin dengan kalimah syahadat – membacanya – dan diabsahkan, karena kalimat syahadat itu, perkawinan antara laki-laki dan wanita, itu memberi arti, saudara, bahwa justru dari perkawinan itu nanti akan melahirkan sebangsamu, sebangsa manusia. Dan oleh karena itu terjadi karena kamu sekalian, kamu akan dapat menerima dan merasakan bagaimana kamu dulu datang; bagaimana kamu dulu dilahirkan. Karena itu, maka sifatnya perkawinan dan mempunyai anak akhirnya, merupakan ulangan kepada saudara sekalian, agar dapat mengetahui asal-silahnya, asal-usulnya.

Jadi, terang, saudara, bahwa perkawinan itu, kumpulnya laki-laki dan wanita itu, sesuatu yang ghaib sekali; sesuatu yang benar-benar petunjuk bagi saudara sekalian, agar saudara sekalian bisa kembali menurut asal-mula bukanya. Ya, satu kali punya anak: belum, karena masih lupa. Dua kali mempunyai anak, ya, masih lupa lagi. Tiga: masih lupa, selamanya lupa saja. Sampai empat, lima, enam, tujuh lupa, ya, *kêbangêtên*, ya.

Jadi, kecuali, saudara, perkawinan yang membawa anak itu, ia merupakan utusan Tuhan untuk memperkembangkan biji manusia yang sesamanya, juga penting bagi dirinya sendiri untuk dapat mengetahui bagaimana asal-usulnya. Kalau saudara mengerti asal-usulnya, kan kembali mesti mengerti. Lha, itu. Jadi, asal dari Surabaya, kembali ke Surabaya. Lha, saudara diangkat dari Surabaya, malah kembalinya ke Jakarta! Karena waktu diasalkan dari Surabaya itu: tutup mata. Iya.

Jadi, janganlah menutup mata; janganlah menutup telinga; janganlah menutup hidung, menutup mulut, menutup rasa, fikiran dan hati. Nanti kamu tidak dapat mengetahui dari mana asalnya. Itulah caranya pula dalam syari'at, kalau saudara-saudara solat tidak boleh menutup mata. Tidak boleh diam saja. Harus baca: "*Usolli fardha-l-'isya'i arba'a rakaatim mustaqbila-l-qiblati adha'an li-l-Lahi ta'ala. Allahu akbar.*" Supaya didengarkan.

Lha, itu diulangi saudara sendiri sekarang. Karena itu ada dalam you are able to do that, you will be able to live together in harmony as husband and wife and find your right path.

The right path, brothers and sisters – as Bapak said just now – requires that when you marry you say the confession of faith. That is what validates your marriage, because in the marriage between a man and a woman the confession of faith signifies that from this marriage will be born new beings of your own kind. And because this comes about through you, you will be able to receive and feel how you yourselves originally came to be, how you were born. Therefore, marrying and having children will eventually be like a review for you, enabling you to discover your origin.

So it is clear that marriage, the union of a man and a woman, is something very deep; it is truly an indication that will enable you to return to your origin. Perhaps not the first time you have a child, because you are still unconscious. The second time you have a child, well, you may still be unconscious. The third time, still unconscious; but if you are still unconscious the fourth, fifth, sixth and seventh time, that is too much.

Therefore, brothers and sisters, besides marriage bringing you children, besides making you God's representatives in propagating the human seed, it is important for you as well, enabling you to discover where you came from. For once you know where you came from, you should be able to find your way back. That is the point. So if you came from Surabaya, you will go back to Surabaya. You will not come from Surabaya and return to Jakarta, on account of having had your eyes closed when you were leaving Surabaya.

So do not close your eyes; do not close your ears; do not close your nose; do not close your mouth; or close your feelings, your thinking and your heart: because then you will not find out where you came from. That is how you pray in Islam: you are not allowed to close your eyes and you are not allowed to be silent. You have to recite: '*Uṣallī farḍa 'ẓ-ẓuhri arbaʿa rakaʿātin mustaqbila 'l-qiblati adāʾan li'llāhi taʿālā. Allāhu akbar,*' [Arab.: I intend to perform the obligatory midday prayer of four cycles facing towards Mecca, to God the most high. God is supremely great] so that you can hear it.

Now you are doing it again. And this also exists in Javanese *carakan*, dalam *uran-uran* Jawa: "*Ngêrtènana sira asalira sira dumadi. Yèn tan kuwasa, takona marang bapa-biyungira.*"

Bapa-biyung ditakoni, ya, sama ndkak ngertinya.

"*Pak!*"

"*Apa, nggèr?*"

"*Piyé, ta, asalé aku iki mbiyèn?*"

"*Wah, wis, ora ngêrti aku. Lali! Nèk anu, takona mbahmu baé!*"

"*mBah, mBah!*"

"*Apa, putuku?*"

"*Asalé si mBah 'niku 'dos pundi, ta, rumiyin?*"

"*Oh, lali! Takona buyutmu waé!*"

Tidak habis-habis!

Ini semuanya, saudara, telah kita yakinkan, telah kita buktikan, telah kita alami dalam latihan kejiwaan. Karena itu, maka teranglah, saudara sekalian, bahwa latihan kejiwaan yang saudara terima dan lakukan itu, sifatnya sebagai menggali, benar-benar menggali. Kecuali menggali kenasionalnya pribadi, juga menggali segala sesuatu yang masih terahasia. Karena tidak ada rahasia yang terbuka, kalau tidak dengan kekuasaan Tuhan. Karena itu, maka latihan kejiwaan ini: karena Tuhan, untuk manusia.

Ini tambahan saja, saudara. Jadi, ya, tidak saya terus-teruskan. Karena tambahan saja. Karena ini perlu juga untuk para wanita. Jadi, sama-sama didengarkan. Sebetulnya ini ada rahasia sedikit. Tetapi karena toh perlu juga dilahirkan, agar yang laki-laki juga mengerti, wanita juga mengerti. Sehingga nanti tidak saling *menutuh*.

"*Woah, sing marahi cilaka 'ki kowé!*"

"*Ya, padha-padha sing gawé cilaka!*"

Dan akan Bapak lanjutkan, saudara, sebentar. Karena ini juga – Bapak telah katakan tadi – meskipun yang dibicarakan ini andaikata dunia, dunia-akhirat itu sama saja, saudara. Saudara jangan memisah-misahkan. Cuma di dalam prakteknya, kalau saudara sekarang latih dan berbakti: untuk dunia ini, dan untuk akhirat begini. Tetapi di dalam hidup saudara di sini sehari-hari, soal dunia, janganlah saudara pisahkan sedapat mungkin, kalau bisa. Bicara dunia, terus menembus dindingnya itu kepada yang mengarenakan hidup, yaitu ke Tuhan Yang Maha Esa.

Sekarang yang akan Bapak bicarakan, saudara. Ialah – sebentar song: 'Do understand how you came about. If you cannot master it, ask your father and mother.'

When you ask your father and mother, they do not understand it either.

'Father!'

'What is it, son?'

'Can you tell me about my origin?'

'Well, I don't know that. I've forgotten. If you want to know about that, just ask your grandfather!'

'Grandfather! Grandfather!'

'What is it, my grandson?'

'What was your origin, grandfather? How was it in the beginning?'

'Oh, I've forgotten! Just ask your great-grandfather!'

There is no end to it!

We have confirmed all this, proved it and experienced it in the latihan. So it is clear that the latihan you do is like digging; you are truly digging. Besides digging up your individual nationality, you are also digging up everything that is hidden. For no secret can be uncovered except with God's power. Therefore the latihan is 'because of God', for human beings.

This is just a little extra, and I am not going to go on with it. It is just something extra. It is important that the women and the men both listen to it together. In fact it is a little sensitive, but it needs to be said, so that both men and women understand it and later don't blame one another.

'Whoa, it's you who got us into trouble!'

'Well, actually we both did it together!'

Bapak will continue for a short while, brothers and sisters. Even if he will be talking about worldly matters, the world and the hereafter are one and the same, as he said earlier. Do not separate them. It is just in your practice – when you do latihan and worship – that it is like this for the world and like this for the hereafter [*gestures*]. But in your daily life, as far as possible do not separate them. When you talk about the world it immediately penetrates the wall to the One who is the cause of this life; that is, the One Almighty God.

Now Bapak will talk for a moment about the *asuhan* that he is saja – ialah asuhan yang akan diadakan atau akan Bapak adakan di sini nanti. Karena asuhan ini, saudara, Bapak telah menerima kabar asuhan ini paling sedikit dua ratus orang. Yang dari Amerika saja sudah enam puluh tercatat. Amerika, *sixty*, kurang lebih. Jadi yang datang ini dikira-kirakan paling sedikit dua ratus. Paling sedikit. Mungkin bisa juga dua ratus lima puluh. Sedangkan disediakan di sini, tempat, saudara, yang di sini hanya bisa menerima paling banyak tujuh puluh. Berarti kurang seratus tiga puluh.

Nah, ini akan Bapak bagi dua. Andaikata datang dua ratus, seratus sebagian; andaikata datang tiga ratus, jadi seratus lima puluh. Yang pertama Bapak tentukan mulai tanggal lima belas Juli sampai lima belas Agustus. Yang kedua mulai tanggal satu September sampai penghabisan September.

Apa sebab Bapak bikin sampai lima belas hari peluangnya itu? Karena saudara yang habis asuhan, tidak mungkin sekaligus pulang. Yang pulang paling cepat separoh, lainnya masih *thélé-thélé* itu. Bukan *thélé-thélé* karena capai, tidak, *thélé-thélé* tidak suka pergi. Jadi, masih *léha-léha*, namanya kalau bahasa Tionghoa. Itu kira-kira paling sedikit, paling cepat seminggu baru suka pergi.

"Ayo, pergi!"

"Nanti dulu, ta! Saya baru senang di sini!"

Begitu. Jadi, tujuh hari sendiri.

Sekarang yang datang, saudara. Yang datang tanggal satu September itu tentunya tiga, empat hari sudah datang dulu. Jadi, kalau Bapak jadikan lima belas Juli sampai lima belas Agustus, lima belas Agustus sudah mulai sampai enam belas September, tubrukan disini nanti. Sini belum berangkat, sudah datang seratus. Jadi, dua ratus disini, seperti tawon begitu. Bagaimana itu? Jadi, saya bikin demikian, supaya agak teratur.

Sekarang tentang tempat, saudara. Karena disini hanya dapat menampung paling banyak tujuh puluh, lainnya nanti dibikinkan *tent* di sini, di atas *guest house*. Kalau masih bisa itu di depan katanya akan disewakan. Katanya satu juta setahun, disewakan. Ya, satu juta setahun.

Ya, tentang satu juta, saudara, kalau kita ngrogoh kas saku kita, tidak ada. Saku kita ini kempes. Paling banyak, bon ada. Jadi, sakunya orang sana, saudara-saudara sana. Jadi, ya, mau tidak mau saudara-saudara sana Bapak kenakan per *persoon*, satu orang paling sedikit seratus. Kalau yang sekian itu dianggapnya banyak, ya, mestinya dapat memikir sendiri. Seratus dollar itu kalau dihitung going to hold here. He has heard that there will be at least two hundred participants. From America alone there are already about sixty registered. So the number expected is at least two hundred. It could be up to two hundred and fifty. But the space we have here is only big enough to receive at most seventy people. So we are a hundred and thirty spaces short.

Therefore Bapak is going to divide them in half: if there are two hundred coming, into two lots of a hundred; and if it is three hundred, then into two lots of hundred and fifty. The first half will come from 15 July to 15 August. The second from 1 September to the end of September.

Why does Bapak leave a fifteen day interval in between? Because it is unlikely that those who finish the *asuhan* will leave right away. At the very most, half will go home quickly; the rest will take it easy. Take it easy not because they are tired, but because they don't want to leave. They will want to relax. The earliest they will want to leave will be after a week or so.

'Go home!'

'Give me some time; I'm just enjoying myself here!'

Or something like that. That's seven days gone.

Now for those who are coming. Those who are coming on 1 September will certainly come three or four days beforehand. So if Bapak made it from 15 July to 15 August and then from 15 August to 16 September, they would all collide. This lot haven't left yet and a hundred more are arriving. There will be hundreds here, like a swarm of bees. So this is what I've decided, to make it more orderly.

Now about the accommodation: since we can accommodate only seventy people here, for the rest we will make a tent on the roof of the guesthouse; besides which they say that there is some land we can rent on the other side of the road. They say one can rent it for a year for a million rupiah.

Well, if we have to pay that from our own pockets, we do not have a million rupiah. Our pockets are empty. All we have in there is bills. So we'll have to use the pockets of the people over there. Bapak has no choice; he has to charge them at least a hundred dollars per person. If they think that is too much … well, they ought to be able to work it out for themselves: on a daily basis, a per *dag*nya, seharinya, cuma tiga setengah. Tiga setengah dollar itu, kalau sebagai ini, saudara Erling Week, tidak apa-apa, begitu katanya. "Itu bukan soal," katanya.

Tetapi bagi kita ... oooh, soal yang hebat ... (*tak terdengar; hadirin tertawa*). Jadi, kalau kita tentukan yang demikian, sehingga diambil tengah-tengah, kita berjalan lancar. Kita agak luas. Kita bisa menyewakan rumah, apabila kurang. Meskipun dalam satu, dua, tiga bulan, setahun. Dapat saja.

Dan kita berusaha, saudara, agar dapat tersedia paling sedikit dua mobil besar. Semacam kombi, umpamanya begitu. Perlunya, setiap minggu dapat mengangkut saudara-saudara luarnegeri di sini dua puluh, dua puluh, ke Puncak, ke Bogor, ke Cibodas. Jangan ke Bali dulu! Kalau ke Bali – bukan datang kembali – kalau ke Bali, Bali-Lombok, itu nanti soalnya lantas ongkos sendiri. Jadi termasuk pertanggunganjawab sini: hanya ke sekitar sini saja, Jawa Barat. Paling jauh, Bandung. Paling jauh. Tetapi jangan sampai melangkah sampai ke Borobudur. Borobudur itu nanti tambah itu.

Sekarang segala sesuatunya, saudara, tentunya, ya, ribut dan banyak pekerjaan. Nah, ini Bapak minta kepada pusat organisasi atau para saudara pembantu pelatih atau bukan pembantu pelatih, memang siapa yang suka dengan ikhlas, membantunya. Karena ini, meskipun ini keperluan Bapak yang spesial untuk kejiwaan, tetapi juga untuk keperluan saudara sekalian. Jadi, bagi saudara sekalian, saudara Indonesia sini, supaya menganggap dan merasakan dirinya sebagai tuan dan nyonya rumah.

Jadi, saya nanti, saya minta kepada sekalian para wanita terutama, supaya jangan menghendaki memanggil koki, tukang masak. Sebab Bapak sendiri ini ada niat untuk memanggil koki masak laki-laki dua. Tentunya para wanita, para saudara wanita tentunya: "Kenapa kok begitu? Kan kita bisa!?" Begitu.

Jadi, kalau sekiranya saudara wanita sanggup dan tidak berani kalah dan tetap berjuang, karena sebelum ... (*tak terdengar*) ... ya, Bapak serahkan. Jadi, nanti tentang masak-masak seluruhnya saudara wanita. Pendek kata mengatur segala sesuatu: saudara wanita, tentang makan, tentang tempat tidur, yaitu pasang seprei, lantas pasang macam-macam begitu.

Tetapi kalau bagi saudara laki-laki Bapak serahkan angkutan, membawa ke sana ke sini, kalau perlu, ya, beli bensin apa. Ini Bapak serahkan kepada sekalian para saudara laki-laki. Dengan demikian sehingga seluruhnya dapat kita kerjakan sendiri. Tidak perlu hundred dollars is only three and a half dollars a day. Three and a half dollars for someone like Erling Week here, is all right; that is what he says. 'That is not a problem,' he says.

But for us – oh, it is a big problem … [*inaudible; laughter*]. Therefore if we do it this way, by taking the middle way, everything will go smoothly. We will have room to manoeuvre; we can rent a house if we are short of space, even if it is for one, two or three months, or for a year. That is possible.

And we will try to ensure that we can provide at least two large cars, Combi vans, for example. These can serve to take our brothers and sisters from abroad, twenty at a time, to Puncak, Bogor and Cibodas. But not to Bali. If they want to go to Bali or Lombok, that will be at their own cost. Our responsibility is just for excursions around here, in West Java. The furthest would be to Bandung. That would be the furthest. Not to Borobudur; Borobudur will be extra.

Now all this will of course make us very busy and will be a lot of work. So Bapak is asking the organisation and the helpers, and those who are not helpers – indeed anyone who is sincerely willing – to help. Because even though this is something Bapak needs to do for a spiritual purpose, it is also for your own needs. So you, the Indonesian members, should feel that you are the hosts.

Therefore I am going to ask the women not to think of calling in some cooks to do the cooking – because Bapak himself had the idea of hiring two men to do the cooking, but if he did that, you women would certainly say, 'Why did you do that? We can do it!'

So, if the women are willing and don't wish to be outdone, and are willing to join in the hard work before … [*inaudible*]. Well, Bapak leaves it to you. In that case, as far as the cooking is concerned, the women will be responsible for all of it. In short, the women will arrange everything that concerns the food, the beds, the sheets and all that kind of thing.

To the men Bapak will leave the transport, taking people from here to there, including buying the petrol and all that. He leaves that to the men, so that in this way we can do everything ourselves and don't need to hire any outside people.

memanggil orang luar, artinya orang-orang yang Bapak tugaskan sebagai tenaga.

Tentang menu-menunya, ya, saudara sendiri bagian wanita nanti yang menentukan menunya itu. Mestinya pagi – ya, ini, ya, bicara tentang anu ini, tentang asuhan, tadi sudah Bapak katakan – pagi, sarapan; siang, makan; sore, *léha-léha* minum teh, biasanya begitu disana. Tetapi tidak pakai grontol, pakai roti (*hadirin tertawa*). Jaman dulu pakai grontol. Malam jam tujuh atau paling *laat* setengah delapan: makan. Tetapi, saudara sekalian, itu semua supaya dilakukan secara cepat. Sebab kalau jam tujuh belum bisa *klaar*, saudara-saudara akan rugi sendiri. Karena kalau kebetulan Bapak ceramah, kalau kebetulan latihan, saudara tidak bisa latihan, itu yang bekerja itu. Yang *nggodhog*, apa itu, *ngudhêg-ngudhêg* habis-habis. Jadi, supaya jam tujuh *klaar*. Paling *laat* setengah delapan. Sehingga habis itu: prei. Sehingga para saudara wanita yang bekerja, berhenti, dapat mengikuti ceramah dan latihan dan *gêmblèngan*.

Tetapi kalau siang tidak ada. Jadi, siang itu tidak ada apa-apa. Jadi, kerjanya saudara seperti *lawa*. Kalau malam bekerja, kalau siang tidak. Sebab kalau siang tentunya dikerjakan perlu untuk kerumahtanggaannya masing-masing.

Dan kedatangan saudara di sini, karena seperti yang Bapak katakan kita harus disediakan *vervoermiddel*, yaitu kendaraan. Tentunya dijemput. Yang ada mobil, ya, tidak usah dijemput. Yang ndhak ada saja dijemput. Kalau yang ada mobil nanti: "Lha, saya tidak dijemput. Sama-sama berangkat."

Lha, ini Bapak serahkan penjemputan dan lain-lainnya itu dari fihak laki-laki yang menjadi *pangrèh*, ya, organisasi di pusat yang mengatur. Dengan demikian sehingga segala sesuatunya dapat teratur baik.

Dan ini sebagai, ya, percobaan mempraktekkan, saudara. Kalau ini nanti baik, kongres internasional Jepang, tahun enam puluh tujuh, akan dapat kita selenggarakan di sini dengan baik juga. Karena ini mempraktekkan.

Yang datang, saudara, dari masing-masing negara, artinya: ya, dari sana: dari Australi, New Zealand, Jepang, Hongkong, ya, Malaysia dapat juga, Malaya itu, tetapi masih belum dapat ditentukan. Lantas Kamboja, lantas Vietnam, lantas Thailand, itu yang ikut sini; Ceylon, India, Pakistan, mungkin Iran, Irak, Turki, Mesir dan sampai ke *Zuid* Afrika. Dari Johannesburg, dari Nigeria, dari Rhodesia. Jadi, nanti saudara ketemu saudara macam-macam:

As far as the menus are concerned, well, the women will decide that. In the morning we will need to provide breakfast, then lunch; in the afternoon, relax and drink tea – that is what they do over there – but with bread rather than *grontol* [boiled corn with grated coconut]. [*Laughter.*] At seven in the evening, or at the latest half past seven: supper. But you will have to work fast, brothers and sisters, because if you are not ready by seven o'clock you will lose out. If it happens that Bapak is giving a talk, or if there is latihan, those who are working will not be able to join in if they are still cooking, if they are not yet finished. So you need to be done by seven, or at the latest by half past, and then you are free. The women who have been working need to stop, to enable them to listen to the talk, or do latihan or testing.

But during the day there will not be anything to do. You will work like the bats: you'll work at night but not in the daytime. That is because in the daytime you will certainly have things to do to look after your own household.

And to bring people here, as Bapak said, we have to provide transport. Of course we have to pick them up. But those who have cars won't need to be picked up, only those who don't. Those who have cars will say, 'Don't pick us up; we will come under our own steam.'

Bapak will leave the picking up and all that to the men, to the committee, who will arrange it. In this way everything will be well organised.

And this will be a trial run, brothers and sisters. If it goes well, it means we will be able to hold the international congress that is planned for Japan in '67 over here, and it will also go well. Therefore we need to practise.

People will come from all the countries: from Australia, New Zealand, Japan, Hong Kong; possibly Malaysia, though that is not yet certain. Then Cambodia, Vietnam, Thailand, Ceylon, India, Pakistan; perhaps Iran, Iraq, Turkey, Egypt; and all the way from South Africa, from Johannesburg, from Nigeria and Rhodesia. So you will meet many kinds of brothers and sisters: there will be black ones, yellow ones, white ones. The brown ones will be us.

ada yang hitam, ada yang kuning, ada yang putih. Kalau yang *bruin*, kita sendiri. Ada yang merah. Ini entah diakui, entah tidak: dari suku Indian, karena suku Maori yang di New Zealand.

Nah, ini bagi saudara-saudara luarnegeri baiknya jangan dibiasakan seperti tamu; jangan juga dibiasakan seperti orang datang di tempat hotel, tetapi supaya dibiasakan datang ke tempat saudara. Dan datang ke tempatnya orang tua yang biasa dikatakan … (*tak terdengar*) … umpamanya begitu.

Jadi, meskipun bagaimana, *brêngos*nya kayak apa, disuruh kerja (*hadirin tertawa*). Jadi nanti, nyonya-nyonya dari sana, disuruh kerja. Yang Bapak suruh, supaya ikut bertanggungjawab itu, supaya memberi order kepada nak-nak sana: ini saudara Maria, saudara Margaret, saudara lain-lain lagi: "Hayo, kamu harus bekerja."

Jadi yang masak-masak saudara sini; yang meladeni sana: cuci piring, apa *ngrajang brambang*, *ngrajang bawang*, kalau mungkin *ngulêg sambêl* apa, ya, sana diajari.

Lha yang laki-laki begitu juga. Supaya dibawa juga saudara sini bagaimana melayani saudara-saudaranya. Sehingga di sini betul-betul merupakan tempat saudara berkumpul, tidak ada perbedaan antara satu dengan yang lain. Dan bagi Bapak sendiri mudah caranya memberi ceramah.

Begitu kiranya. Apa lagi yang perlu dituturkan? Coba, usul! Karena besok Selasa tidak ada ceramah. Jadi … Apa, nak? Yang perlu sekali diceritakan lagi. Apa? Akh, iya … (*tak terdengar*).

Tentang alat-alat, saudara. Kalau kita beli alat-alatnya, sedangkan setahun sekali. Coba, beli alat-alatnya setahun sekali yang delapan bulan percuma nganggur itu. Iya, kalau tidak *dipancal* kucing. Kalau *dipancal* kucing, pecah … (*hadirin tertawa*).

Ini ada usul dari Pak Ranta: alat-alatnya diharap saudara yang punya, meminjamkan. Dan sini bertanggungjawab, apabila ada yang pecah, diganti. Jangan salah! Iya, diganti. Tetapi diharapkan meminjamkan. Umpama saja piring dipinjamkan asal se*dozijn*. Saudara, satu saudara, satu keluarga. Kalau ada dua puluh, kan dua puluh *dozijn*. Apa cukup itu? Pisau, garpu, sendok dipinjamkan juga. Dan juga apalagi? Baki-baki? Iya? Yang kaya baki, boleh dipinjamkan.

Hè?

Suara hadirin: (*Tak terdengar.*)

There will be some red ones: I don't know whether that is how they describe themselves, those from Indian tribes and the Maoris from New Zealand.

It would be best if you don't make your brothers and sisters from abroad feel as if they are your guests or as if they are coming to a hotel, but as if they are staying with a member of their family. Or as if they are visiting their parents, where we would say … [*inaudible*], for example.

So, no matter how imposing their moustache is, ask them to work. [*Laughter.*] And the women who come, ask them to work. Bapak would like Maria, Margaret and the others here to be responsible for telling them what to do: 'Come on, make yourself useful!'

So the cooking will be done by you here, but the visitors will help you with washing up and chopping the onions and the garlic. You can even teach them to make *sambal* [chilli dip].

The same with the men: show them how to help, so that we will really be like a family, without any differences between us. That will make it easy for Bapak to give his talks.

It will be something like that. What else do we need to discuss? Please say now, because there won't be a talk on Tuesday. So … What? If it is important, say it again! What? Oh yes … [*inaudible*].

Regarding equipment, brothers and sisters, we will only use it once a year. If we buy it, then it will lie around unused for eight months. That is if it is not knocked over by a cat. If it is, then it will be broken. [*Laughter.*]

Here is a suggestion from Pak Ranta. Would those who have the necessary equipment be willing to lend it? And we will take responsibility to replace anything that gets broken. Don't worry about it; it will be replaced. But please lend it. If you lend plates, for example, not less than a dozen. Since each of you have a family, twenty of you can lend twenty dozen plates. Is that enough? You can also lend knives forks and spoons. And what else? Trays? Yes? If you have surplus trays, you can lend some.

Huh?

A voice from the audience: [*Inaudible.*]

Bapak: Oh, itu sudah ada. Dipan, tempat tidur sudah ada. Karena kekurangannya itu nanti sudah ada saudara yang akan memberi pinjaman *veldbed. Veldbed*, untuk tempat tidur yang ringkas, di tanah terbuka. Jadi, nanti yang dipakai di sini, pasang *tent*; atas Guest House pasang tent; kekurangannya silahkan sana depan.

Untuk saudara-saudara dari Indonesia Bapak tidak akan memisahkan, karena latihan nanti: sama, ceramah: sama. Cuma makannya nanti Bapak terpaksa pisahkan, saudara (*hadirin tertawa*). Karena nanti kalau tidak Bapak pisahkan, toh saudara tidak doyan itu. Lho, kalau kroketnya, doyan. Tetapi pernah Bapak makan di sana, saudara, nasi goreng pakai kismis. Saya tidak suka! (*Hadirin tertawa.*) Nasi goreng pakai kismis, katanya enak sekali. Saya makan, *mblêngêr* saya. Iya! Tidak cocok. Lebih enak saudara makan nasi gudeg dari Jogja, lho. Ini nanti saudara Martono, yaitu ini, yang mengerjakan rumah Bapak di sini, sanggup membuka warung nasi gudeg spesial dari Yogyakarta. Tetapi saudara jangan lupa, itu bukan prodeo (*hadirin tertawa*). Lha, itu saya serahkan kepada saudara Martono, nanti taripnya. Begitu.

Lha, tentunya saudara lebih *mat-matan* daripada sana-sana. Pun juga, saudara-saudara, ongkosnya terus terang saja tidak begitu banyak dan tidak begitu berat. Paling berat saudara dapat … yang dari Malang, dari Yogya, dari Solo apa itu, paling banyak mengeluarkan – ya, setahun sekali, ta, itu – sebulan lima belas ribu. Itu paling banyak. *En toch* sudah dirasakan berat itu. Lima belas ribu. Iya! Lima belas ribu itu sehari cuma lima ratus, nak. Coba! Sedangkan kalau nak makan, perutnya masih kempes, sudah tiga ratus. Masih … kalau dituruti sampai tidak kempes, lima ratus. Satu kali makan. Sedangkan nanti, kalau makan di tempatnya warungnya Nak Martono, lima ratus mungkin komplit sehari. Malah tambah rokok apa! (*Hadirin tertawa.*)

Nah, ini jadi juga bukan berarti Bapak misah-misahkan, tidak. Malahan supaya bisa selalu, bukan bertukar fikiran, selalu … apa namanya, bertemu. Hanya meringankan beban saudara sendiri. Dan tentang penginapan, sekarang, bagi saudara-saudara Indonesia, saudara kalau Bapak sediakan – wah, berapa banyaknya – kalau di sini nanti yang datang juga paling sedikit tiga ratus … wah, tempatnya, ini! Tetapi yang banyak mungkin dari kita, dari Jakarta sendiri. Dari Jakartanya paling sedikit seratus lima puluh atau seratus, paling sedikit.

Bapak: Oh we already have those. We already have divans and beds. And if we are short there is already somebody who will lend us camp beds; camp beds that can be folded and used for people sleeping outside. So you can use them here, and put up a tent; put up a tent on the roof of the guesthouse, and the rest can go over there, on the other side of the road.

Bapak will not separate the members from Indonesia, because you will do latihan together and listen to the talks together. Only when it comes to the food, Bapak will have to provide something different, because you will not want to eat the same food. [*Laughter.*] Well, you might eat the croquettes. But when Bapak was overseas he was once served fried rice with raisins in it. I didn't like it! [*Laughter.*] Fried rice with raisins, they said it was delicious. I ate it and nearly passed out. Yes! It's not for me. I'd rather eat *gudeg* [a famous dish with cooked jackfruit] from Yogya. Martono here, who is building Bapak's house, is willing to set up a special Yogyakarta *gudeg* stall. But remember, it is not free. [*Laughter.*] I will leave it to Martono how much he will charge.

You will of course enjoy that more than eating foreign food. And furthermore it is cheaper and therefore less of a burden. Those coming from Malang, from Yogya, from Solo: the most they will spend is fifteen thousand rupiah for one month, and it is only once a year. That is the maximum, and yet for them this seems like a lot. Fifteen thousand! Yes. That is only five hundred a day. Imagine! Whereas if you were to eat elsewhere, your stomach is still half empty and you have spent three hundred. And if you let yourself go until you are full, it costs five hundred. Just for one meal. But if later you eat at Martono's stall, five hundred will maybe feed you for a whole day. Perhaps you will get a cigarette too, or something. [*Laughter.*]

This does not mean that Bapak wants to separate you, not at all. On the contrary, he would like you … not to exchange ideas, but to meet each other. He is just making it easier for you. And as for the accommodation for the Indonesian members: if Bapak were to provide … wow, how many will there be? If at least another three hundred come, where can we put them? But maybe the majority will be from Jakarta. At least a hundred or a hundred and fifty will be from Jakarta.

Yang dari luar kota, misalnya dari Surabaya, Malang, Solo, Yogya atau dari Bali atau dari mana, itu nanti Bapak titipkan kepada para saudara di sini. Titipkan saudara. Ya, kasih *klasa*, kan sudah senang itu, saudara-saudara. Saudara, ya, tempatnya, kamarnya cuma satu, bagaimana?

"Sedangkan saya dititipi saudara. Jadi, bagaimana ini baiknya? Ini ada *ambèn* yang agak *mojok* sana, bagaimana?"

Ya, sudah! Mojok saja! Jadi, bagi saudara-saudara dari Indonesia nanti tidurnya, malamnya juga kumpul dengan saudara-saudara di sini; saudara-saudara di Jakarta. Kalau Bapak sediakan di sini secara seperti dahulu, sebelum ada saudara-saudara dari luarnegeri, kelihatannya tidak baik. Andaikata tidur sini *pating ngglosor*, itu tidak baik. Ya, agak *ngglosor*, jangan kelihatan, begitu. Jangan sampai nyolok, itu bolehnya *ngglosor* itu (*hadirin tertawa*). Lha, ini mungkin, kalau dapat diatur demikian, mungkin baik dan dapat kerjasama.

Lha, sekarang di bagian keputrian. Ya, jangan ada yang ada hanya menjadi kepala, apa, jangan! Ya, sama-sama kerja situ. Nanti semua jadi kepala, ribut nanti. Nasinya tidak masak nanti.

"Ini harus sekian jam!"

"Tidak! Tidak apa-apa!"

Sudah, tidak jadi masak, tidak matang malahan (*hadirin tertawa*). Malah ini saudara-saudara dari luarnegeri sanggup bikin roti sendiri. Ya, bagus! Bikin roti sendiri. Bisa? (*Bapak menanyakan kepada hadirin.*) *Bread*? Ha? Bisa, katanya, saudara bikin sendiri!

(*Tak terdengar satu kalimat.*) ... Waktu kita dulu sekolah itu namanya getuk lindri. Oh, tidak kalah, saudara! Iya. Maria, Margaret belum pernah merasakan getuk lindri. Oh! Kalah rotinya. Kalah. Ini nanti saudara Martono bisa bikin onde-onde. Yang nge*baas*i warung gudeg nanti, saudara Martono, saudara Prio, saudara Darto, saudara Brodjo. Tetapi jangan menongkrong, yang sungguh-sungguh duduk, nanti. Ya, cuma mungkin tidak jauh dari sini, nak. Ya, Nak Martono, gubugnya jangan jauh-jauh dari sini, supaya agak sana begitu saja. Gampang.

Saudara-saudara, cukup sudah penerangan Bapak yang mengenai kejiwaan, dan juga ditambah tadi dengan penerangan mengenai asuhan, agar dapat saudara mengerti dan insafi bagaimana nanti yang akan dikerjakan. Bagaimana seharusnya bekerja, saya serahkan kepada bagian wanita, bagian laki-laki, agar suka sungguh-sungguh membantu pelaksanaannya asuhan yang akan diadakan di sini nanti.

Those from out of town, say from Surabaya, Malang, Solo, Yogya or Bali or elsewhere, Bapak will billet them on all of you here. They will stay with you. If you give them a mat they will be happy, brothers and sisters. Well, if you have only one room, what can you do?

'You have been allocated to stay with me, so where can I put you? There is a divan there in the corner – how about that?'

Yes, all right, put him in the corner. So, those from Indonesia will spend the night and sleep with the members here, with the Jakarta members. If Bapak were to put them up here the way we did it before – before there were members from abroad – it wouldn't look good. If they sleep here, higgledy-piggledy, that is not good. If you have to do that you don't want people to see it! [*Laughter.*] So perhaps it would be best to do it this way, and Bapak hopes that you can all cooperate.

Now for the women's department. There shouldn't be one person who is the boss. No. Try to work together. Otherwise everyone will want to be boss and there will be chaos. The rice won't get cooked.

'This must cook for so many hours!'

'No! Leave me alone!'

So in the end the food won't be cooked properly. [*Laughter.*] In fact, the women from abroad are willing to make their own bread. That's good! [*To someone in the audience*:] Make your own bread? Can you? Yes? They say they can make it themselves.

[*One sentence inaudible.*] ... When we were at school it was called *getuk lindri* [a snack made of tapioca]. That is just as good. Maria and Margaret haven't ever tasted *getuk lindri*. Oh, it is better than bread. And Martono can make *onde-onde* [fried dumplings filled with mung-beans, covered with sesame seeds]. The bosses of the *gudeg* stand will be Martono, Prio, Darto and Brodjo.[29] But don't just sit around; you must attend to your customers! And don't have it too far from here. Yes, Martono! Don't put the stall too far from here. Put it just over there so it's accessible.

Brothers and sisters, that is enough regarding the path of the soul, to which Bapak has added an explanation about the *asuhan*, so that you understand and are aware of what needs to be done. How to do it I leave to the women's group and the men's group, so that they can help implement the *asuhan* we are going to hold here.

Dan sungguh-sungguh, saudara, meskipun Bapak tidak mengetahui yang sesungguhnya, tetapi kenyataan ini bagi kita – terutama bagi Indonesia pada umumnya – adalah suatu kemenangan yang dikatakan, ya, bolehlah dikatakan perintis begitu, karena gerak ke luar dengan gerak ke dalam dapat dikatakan parallel sekarang ini. Jadi, habis A-A, jadi A-A-A-A. Habis Asia-Afrika, Asia-Afrika-Amerika-Australia-Aeropa. (*Hadirin tertawa.*)

Dan saya dengar, saudara, dari saudara Brodjolukito, telah ada kesanggupan dari para pejabat pemerintahan yang ingin memberi pertolongan dan membantu sehingga memudahkan jalannya visa bagi saudara-saudara dari luarnegeri. Jadi, adalah suatu, ya, anugeraha juga yang tidak terkira-kira. Yang demikian itu menunjukkan dan menyatakan, bahwa jalan kita ada jalan yang diridhai Tuhan, saudara sekalian.

Maka kita atau Bapak harapkan kepada sekalian para saudara pada umumnya: milikilah latihan kejiwaan ini sebagai milik saudara pribadi, sebagai *eigendom* yang tidak dapat saudara lupakan pun dapat saudara singkirkan. Karena ini perginya dari saudara, lenyapnya dari saudara berarti sama-sama dengan kematian saudara sekalian. Bukan lantas saudara kalau saudara tidak bisa latihan, lekas mati. Tidak! Tetapi ini tidak mungkin dapat lepas daripada saudara sekalian, karena ini jiwa dan isi pribadi saudara.

Sekarang saudara – wah, jam setengah dua ini – untuk digenapi setengah jam lagi, jadi jam dua atau lebih, marilah siap-siap saudara untuk menerima sedikit tinjauan, agar dapat sedikit-banyak mengetahui. Sambil duduk, artinya di dalam keadaan duduk saja, tidak usah berdiri. Tetapi menyerah seperti kalau saudara akan melakukan latihan kejiwaan, yang sifatnya mengosongkan pengaruh nafsu yang ada di dalam hati dan fikiran, agar saudara dapat merasakan dan menerima apa yang akan Bapak katakan nanti.

(*Test.*)

Ya. Allah, Allah, Allah, Allah, Allah, Allah, God, God, God, God, God, Allah, Allah, Allah, Allah, Allah, Allah, Allah, Allah, Allah, Allah, Allah, Allah, God, God, God, God, Allah, Allah, Allah, Allah, Allah, Allah.

Ya, sudah. Diterima secukupnya saja. Ketika Bapak katakan tadi: "Allah, Allah," atau "God, God," rasa diri saudara sekalian seperti terdorong ke depan, ke depan, ke depan, begitu? Ya atau tidak?

And really, although Bapak doesn't know for sure, the fact is that for us – and for Indonesians in general – this is an achievement that could be called a first: because we are able to go outwards and inwards at the same time, as it were. Having accomplished A-A, we are now doing A-A-A-A. After Asia-Africa, we are doing Asia-Africa-America-Australia-Aeuropa.[30] [*Laughter.*]

And I have heard from Brodjolukito that some government officials are willing to help with obtaining visas for the members from abroad. That is an unexpected blessing, which shows that our path is blessed by God.

Therefore Bapak hopes that all Subud members in general will own the latihan, and that you consider it your own property, which you cannot forget or put aside. Because when this leaves you or when it disappears from your being will be the moment of your death. That is not to say that if you cannot do latihan you will die. No. But it cannot be separated from you because it is your soul and your individual content.

Now … oh, it is already half past one. For half an hour, until two o'clock or a little beyond, prepare yourselves to receive a little testing, in order to find out for yourselves to some extent. You can stay seated – you do not need to stand up – but surrender as when you are doing the latihan. Empty yourself of the influence of the desires in your heart and thinking so that you can receive and feel what Bapak is going to say.

[*Testing.*]

Yes. Allah, Allah, Allah, Allah, Allah, Allah, God, God, God, God, God, Allah, Allah, Allah, Allah, Allah, Allah, Allah, Allah, Allah, Allah, Allah, Allah, God, God, God, God, Allah, Allah, Allah, Allah, Allah, Allah.

Yes, finish. Just receive as needed. When Bapak was saying: 'Allah, Allah,' or 'God, God,' was your inner feeling pushed forward, like this? Yes or no?

Suara hadirin: Ya.

Bapak: Gambarnya itu: "Allah, Allah, Allah, God, God." (*Bapak memperagakan, Bapak seperti terdorong ke depan.*) Apa begitu atau tidak? Apa sudah dapat menerima begitu atau belum? Belum?

Suara hadirin: Belum.

Bapak: Belum? Tapi yang sudah, iya begitu?

Suara hadirin: Ya.

Bapak: Demikian saudara memberi arti hakikatnya, bahwa hidup itu ke depan; hidup itu maju. Bapak belum pernah mengalami: "Allah, Allah," (*Bapak memperagakan terdorong mundur*) begitu belum pernah. Kalau Bapak nanti mengalami: "Allah, Allah," begitu, nanti kalau jalan, Bapak ke belakang. Atau kalau hidup: ke belakang.

Jadi kalau saudara dalam bakti kepada Tuhan selalu mengingat-ingat hal-hal yang telah lama lampau, itu keliru. Jangan juga menindakkan sesuatu, menurut apa yang sudah berjalan, apa yang sudah terjadi. Dulu, dulu! Sekarang, sekarang! Begitu. Dulu Bangkahulu, sekarang Padalarang. Kan begitu. Jadi, lain-lain. (*Bapak ketawa*) Jadi, sekarang ini kita menghadapi terus ke depan. Sebab kalau cari kita sampai ke belakang, saudara, kita akan ketinggalan. Dalam langkahnya, baik dunia maupun akhirat, ke belakang. Karena Tuhan tidak tertutup oleh sesuatu apa. Karena segala sesuatunya telah diliputi oleh kekuasaan Tuhan.

Lagi, saudara!

(*Test.*)

Allah, Allah, Allah, Allah, Allah, Allah, Allah, Allah, Allah, Allah, God, God, God, God, God. Aku, aku, aku, aku, I, I, I, aku, aku, aku, aku, aku, aku. Sudah.

Bagaimana? Kalau Bapak katakan: "Allah," ke sana, berarti "Aku sujud kepadaMu".

Yang Bapak katakan: "Aku," kembali ke sini. Jadi, 'aku' itu aku. Yang 'Kau' yang 'Tuhan', adakan, yaitu: ini.

Jadi, kalau orang mengatakan: "Usolli … fardha-l … 'isyai ..." arti 'isyai: empat raka'at, empat raka'at ini panca indera, "... arba'a raka'ati mustaqbilal qiblati ..." ke mana kiblatnya? Kalau kiblat ini secara syari'at ke Barat, agak sisih ke sana sedikit, ke Mekah.

A voice from the audience: Yes.

Bapak: This is how it appears: 'Allah, Allah, Allah, God, God.' [*Bapak demonstrates, showing himself being pushed forward.*] Was it like that or not? Were you able to receive that or not yet? Not yet?

A voice from the audience: Not yet.

Bapak: Not yet? But those who could, was it like that?

A voice from the audience: Yes.

Bapak: That shows that in reality life moves forward, that life is progress. Bapak has never experienced: 'Allah, Allah,' [*Bapak demonstrates being pushed backwards*], it is never like that. If Bapak were to experience 'Allah, Allah,' like that, then Bapak would walk backwards. Or he would live backwards.

Therefore, if in your worship of God you are always remembering things that happened in the past, that is a mistake. Also, you should not do things according to the way they are being done or the way they used to be done in the past. The past is the past! Now is now! It used to be Bangkahulu, now it is Padalarang. Isn't that right? They are not the same. [*Bapak laughs.*] So now we face forwards. For if we are searching in the past we will be left behind; we will be left behind, both in this world and in the hereafter. God cannot be blocked by anything: everything is enveloped by God's power.

Again, brothers and sisters!

[*Testing.*]

Allah, Allah, Allah, Allah, Allah, Allah, Allah, Allah, Allah, Allah, God, God, God, God, God. I, I, I, I, I, I, I, I, I, I, I, I, I. Finish.

How was that? When Bapak said, 'Allah' you moved like this [*gesture*]; meaning, 'I worship You'.

When Bapak said, 'I' you returned here. So 'I' is me; the 'You', which is God, created 'this' [*gesture*].

So when people say, '*Uṣallī farḍa 'l-ʿishā ʾI arba ʿa raka ʿātin ….*' [Arab.: I intend to perform four cycles of the obligatory evening prayer …], 'four cycles' represents our senses '*mustaqbila 'l-qiblati*' [Arab.: facing towards Mecca]. Which is the direction towards

Meskipun Nak andaikata begini ke Selatan: "Usolli fardha-l 'isyai arba'a raka'ati mustaqbilal qiblati … " akan saudara diputar, presis, geraknya. Lebih yakin lagi, bahwa toh Tuhan menghadapkan saudara yang sungguh-sungguh yang perlu dihadapkan.

Berdiri (*Bapak memperagakan*), dikatakan ini kan ke sana; ini ke Timur, saya. Diputar. Jadi andaikata sampai tidak mengerti, begitu, tidak mengerti: "Mana ini, arahnya?"

"Usolli fardha-l dzuhuri arba'a raka'ati mustaqbilal qiblati hadza li-l-Lahi ta'ala," sudah *jêngglèng* ke sana.

"Allahu akbar." Karena itu, kalau: "Allah …" begini … "hu akbar," tidak tetap begini; jadi, agak *muyung*.

"Allahu akbar."

Jadi, ini bukan dibikin-bikin. Memang begitu. Lha, itu ahli ma'rifat tidak mungkin tidak tahu hal syari'at. Sehingga toh juga melakukan.

Lagi, saudara.

(*Test.*)

Kosong, kosong, menyerah. Allahu akbar. Tak ada Tuhan kecuali Tuhan, Tuhan Yang Maha Esa …

Assalamu 'alaikum wa rahmatu-l-Lahi wa barakatuhu. Assalamu 'alaikum wa rahmatu-l-Lahi wa barakatuhu.

Ya. Bagaimana, saudara? Apa sebab belum bisa? Karena leher saudara masih nafsunya di sini masih tebal. Jadi, lehernya masih *dicagaki* nafsu.

(*Selanjutnya tak terdengar jelas.*)

Mecca? According to the *sharī'a*, it is to the west, a little over that way. If you were to start facing south, like this: '*Uṣallī farḍa 'l-ʿishāʾi arbaʿa rakaʿātin mustaqbila 'l-qiblati,*' you will be turned precisely like this. This will make you even more convinced that, no matter what, God will bring you to face whatever you need to face.

I stand up [*Bapak demonstrates*]. Suppose I have been told I should face this way, to the east – I am turned around. Or suppose that I don't know the direction: 'Which way should I be facing?'

'*Uṣallī farḍa 'l-ʿishāʾi arbaʿa rakaʿātin mustaqbila 'l-qiblati adāʾan li'llāhi taʿālā,*' and suddenly I am facing this way.

'*Allāhu akbar.*' Therefore when I say, '*Allāh,*' I am like this [*Bapak demonstrates*]. '*… hu akbar,*' I don't stay like this; I am leaning slightly [*Bapak demonstrates*].

'*Allāhu Akbar.*'

This is not pretending. It is really like this. So it is not possible for someone who is in a state of *ma'rifa* not to understand the *sharī'a*. Nevertheless they will practise it anyway.

Again, brothers and sisters.

[*Testing.*]

Empty, empty, surrender. *Allāhu akbar.* There is no god but God, God the Almighty.

As-salāmu ʿalaikum wa raḥmatu 'llāhi wa barakātuhu. As-salāmu ʿalaikum wa raḥmatu 'llāhi wa barakātuhu [Arab.: Peace be upon you, and the blessing and grace of Allah. Peace be upon you, and the blessing and grace of Allah].[31]

Yes. How was it, brothers and sisters? Why were you not able to receive it? Because your neck here is still thick with your desires [*gesture*]. Your neck is still pinned by your desires.

[*The rest of the recording is inaudible.*]

Notes

Abbreviations used in this volume:

Arab.	=	Arabic
Du.	=	Dutch
Jav.	=	Javanese

1. Desires: the word *nafsu*, which is usually translated as 'desires' or 'passions' depending on the context, refers to the motivations within a person that are influenced by the low life forces.

> The content of the desires is the wish to be capable, the wish to be good, the wish to receive more quickly, the wish to be cleverer than others, not wanting to give in, not wanting to be called stupid, and so on.
>
> *Bapak, Paris 1959.* [*Vol. 6, 59 PAR3 p239*]

2. Heart: the word *hati*, which is usually translated as heart, is the feeling that is limited to our mortal nature. Literally, *hati* means 'the liver' and is considered to be the seat of the feelings, emotions and desires. 'Heart' is not a perfect fit however, for in Bapak's usage it is also the place where imagining and daydreaming take place. Therefore in some places the word 'imagination' has been considered to be a more appropriate translation.

> The content of the human heart is the images of all that a person has experienced from childhood, throughout their life and into old age.
>
> *Bapak, Paris 1959.* [*Vol. 6, 59 PAR3 p239*]

3. The section in square brackets has been reconstructed from the interpreter's words. The Indonesian was not recorded, or was inaudible.

4. This refers to Subud International Services, the original name of the international service organisation of Subud, which was set up at the international congress held in Briarcliff in 1963. [See *Bapak's Talks* Vol 10, Ch 2: 63 BCL 7]

5. In Indonesian someone who is insane is called *sakit jiwa*; literally, 'sick in the soul'.

6. The Arabic letter *Alif* is the first letter in the Arabic character set, and has the numerical value of one. In Islam it has particular significance as being the first letter in the name of Allah. The hand sign of the *Alif* is a single downward sweep of the right hand from the top of the head down the body.

7. Although in everyday, modern usage the Arabic word 'Sayyid' is sometimes equivalent to 'Mister' or 'Sir', in many Muslim communities it is applied only to direct descendants of the Prophet, who are respected as particularly pious Muslims. This is the sense in which Bapak is using the title.

8. In the *wayang* mythology, giants symbolise the subhuman forces.

9. Sunan Kalijaga was a famous Muslim saint in Java.

10. Bagelen is a region in Java, where the people speak with a very broad accent that is not easily understood by other Javanese, and vice versa.

11. Dukuns or shamans in Java sometimes use a puff of breath to cure a person's illness or help them get something they want.

12. In Indonesian schools, the worst grades (from 5 down) are red.

13. The degrees refer to how far removed a person in the royal family is from the Sultan. The title *Radèn* is the lowest title in this ranking. Those lower down the scale are commoners.

14. Zebra doves (*geopelia striata*) are highly prized by Indonesians for their beautiful call. They are part of most Javanese households, and competitions are held to determine the bird with the purest sound.

15. Joyoboyo was a king in East Java in the twelfth century. He was a seer, and his sayings and prophecies are still held in high regard throughout Indonesia.

16. At the time of this talk it was planned to hold a gathering in Wisma Subud for people from abroad. The Indonesian government of the time had refused permission for this, so a new application had been submitted to hold a training course for helpers, called 'the *asuhan*' (*asuhan* means 'training').

17. *Jaran képang* is a kind of dance, where the participants ride bamboo hobbyhorses and go into a trance.

18. *Jailangkung*: A game where a doll is suspended from a string held by two children, who ask a question and the doll moves in reply.

19. Translated literally, Bapak's word *setan* corresponds to 'satan' or 'devil', and *syaitoniah* to 'satanic'. Generally Bapak uses these words to describe entities on the material level. So in some cases, to avoid the more sinister connotation that these words carry in English, the translators have used the word 'material' instead of 'satanic'.

20. In Bapak's vocabulary the word 'devil' just means a being of the material level of existence.

21. This is a phrase from the shadow puppet theatre describing a heavenly place where 'waving grasses are blown by the wind'.

22. One of the gods.

23. Ahmad Subardjo was the first foreign minister of the Indonesian Republic after independence, and at the time of this talk, chairman of Subud Indonesia.

24. *Rajah* means writing that comes through the will of God: the word is used, for example, to describe the lines one is born with on the palms of one's hands. In this case it refers to lines or signs that Bapak, while in a state of latihan, would make on a piece of paper to help a sick person to surrender more deeply. The paper was either placed near the sick person's body, or burnt and the ashes placed in a glass of water, which they then sipped from time to time.

25. The dalang is the puppet-master who manipulates the puppets

and recites their lines in the Javanese *wayang kulit* or shadow plays, and therefore symbolises God's power. In the Indonesian tradition it is said that every one of the characters in the [*wayang*] are within each human being; so Bapak was calling on the dalang within himself to give him the correct answer to the minister's question.

26. In Javanese script the letter *ng* has a loop that is like a halo.

27. This is a Javanese proverb.

28. The three words for 'head' at different levels of the Javanese language.

29. The last three, Prio Hartono, Sudarto Martohudojo and Sunarto Brodjolukito, were members of Bapak's secretariat in Wisma Subud.

30. This is a reference to President Sukarno's Asia-Africa summit, which had been held in Indonesia a few years earlier.

31. This greeting, repeated twice at the end of the Muslim prayer, is spoken first facing to the right and then to the left. So Bapak is testing the audience as to whether they are able to receive the movement of turning the head to right and left.

Bapak's Terminology

The following notes seek to clarify the meanings of some of the fundamental words Bapak uses in his talks where the English equivalents used in the translations don't convey fully or precisely the sense of the Indonesian original.

Jiwa [translated as 'soul'] is the part of a living being that does not die – the 'living content'. The important point, however, is that the *jiwa* is not necessarily human. It may contain elements from the other, lower, life forces. When a person dies, these separate and return to their respective worlds. The human soul may therefore be incomplete or even non-existent.

Latihan Kejiwaan literally means 'spiritual training' or 'training in the realm of the *jiwa*', and describes the practice of divine worship in Subud that is the main topic of Bapak's talks. In English it is now commonly referred to as 'the latihan', which is how it has been rendered in this volume.

Nafsu [translated as 'desire', 'passion' or 'ego', depending on the context] are the motivations in a person that are influenced by the low life forces.

Akal-fikiran [translated as the 'thinking' or the 'thinking mind'] means the activity of a person's brain. It is usually mentioned together with *hati* as the two always work together.

Hati [usually translated as 'heart'] is the feeling that is limited to our mortal nature. Literally it means 'the liver', considered to be the seat of feelings, emotions and desires. 'Heart' is not a perfect fit though, for in Bapak's usage it is also the place where imagining and daydreaming take place.

Diri pribadi [translated as 'individuality' or 'true self'] is the form of our real self, as opposed to the personality that we acquire through imitation or learning.

Rasa diri [translated as 'inner feeling'] is the true feeling that we can rely on to guide us, which comes from our true self.

Ikhlas [translated as 'submission' or 'willingness to let go'] is the willingness to give up anything that we have or that is part of us whenever God wishes to take it away from us, and also to receive whatever God wishes to give us. Often mentioned together with *sabar*, patience, and *tawakal*, acceptance, as the three aspects of surrender.

Bapak sometimes uses Arabic words that have been 'Indonesian-ised', consequently, the spellings can change according to how the word is pronounced although the meaning remains the same. In the English translation, to avoid confusion, the spelling of these words has either been standardised – as in *rohani*, *rabani*, etc – or takes the Arabic form.

Appendix 1 – Background to Bapak's Talks

for the period 19 August 1964 – 1 May 1965

The thirteenth volume of Bapak's Talks comprises the talks given by Bapak in Germany, Holland, Norway, India and Indonesia in 1964 and 1965 during the final part of his journey to Europe and India.

PERIOD COVERED BY THIS VOLUME

On 22 August Bapak and Usman were driven to Brussels. Bapak and Usman were put up by Mr Jacques de Bruyne at the Ave de Statuaires in Uccle. Erling Week received the party in the Westbury Hotel, rue Cardinal Mercier. Others present included the Horthys, Mariamah Wichmann, Maria Kibble, Mas Sunoto of Hamburg, Lawrence Petric of Chile and the Goebels of Wolfsburg.

Bapak stayed here for the next two days, and on 24 August he gave one talk, at an unknown location.

On 25 August members of the Dutch groups drove the party from Brussels to Eindhoven in Holland. Bapak and Usman remained in Holland until 6 September, and Bapak gave one talk in Eindhoven, and three more when he moved to The Hague.

On 6 September Bapak flew to Oslo, stopping for four hours in Copenhagen on the way. A number of Danish Subud members spent time with Bapak and Usman at the airport.

Bapak spent five days in Oslo, and gave two talks. He left for India on 11 September.

Arriving in Delhi on the 13th, Bapak gave a talk the next day and continued to Calcutta three days later. He and Usman stayed with the Arnolds at 14 Judge's Court Road in Alipore. Bapak gave three talks in Calcutta before returning to Jakarta on 24 September 1964.

On his return to Indonesia, Bapak continued to oversee the building of the compound in Cilandak that would become the international centre of Subud for the next twenty-two years. The building activities included the construction of Bapak's house, a guesthouse, a latihan hall, and several private dwellings.

For the next two years Bapak did not travel outside Java. The political situation in Indonesia had been deteriorating since 1963, and by 1965 there was open conflict between the Communist Party in Indonesia (the PKI) and the Indonesian army. The communists and bandits became increasingly aggressive, and many religious and Western organisations and individuals were attacked. Even the Cilandak compound was not considered safe, and there was a period when armed Subud members patrolled the grounds of the compound every night.

Following a failed attempt by the communists to stage a coup d'état in September 1965, the general population took matters into their own hands, and hundreds of thousands of communists all over Indonesia were killed. The country was in a state of turmoil until 12 March 1966, when Sukarno, although still President, effectively lost power to General Suharto.

Bapak gave several talks in Cilandak during the first months of 1965, but only a few were recorded, and of those just three survive – his talks to members on 13 March, 6 April, and 1 May.

JAVA TOUR

Between 6–20 April Bapak toured Java and Bali, with some fifteen people. The party travelled by air to Bali, and returned by boat to Banyuwangi, then to Malang, Surabaya, Semarang, Solo, Yogyakarta and Bandung, staying about two nights in each place. Bapak gave several talks, but unfortunately only the one he gave in Bandung on 22 May was recorded. This recording was subsequently lost, but a transcription, originally published in 1967 as a booklet entitled *Bapak's First Bandung Talk* has now been retranslated into English and will become the first chapter of Volume 14 of *Bapak's Talks*.

BAPAK'S TIME IN CILANDAK AND HIS 1966 JAVA TOUR – COVERED BY FUTURE VOLUMES

On 23 January 1966 Mbakju Rochanawati, the daughter of Bapak's second wife, passed away in Cilandak. Rochanawati had been one of Subud's most experienced helpers, and was much loved. She would be remembered for the clarity and wisdom of her sayings and advice.

Bapak, who had first lived in the guesthouse, eventually moved to his 'Rumah besar' in April of this year.

Bapak gave a number of talks to members in Cilandak during the second half of 1966, and during his Java Tour in October, where once again he visited Malang, Surabaya, Solo, Jogjakarta, Semerang and Bandung.

Appendix 2

Chronology of Bapak's talks and travels

Adapted from 'Bapak's Travel Log' [WSA Tape Preservation Unit]

NOTE
Place names in capitals e.g. **WOLFSBURG**, denote that Bapak gave a talk in that place on the date given. The code numbers on the far right, e.g. **64 WOB 3**, refer to recordings. Every recording of Bapak's talks has been assigned a code number, irrespective of whether that recording is available, wanted or considered lost. If no code number is stated, that implies that the relevant talk was not recorded. Place names in lower case, e.g. Wolfsburg – Brussels, give the departure and arrival points of journeys.

1964

19 August **WOLFSBURG** **64 WOB 3**
Talk to helpers and committee members at the Forsthaus.

21 August **WOLFSBURG** **64 WOB 4**
Talk in the entrance hall of the Volksschule 7 school.

JOURNEY TO BELGIUM

---

22 August Wolfsburg – Brussels
Bapak and his party travelled by car, arriving in Brussels in the early evening. In Brussels the party stayed with Jacques de Bruyne, Avenue des Statuaires in Uccle.

24 August **BRUSSELS** **64 BRU 1**
Bapak gave one talk to members in Brussels. Unfortunately the recording is so poor that the talk is considered virtually lost.

JOURNEY TO HOLLAND

25 August Brussels – Eindhoven

The party again travelled by car, and stayed with the Volkers at Hoge Duinlaan 9 in Aalst, just south of Eindhoven.

27 August **EINDHOVEN** **64 EIN 1**

Talk at the Nuts School, Floralaan 264. Maarten Giel made the recording.

28 August Eindhoven – The Hague

The party stayed with the Tjalsmas, at Laan van Poot 188.

30 August **THE HAGUE** **64 HAG 1**

Bapak gave his first talk in the Masonic Lodge, Fluwelen Burgwal 22. Maarten Giel was again responsible for the recording.

1 September **THE HAGUE** **64 HAG 2**

Talk to helpers and committee members in the Masonic Lodge.

5 September **THE HAGUE** **64 HAG 3**

Bapak's last talk to members again took place in the Masonic Lodge.

JOURNEY TO DENMARK

6 September The Hague – Copenhagen

During the stopover in Copenhagen, Bapak spent four hours with Danish members.

JOURNEY TO NORWAY

Copenhagen – Oslo

For the four days of their stay in Norway, Bapak's party was accommodated at Mrs Aslaug Bjerknes', Anne Mariesvei 14, Oslo.

7 September **OSLO** **64 OSL 1**

Bapak spoke to members at Kaj Munksvei 41. Ludvig Stralberg and Hans Alm made the recording.

10 September **OSLO** **64 OSL 2**

The second talk also took place at Kaj Munksvei 41.

JOURNEY TO INDIA

11–12 September Oslo – Frankfurt – Calcutta

13 September Calcutta – Delhi

Accommodation for Bapak and his party was arranged at Prakash Wadhera in Motibagh.

14 September **DELHI** **64 NDH 1**

17 September Delhi – Calcutta

In Calcutta the party stayed with the Arnolds, at 14 Judge's Court Road.

18 September **CALCUTTA** **64 CCU 1**

Bapak spoke to local members. This talk was probably recorded by John Tan.

20 September **CALCUTTA** **64 CCU 2**

Bapak addressed the First National Congress of Subud India.

21 September **CALCUTTA** **64 CCU 3**
Bapak gave a final address to the First National Congress of Subud India, and also gave comments and answers to delegates' questions.

JOURNEY TO INDONESIA

---

24 September Calcutta – Jakarta

15 December **CILANDAK**
Bapak answered questions by Varindra on mixing. Published in the *SIS Bulletin* of March 1965, page 4 as 'Subud and Other Methods'.

1965

17 February **CILANDAK** **65 TJK 1**
Idul Fitri talk, recorded by K. Mangoendjaja. Recording lost.

2 March **CILANDAK**
Talk to women members. Unfortunately this talk was not recorded. Reported in *Subud Nieuws Nederland* 65–33, page 15.

6 March **CILANDAK**
Bapak spoke to the men after a latihan (letter from Mariamah Wichmann 65-03-06) this talk was not recorded.

13 March **CILANDAK** **65 TJK 2**
Poor recording – English omitted.

29 March **CILANDAK**
At a selamatan, Bapak spoke about the importance of the thirty-fifth day after birth. This talk was not recorded.

6 April **CILANDAK** **65 TJK 3**
Talk to women members. There was no English interpretation.

JAVA AND BALI TOUR

Between 6–20 April Bapak toured Java and Bali, visiting Malang, Surabaya, Semarang, Solo, Yogyakarta and Bandung. Bapak gave several talks, but unfortunately none of these was recorded.

1 May **CILANDAK** **65 TJK 4**
Talk to local members – there was no English interpretation.

Errata to previous Volumes

Volume 12, Appendix 1, page 382.
During his visit to Holland commencing 25 August, Bapak gave only one talk in Eindhoven (not four as stated).